U0581068

An Industrialization Case from China

全球化背景下发展中国家工业化的

中国案例　行业读本

致敬中国城市轨道交通

从国产化到自主化到国际化

行业科技进步调查采访实录

◎冷德熙　编著

北京交通大学出版社

·北京·

内容简介

本书以作者深入我国城市轨道交通行业5年调查采访积累的素材为基础，紧扣自主创新的时代主旋律，以时间为经、专题为纬，通过追溯该行业20多年自主创新的发展历程，热情讴歌了该行业技术引进、消化、吸收及其国产化、自主化、国际化的伟大成就。通过总结该行业贯彻落实国家经济发展战略（京津冀协同发展、长江经济带、一带一路）的经验，积极反映了该行业以行业科技进步促进区域协同创新与发展的伟大实践，成功描绘了一幅20世纪90年代以来中国城市轨道交通行业迅猛发展的波澜壮阔的宏伟画卷。

本书适合城市轨道交通行业从业人员及对其感兴趣的人员参考学习。

图书在版编目（CIP）数据

致敬中国城市轨道交通：行业科技进步调查采访实录/冷德熙编著. —北京：北京交通大学出版社，2017.7
ISBN 978-7-5121-3268-9

Ⅰ. ①致… Ⅱ. ①冷… Ⅲ. ①城市铁路—轨道交通—研究—中国 Ⅳ. ①U239.5

中国版本图书馆CIP数据核字（2017）第121095号

致敬中国城市轨道交通——行业科技进步调查采访实录
ZHIJING ZHONGGUO CHENGSHI GUIDAO JIAOTONG
——HANGYE KEJI JINBU DIAOCHA CAIFANG SHILU

策划编辑：章梓茂　　责任编辑：陈跃琴　　助理编辑：李荣娜
出版发行：北京交通大学出版社　　电话：010-51686414
　　　　　北京市海淀区高梁桥斜街44号　　邮编：100044
印 刷 者：北京艺堂印刷有限公司
经　　销：全国新华书店
开　　本：185mm×260mm　　印张：28.25　　字数：505千字
版　　次：2017年7月第1版　　2017年7月第1次印刷
书　　号：ISBN 978-7-5121-3268-9/U·264
定　　价：210.00元

本书如有质量问题，请向北京交通大学出版社质监组反映。对您的意见和批评，我们表示欢迎和感谢。
投诉电话：010-51686043，51686008；传真：010-62225406；E-mail：press@bjtu.edu.cn。

这里呈现的是记者持续 5 年的调查采访实录。

这里展示的是一个行业，和它在一个伟大时代的发展足迹。

一个记者在什么情况下，能够对一个行业进行长达 5 年的持续关注?

只有当这个行业具有了大变革社会突出的时代特征;

只有当这个行业的发展体现了大变革时代发展的典型特征，而且这种特征正是推动社会发展的强劲动力。

这个时代就是中国经历 20 年改革开放的社会巨变之后，进入一个建设创新型国家的新时代，中国实行自主创新和创新驱动发展国家战略，原始创新，集成创新，引进、消化、吸收、再创新成为驱动国家经济社会发展的强大动力。

这个行业就是中国的城市轨道交通装备制造业。其由小到大、由弱到强的巨大成就、成功经验和奋斗历程，正是中国制造业发展的缩影；其国产化、自主化和国际化的道路，正好反映了中国经济社会前进的步伐，是发展中国家通过自主创新走向工业化、现代化的成功范例。

序　一

助力自主创新走完“最后一公里”

陈泉涌

冷德熙，记者，90 年代的北大博士，在我担任科技日报总编辑的 11 年里，整个报社没有几个。

当记者，德熙属于半路出家。我刚到科技日报时，他还在另一单位。没多久，编辑部花名册上就冒出个冷博士。有人向我介绍说，他原来是北大哲学系研究国学的，学术功底颇深，《超越神话》一书可见其功力。另外策划能力强，曾策划过几个大活动。可过了好几年，我也没见他的大动静。中间他还曾先后两次到地方和贫困地区任过职，回到报社编辑部仍然保持着“冷冻”状态。

直到有一天，他推开我办公室的门，面对面地大谈了一下他的“行动计划”，就是这本书的主题思想。我仔细地听他讲完，眼前忽然一亮，心想这个“冷冰冰”看来要“热乎乎”了。我当即给他加了一把火，说你的想法、看法和我不谋而合，大有可为！

众所周知，中国的装备制造业曾一度很落后。那时候，在许多人眼里，进口的东西一定是好东西，质量一定比国产品牌可靠。所以许多关系国计民生的重大工程所需设备一般都要花重金从欧美进口。如果购买的是进口设备，是世界主要品牌的产品，就好像进了保险箱，即使出了问题，似乎可以不负责任。

在国门洞开的前期，以市场换技术并没错，但它只会缩小距离，不能决定未来。当时，科技日报连续刊发了多轮言论，反复倡导这一观念和主张，后来众多成功的实践充分地证明了自主创新的重大战略意义。就振兴城市轨道交通而言，也只有引进、消化、吸收、再创新，才是最佳的路径选择。

冷德熙笔下的北京交控科技有限公司，今天已是一家年产值50多亿元的地铁信号供应商。回想当年，作为国内唯一完全依托自主创新的CBTC信号设备供应商，在参加国内城市地铁工程竞标时，总是排在几家外国公司之后。在这个时候，是满腔热情支持自主创新还是横眉冷对，考验着媒体的胆识与担当。我和冷德熙有个约定，就以北京交控科技有限公司为典型，采写调查性报道，并持续性跟踪，力争用鲜活的实例，为自主创新营造更加良好的氛围。

从那以后，我又好长一段时间没见到德熙的身影，这次他可不是坐在冷板凳上，而是一猛子扎到了火热的城市轨道交通的科研现场，一一采访信号技术研制专家、技术生产企业、行业技术专家、行业主管部门及北京地铁建管部门负责人。期间，他向业界的行家里手不耻下问地请教，反反复复地交流，而后则把自己关在屋子里，一口气写出了第一组系列文章。其中很多现象和观点催人思考。

比如，信号是地铁等城市轨道交通的关键设备，关系着千百万地铁乘客的安全。可如果因噎废食，那我们就只能永远看洋人的脸色，永远被人漫天要价，永远受制于人。其直接的后果就是国内自主创新的信号产品永远得不到工程应用，因而连参加竞标的资格都没有。

比如，北京交控科技有限公司得到北京地铁建管部门的支持，已经取得了北京亦庄和昌平两条线路的工程业绩，行业主管部门早在1999年就制定了任何城市轨道交通工程必须使用70%国产化信号和机电设备的政策，但各地的地铁建管单位还是宁愿高价购买进口设备，国产信号产品在国内市场仍受到不公正的歧视。

比如，类似现象并非只是信号产品，同样在城市轨道交通行业，车辆及转向架、牵引系统、制动系统、网络控制系统，无不如此。也不仅是城市轨道交通行业存在这个问题，在能源、石化、交通、汽车、船舶等行业，中国的高端装备普遍都要面对这样一个尴尬的问题。

尤其值得一提的是，德熙在采访北京地铁建管部门时，用户单位也无奈地吐槽，进口产品并不是想象中的那么完美无缺，骑上“虎”了，不得不忍受价格居高不下、服务不及时等多种弊端。

国产化既是自主创新的意义所在，行业发展的内生动力，也是用户发自内心的迫切需求。

冷德熙将所见所闻、所思所想在文章中娓娓道来，一经见报便引起广泛的社会反响。有鉴于此，本报趁热打铁，及时邀请有关部门负责人、行业专家和企业家，召开了“城市轨道交通国产化与自主创新”座谈会，将讨论进一步引向深入。由此，把自主创新产品推向“最后一公里”逐渐成了人们的共识，城市轨道交通的关键设备国产化的步伐明显加快，也才有了北京交控科技有限公司的红火局面。

有胆识还要有见识。德熙在采访中发现，地铁的优势在于运量大，但是投资也大，建设周期很长。他再一了解，国际上地铁只是城市轨道交通的一种，占比只有三分之一，其他三分之二是单轨、轻轨、磁浮、直线电机地铁列车、有轨电车等，这些制式普遍的特点是运量较小，建设成本大大降低。国人有时候容易一哄而上，看到一线城市发展地铁，一些二、三线城市也积极筹划，其实完全没有必要。为了证实这一观点，德熙又是一番苦苦采访调查。

从21世纪初开始，山城重庆根据自身地理环境多山的特点，在外国专家的指导下，成功开发建设了两条跨座式单轨线路。冷德熙认为这种因地制宜选择轨道交通制式的做法，值得在全国推广。基于这一认识，经过对重庆的实地调研，再次写出了一组系列报道，借行业专家之口，提出了“中国城市轨道交通应该因地制宜多制式协调发展”的观点，赢得了广泛认同。事后，本报又在重庆召开了“创新驱动与城市轨道交通多制式协调发展”座谈会，以重庆单轨为成功案例进一步说明了多制式发展的必要性，可谓切中时弊，对当时一窝蜂上地铁的现象起到了降温作用，

重庆报道之后，冷德熙一发而不可收，将行业性调查报道的触角伸向区域。围绕京津冀协同发展、长江经济带和一带一路建设，分别就轨道交通问题进行了调查采访，同时与有关大学和企业合作，相继举办了“京津冀协同创新与交通一体化高层论坛暨轨道交通互联互通座谈会”“长三角轨道交通创新发展论坛”“轨道交通创新发展与‘一带一路’战略论坛”，一时成为社会和业界热点话题，为决策层提供了有益的参考。人们都说科学技术是生产力，实际上，科技日报在类似于城市轨道交通这种新闻报道和新闻活动中，客观上推进了行业科技进步和区域协同发展，从此种意义上，是不是可以套用一下，科技新闻报道也是生产力。

我从总编辑的位置“下岗”一晃三年，再也没见到德熙的人影儿。那天两人偶然相遇，我看他消瘦了许多，一番交谈之后，我发现他已俨然成了一名城市轨道交通领域的专家型记者，很多行话我都听不懂了。可在业界里他的名声很旺，据说有一次他去一个公司采访，刚自报家门，人家便“哇”的一声：“你就是冷德熙冷博士啊，你的报道我们都拜读了，受益匪浅。”我想，这就是一种神交吧，能到这种境界，我深感他修炼的不易，据说这几年他一直喜欢单枪匹马，独来独往，我劝他找

几个帮手，他说不行，一是容易分心，影响深入采访；二是容易分神，往往写不出好东西。闻听此言，我才觉得他瘦得有道理，写了那么多有见地的报道，办了那么多论坛、活动，全凭他一个人跑前跑后，不掉几斤肉才怪呢！同时，也足见其能力和水平的跃升，真真令人刮目相看！

记得我在职的时候曾极力倡导，科技日报的记者尤其要成为专家型的记者。德熙这几年专注城市轨道交通报道的艰辛经历，和他这本作品专集的付梓，也许是一个上好的印证！

是为序。

序　二

我所亲历的中国城市轨道交通国产化之路[1]

张国宝

到 2016 年年底，我国（大陆地区，以下涉及全国数据均指大陆地区，不涉及港澳台）运营轨道交通的城市达到 30 个，共计 133 条线路，运营总里程 4 152.8 公里。其中上海运营城市轨道交通（包括城市地铁和轻轨，下同）总长达到 617 公里，已成为目前世界上运营轨道交通线路最长的城市。北京运营了 554 公里，广州运营了 308 公里，都进入了世界运营轨道交通最长的城市行列。

现在，轨道交通已经成为许多城市中不可或缺的、最主要的交通工具。而在 20 年前这简直是一件不可想象的事情。

起步晚了 102 年，20 年跃居世界第一

1863 年，世界上第一条地铁在伦敦建设，总长只有 4.8 公里。1965 年，中国的第一条地铁（北京地铁 1 号线）开始建设，1971 年正式投入运行，比世界上的第一条地铁整整晚了 102 年。但是中国仅仅用了 20 多年时间不仅在城市轨道交通的运营总长度上跃居世界第一，而且无论是在施工技术还是装备方面也发挥后发优势，实现了国产化，技术先进性居于世界前列，开始输出轨道交通装备。例如，向美国波

---

① 此标题为笔者所改。原文首次发表在 2017 年《中国经济周刊》第 8、9 期，标题分别为《中国的城市轨道交通如何从零跃居世界第一》和《国家能源局原局长张国宝：中国城市轨道交通的国产化之路》。征得张国宝先生同意，我将此两文合并作为本书的序。

士顿、印度孟买、伊朗德黑兰等多个国家和地区出口地铁车辆，地铁车辆成为又一个有竞争力的出口产品。

1993 年，我国出现了严重的通货膨胀，当年国民经济运行的重要任务是控制通货膨胀，国家计委投资司新设立了一个房地产处，后来改名为城市基础设施建设处，主要任务是控制楼堂馆所的建设规模。该处开始时的主要职责是拟定经济适用房的建设规模和贷款总额，控制五星级酒店的建设及城市轨道交通的建设，此类项目都要经过这个处审查。该处的第一任处长是秦玉才，后来在国家发改委西部司司长的职务上退休，该处从建设部也调入了干部。当时我任国家计委投资司副司长，也分管这一新设的处。因此在以后的工作中了解并切身经历了城市轨道交通的发展历程和政策变化。

1995 年时，全国拥有城市轨道交通的只有三个城市，分别是北京、天津、上海，全国运营的城市轨道交通一共只有 4 条线，总里程 70 公里。它们是北京沿长安街地下的 1 号线，开始建成时叫复八线（复兴门至八王坟），后来不断向东西两端延伸。沿二环路地下的环线，又叫 2 号线，长 23.1 公里。两条线总长 42 公里。天津市只有一条 1970 年开工建设、1976 年 1 月 10 日投入运营的地铁，运营里程 7.4 公里。上海地铁 1 号线于 1990 年 1 月 19 日开工建设，1993 年 5 月 28 日投入运行。实际上，上海地铁早于 1956 年就开始酝酿，但直到 1990 年才开始建设。当时建设北京、上海、天津这三个城市地铁的最初目的都是为了战备。

1993 年，在国家计委投资司设立城市基础设施建设处时，还有上海和广州两条地铁在建，尚未投入运营。这两条地铁都是在改革开放后使用德国政府贷款建设的，80%都必须用于购买德国的设备，所以设备费用昂贵，致使一公里的造价需要 8 亿元，这在当时可是一个昂贵的数字。1989 年之后，西方国家制裁我们，德国政府停止了贷款，正在建设的地铁工程停滞。但后来德国在西方国家中率先解除了制裁，恢复了贷款。我想，这不是因为德国对我们特殊友好，而是因为其中也损害了他们自己的利益。

以上是 1993 年成立国家计委投资司城市基础设施建设处负责城市轨道交通时，我国城市轨道交通的全部家当。而当时世界上运营城市轨道交通超过 300 公里的城市有 5 个，分别是纽约、伦敦、巴黎、莫斯科和东京。中国全国 70 公里和一个城市 300 公里简直没法比，所以当时我根本想不到中国会有 3 700 公里以上的城市轨道交通投入运营，全国省会城市除拉萨外都有已运行或在建的轨道交通项目。当时的想法是，全国能有 300 公里地铁就不错了。

国务院办公厅当年为何发文，暂停审批城市地下快速轨道交通项目？

在 1995 年发生了一起外交事件，西班牙国王访华，他此访的主要目的是要签订向沈阳市出售城市轻轨成套设备的合同，可是当时沈阳市的财政状况不好，难以承担昂贵的城市轻轨建设费用，所以这笔买卖签不下来。这对于西班牙这样的小国可是个大买卖，西班牙国王表示合同签不下来就不走了，这事一直闹到了李鹏总理那里。李鹏总理了解了情况后非常生气，批评了沈阳市，没这个财力就不要把人家引进来，造成骑虎难下的局面。鉴于城市轨道交通在当时是非常昂贵的建设，而且运营费用也很高，除香港将地铁沿线物业开发交由地铁公司，尚有赢利外，其他城市都靠政府财政补贴，财政收入不高的城市承受不起。同时当时又处于通货膨胀严重的经济环境，要控制固定资产投资，于是李鹏总理指示国家计委起草一个文件，以国务院名义发布，暂停对城市轨道交通的审批。

这就是《国务院办公厅关于暂停审批城市地下快速轨道交通项目的通知》（国发办〔1995〕60 号）。文中开头就说，城市快速轨道交通（包括地铁、轻轨等），在城市交通骨干体系中具有重要作用，但由于基建投资大、运营成本高，国家和所在城市财政当时难以承受。根据当时我国城市现有经济发展水平和国家财力状况，当前必须严格控制城市快速轨道交通的发展，并对在建的项目加强管理。

这个通知的第一条规定：除两个在建项目外，今后一段时间内暂停审批城市地下快速轨道项目。对国家计委已批准立项和原则同意建设的天津、青岛、南京等城市的地铁项目和沈阳轻轨项目要停止对外签约。国家计委要暂停审批其可行性研究报告和开工。

第二条规定所有的城市快速轨道交通项目均属大型项目，必须报国务院审批，任何地方均不得自行批准此类建设项目，不能擅自对外开展工作。凡未经批准自行立项和对外签约的项目一律无效，造成重大损失者要追究有关领导人的责任。

第三条规定是做好城市轨道交通发展的规划工作。国家计委要会同有关部门组织制定我国城市快速轨道交通和地铁设备国产化规划。今后城市快速轨道交通项目的审批均以国家轨道交通发展规划为依据，等等。

这个文件下达后，实际上停止了所有城市轨道交通项目的审批。根据文件第三条的要求我们开始着手制定城市轨道交通规划和设备国产化规划。我认为城市轨道交通是城市公共交通的主要组成部分，不建设是不行的，文件的主要担心是造价昂贵，城市财力无法承担。所以首先是要制定一个标准，什么城市可以建设轨道交通项目。另外要解决城市轨道交通设备国产化的问题，把建设成本降下来。经过研究和征求各方面的意见，根据当时我国城市的状况，拟定了三条可以建设轨道交通的标准：第一，该城市人口在300万人以上；第二，国民生产总值（GDP）在1 000亿元以上；第三，地方本级财政收入在100亿元以上。同时满足以上三条标准才可以建设轨道交通。

按此标准一卡，当时全国共有15个城市符合条件。我记得当时南京都差点没进去，南京符合前两个条件，但地方本级财政99亿元，差一点点，但后来还是放在15个城市内了。

1998年亚洲金融危机，我国采取扩大内需的宏观调控政策后彻底取消了暂停批准建设城市轨道交通的禁令，转而把城市轨道交通建设作为扩大内需的内容之一。这时我们城市轨道交通国产化的工作也得到长足的进展，建设造价显著降低，达到了国办文件的政策效果。

最艰巨的设备国产化：北京、上海、广州、大连等多地曾争建轨道交通车辆生产厂

最艰巨的工作是落实设备国产化。在1995年之前，我国地铁车辆基本上只有长春客车厂一家生产，北京、天津的地铁车辆此前都是长春客车厂生产的。但我国城市轨道交通装备的水平和国际先进水平差距太大。改革开放后长春客车厂和德国阿德川斯公司、青岛四方与庞巴迪都搞过合资厂，但外商看中的是中国市场，并不真想把技术拿来，他们是根据中国的订单安排生产的。当时中国的城市轨道交通还没有发展起来，订单很少，所以都没有搞好。

我主张轨道交通车辆的国产化依托现有的铁路机车车辆厂，不铺新摊子，防止重复建设和地方保护主义，争取能做到全国竞争有序的统一大市场。但是一些有较多轨道交通规划线路的大城市看好未来城市轨道交通设备市场潜力，不希望肥水流外人田，不希望本市所需的轨道交通车辆由别的城市生产，因此，强烈希望在本市建轨道交通车辆生产厂。

最典型的是北京。北京是中国最早有地铁的，也是今后轨道交通设备市场最大的城市，已经建有地铁车辆修理厂，北京市希望在车辆修理厂的基础上发展为地铁车辆生产厂。此前北京地铁都是用长春客车厂生产的车辆。而我担心一旦北京市建设了地铁车辆生产厂，北京市地铁所需的车辆就会因地方保护主义优先考虑用本市生产的产品，把全国统一的竞争有序的大市场割裂，而且失去了竞争。

为此，在1993年前兼任国家计委主任的邹家华副总理就开会进行过协调。长春客车厂当然是心里不愿意，但也不能得罪大用户北京市。而我竭力反对，最后邹家华副总理裁决由长春客车厂拿出50节地铁车辆在北京的地铁车辆修理厂总装，总算打消了北京市想建地铁车辆生产厂的念头。

邹家华副总理问我，铁路车辆不是和地铁车辆样子差不多吗？为什么我们能生产火车车厢，而地铁车厢生产这么难？这一问题当时我也不知道，被问倒了。会后我去向有关同志求教，被告知至少有三点不同。首先，地面火车站间距长，例如20公里，而城市轨道交通站间距离也就2公里左右，所以频繁加速减速，加速度高，动力性能要求更高。其次，过去的列车都是动力集中型的，即火车头拉着一长列车厢跑，而地铁采用四动两拖，即六节车厢中有四节有动力，两节无动力，无动力的是拖车，采用的是动力分散型。对动力集中型和动力分散型概念的了解给我留下了深刻的印象，所以后来在论证高铁动车组技术方案时法国的GTV是动力集中型，而德国ICE和日本新干线采用的是动力分散型，我和铁道部的主流意见一致，赞成采用动力分散型的。最后，地铁车厢的载客量比普通列车要多，车体要宽。在地下行驶对安全性也有一些特殊要求。

和北京市一样，想在本市建轨道交通车辆厂的城市还有上海、广州、大连等。当时，上海的蒋以任常务副市长多次找我，希望同意依托上海发电设备制造集团与德国西门子合作制造轨道交通设备。上海的考虑是，上海是今后发展轨道交通的一个重要城市，有这样一个市场当然希望上海来生产车辆。

而我的考虑是，全国已有长春客车厂、青岛四方、株洲机车车辆厂、浦镇机车车辆厂等多家生产铁路机车车辆的企业，能力已经不小，应该依托这些车辆厂来生产城市轨道交通车辆，不要另起炉灶，将来造成能力过剩。不要重蹈汽车行业遍地开花、重复建设，造成几乎全国每个省份都有汽车厂的局面。

另外，如果每个要建轨道交通的大城市都以本地有市场为由，肥水不流外人田的话，那么今后必然是地方保护主义，北京、上海、广州各个主要城市都用自己城市生产的车辆，别的车辆厂产品进不来，自己的产品也进不到别人的市场去，便失去了竞争。一个城市的市场需求再大，也毕竟只是一个城市，难以支撑一个生产厂家的产量所需要的市场规模，生产厂家的规模经济上不去。

欧洲、美国已经有了前车之鉴，他们在地铁发展高潮时各国都搞了轨道交通车辆生产企业，像法国的阿尔斯通、德国的西门子等，现在高潮期过了，生产能力过剩，企业亏损，面临兼并重组去产能，有的已经破产关闭，我们不能重蹈他们的覆辙。

计划经济的布局和市场竞争的机制

浦镇机车车辆厂在上海附近，这是一家在国民党统治时期就有的老企业。

当时还没有长江大桥，京沪铁路在南京长江被隔成两段，长江以北叫津浦路，浦就是南京长江北岸的浦镇。1962 年，我上大学时还自己拿着铺盖卷坐轮渡到长江北岸的浦镇去乘火车。浦镇作为重要的铁路站点，建有浦镇机车车辆厂，曾有不少外国专家在此工作，是个历史悠久的企业。

国务院办公厅文件（国办发〔1995〕60 号文）下发后，我们已经把浦镇机车车辆厂作为生产城市轨道交通车辆的生产厂，该厂当时正在与法国阿尔斯通进行技术合作。所以，上海没有必要另起炉灶再去建设一个生产企业，完全可以用浦镇机车车辆厂的产品。我说服上海的同志，希望他们不要再建轨道交通车辆厂了，与近在咫尺的浦镇机车车辆厂合作，上海制造业基础雄厚，凡是上海已有企业有能力为轨道交通车辆配套的零部件厂，例如车辆空调、车辆的自动门等，尽量用上海的产品。上海的同志还是顾全大局，听中央意见的，没有再坚持上车辆厂，上海后来建设的明珠线就使用了浦镇机车车辆厂与法国阿尔斯通合作的产品。明珠线举行开通仪式时，时任上海市副市长的韩正同志还特意邀请我与他一起乘坐。

广州用德国政府贷款进口的第一列西门子车辆，因为走海运要两个月时间，赶不上运营日期，所以租了俄罗斯的大型运输机将一列地铁车厢空运到了广州。广州当时也想依托铁路机车修理厂建设轨道交通车辆厂，时任市长林树森找我，我也以同样的理由说服他。林树森曾任广东省计划委员会主任，对经济全局的思维非常理解，很快放弃了在广州建轨道交通车辆厂的打算，转而积极支持国产化，采用了长春客车厂生产的地铁车辆。时任广州地铁公司总经理的卢光霖同志也是地铁装备国产化的积极推动者，并将直线电机作为推进动力应用于地铁车辆，后来广州地铁还实现了全封闭的地铁站台，提高了安全性。

大连有机车车辆生产厂，当时的大连市领导也找过我，要在大连生产城市轨道交通车辆。我同样劝他从国家全局出发，不要再上城市轨道交通车辆生产厂了。他还是希望能同意大连生产。我对他说：站在地方的角度考虑，当然会这样要求，但你如果在中央工作，从全国的情况考虑，就不能同意每个城市都去生产城市轨道交通车辆了。

后来大连机车车辆厂还是为大连的轻轨交通线生产了三节车厢一组的轻轨列车。

但档次较低，并正如我所料，没法进入其他城市的市场，也就不可能发展起来。

经过一番艰苦的工作，终于说服了各城市，在全国确定了长春客车厂、青岛四方、株洲机车车辆厂和浦镇机车车辆厂 4 个地铁车辆生产厂，在我任内一直维持了这一格局。这样做有计划经济的色彩，到底对不对？肯定会有不同看法。但我认为，在城市轨道交通车辆生产上没有像汽车一样遍地开花，产能过剩问题据说现在已经有所显现，但比起汽车、船舶、机床等行业来并不突出。实践证明，计划经济的布局和市场竞争机制的优越性在城市轨道交通设备领域得到了较好的体现。

“国产化先生”

落实城市轨道交通设备国产化，除车辆外还有许多关键的零部件，比较突出的如信号系统，这是我国产业技术的薄弱环节，早期地铁的信号系统均从国外进口。在开始做国产化规划时，我们想利用电子工业系统的优势研究机构和企业，眼光基本上还是盯着国有企业，结合南京建设地铁，我们选择原电子部 14 所为南京地铁配套信号系统。现在信号系统已经能够国产化，原北方交通大学的北京交控和卡斯科，原铁道部的通号公司都生产出了国产的地铁信号系统。

地铁车辆的车体已从过去的碳钢变为不锈钢车体和挤压蜂窝状铝型材，这种车体此前我国没有生产过。开始我们也是盯着央企来实现国产化，选择最有实力的西南铝加工厂研发，给予扶持，但央企最终还是没有竞争过崛起的民企。现在吉林麦达斯铝业有限公司、利源精制股份有限公司、忠旺控股有限公司、南南铝加工有限公司、明泰铝业有限公司、中铝-萨帕特种铝型材（重庆）有限公司等都能提供挤压车体铝型材了。

轨道交通设备的其他零部件我们都安排了国产化方案。上海的法维莱是车用空调的主要供应商，南京的康尼公司则是车门的主要供应商。经过十几年的努力，城市轨道交通设备国产化率达到了百分之九十，变进口为出口，成本价格降低了几乎一半。加上施工机具、技术的进步，地铁的造价也降低了近一半，这使得更多的城市大规模建设地铁成为可能。

在推进轨道交通装备国产化的过程中，得到了大多数地方的认可和支持，这是国产化工作得以落实的重要因素。我那时对推进国产化到了痴迷执着的程度，态度十分坚决，不容通融。法国阿尔斯通公司高管和我几次接触后虽感到我推进国产化态度坚决，但私下里和他们自己的翻译说，他是一个为自己国家利益努力的人，值得敬佩。西门子则在背后送了我一个“国产化先生”的绰号。

中国加入WTO后，有些人不敢提国产化了，怕有违WTO的规则。国家发改委办公厅原有一个负责核稿的副主任，看见文件中有“国产化”字样的都改为“本地化”。我对他说，这不是自欺欺人嘛！翻译成英文都是“localization”。我在考察纽约地铁和加拿大庞巴迪时了解到，美国已经没有生产地铁车辆的工厂了，所需车辆主要从加拿大庞巴迪进口，但庞巴迪公司告诉我，美国有个法律叫作“buy America”（买美国），直截了当要求在美国的生产成分要占到80%，我当即要求庞巴迪公司给我复印了一份该法律文本带了回来。

1999年原国家发展计划委员会副主任包叙定同志调任重庆市市长。当时重庆正在筹建第一条城轨交通，根据重庆山城的特点，他们选择单轨列车方案，当时我们国家尚未有单轨交通，日本东京从市内到成田机场有一条单轨线路，我担心首次采用单轨技术，全套装备又会进口国外的，所以在包叙定市长赴任前我对他的临别赠言竟是谈了我的担心，希望他到任重庆市市长后坚持国产化的路线。他表示，他曾是机械工业部部长，搞国产化是他的任务，他会贯彻国产化的方针，尽可能采用国产装备。后来包叙定同志担任中国城市轨道交通协会会长。

南京市的第一条地铁是在副市长戴永林领导下建设的，深圳市第一条地铁的负责人是常务副市长李德臣，他们都有全局观点和宏观视野，坚决支持国产化的工作，带头吃第一只“螃蟹”，为国产设备的首台套应用提供了市场。

在轨道交通装备国产化过程中，对工厂的技术改造升级也十分重要。我曾对确定为轨道交通车辆生产厂的长春客车厂和浦镇机车车辆厂做过考察，长春客车厂的马厂长和浦镇机车车辆厂的蓝厂长带我参观工厂的生产车间时，我直言不讳地批评，这样的生产条件无法生产出高质量的地铁车辆。车间天窗是破的，地面肮脏油污，根本谈不上洁净度和恒温恒湿。装配车间里挖了槽，装配工站在槽里为车辆装配底盘，就像过去修理汽车一样。而在西门子的车辆工厂，车间是洁净厂房，地面整洁光滑，待装配的车辆用气垫悬浮起来，工人站着甚至坐着装配车厢底盘，根本不用钻进槽内在地坑中装配车厢底盘。我还对长春客车厂的同志讲，第一汽车制造厂对吉林省长春市的经济贡献很大，相比较处于同样地位的长春客车厂对地方的贡献和影响力就不如一汽，中国轨道交通市场这么大，长春客车厂应该为地方经济发展做出更大贡献。

后来，在扩大内需的国债资金中有一块是补助企业技术改造的贴息资金，我为这几个厂都安排国债资金进行了大规模的技术改造，工厂真是鸟枪换炮了。马厂长、蓝厂长都为城市轨道交通的国产化做出了重大贡献。温州高铁发生撞车事故后，铁路降速，对高铁的质疑声骤起，订单迅速下降。本来连节假日都需加班加点的生产车间一下子变得冷冷清清，我也忧心忡忡，跑到长春客车厂去看，这时的长春客车厂已经在新区建起了一大片崭新的现代化厂房，连西门子、阿尔斯通的同行看后都羡慕不已。

影响城市轨道交通装备生产的体制障碍

还有一件体制造成的有意思的事情。铁道部和铁路机车生产企业脱钩后成立了南车、北车集团，理论上不隶属铁道部管，归国资委领导，但由于铁道部仍是机车车辆的唯一买家，所以机车车辆工厂对铁道部唯唯诺诺，怕得要死。而体制上铁道部不管地铁，城市轨道交通是建设部的事，所以原铁道部部长刘志军到机车车辆工厂视察和落实动车组制造时不准企业生产地铁车辆，谁要不听就不给动车组任务。所以，长春客车厂等生产地铁车辆的工厂都怕，每次刘志军来视察时他们就要把地铁车辆藏起来，不让他看见。浦镇机车车辆厂因为生产地铁车辆，刘志军就不给他们安排动车组生产任务，做了许多工作也没用。当时浦镇机车车辆厂与法国阿尔斯通合作得很好，刘志军硬要拆散，要阿尔斯通去与长春客车厂合作。当时长春客车厂正与西门子谈得火热，刘志军要西门子去与唐山客车厂合作。为了得到中国订单，阿尔斯通和西门子不敢不听刘志军的，原来的合作关系就这样被拆散拉郎配了。后来在安排高铁动车组国产化生产厂时，刘志军始终把浦镇机车车辆厂排斥在外，浦镇机车车辆厂找了很多关系，做了很多工作，仍然不管用。究竟他心里怎么想的不知道。

在当时体制下，地铁车辆生产在机车厂是“小媳妇”，只能是在夹缝中生存。现在体制又变了，国家发改委内部管理业务已经把城市轨道交通从投资司转到基础司。国家发改委要放权，原来的城市轨道交通装备国产化方案不再适用了。事实上，在原规划外又有一些城市企业生产轨道交通车辆，行业担心各地又会一哄而起。在新的形势下如何宏观管理好城市轨道交通产业的确也将面临考验。希望这一产业能持续健康发展起来。

中国城市轨道交通事业的经验

回顾20年来我国城市轨道交通事业的发展历程让人振奋，引以为豪。

这里的第一条经验，正是我们国家的优势所在，既发挥社会主义能集中力量办大事的优势，又发挥市场机制竞争的作用，有正确的规划和政策，并坚决贯彻。

现在有人在讨论要不要产业政策。还是一句老话：实践是检验真理的标准。这20年我们在城市轨道交通领域取得的举世瞩目的成绩已经说明，过去我们的做法是符合我国国情的、行之有效的。理论再对，如果不能取得成效，那也不过是纸上谈兵而已。知易行难，与其纸上谈兵，不如付诸实践。

第二条经验，重大基础设施是百年大计，眼光要长远，不能只看眼前，要有长远的规划。我记得，在讨论北京市从崇文门到北边的立水桥这条南北走向的地铁时，开始时为了省钱，想在北三环就露出地面，三环以外是地面的轻轨。而我希望从长远看问题，尽可能在地下走，为今后地面发展留出空间。后来折中在北四环露出地面。现在回头再看，如果当初在北三环就露出地面变成轻轨会是怎样？同样，广州市在建设通往南沙新开发区轨道交通时，时任广州市市委书记林树森说，全部建成地下地铁，为今后地面发展留出空间最好，但是因为资金问题还是在地面建了轻轨。

轨道交通事业发展给我们一个启示，城市轨道交通能做到的，其他领域也同样能做到。现在我国的高铁、船舶、通信设备等和城市轨道交通一样都已经站在世界的先进行列，相信今后会有更多的行业脱颖而出，实现伟大的中国梦绝不只是梦想。

序 三

关于引进与创新的思考

傅志寰

至今我国高铁运营里程已超过 20 000 km，占世界高铁总长度的 60%以上。高铁大大缩短了“时空距离”，对我国经济、社会、文化产生了难以估量的影响，成为实施“一带一路”战略的有力支撑。高速列车穿行神州大地，为旅客提供了快速、舒适、准时、优质的服务。同时，通过高铁建设显著提升了铁路装备整体水平。目前，我国每天飞驰着4 200列动车组；高速列车已经累计运行超过 38 亿 km，运载旅客达 50 亿人次。这些令人炫目的“大数据”使很多发达国家羡慕不已。高铁已成为中国一张靓丽的名片。

高铁成就哪里来

有人说“高铁的成就来自于引进，是引进才使我们站在巨人的肩膀上”。这种说法乍听起来“有些道理”，而对于了解内情的人来说，是不全面、不准确，甚至是似是而非的。至于最近德国媒体报道的“中国高铁是依赖外国帮助并获得全套技术的结果”，则更与事实严重不符。

为什么讲前述说法乍听起来“有些道理”?

这是因为，中国铁路本身就是从英国引进来的，一百多年来我们从国外学习了很多。远的不多说，最近十多年来的引进确实为我国铁路技术带来了可喜变化。比如大家所关注的动车组，这一引进产品已成为我国高铁不可或缺的闪亮组成部分。

与此同时，引进加快了我国机车车辆设计手段的提升、加工工艺与生产组织方式的改进，助推了精细制造意识的增强和产品质量的改善。

此外，在引进、消化的基础上进行再开发也取得多项令人鼓舞的成果，如CRH380A与CRH380B等高速列车已经成为我国高铁客运的主力车型。再有，引进促进了机车车辆生产企业的技术改造和设备更新，实现了旧貌换新颜。

为什么讲前述说法不全面、不准确、似是而非？这是因为：

其一，占投资80%以上的高铁土建工程，与引进关系不大，其技术主要源于我国长期的实践。最近三十年里，包括高铁在内的我国新建铁路多于发达国家的总和，经验十分丰富。我国气候与地质条件复杂为世界罕见，没有也不可能有现成的国外经验可资借鉴。超长大断面隧道、结构新颖的桥梁、高平顺度的轨道等建造技术之所以领跑世界，主要是自主创新的结晶。再者，我国第一条高速铁路——秦沈客运专线早在引进之前，依靠自己的力量就已建成。当然也不应忘记，国外的无砟轨道技术对我们不无裨益。

其二，仅就机车车辆而言，并非“中国高铁是依赖外国帮助并获得全套技术的结果”。实际上，不管是所谓“日系”（日本技术）还是“欧系”（德国、法国技术，以及庞巴迪公司的技术）动车组，外方对诸如转向架、网络控制、变流装置、空气制动等核心硬件和软件技术都拒绝转让。这是因为我国机车车辆制造已经具有不俗实力，西方将我国当作极具潜力的竞争对手，始终心怀戒备。引进中，我国得到的主要是生产图纸、制造工艺、质量控制和检测方法，即制造合格产品所必需的文件、管理知识和有关专利，这也是我国企业受益最大的部分。至于当时所说的“联合设计”，并不是外方与我方共同从头设计一种新车，而是在其原有车型基础上做些适应中国特点的局部修改。外国公司在人员培训上相当保守，只教你怎么做却不告诉你为什么，对于原始计算分析、研究实验数据、软件源代码则严加保密。西门子人士曾声称“绝不出让核心技术”，长春轨道客车股份有限公司一位技术主管对此感触颇深。他说：“对于关键技术，只要我们稍稍接近最后一层‘窗户纸’，老外就会敏感地在其上加盖‘铁板’。”

时至今日，业内普遍认为，真正突破并掌握核心技术主要是在最近五六年。例如，已经试制成功的中国标准动车组不但摆脱了核心技术受制于人的局面，同时还实现了产品的简统化和标准化，可大幅降低制造和运营成本。变流装置、制动系统、网络控制、转向架等核心技术难题相继攻克。试验与运营表明，其动力学、牵引、制动、噪声等主要指标十分优异。更值得欣慰的是，控制系统软件均为自主编制，被人“卡脖子”的技术都已突破。这意味着我国已经打破外国公司的垄断，重新构建了自己的产品平台。中国标准动车组不但将为我国高铁提供不受外方约束、更放心、更经济的产品，也将是我国高铁走向世界的一张“王牌”。

除了中国标准动车组，这几年推出的还有各种机车和动车，也令国际同行刮目相看。出口巴西、阿根廷、马其顿及东南亚地区的产品广受欢迎，地铁列车在美国波士顿、芝加哥中标，电力机车在南非竞得大单。还有，我国独立研制的永磁电机牵引系统已在高速列车上试验成功，永磁电机牵引技术进入世界领先行列。

目前我国机车车辆企业新产品研发的蓬勃态势令人欢欣鼓舞。

对于中国标准动车组等产品的成功研制，曾有人问我，是否得益于引进？无须讳言，引进带动了我国设计手段的提升、加工工艺和生产组织的改进，无疑给自主研制创造了有利条件。不过要强调的是，以中国标准动车组为代表的自主品牌是靠中国人的智慧打造而成的。

由此看来，“高铁的成就来自于引进，是引进才使我们站在巨人的肩膀上”的说法，是不恰当的。假如真是那样的话，一旦巨人撤走，我们岂不是会掉在地上，又变回一个弱小者了吗？然而，目前我们已经不是弱小者，也是一个巨人了。就以中国标准动车组为代表的自主产品而论，这些大“树”的根不在外国，而在中国，因为在引进之前，我们已经有了自己完整的机车车辆工业体系，有试制“中华之星”等高速列车的经验，更可贵的是培养了一批难得的人才。引进的作用，就好比是将外国的好理念、设计、工艺（不包括外方不转让的核心技术）嫁接在中国这些“树”上，而它们的根却依然牢牢扎在中国。

假设引进的不是中国，而是某些发展中国家，那高速列车能否在那里迅速长成一棵大“树”，答案可能是否定的。

创新能力最重要

引进的作用毋庸置疑，需要再强调的是，引进并非我国机车车辆技术进步的主要源泉。

早些年，《瞭望》周刊曾刊文指出：“中国高铁技术存在引进之外的来源——中国机车车辆工业原有的创新能力”“南北车的创新能力，并非因引进生成，而是在大规模引进之前就已有之，充其量是在引进过程中又得到进一步增强。”正如古人云“夫功之成，非成于成之日，盖必有所由起”。这说明，一件事成功了，并非取决于成功的那一天，而是在此之前就存在成功的原因了。其实，引进是一把“双刃剑”。如果一个企业本身具有较深的底蕴和内功，其技术水平将会通过引进获得提升，这就是借力发力；倘若企业缺乏自身“定力”，则有可能被人“绑架”，按照人家的“脚本”和节奏起舞。

以汽车为例。我国已是世界产销头号大国，与国际著名公司均有合资。在合资企业中，产品的改动都必须拿到国外认证。如此一来，中国汽车业的创造力就被严重挤压。

所幸的是，与汽车不同，我国机车车辆工业没有把自己的企业变成他人的加工厂，而是在消化引进技术的同时，不断开发自己的新产品。对于这一点，有的外商一度估计不足。日本川崎重工早先曾放出重话，没有两个 8 年时间，中国将难以消化吸收其出口的动车组产品。然而现实却让川崎重工大跌眼镜，根本原因就在于我国机车车辆工业具有自我“造血”的创新能力。

创新能力何处来

创新能力是长期积淀的结晶。没有积淀，创新能力就是无源之水，对于传统产业更是如此。正如老子所说：“合抱之木，生于毫末；九层之台，起于累土。”自 20 世纪 60 年代起，我国自行开发的电力、内燃机车不下 30 个型号，总计生产数万台，研制的干线与地铁动车组也达数十种。产量之大、品种之多，位居世界前列，在研究—设计—制造—运行的各个环节都积累了丰富的经验和教训。而这些正是培育创新能力的沃土。实践证明，没有积淀就难有突破，就难有其后的爆发。

创新能力来自于试验设施的支撑。试验是创新的摇篮，没有试验手段就谈不上创新。几十年里，我国铁路建有许多重要试验设施。特别是，1958 年建成的北京环行铁道试验线，是世界规模最大的综合试验基地之一；1992 年在西南交通大学落成的机车车辆滚动试验台，是继德国之后世界第二个建成的试验台，可开展重载、高速条件下机车车辆的研究。这些连许多发达国家都没有的大型试验设施，在我国新型机车车辆的研制过程中发挥了重要作用，以至于一些外国公司也慕名而来，在中国测试改进自己的产品。此外，各企业也建有大量试验装置。更值得一提的是，近两年中国铁路总公司利用建设中的大同—太原高铁而特别开设的 90 km 试验线（原平—太原），对开展新型动车组、列车运行控制系统等自主化装备的研究发挥了关键作用。

成就创新能力的根基是人才。经验告诫我们，产品可以用钱买到，但指望以引进方式购买创新能力几乎没有可能。众所周知，创新能力的载体是人，没有人才何谈创新？几十年来，我国机车车辆人“在游泳中学习游泳”，在新产品开发中，经历难以数计的失败与成功，一步一个脚印，一步一份感悟，才使自己得以提升。例如，

1980年前后电力机车辅助机组烧损曾是最头痛的故障，其后果是导致机车中途停驶。面对这一难题，科技人员在经过几十次改进保护装置失败后，对异步电机进行破坏性测试，探寻烧毁机理。通过反复试验发现原来设计的出发点有误，随后调整了设计方案，最后解决了问题。挫折与失败使我国技术人员增加了知识“厚度”。多年实践昭示我们，没有成功与挫折的反复磨砺，就很难造就出一支高水平的专家队伍。专家是最宝贵的财富，也是我国机车车辆工业立足世界的底气所在。令人欣慰的是，曾参与国产动车组研发及后来技术引进的一大批中年技术骨干，传承了老一代奋发向上的进取精神，业已成为新产品研发的领军人物，在他们的带领下，朝气蓬勃的年青一代已经成长起来，挑起了今日创新攻关的大梁。

创新能力源于自强不息的传统。创新常常是被逼出来的。1960年，我国电力、内燃机车诞生不久，苏联专家突然撤离，把刚刚接触新技术的年轻人搞得措手不及，但却激发出了他们发奋图强的使命感。艰难困苦，玉汝于成，久而久之形成了自强不息的传统。由于有了这种自强不息精神，有了一股不服输的“倔劲”，不但敢打硬仗，还大大提振了科技人员的自信。正是源于自信，一些企业即使受到引进的猛烈冲击却未曾放弃过自己的研发平台。

无数事实说明，创新能力不是“形”，而是“神”。创新能力是内功，即经磨炼而成，难以用钱买来。创新能力也从来不是速成品，需要十几年乃至数十年的积累、培育、磨砺、激发，正所谓“不经一番寒彻骨，怎得梅花扑鼻香”。

还有一点必须强调，即建立以用户为主导的创新体系尤为重要。多年来，在我国机车车辆制造领域已经形成了“用、产、学、研”稳定的联合体。铁路主管部门牵头组织，生产企业从事研制，科研院所和高校参与试验。这样一个由运用—设计制造—试验单位构成的协同创新体系，可以攥紧拳头、整合资源、高效运作。这种体系不但使铁路运输企业受益，同时也降低了机车车辆企业新产品研发的风险，有利于其提高国内市场份额。

曾有人问：为什么与一些发展中国家不同，我们能够迅速消化引进技术，进而研发自己的新产品？答案是：因为我们有深厚的底蕴，有很强的创新能力，还有高效运作的创新体系。当然党和国家的高度重视是根本前提。

当前，我国高铁土建已经处于世界领先地位，其优势将会继续保持。我国高速动车组虽然跑在世界“第一方队”，制造了国际一流的产品，却不能沾沾自喜，我们还必须快马加鞭，进一步增强自己的原始创新能力。唯有如此，方能成为轨道车辆技术强有力的领跑者。

自 序

科技新闻也是生产力

冷德熙

新闻也能推进行业科技进步吗？

当我说的是科技新闻的时候，也许这不应该受到太大的质疑。

作为科技日报的记者，应该如何通过科技新闻采访活动，宣传落实创新驱动发展战略，积极推进行业科技进步和区域协同创新？

自 2013 年以来，我深入城市轨道交通行业开展调查采访，发表行业调查新闻报道 60 多篇，近 30 万字，连续六次召开行业科技问题专题座谈会或论坛，大力宣传该行业十多年来技术引进、消化、吸收和国产化、自主化的成功经验。通过行业调研、系列报道、专题研讨，有效推进了行业科技进步和有关区域协同创新，弘扬了主旋律，传播了正能量。

科技是生产力。科技新闻及其新闻调查活动弘扬了主旋律，传递了正能量，在此意义上，是否可以说，科技新闻也是生产力？

宣传轨道交通装备制造业国产化与自主创新

改革开放，尤其是 21 世纪以来，中国的轨道交通装备制造业普遍经历了一个技术引进、消化、吸收和国产化、自主化的创新进程，是我国高端装备制造业现代化进程的成功样板。

首先是技术引进，同时消化、吸收和自主研发。其次是进口替代和国产化。其中国产化又分两个阶段。第一阶段是外资企业在中国合资（合作或独立）建厂，设立本土化的生产基地，将原来在国外生产的设备拿到我国生产；第二阶段是国内企业在与外资企业合资合作过程中，通过引进、消化、吸收和技术研发，实现有关装备的投资主导和自主生产，进而实现有关装备的进口替代和国产化。而国产化后期又经历了从资本的自主化到知识产权的自主化的过程，以技术引进为主的国产化因而走向以自主创新为主的自主化和国际化。

当前我国的装备制造业基本上已经完成国产化和自主化，正在按照习近平总书记“一带一路”的战略部署，从国内市场走向国际市场（国际化）。从国产化到自主化到国际化，以中国中车为代表的轨道交通装备制造业在十多年的时间里步入世界先进行列，是中国高端装备制造业改革开放和自主创新的成功范例。

在过去三年多的时间里，我对中国中车所属长客公司、株洲所、铺镇公司及中国铁科院北京纵横机电技术开发公司等企业的系列宣传报道，对北京、重庆、南京、上海、深圳等城市地铁建设管理和运营部门的调查采访报道，集中反映了他们在引进、消化、吸收、再创新和集成创新上取得的一系列重大科技成就，被有关专家誉为“发展中国家工业现代化进程的简明读本”。

2014 年是城市轨道交通行业“70%国产化”政策出台 15 周年。为了总结 15 年来我国城市轨道交通行业国产化、自主化、国际化的成功经验，11 月 28 日，科技日报召开了“从国产化到自主化到国际化——创新驱动与城市轨道交通国产化 15 周年新闻交流研讨会”，国家发改委、科技部、当时的南车集团、北车集团、中国铁科院，以及北京、深圳、重庆等城市业主单位的负责人和专家学者与会。科技日报还为 15 年来为行业科技进步做出杰出贡献的个人和重大项目颁发了“中国城市轨道交通国产化追梦人”和“城市轨道交通行业自主创新经典案例”纪念证书。

关注科技成果转化的“最后一公里”

基于无线通信的列车自动控制系统（communication based train control system，CBTC）是国际上城市轨道交通列车控制的最新技术。中国自主创新的 CBTC 信号技术由北京交通大学（以下称“北交大”）的科研人员历经十多年研制而成。为了将这项重大科技成果推广应用，北交大专门成立了北京交控科技有限公司（以下称“北京交控”）。北京交控在产业化的过程中遭遇的困惑典型地反映了科技成果转化和产业化过程中“最后一公里”的问题。

作为得到国家科技部、发改委、财政部和北京市科委大力支持的重大技术专项，北交大 CBTC 项目科技成果在产业化之后，研制生产的设备首先在北京地铁亦庄线和昌平线得到推广应用。然而，由于信号系统直接关系到地铁等城市轨道交通的运营安全，尽管有关部门按照重大装备“首台套”政策给予了大力支持，使得国产CBTC有了示范业绩，但是为了城市轨道交通的运营安全，国内许多业主单位还是愿意花重金从国外购买，直接导致国内自主研制生产的CBTC这一重大科技成果面临推广困难，连续数年没有走出北京。因为对于业主单位来说，虽然主管部门有地铁车辆和机电设备应该70%国产化的政策要求，但采购跨国公司的先进设备意味着事实上的事故免责。

在了解到这一情况之后，我首先调查了这项技术的研制过程，以及研制设备在示范线上的应用情况。紧接着又采访了城市轨道交通行业的主管部门、知名专家和有关业主单位。首先在科技日报发表了《春深如海觅芳华——轨道交通信号系统自主创新心路历程》长篇通讯，然后又连续发表了《在关键核心技术上“自主”！——北京市科委推进城市轨道交通CBTC信号技术研发纪实》《为了城市轨道交通国产化之梦——北京轨道建设公司十年自主创新路（上下）》《自主创新技术急需解决“最后一公里”——施仲衡院士谈城市轨道交通技术自主化》等系列文章，引起业内外广泛关注。

在此基础上，为了将讨论引向深入，2013年8月8日，科技日报还以“城市轨道交通国产化与自主创新”为题召开专题座谈会。会后又分别大篇幅刊登了《坚持创新自信，大力推进城市轨道交通行业健康发展——城市轨道交通国产化与自主创新座谈纪要》《为自主关键核心技术推广鼓与呼——“城市轨道交通国产化与自主创新”座谈侧记》，对会上政产学研用业内有关人士就如何解决“最后一公里”问题提出的政策建议，进行了系统全面的宣传报道，引起广泛社会反响。

扶正纠偏，针砭时弊

20世纪90年代以来，随着中国城市化进程的加快，中国的城市轨道交通也进入快速发展时期。地铁成为中国城市轨道交通建设运营的主要形式。

21世纪以来，全球已有62个国家和地区建设了城市轨道交通系统，总的运营里程达三万多公里，其中地铁里程约占其中的三分之一。然而，截至2014年，我国已经建成的2 000多公里的城市轨道交通线路当中，地铁比例高达84%，一些二、三线城市也在兴建地铁。

城市轨道交通制式有多种，包括地铁、磁浮、直线电机地铁列车、有轨电车、跨座式单轨等。其中地铁的载客量大，但是工程浩大、投资周期长、回收慢。一些

二、三线城市人口密度不大，完全没有必要修建地铁，而应该因地制宜，选择适合本地特点的轨道交通制式。山城重庆根据城市特色发展跨座式单轨，是城市轨道交通因地制宜、多制式协调发展的样板。

然而，就是这样一种普遍适用于山城、城郊、旅游观光区和二、三线城市的轨道交通形式，当时却因为在全国知名度低，难以推广。在了解到这一情况后，我深入重庆进行了为期一个多月的实地调查，采访了当地业主单位、主管部门、行业专家和有关当事人，写出了《流动的彩虹：山城创新变奏——重庆跨座式单轨交通及其产业发展纪实（上下）》《中国城市轨道交通应该走多制式协调发展之路——访中国城市轨道交通协会会长包叙定》《“看见美好的理想成为了现实”——重庆市政协副主席童小平谈重庆单轨交通》等系列文章在本报发表，并于2013年12月12日，在重庆召开了以“创新驱动与城市轨道交通多制式协调发展”为题的座谈会，对重庆发展跨座式单轨交通的成功经验进行了总结和推广，对城市轨道交通行业地铁比重过高的社会偏向提出了批评，得到有关行业协会的积极响应。

倡导技术新理念　引领发展新潮流

城市轨道交通的互联互通，是指特定区域内相同制式不同线路之间的车辆可以共线、跨线、越线运行，从而为乘客减少换乘，为业主节约资源，为运营提高效率。

目前我国的城市轨道交通基本上还没能真正实现互联互通。由于建设时间先后不同、供货商不同和信号制式不同，一些特大型城市轨道交通的不同线路之间的车辆还不能通用，运行车辆也不能跨线或越线运行。这人为地增加了乘客换乘的次数，浪费了资源，降低了效率。

2014年，习近平总书记就京津冀协同发展发表了著名的“2·26”讲话，指出京津冀地区应该在交通、产业和环保三个方面实现突破。要着力建设京津冀现代交通网络体系，把交通一体化作为先行领域，加快构建快速、便捷、高效、安全、大容量、低成本、互联互通的综合交通网络。京津冀城市轨道交通的互联互通因而被赋予特殊的意义。

值得特别指出的是，互联互通作为城市轨道交通的一种理想状态，在业内多年前就已经被提出来，但是即使在北京、上海这样的特大型城市，也一直未能真正成功付诸实施。

为了宣传贯彻中央京津冀协同发展战略，大力推进中国城市轨道交通，尤其是京津冀城市轨道交通的互联互通，我围绕“何为轨道交通的互联互通”“轨道上的京津冀如何互联互通”“京津冀互联互通的轨道交通网怎么建”等问题，采访了一批专家学者，发表了系列文章。并于2015年11月29日，由科技日报与北京交通大学联合召开了“京津冀协同创新与交通一体化高层论坛暨轨道交通互联互通座谈会”，国家发改委、科技部、北京市、河北省、天津市、中铁总公司、中国城市轨道交通协会等一批主管部门的负责人和专家学者参加了会议。会议成果在报纸上刊登，取得良好的社会效果。

从行业科技进步到区域协同创新

大风起兮京津冀，风生水起长三角。2015年，中央颁布三项经济发展重大战略：“一带一路”战略、京津冀协同发展战略、长江经济带战略。我的关注重点因此转向推进区域协同创新，连续开展了两次调查采访和系列报道：“京津冀交通一体化与轨道交通互联互通”系列报道和“聚焦长三角轨道交通”系列报道，连续召开了两次专题论坛：“京津冀协同创新与交通一体化高层论坛暨轨道交通互联互通座谈会”和“长三角轨道交通创新发展论坛”。

其中，“京津冀协同创新与交通一体化高层论坛暨轨道交通互联互通座谈会”专题研讨了京津冀交通一体化和轨道交通互联互通的有关问题，有关情况已如上述，积极呼应了京津冀协同发展战略中区域轨道交通发展中的协同创新问题。

“聚焦长三角轨道交通”系列报道是在报社编委会和刘亚东总编辑支持下，由本报记者部和周刊中心紧密协作，由我和长三角地区苏、浙、沪、皖四地记者站同事共同完成，体现了科技日报资源整合、团结协作的力量。

长三角是中国经济最发达、城镇化程度最高的地区。中央将其定位为亚太地区重要国际门户，全球重要的先进制造业基地，中国率先跻身世界级城市群的地区。2014年9月，国务院发布了《关于依托黄金水道推动长江经济带发展的指导意见》，要求完善长江三角洲城市群城市轨道交通和城际交通网络，打造以上海为中心，南京、杭州、合肥为副中心，城际铁路为主通道的“多三角、放射状”城际交通网络。

长江经济带战略是新时期我国经济社会发展的重大战略，依托黄金水道推进长江经济带发展，打造中国经济新的支撑带，是党中央、国务院审时度势，谋划全国经济全局，既针对当前又惠及长远的重大决策。另外，目前国务院已经批准规划建设地铁等城市轨道交通的城市为39个，城市轨道交通运营里程已经超过了3 173公里。长三角地区已经批准规划建设城市轨道交通的城市已有12个，仅江苏省就有6个城市正在规划和筹备建设多种制式的城市轨道交通线路。其中，上海、南京、

杭州等城市已经建成比较完善的城市轨道交通网络。而合肥、芜湖、苏州、无锡、常州、宁波、温州等一批二、三线城市正在积极兴建不同制式的城市轨道交通，但略显经验不足。推进长三角城市群轨道交通的创新发展，对于长三角乃至长江经济带发展具有重要意义。正是基于以上考虑，我们在对长三角城市群做了调查采访和系列报道之后，经报社编委会研究批准，决定召开“长三角轨道交通创新发展论坛”。

“长三角轨道交通创新发展论坛”于 2015 年 12 月 20 日在南京召开。国家发改委、中国城市轨道交通协会、江苏省科技厅、北京交通大学、中国中车、中铁第四勘察院、上海地铁、南京地铁、重庆地铁、深圳地铁，以及苏锡常等一批相关单位及企业负责人和专家学者出席。会议有关成果已经见报，在此不再赘述。

科技部老领导、中国智能交通协会理事长吴忠泽充分肯定本次活动。他认为，新闻媒体对行业发展进行深度调查采访，是新闻工作者践行“走转改”、履行“三贴近”、执行“三严三实”的具体生动实践，对于推进行业科技进步和区域协同创新具有重要意义。

深入调研　系列报道　活动推进

三年多来，我围绕城市轨道交通行业展开了系统全面的调查采访。通过与个别企业领导人的深入沟通交流，了解企业发展的具体困难和行业科技进步的普遍性问题（发现个别中的一般、个性中的共性），通过对行业主管部门、专家学者的延伸采访报道，进而组织政、产、学、研、用相关人士的专题座谈和讨论，为行业和地方共性问题的解决提出政策建议和解决方案，从而在不同程度上推动了问题的逐步解决，有益于行业的科技进步和地方的经济发展。

根据三年多的采访报道经验，我认为，要通过调查采访推进行业和区域的科技进步，必须重视做好深入调研、系列报道和活动推进三方面的工作。

首先是要进行深入调研。企业科技新闻报道形式多种多样，企业的问题和需求也多种多样。以什么形式报道企业的什么问题考验着记者的观察力和思维视野。只有那些既体现企业个性（个别）又体现行业共性（一般）的普遍性科技问题，才具有科技新闻价值，才是科技新闻记者应该给予关注的对象。当新闻报道引起了社会关注，推进了问题的解决的时候，在帮助个别企业解决问题的同时，客观上也推进了行业和地方的发展。

其次是要开展系列报道。在每个人都拥有“自媒体”的今天，简单的一条短消息、一篇小文章，很快就会淹没在海量的资讯海洋之中。对于消息、短评、特写、通讯、侧记、言论、纪要等多种形式，不管哪种形式都可以用来揭示问题，针砭时弊。任何问题只要能引起人们的普遍关注，就一定能够找到解决问题的合理方案。所以，系列报道往往有利于将问题调查清楚，引起广泛的社会关注，将讨论引向深入，最终推动问题的解决。

最后是要组织好专题座谈和讨论。一些行业和区域的共性问题，往往是因为信息交流不畅、形成信息孤岛所致。而不同利益主体之间有些问题的沟通需要桥梁和纽带。媒体具有社会公信力，由媒体出面组织召开的专题座谈会或论坛，既有利于不同利益主体和社会各阶层人士的交流探讨，又便于将大家通过讨论形成的政策建议和问题解决方案进行新闻传播，从而推动问题的解决，进而推进行业的科技进步和区域协同创新。这样，媒体既传播了新闻，又传递了社会正能量。

需要特别提出的是，由于时间跨度较长，采访人物众多，也为了保存采访进程的原貌，还因为部分内容由几位同事协助完成，编辑成书时不可能对发表过的文章进行重新改写，导致本书的系统性、逻辑性都有欠缺，甚至还有部分内容出现重复。这都是本书的硬伤，均由我本人负责。水平有限，恳请读者诸君多多原谅。

目　录

大学实验室科技成果产业化之后，自主创新之旅并没有走完。市场的考验，用户的购买和采用，有助于自主创新走完最后一公里。北京交通大学 CBTC 项目作为一项重大工程科技成果，从国家多个部委到北京市多个部门都对此给予大力支持。而其成果转化和工程示范过程不是单纯的产学研相结合，政府和用户也参与其中，而且发挥至关重要作用，已成为政产学研用多方协同创新的示范工程。

当下全国已有30多个城市在建设或规划建设城市轨道交通。与国际上地铁只占到城市轨道交通不足一半的比例不同，我国的城市轨道交通80%以上都是地铁，包括一些二线城市也规划建地铁，似乎只有地铁才是现代化大都市和都市生活的标志。城市轨道交通包括地铁、轻轨、直线电机列车、磁浮、悬挂式单轨、跨座式单轨、现代有轨电车等多种制式。各种不同制式的城市城道交通，其速度、适应性各不相同。不同城市应该根据具体情况因地制宜，选择不同的城市轨道交通制式。

从国产化到自主化再到国际化是一种发展，也是一种回归。我们的国产化是人家的国际化，而今天我们的国际化或许将成为东道国的国产

化。中国国产化15年是中国城市轨道交通引进、消化、吸收和自主创新的15年，是中国轨道交通装备产业不断发展壮大的15年。15年中，一批关键核心技术被攻克，轨道车辆和信号、牵引、制动等一批重要系统装备实现完全自主化，当年北车、南车、铁科院等一批重要行业企业发展壮大的历程，是这个行业国产化、自主化、国际化的成功典范。

第四篇　大风起兮京津冀

——“京津冀交通一体化与轨道交通互联互通”专题调查　/207

京津冀（曾经也有“环渤海经济圈”等不同叫法）话题，过去几十年经过学者层面长期的酝酿和研究，地方政府之间开展过多层次横向经济技术合作的努力和探讨。2014 年以来，本届政府高层亲自从战略层面深入谋划，并将京津冀协同发展提高到国家发展战略层次，这是历史上从未有过的。这就决定了京津冀轨道交通协同发展话题具有高度的新闻价值。

第五篇 风生水起长三角

京津冀轨道交通建设问题思路的顺序是京津特大型城市内部的互联互通、市域铁路（又称市郊铁路、市域快轨）和城际铁路，而长三角轨道交通建设的问题关键应该是长三角中等规模城市之间的城际铁路和城市轨道交通的互联互通。以苏锡常为例，其城市内部的轨道交通的多制式发展和城际之间轨道交通的互联互通对于区域经济的发展同等重要。

第六篇　中国汽笛声回荡新丝路

当今中国作为世界第二大经济体，秉承“人类命运共同体”理念，实施“一带一路”（丝绸之路经济带和海上丝绸之路）战略，就是要进一步巩固和发展中国与沿线国家和地区的经济贸易和文明交流，通过大力推进“政策沟通”“设施联通”“贸易畅通”“资金融通”和“民心相通”（俗称“五通”），以中国经济发展的巨大动能促进沿线国家经济社会发展和人民的共同福祉。

附录：城市轨道交通建设管理主要政策法规

坚持创新自信，大力推进城

——城市轨道交通国产

关志

任志武

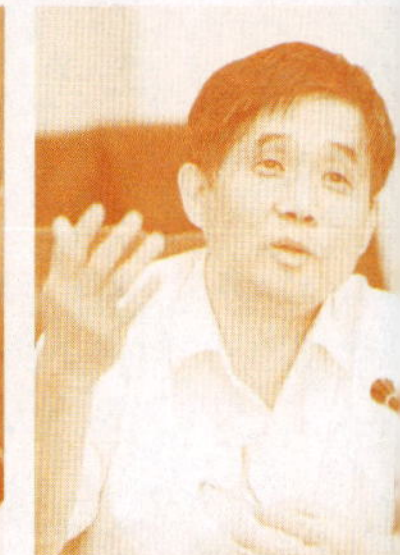

唐涛

李和平

"政产学研用"协同创新与用户主导创新

40年积累、十年攻关。CBTC，即地铁列车自动控制技术，又称信号技术，过去长期依靠进口。2010年12月，CBTC北京亦庄示范线成功开通运营，被业界视为政产学研用协同创新的成功案例，标志着中国成为掌握这一关键核心技术的第四个国家。而基于改革开放前沿阵地深圳地铁建设经验的用户主导创新经验，对于重大装备的技术创新具有借鉴意义。

丁树奎（北京轨道交通建设管理公司总经理）：北京城市轨道交通要达到70%的国产化分了两个阶段。一个是4号线之前，这一轮的线路主要要努力实现国家发改委提出的70%的目标；第二个阶段从奥运会以后，在发改委、北京市科委、北京发改委、北京工程指挥部的支持和推动下，让我们搞了一个五年行动计划，专门推动国产化。CBTC示范工程的建设基本上是按照这个一期的行动计划开展的。从原来国家发改委要求的国产化的70%，现在7、14号线已经做到了90%。我们前一阶段所做的工作是国产化和自主化，解决剩余30%里面的核心技术问题，包括信号、车辆、综合监控，标志性的有这几个成果：信号系统，不锈钢的B型车，综合监控，还有国产大型的PLC规模的工程应用。通过亦庄线的示范工程，北交大的信号技术从实验产品到工程化和产品化，昌平、亦庄线、14号线，都已经开通了。在大型装备系统的国产化过程中，原来产学研相结合的模式，要发展成政府主导、用户牵引，政产学研用协同创新的模式。对大型系统、安全系统、定制系统尤其要这样。从国内的技术、产业、人才的成果来看，从整个轨道交通安全发展的战略高度上考虑，已经到了依靠国内力量解决关键技术、大型技术、安全技术的时候了。

李国光（北京市科委社发处副处长）：北京市拥有17条城规交通线路，单日运行突破1000万人次，轨道交通已经成为北京主要的交通工具之一。北京市科委长期以来支持轨道交通的发展，特别是形成了一整套轨道交通科技项目的管理创新体系，和政产学研用协同创新的组织管理方式。以CBTC整个组织管理过程为例，从2004年开始，北京市科委以重大项目形式支持了北京交通大学，开展了第一期科技项目，是关键技术的研发阶段，主要是交通大学主持的。2007年开展了第二期的支持，是实验性的考核，有一些中试的规模了，要对关键技术进行验证。2010年又支持了轨道交通核心技术系统的示范建设，在亦庄线开通了第一条使用CBTC的线。通过这三期的支持，完整地走过了CBTC的研发和成果转化的全过程。2011年实施了城市轨道交通无人驾驶技术项目，目前已经完成了全过程的方案和样机的研制。该公司通过这些项目的运行，实现了CBTC整个系统的工程化。2011、2012年CBTC系统分别在北京7号和14号线中标，我们今后还将在北京进一步推广应用。

简炼（深圳地铁集团副总裁）：我认为创新应该是三个主体。第一[illegible]

用。今天我想重点说说科技成果推广难的问题。我们要搞自主创新技术，搞了好半天，花了很大的精力，结果不能够推广。北交大的CBTC技术，在北京成功转化，示范工程成功开通，很了不起。今天的会议，北京地铁建管单位的丁总也来了。CBTC能够给用上，丁总的支持非常大，假如说他不支持，宁校长也没法推广，所以以企业为主体，市场为导向，非常重要，这个政策非常对。在审查我们城市轨道交通那个课题的时候，开题报告是我做的，总结验收报告是当时建设部的黄卫副部长。科技部也有一个领导去了，他说以前很多科技项目的验收会就是追悼会，验收完了总结报告就摆到一边了，没有发挥它的作用。所以从科技部开始，通过政策支持科技创新，支持创新技术的推广应用，非常重要。

宁滨：能否出台一些配套政策进一步鼓励地方政府和业主单位使用自主创新的技术，同时对使用自主化设备出现风险后的进行政策划分和责任分担？不要一出现风险就是技术问题。我买国外的设备，出了问题和几十年的维护费用再高跟我有什么关系？所以说在风险分担方面，我觉得要出台一个政策。出了事故以后，在责任的合理界定方面，让我们的业主单位、地方政府敢于采用这个自主设备。两条线中至少应该有一条线采用国产设备。只要给我们足够的时间和舞台，经过几年时间，我们自主技术有信心成长起来。北京市在国产化和鼓励自主创新方面走的特别快，自主化CBTC，已经用了四条线，可是至今没有人给奖励，业主、市政府承担了很大的风险。我们得有点什么政策，对承担风险的人给予鼓励，否则就意味着我们都不去承担风险，意味着自主化技术没人愿意采用。所以下一步，应该制定政策鼓励地方业主能够积极采用自主化技术。其中当然不能跟招标法、世贸规则相矛盾。在风险的界定和责任的分担上，我们不要求政策多么倾斜。在同等条件下公平对待就可以了。总的来说，怎么样让自主技术的企业成长起来是一个共同的课题，关乎我们国家某些行业的公共安全，关乎整个轨道交通行业运营效率和健康发展。

郜春海（北京交控科技有限公司董事长）：在座各位领导都在帮助我们呼吁去用自主创新的产品，但是我作为做企业的，应该考虑如何让政府和业主放心使用我们的创新产品？我认为，我们不能关起门来搞创新，自主创新与国际合作要结合起来。做大系统不能采取小作坊方式，要大团队协作，同时引进第三方论证。CBTC在产业化工程化过程中，我们把国际质量体系和安全认证体系引进来了。我们最大的成功不是我们的技术，而是我们从国外把安全管理体系引进出来的，现在我们的质量体系和安全体系与国外是一样的，也是真正落实的，所以用户和业主可以放心使用。这也是科技创新成果转化过程中需要面对的问题。你的产品如果不能让人放心，自然是难以推广应用的。为什么现在科技项目的总结会往往就是追悼会？因为很多所谓的成果传递不下去，很多东西在科技人员的脑子里，企业接不住。所以2002、2003年开始我们从设计文件开始完全按照规范走，走到验收会时候，所有的代码和图纸等都是可以接的上。科研是创新，工程技术的科研一定是把标准放在前面。

科技计划的企业需求导向和创新的用户导向

创新成果推广难的问题，如果换一种思维方法，也许得到的就是另外一种实际结果。科技创新的项目如果是应企业的现实需求设立的，成果一旦取得立即就会进入企业的生产过程，这里根本就没有需要转化的问题。

郭铁成（科技部战略发展研究院副院长）：我们应该以企业需求为主体来安排政府的创新计划，这一点非常重要。过去有一个"科技成果转化"的概念，为什么要转化，就是因为没有企业用户，项目研究到最后还差那么一段，用通俗的话说就是差了"最后一公里"。[illegible]

在启动一种新飞机之前，必须先达到航空公司要求的用户数量，成把迪达个数量可能是一百架，或更多。我想这个东西在我们做大的技术装备系统的时候也很重要，如果落实了一批合同，就体现用户先导，股东的收益会得到保证，更重要的是这种创新有了价值。另外，支持创新最大问题是今天支持老李，明天支持老张，后天老赵接着老张主做，创新能以企业为主体来做，必须由有创新能力的企业来做。如果我们支持了半天，十年后创新没有发展成一个有持续发展能力的企业和产业，我们产业依然形不成自主化，不能形成千亮烧于西门子、三星这样的企业，这样的创新是不成功的，这样的支持也是不到位的。

如何降低工程造价？

20世纪80年代，国务院曾经因为当时地铁的造价过高而一度叫停，地铁造价过高有多种原因：规划设计不合理，进口设备造价高，以及外商售后服务不能及时到位导致效率低下，等等。自主化、网络化、科学决策、合理规划都非常重要。

李和平：[illegible]

市轨道交通行业健康发展

与自主创新座谈纪要

陈建国

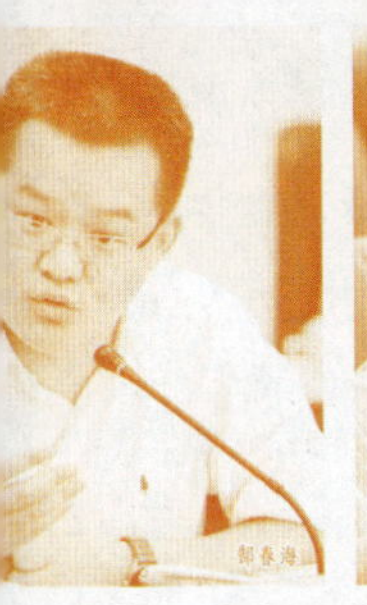

郭春海

杜有强

不管是哪国资本的[illegible]外公司在中国生产[illegible]的目标是自主化[illegible]化，方能自主决策[illegible]十年的时间，这期[illegible]后十年是2010年[illegible]，基本上占领国内[illegible]自主创新，只有自[illegible]少的是原始创新[illegible]正在做的事情[illegible]叫做如何降低地铁[illegible]多亿，太贵了。所以[illegible]为了这个事情，我们[illegible]也参与进来一起[illegible]在国家发改委成立[illegible]重点是两个：一个[illegible]很大的力量，开始[illegible]

高，该建轻轨你建了地铁，自然造价就上去了。还有个办法，城市轨道交通要成网地建，一建就是60公里，成网了以后效率高了。广州地铁建完以后长期满载率才17%，但是一成网，客流马上就上去了。北京现在是成网了，客流也上来了，每天的客流达1000万人。

建设城市轨道交通行业标准体系是当务之急

每个行业都有自己的行业标准、国家标准。但是，城市轨道行业在我国还是一个新兴行业，也就10多年的发展历程。其中许多行业标准至今还属空白或还在借用铁路行业的标准。

李和平：我们现在城市轨道交通这个行业标准方面还是有大量的欠缺，国部长可能要说标准化的问题。因为我们在招投标的过程中，很多采用的是铁路行业的标准，其实并不适合我们这个城市轨道交通，虽然这两个有很多共同点，但是从要求上还是差别很大。这个行业的欠缺不是一星半点，非常多，有些标准是有但是还没有形成一个体系，还有很多标准是技术性的标准，比如说基础性标准，我们需要一个系数，这个系数谁来制定，这个标准是经常性的标准，需要非常多的人力物力的投入，需要很长时间的 [illegible]

施有效系统管理，目前管理水平太低，这个行业的管理必须做到"全天候"、"全空间"、"全时间"。"全天候"是指春夏秋冬；"全空间"是指上边是天下边是地，中间是我们的门岗；"全时间"是指24小时1440分钟、86400秒；"还有全员"（职工全员到位）、"全数"（乘客多少一个样）、"全过程"（始发终点至始至终）。总共是"六全"，讲的是规章制度和行业性的管理标准无所不在，不能有所遗漏；其次，要制定严格的技术标准。中国地铁到看数量搞到世界第一了，标准是世界最差的，许多标准都是从铁路行业借用的，至今可以说还没有自己行业的标准规范体系，这方面要尽快补上；最后一点，三联手的创新机制，这个机制也应该作为一个制度，要把它稳定下来。过去我在北京铁路局的时候就实行"三联手"，铁科研、北交大、北京铁路局，产学研结合，有问题大家一起解决，铁科院的专家有科技成果，北交大培养工程师，铁路局是企业家，三结合之后，成果就不愁变不成生产力。别看中国一年创新的成果量很大，但应用率很低，因为没有实现一个稳定的"三联手"。

国产化、自主化并不是要盲目排外

坚持对外开放，走依托国内市场、引进和自主创新相结合的发展之路，是我国城市轨道交通装备制造业的指导方针。国产化、自主化与利用外资和外国先进技术不矛盾，关起门来搞不了创新。

宁滨：除了北京，其他城市都是使用西门子等国外的设备。国内交控科技这样的小公司无论从经济实力和技术的积累上，都讲跟人家不是对手。我们面临的都是国外的巨无霸大公司，但不同意把外国人赶出中国。我们中国高新技术企业还要走出去，你把别人赶出去，我们在世界上怎么立足，怎么取信于人？我觉得应该有对自主创新技术的扶持政策，从政策上对自主化扶上马再送一程，中国的高新技术也要走出去。

陈建国：我们要维持公平或者相对公平，要允许外资的进入和允许外资参与竞争，而且还要鼓励他们参与竞争，而不是仅仅保护中资企业，中资企业完全靠保护是没有生命力的，只有在竞争中才能有生命力。所以我们一方面对强势的外资企业有一定程度的打压，另外一方面还不能把他赶走，要维护他们在中国的企业，要给他甜头，给中资企业一定的压力。所以这是我们做的事情，对外资企业还是要欢迎他们，鼓励他们转让技术，不管这个技术是不是关键核心技术，哪怕只是让你看一看，跟你有交流，有交谈，都是好事。

任志武：谈到国产化，谈到在战略性产业，要支持国外技术资本与我国经济建设结合起来。我们要推动国外企业为我们服务，让外国的资本为我们服务，这个事情如果走不通，不利于我们发展。要推动让国外的技术、人才、资本更好的为我们服务，所以要客观地看国产化、自主化这件事。

如何支持关键核心技术的推广应用？

近年来国家陆续出台了一系列推进自主创新和科技成果转化的重大优惠政策，但是对于近年来我国自主创新取得的一系列关键核心技术的突破估计不足，缺少有针对性的保护政策和推广应用的有效途径。

施仲衡：北交大的CBTC信号技术属于地铁行业的关键核心技术，没有疑问，但是在国内推广应用却很困难，对于他们的推广情况我不太了解，但前不久，我参加一次南京市地铁建设单位的招标活动，我才了解到一些具体情况。我是去开专家会的，因为我是专家小组成员。我问南京市地铁公司的总经理，我说为什么交大没有中标？参与投标的就阿尔卡特、阿尔斯通、西门子和北交大四家，老总回答说，交大的报价在四家中最高。为什么最高？后来一查，原来CBTC属于关键核心技术，按照国产化政策要求，只需达到50%—60%即可。在剩余的40%—50%范围内，进口国外设备可以享受免税，而同样作为关键核心技术设备，北交大却不容易开发出来，在进入示范工程之后，对于进一步的市场推广，国内都没有可以依据的优惠政策，其中各种税费（包括进口零部件）均不能减免，加之最近几年人民币升值等原因，导致国内企业成本升高。怎么在政策上支持自主化技术的推广应用，这是个政策问题，应该鼓励咱们自己的创新成果被广泛采用，尤其是关键核心技术的自主创新成果。

李东林：关于免税的问题，今天有三位业主在这里，业主可能会讲，你们设备的价格跟别人比不便宜。我实事求是讲，目前这个价格，是由于人民币增值因素，包括免税因素造成的，而国外的系统进来会大量的给予免税。我们的一些部件需要来自进口，我刚才讲的IGBT目前需要向欧洲、日本三大家采购，我们要交大量的关税，但是回过头来国外的是整个系统进来却免税，这之间有很大的差异。因此，我恳请政府部门出台政策保护自主创新产品及其价格，让它有足够的成长空间。

唐涛（北京交通大学教授）：我也想谈一下我们今后的发展。要根据CBTC现象，探索创新的模式。我们今天所谈的中国轨道交通，不是原来北京的一号线，今天是几十个城市，两千多公里已经开通的线路，未来还有四五千公里运营的线路，我们要解决持续创新的问题，而要解决持续创新问题，首先是要让自主创新的成果活下来，因为只有活下来才能继续创新，持续创新。比如说CBTC，是一个非常安全的系统，但是还是有很多人在打问号，技术只有应用才能发展，才能有更多的创新，鼓励创新需要应用和推广。现在我们把CBTC研发出来，但是用不起来，这个问题需要领导能够很好的去考虑。

创新需要良好的文化、社会和市场环境

创新环境至少包括科技创新的环境和市场应用的环境。科技创新，尤其是重大科技创新，需要创新主体拥有良好的创新心态和社会生态；以企业为主体、市场为导向、用户学研结合，才能为自主创新营造良好的社会生态。

唐涛：首先，要做出一些成果需要多年的积累，同时也需要有一个恰当的环境，让大家能够静心坐下来研究。我觉得现在我们的外部环境确实不好，因为太浮躁。CBTC研究之所以能够成功，完全是因为有一批人愿意静下心来，不计名利长时间的去研究。一两个人搞研究容易出小成绩，也容易实现短期的利益最大化，但是我们国家现在欠缺的不是这样的、小打小闹的东西，欠缺的是重大的技术装备，是多年积累下来的硬骨头。第二个方面，创新需要机会，我们学习国外的技术十几年，多年的科研的积累还需要碰上社会的需要，就像信号技术研发正好赶上了我国现在国家城市化发展，轨道交通发展的需要，积累和机会结合才能解决问题。第三个方面，我觉得做核心技术研究，啃骨头，需要解决的是团结协作的问题，而且是大协作的问题。怎样[illegible]样能够大度一些，看远一些，这[illegible]

李东林：这十多年来，我们[illegible]个好的政策，我记得2003年[illegible]个国产化率的牵引，业主[illegible]二，有一批好的[illegible]，用户[illegible]广泛的应用，这个[illegible]点，北上广深，在[illegible]在这四个城市得到的应用[illegible]概这么一个情况[illegible]通快速发展[illegible]产业的背后一定是[illegible]

要营造和维护合理、合法、[illegible]

创新环境需要[illegible]于科研单位、制造企业[illegible]同创新，坚持创新[illegible]等管理创新和制度[illegible]安全，才能推进城市轨道[illegible]

陈建国：[illegible]这其实挺难，业主自己[illegible]政府从书记到市长[illegible]压力也很大，当时[illegible]号这三大关键技术的招投标[illegible]难了，要改变[illegible]法、合理、合规的竞争环境[illegible]在保护下发展[illegible]小，与财政部在商量，一定[illegible]用相结合的问题上[illegible]用产品的企业都很[illegible]户创新很少得到国家[illegible]

吴忠泽（科技部原党组成员、中国[illegible]）：[illegible]市轨道交通产业发展需要一个[illegible]公益性，属于基本建设范畴[illegible]性的支撑设施纳入[illegible]府资源有序地开放，形成公益[illegible]合的交通信息资源开发[illegible]的产业链和价值链；第二个[illegible]件系统的建设资金[illegible]资本参与轨道交通的运营管理[illegible]个建议，要推动城市轨道交通[illegible]道交通领域是带动[illegible]中小企业的发展，尤其[illegible]变，鼓励优势企业[illegible]定；第四个建议，要[illegible]会推动和支持[illegible]把握好[illegible]

（本报记者冷德熙根据会议录音[illegible]报记者周淮海摄）

为自主关键核心技术推广鼓与呼

——"城市轨道交通国产化与自主创新"座谈侧记

□ 本报记者 冷德熙

今年的盛夏，热得有些不同寻常。

同样"热"的还有地铁这个行业（由于轻轨、磁悬浮、城际铁路的加入，"城市轨道交通"的新词已经在取代传统"地铁"的称谓，但是，为了书写简便，这里仍然沿用"地铁"或"地铁系统"的叫法）。

超出2000公里里程。中国已经是世界上地铁里程最长的国家，目前已经有40多个城市正在建设或准备建设地铁等城市轨道交通。

车辆、信号、通讯、供电、扶梯、综合监控、验票系统、等等，地铁行业是一个庞大的系统工程，其中涉及到的许多重要设备及其关键核心技术，过去都要从国外进口，导致地铁工程造价高昂。10多年前，国家出台了一系列鼓励自主创新的"国产化"政策。

10多年时间过去了，车辆、信号、制动、牵引等一批关键核心技术及其装备被成功研制出来。这时的地铁行业，"国产化"已经取得重大进展，然而，一些国外大公司的关键技术和设备仍然占领着90%以上的中国市场。

信号等国产关键核心技术遭遇到前所未有的推广难问题。如何解决自主创新的关键核心技术设备的推广难问题？

7月2日至6日，本报在重要新闻位置连续一周，围绕城市轨道交通行业的国产化与自主创新，围绕该行业自主创新的关键核心技术的推广难问题，进行了系列采访报道。

8月8日上午，本报将这些接受采访的行业专家和企业家聚集在一起，与行业管理部门负责人展开座谈、对话——这是一次在分别采访基础上的集体采访。

一次地铁行业重量级人物的约会

18人规模的座谈会，重点关注地铁行业自主创新成果推广难的问题。

接受采访的方阵不同寻常：

首先，北京交控（北京交通大学）、中国铁科院、中国南车株洲时代电气股份，以及北京京车集团，他们分别是信号系统、制动系统、牵引传动系统和B型地铁车辆的研制和生产单位[illegible]个行业关键核心技术自主创新的功臣；

其次，一批重量级的专家学者、行业主管[illegible]入，应邀出席：[illegible]

北京轨道交通建管公司、深圳地铁集团、重庆地铁集团，作为业主和用户，他们是国产化的先锋。其中，深圳的简总和重庆的吴总，冒着酷暑专程从外地赶来。作为用户，他们打破"国货不如洋货"的传统观念，拥有对自主创新技术的充分口碑。

其中，北京轨道交通建管公司的丁树奎总经理，是一个吃螃蟹，将北京交通大学研制成功的信号技术实验室成果，成功推向工程示范，与有关部门和企业合作，共同创造了"政产学研用"协同创新的商业模式，广受社会关注。

到底如何破解自主创新成果的推广难题

抛砖引玉。主持人让我首先发言。作为对申请[illegible]对自己的采访历程作了简要介绍，对在座的地铁行业关键技术[illegible]的创新企业，对勇于开展国产化、大力推进行业自主创新的[illegible]单位，对于有关科技管理部门和行业管理部门的支持[illegible]

在为期一年多的采访报道中，在座的专家、企业[illegible]受过我的采访。

应该说科技成果转化是一个老大难问题。[illegible]的统计，目前我国科技成果转化率仅为[illegible]达60%以上。

但是，在中长期科技发展[illegible]所谓的老大难问题[illegible]

但是，仍然有[illegible]

北交大[illegible]

[illegible]

第一篇　城市轨道交通国产化与自主创新

——“信号技术与城市轨道交通国产化”专题调查

地铁信号技术关系着千百万乘客的安全，关键核心技术一旦开发出来就得使用，在使用中才能不断完善。无人采用说明自主创新的“最后一公里”没有走完。

——中国工程院院士　施仲衡

一旦发生重大的国际性事件——当然我们不希望这样，我国的城市轨道交通会不会出现当年伊朗的那种情况？我国的其他许多重要的国民经济重要设施，现在是否已经到了可以依靠自主化的时候？

——原铁道部部长、中国工程院院士　傅志寰

引子

2011年"7·23"事故爆发，我国高铁乃至整个轨道交通行业和装备制造业都遭受沉重的打击。

这一年，我从湖北英山科技扶贫回到原单位科技日报社。而湖北省科技主管部门一位主官也调任国家教育部。我闻讯得以采访他。从他那里我了解到，改革开放，尤其是新世纪以来，国家教育部所属的一批高等院校取得一批重要创新成果。其中包括北京交通大学的CBTC信号技术，满足了我国城市轨道交通快速发展的社会重大需求。

向北京交通大学了解情况，我不费太大周折就了解到，这一成果目前正在产业化。郜春海教授正在负责这项工作。从我拨通他的电话的那一刻起，一次长达数年的行业性调查采访，从此开始。

初次见面，我发现郜春海40多岁。与他本人年轻、下海时间短有关，他学的就是交通信号专业，毕业后研究这项技术已经整整10年，而这项技术在北交大从提出至今，已经历三代人40多年。

我还发现，作为一项重大工程科技成果，从北京市多个部门到国家多个部委都对此给予大力支持。而其成果转化和工程示范过程不是单纯的产学研相结合，政府和用户也参与其中，而且发挥至关重要作用，已成为政产学研用多方协同创新的示范工程。

但即使这样，这项成果的产业化并不顺利。具体表现在，虽然成果在北京地铁亦庄线和昌平线得到工程应用，但要走出北京走向全国面临诸多困难。

科技成果的转化包括工程化应用和产业化两种形式。一项成果可以被一次性地使用，但要产业化必须首先产品化，然后将产品卖出去，让产品不断被复制，不断重复生产和使用。

郜春海做的正是将CBTC信号技术产品化、产业化的事。所以必须在国内外，首先在国内全行业推广。然而当时面对的是国外跨国公司同类产品的竞争。国内业主宁可高价购买进口产品，也不敢或不愿购买国货。因为当时国内的制造业刚刚起步，用财政的钱购买国外先进设备比购买国货保险，即使出了事也将会免责。

进一步了解得知，在地铁（此后称为城市轨道交通）业界乃至整个装备制造业界这都是公开的秘密。外国人和进口设备在中国市场上大行其道，因为国外大公司的技术“成熟、稳定、可靠”，而国产设备甚至连工程业绩都没有，怎么取得用户的信任？而没有人信任就不会有业绩，这正是一个恶性循环。必须打破这个恶性循环。也就是说应该鼓励国内工程业主作为用户积极采用国产设备，有了工程业绩国产设备才能逐渐成熟起来。

与改革开放前期的市场换技术不同，进入 21 世纪，自主创新已经成为基本国策。但在世界各国普遍反对贸易保护主义的经济全球化时代，西方某些国家一方面严格禁止高新技术出口中国，另一方面以反对贸易保护主义为借口对中国的自主创新国策说三道四。在此情况下，中国的政府采购和国产化政策颇受诟病，某些保护自主创新产品的政策也胎死腹中。

在此情况下，以 CBTC 信号技术的研究开发、产品中试、工程示范及其市场推广应用为案例，从研发主体、成果转化、工程业主、政策制定等多个方面，探讨地铁行业及其装备制造业的技术引进、消化、吸收及其国产化和自主化，成为一件非常必要的事情。而科技日报这家媒体正好具备这种责任和能力。

所以，我从对 CBTC 信号技术的研究开发与工程化应用开始，对地铁及其制造行业进行了长期的系列调查采访。而这个行业调查采访的第一个专题就是“信号设备的国产化与自主创新”。

在系列文章刊出后，为了将讨论引向深入，将与这个专题相关的关键部门的专家、企业家、行业代表、政策制定者邀请到一起，就有关问题展开讨论，并利用媒体的优势传播出去，就成为当事记者和媒体履责的最好形式。

核心提示

如何克服科技成果转化的“最后一公里”？科技成果产业化，尤其是在此之后的工程化应用是科技成果转化的“最后一公里”。

首先，在科研阶段就不能满足于从原理解决问题。要从一开始就有标准、有规范可控制，安全可靠。工程技术尤其是这样。

其次，科技成果从核心技术研究，实验室产品化，到成果中试，到工程示范，到产业化，是一个漫长过程，也是一个充满惊险的过程。任何一个阶段的失误都将导致转化的失败。

转化全过程是一个协同创新的过程。不仅是产学研相结合那么简单，还需要政产学研用的协力合作。其中用户的参与和引导尤为重要。

产业化的关键是把产品卖出去。对产品负责是对用户负责，首先是对自己负责。只有当产品的生产过程是标准化的、程序化的、可重复的、可控制的、可追溯的，产品才能是合格的、安全的、令人放心的，才是对用户负责任的。这样的产品才是有市场的。

国产化不是简单地将国外的核心技术引入国内，关键是通过自主研发掌握核心技术。市场换不来核心技术。

政府采购不是要简单地购买国产设备。未经严格评估的国产设备不应该受到保护。否则不但保护不了国内企业，恰恰相反，由此可能导致对国内相关产业的打击，这些打击可能是致命的。

只有具备同等质量和安全保证的国产设备才应该受到优先采购。国产设备的安全和质量要达到国际标准，在此情况下，国产设备不应该因为是国产而受到市场歧视，而应该享有真正的"国民待遇"。

2013 年 08 月 13 日　星期二①

1 在关键核心技术上“自主”！

——北京市科委推进城市轨道交通 CBTC 信号技术研发纪实

编者按

20 世纪末，现任北京交通大学校长宁滨教授在美国访问学习，敏锐地捕捉到国际上开展 CBTC 系统研究的重要信息，认定城市轨道交通的 CBTC 系统是这个行业的技术制高点，必将成为国际行业技术竞争的发展趋势和战略重地，并迅速组建起专业技术攻关团队。2004 年，北京市科委组织行业专家经过多次论证，决定支持以北京交通大学为牵头单位开展“基于通信的城轨 CBTC 系统关键技术研究与应用”项目研究。这一年，在北京市科委的组织协调之下，北京交通大学、北京市基础设施投资有限公司、北京市轨道交通建设管理有限公司、北京地铁运营公司等单位联合签署“北京城市轨道交通发展合作协议”，选取上述项目作为城市轨道交通关键核心技术的突破口。

有关单位披露，CBTC 项目的最新成果——全自动无人驾驶（FAO）系统，即将在北京新建轨道交通线路示范应用。作为城市轨道交通三大关键核心技术（牵引、制动和信号）之一，CBTC 信号技术的成功研发与运用，肇始于北京高等名校，完成于首都城市轨道交通建设工程，充分体现了科技创新、管理创新、技术创新和工程创新的有机结合，在重大科技成果工程化和产业化的探索中，书写了浓重的一笔。

① 本书文章内容都曾发表在科技日报。以下只注明刊登日期。

为什么要支持开发 CBTC 信号技术?

随着通信技术的飞速发展，人们开始研究将其应用于列车控制系统，用无线通信媒介实现列车和地面的双向通信，以代替通过轨道电路实现的列车运行控制。CBTC 的突出优点是车—地双向通信，又称“移动闭塞”系统，以区别于此前的“准移动闭塞”和“固定闭塞”系统。CBTC 信号技术可以将列车之间的运行间隔减少至两分钟、一分半甚至一分钟，因而大大提高载客量和运力。

国际上，20 世纪 90 年代，西门子、阿尔斯通等跨国企业最早在地铁等城市轨道交通上使用移动闭塞的 CBTC 系统。21 世纪初，自从北京、上海、广州的地铁示范线路开始使用 CBTC 之后，我国开始大量进口这种设备。

但是，进口设备的业主单位无不面临以下问题：价格昂贵，每公里的信号设备要价 1 300 万元人民币；售后服务困难，不能及时到位。作为城市轨道交通的关键核心技术，因为你没有，你可能出多少钱人家都不卖给你！

关键核心技术是买不来的，也是引进不来的，必须自主创新。

2001 年，北京申奥成功。2008 年，中国人圆梦百年奥运。为举办一届有特色、高水平的奥运会，北京必须大力发展地铁、轻轨等城市轨道交通。与此同时，城市轨道交通线路也应该使用中国人自主开发的 CBTC 信号技术。

CBTC 是城市轨道交通的关键核心技术。发展 CBTC 等城市轨道交通信号技术是北京市乃至全国经济社会发展的重大需求！

作为首都，北京具有全国首屈一指的科技资源优势。北京交通大学自 20 世纪 90 年代中期开始，从基础理论研究起步，对 CBTC 开展了长期的课题研究，开始进入关键技术攻关和原理样机研制阶段。

北京市科委当时敏感地抓住这一重大契机，支持开发 CBTC 信号技术，将实现工程化和产业化提上了日程。

40 年积累 10 年攻关

在轨道交通安全控制的信号系统学科上，北京交通大学至今已有 40 余年的积累。早在 1965 年，国务院和当时的铁道部就批准了北京交通大学开展这项技术的基础研究。

20 世纪末，现任北京交通大学校长宁滨教授在美国访问学习，敏锐地捕捉到国际上开展 CBTC 系统研究的重要信息，认定城市轨道交通的 CBTC 系统是这个行业的技术制高点，必将成为国际行业技术竞争的发展趋势和战略重地，并迅速组建起专业技术攻关团队。

◆ 北京交通大学校长宁滨教授是国内城市轨道交通信号技术最早的研究者之一和学术带头人（图片由北京交通大学提供）

2004 年，北京市科委组织行业专家经过多次论证，决定支持以北京交通大学为牵头单位开展“基于通信的城轨 CBTC 系统关键技术研究与应用”项目研究。这一年，在北京市科委的组织协调之下，北京交通大学、北京市基础设施投资有限公司、北京市轨道交通建设管理有限公司、北京地铁运营公司等单位联合签署“北京城市轨道交通发展合作协议”，选取上述项目作为城市轨道交通关键核心技术的突破口。

两年后，北京交通大学宁滨、唐涛科研团队攻克 CBTC 系统关键技术，完成系统集成、实验室综合测试和仿真，研制出国内第一个 CBTC 系统样机。样机在北京苹果园地铁 1.3 公里的试车线上进行功能性能测试，全部指标达到国际先进水平。

“没有北京市的第一期项目支持，CBTC 科技团队不可能这么快取得这么重要的科技成果，也不可能有后来的工程化和产业化。”CBTC 科技团队总负责人宁滨说。

亦庄工程令国人扬眉吐气

“对于面向应用、满足重大需求的科技成果，要建立和完善政产学研用相结合的机制，才能转化为现实的生产力。”在谈到 CBTC 的工程化和产业化历程时，北京市科委副主任伍建民深有感触。

事实上，当初在完成 CBTC 核心技术的研发后，如果不继续支持跟进，CBTC 就可能永远停留在“实验室成果”的水平上。

2007 年，通过专家论证，北京市科委决定对第一期 CBTC 系统成果进行放大支持，同时在组织实施的机制上进行创新，由北京地铁运营公司牵头，北京交通大学、和利时公司等单位共同实施，在大连快轨和北京地铁进行中试试验。

2008 年，北京市科委在继续实施第二期科技项目的同时，启动重大科技计划项目“北京轨道交通信号系统核心技术研发及示范工程”，由北京市轨道交通建设管理有限公司牵头。该项目同时得到了“十一五”时期国家科技支撑计划支持，并将地铁亦庄线列为 CBTC 示范工程。

将一项新的科技成果应用到地铁这样的轨道交通实际工程中去，犹如将“小三脚架”安装到人类心脏的“搭桥手术”，既需要高超的工程科技创新能力，也不得不冒极大的风险。

为此，业主方为工程施工上了三重“保险”：首先是选择在刚开始运营时客流量不多的郊区线路亦庄线进行工程示范；其次是在这条线路上，除了国产的 CBTC 设备，其他设备都要采用质量最可靠的品牌设备，包括进口设备；最后，对于自主生产的 CBTC 设备质量及其工程施工的每一步，都要进行国际安全认证，从而确保不出任何事故。

2010 年 12 月 30 日，亦庄示范线成功开通，从此中国人拥有了自主知识产权的 CBTC 信号技术!

在此一年前，北京交通大学成立了专门从事 CBTC 系统产业化的实体企业——北京交控。三年来，作为中关村“瞪羚企业”（对成长性好、增长速度快、具有跳跃式发展态势的高科技中小企业的一种通称）之一，该公司 2012 年实现销售收入 2.1 亿元。先后形成国家标准 2 项，申请发明专利 50 项，授权 32 项，软件著作权 111 项，发表论文 339 篇。其关键核心技术分别获得国家科技进步二等奖和北京市科技进步一等奖。

自从有了这家企业，有了具有自主知识产权的 CBTC 系统，国外进口 CBTC 的价格从过去每公里 1 300 万元左右，降低至现在的 800 万元左右。三年间，北京交控已经在北京地铁建设中连续中标 4 条线。今年又走出北京，在长沙、成都分别成功中标。CBTC 信号技术在产业化的道路上迈出了坚实的步子。

2012 年 06 月 05 日　星期二

2 春深如海觅芳华

——轨道交通信号系统自主创新心路历程

编者按

CBTC 系统是轨道交通的“大脑”和“神经中枢”，过去长期依赖技术进口。2010 年 12 月 30 日，北京地铁亦庄线、昌平线开通运营，标志着中国具有完全自主知识产权的 CBTC 系统示范工程取得成功，我国因此成为世界上拥有这项核心技术并成功开通运营的第四个国家。

这是一项前后三代信号人持续进行 40 多年基础研究、10 多年技术攻关取得的重大技术创新成果，项目先后获得科技部、国家发改委、财政部、建设部、铁道部等国务院多个部委和北京市多个部门的持续大力支持。

一项满足国家重大战略要求与行业需求的技术创新，从理念的提出到技术的成熟要多久？一项行业关键核心技术，从科技成果转化为满足市场需要的产品的路该怎么走？

十年攻关路，三载下海人。作为这项技术从技术攻关到工程示范和产业化全程的见证人，郜春海也许能告诉我们，中国自主创新 CBTC 系统的真实心路历程。

今天北京地铁客运能力日均已超过800万人，每天都像在春运。

地铁网络系统中，保证列车与列车之间前后相“咬”、鱼贯而行而不发生追尾的是自己的“大脑”和“神经中枢”，即“基于无线通信的列车自动控制系统”。

中国自主研制开发的 CBTC 系统被成功应用于北京的亦庄线、昌平线，系统的最小设计间隔时间可以缩短到90秒，极大提高了地铁运力。与此前引进国外的同类产品相比，该技术具有安全、高效、准点、舒适、节能和更人性化等特点。

作为一项关系国计民生的核心技术，CBTC 系统的技术突破和工程化应用，打破了国外大公司长期以来的行业垄断，改写了我国城市轨道交通“有轨无脑”的历史！

CBTC，中国信号系统，一项自主创新的重大工程技术，作为这项核心技术的主要研发承担方，北京交通大学积极推进它的产业化进程。

2009年，当时担任轨道交通运行控制系统国家工程研究中心主任的郜春海，受命组建北京交控科技有限公司，出任总经理。

“CBTC 概念和技术理念最早是由中国人提出的”

[新世纪初我国的城市轨道交通提上日程，但相关领域的技术开发，特别是大型、复杂系统的研发安全管理体系已经落后人家一大截子。]

凡是有轨道的交通线都叫轨道交通。城市地铁是其中之一。

随着全球工业化的不断发展，城市人口迅速增加，使得城市交通日益拥挤，世界各国都在寻求发展与之相适应的城市交通工具。以地铁为代表的轨道交通成为首选之一。

中国的城市化率已达 50%。城市化让大量的农村人口涌入城市。中国的城市交通成为城市管理者的难题。

进入新世纪以来，中国的城市轨道交通发展迅速。中国已有 49 座城市规划将在未来 10 年大力发展城市轨道交通。

作为世界第一人口大国，中国应该有自己的轨道交通系统，更应该有指挥轨道交通高效安全运行的信号技术和信号产业。

北京，中国的首都。对于这样一座具有世界规模的现代化城市来说，发展轨道交通是管理者的不二选择。

而就在北京，有一所大学的轨道交通信号学科一直保持着世界知名、全国第一的优势。它就是北京交通大学，至今已有 106 年的建校历史。

事实上，在轨道交通安全控制的信号系统学科上，北交大至今已有 40 年的雄厚积累。早在 1965 年国务院和当时的铁道部就批准了北交大开展这项技术的基础研究。北交大从此开始进行轨道交通信号技术的技术攻关和开发，为后来的技术创新和产业化积累了科技实力，储备了大量的后备人才。

◆ 北交大轨道交通信号技术有一支强大的研发团队（图片由施翃女士提供）

“CBTC 基本概念和技术理念最早是由中国人提出的。”郜春海告诉科技日报记者。

1969 年，当时汪希时教授首次提出了基于移动闭塞的列车自动控制理论，并在国际著名的学术期刊发表了学术论文，并一直推进计算机技术在铁路信号中的应用。

◆ 汪希时教授在国际上最早提出轨道交通移动闭塞概念
并上书当时的国务院副总理朱镕基（图片由北京交控提供）

20 世纪末，现在已经是北交大校长的宁滨教授在美国访问学习，敏锐地捕捉到国际上开展 CBTC 系统研究的重要信息，认定城市轨道交通的 CBTC 系统是这个行业的技术制高点，必将成为国际行业技术竞争的战略重地和发展趋势。他将这一重要信息传回国内，组建以唐涛、郜春海为核心的专业技术攻关团队，并申请北京市重大科技专项。

2004 年 10 月，北京市科委组织行业专家经过多次论证，最终通过了以北京交通大学为牵头单位提出的关于开展“城轨基于通信的 CBTC 系统关键技术研究与应用”的项目请求。此前，学界和业界对我国要不要开展这一核心技术的开发研究颇有争议。

这时开始 CBTC 信号核心技术研发，事实上为时已晚。因为就在课题立项的两个月后，阿尔卡特公司已经成功登陆中国。在上海 M8 地铁信号工程中，他们的 CBTC 信号产品成功中标。

从那时候起，中国的城市轨道交通市场乃至国际市场，一直主要是“三国鼎立”，即法国的阿尔斯通、德国的西门子和加拿大的阿尔卡特垄断绝对份额。

但是，提出基于移动闭塞这个概念的我国，却因为社会历史和技术基础等原因，没有将当时已经取得的技术成果进一步开发。直到 20 世纪末、21 世纪初，我国将大力发展城市轨道交通提上日程，相关领域的技术开发，特别是整个大系统的研发安全管理体系已经落后人家一大截。

正所谓：“起了个大早，赶了个晚集。”

“风险需要技术与管理结合起来才能完全控制”

[轨道交通的 CBTC 信号技术研发和工程示范，参与项目的成员几百乃至上千人。你如何保证每个人、包括你自己承担的环节不出错？郜春海摸索出一套独有的“现代透明厨房理论”。]

郜春海 1993 年北交大轨道交通信号专业本科毕业，此后又攻读了本校研究生。“基于全过程风险控制的安全苛求系统研究”是他硕士论文的题目。在唐涛教授的指导之下，他很快就成为学校 CBTC 项目组的核心成员之一。

为了“看看别人是怎么弄的”，1997 年，郜春海以访问学者身份奔赴德国西门子公司学习三个月。短时间的学习当然不可能了解多少技术的秘密，却让他看到别人是怎么搞研究与开发的，他看到了别人工作的流程化、规范化与制度化，看到了任何一个员工可以随时休假，同时也看到了第二天就有人接续他的工作，体会到了整个公司就是一个机器、一个厨房，每天炒出不同口味的“菜肴”。

自2004年开始至今，基于通信的城轨CBTC系统课题研究，在得到北京市连续五期支持的同时，科技部、财政部、发改委、建设部等有关部委先后给予了项目与政策上的大力支持。

到2007年，项目研发不断取得重要突破。可以说，核心技术问题基本解决。

在自主创新的链条中，首先需要核心技术上的突破，但是，把核心技术变成市场上需要的产品同样重要与漫长，甚至更重要、更漫长。

作为轨道交通神经中枢的信号技术来说，解决了技术原理是一回事，真正要将这项技术变成产品，并且应用到工程实际中去，又是另一回事。

从2002年开始，长期致力于中国自主CBTC信号核心技术研究的郜春海，相信总有一天自己的技术一定能走出实验室，在实际工程中得到应用。

但从那个时候起，他就一直为一个问题而纠结：我们的技术可靠吗？如何让人相信我的技术产品是安全的呢？而一项新技术，如果总是没有客户，没人敢用，那怎能搞出技术创新？

要知道，轨道交通的CBTC信号技术的研发、工程化和产业化是一个复杂巨型系统，参与项目的成员几百乃至上千人。你如何保证每个人、包括你自己承担的环节不会出错？

一不能靠拍脑袋，二不能靠拍胸脯。要靠掌握巨型复杂系统的方法论，也就是基于全过程风险控制的安全管理体系。“产品的风险需要技术与管理结合起来才能完全控制”，这是郜春海在国外学习时获得的心得。

CBTC，轨道交通安全控制产品，这是一系列地铁上使用的、分布在车站、线路、列车等区域的封闭式安全控制产品。外观上，用户很难看见和理解产品的信号功能和性能。

“怎么保证你的产品是安全可靠的？怎么让别人相信你的产品？”

这就像一个未经卫生检查的厨子炒的菜你不敢吃。你会担心这菜有没有用地沟油？原料会不会过期？掌勺师傅讲不讲个人卫生？

麦当劳、肯德基等知名连锁快餐品牌知道客人的这些担心，所以制定了非常详细的操作规程。操作工人要严格执行这些规程，并且关键流程完全是程序化，人为参与度非常小。另外，相关规程和制度有没有得到严格执行，还要有来自公司内外的严格监督和审计。

什么是严格的操作规程？

一道菜的原料是哪儿进的？菜农可不可信？种菜的过程中有没有使用化肥？过程可不可追溯？下地后有没有过期？质量好不好？菜买来后，都要经过清洗、去叶、去皮、切细、下锅过油、加盐、入味等工序，而制作好了之后，服务生给客人上菜，还要提醒客人，这叫什么菜？哪儿口味？什么吃法？等等。

这是一个现代厨房和现代餐饮业的操作和管理规程。

现代社会，人人为我，我为人人。谁都在为别人提供服务，也接受别人的服务。在此意义上，谁都是从事餐饮业的厨子或老板。谁都要替别人着想，让别人吃了放心。

在此意义上，对于你为客人上的菜，既要保证卫生、质量和安全，还要让人相信你的产品是符合卫生标准和安全的。

怎么办到这一点？

“一定要先建一个现代透明厨房。”郜春海说。由于经常需要向政府有关部门汇报自己的工作进展，有关领导和合作部门都熟知他的“现代透明厨房理论”。

只有建成了具有严格的操作规程，并且管理到位的现代透明厨房，你炒的菜才可能是卫生的，才可以让客人放心。否则的话，客人怎么放心？

如果你自己是餐馆老板，自己都没法放心。

最关键的是你自己没法放心。要知道装载自己信号产品的地铁，每天要运送千百万旅客。一旦出事，后果不堪设想。

“首先要让自己放心，用户才可能放心。”郜春海说。

“我拼命这十年为的是晚上能睡个安稳觉”

[工程示范和产业化过程异常繁复，仅亦庄线示范工程实验室的案例测试记录就达到 10 万余条，现场验证 6 000 多项，设计、测试文档达上千份，数百万字。]

轨道交通信号系统技术有三大难点：第一，一条轨道交通线路上分布着相互关联的几千个信号设备和部件，其中一个出问题，都会影响到列车的正常运营；第二，任何行驶着的列车一旦发现前面有障碍物，在任何外界环境下都要保证在距离障碍物 40 米之内安全停下来，同时在自动驾驶下，列车进站的停靠距离误差得小于 25 厘米，实现列车车门与站台门的对齐，同时满足乘客的舒适度；第三，如何保证全天候、全生命周期内整个信号系统的安全可靠。

前面两项核心技术难点攻克之后，产品的安全性能如何保证？

2007 年，郜春海只身赴香港，将全球最著名的多家为轨道交通信号供应商提供安全管理服务的咨询公司请到一起，让这些世界上最聪明的安全管理大脑告诉他，如何使得他的技术和产品既是安全的，同时还让用户相信是安全的、可以放心使用。

◆ 郜春海教授走出校园的象牙塔，目的是要将我国自主研制成功的信号技术工程化、市场化（图片摄影，科技日报记者周维海。以下图片未注明出处的均为周维海摄）

咨询师们说可以帮助他做到这一点，但是也说得非常清楚，如果我们国人不能按照国际通行的安全管理标准要求做，也是得不到安全认证证书的。在这样的情况下，课题组冒着无法向科研经费拨付单位领导交账的风险，花去了项目组非常紧张的近 800 万元科研经费。事实上这是不得不交的学费。

从此，他让技术团队中的每个人将自己的工作编成一个个的流程和标准。即使你很高明，能看到五步之外。对不起，请把每一步工序和流程都写出来。这样做会很慢，也许你现在花 90%精力才干了 10%的工作。但是，由于你的工作流程化后，别人可以理解和替代，今后你只需要花 10%的精力就可以做 90%的工作。

流程标准定量方法，加上由合适的人执行，就是安全管理、风险控制。为了保证程序可靠、管理到位，在企业内部将引入的 ISO 9000 质量管理体系落到实处，它是安全管理认证的基础，没有到位的质量管理系统，安全管理无从谈起。

厚积薄发，百炼成钢。基于三代人、四十年基础研究，十几年的技术攻关，加上攻克的安全管理体系，CBTC 信号技术成就自己的无量金身。

产品研制出来后，先后分别经历了实验室仿真测试、公路测试、地铁试车线测试、运营线测试、中间试验及示范工程的测试验证。

为了实现CBTC核心技术的产品化，从2007年年底开始，课题组专门请英国劳氏公司对CBTC信号产品进行安全认证。劳氏公司历经三年，全过程进行安全审核，于2010年5月底劳氏英国总部批准为CBTC信号产品颁发安全证书，证书上写明CBTC信号产品安全功能满足最高安全等级SIL4要求。这是国内首次也是唯一获得国际通行的“CBTC系统产品SIL4级的独立第三方安全认证”。

从2002年到今天，整整十年，郜春海的工作“思路明确，任务单一”，就是信号系统的安全如何保证。

上海地铁事故、甬温线铁路重大事故等，每一次地铁事故或铁路交通事故，都让他寝食难安、心惊肉跳。不是担心自己的技术产品有问题，而是为我国的信号技术产业缺失具体落实的安全管理体系而忧心，为那么多流于形式的安全管理而担心。

不久前，国家安监总局公布了对于“7·23”甬温线特别重大铁路交通事故的调查报告，信号设备缺陷是事故原因之一。

事故对于我国轨道交通信号产业的打击是沉重的。它暴露了我国现行体制下安全产品技术开发和管理中存在的严重问题，说明像信号系统这样的安全相关技术研究开发随着系统复杂性的增加，需要新的系统方法论与其对应。自主创新不是奇思妙想、心血来潮，而是在正确方法论指导下的持续改进与提升过程。

“从2002年接触CBTC信号技术到今年整整十年，具体负责产业化也有三年。我拼了命干的目的就是为了晚上能睡个安稳觉。”郜春海告诉记者。

2010年12月30日，北京地铁亦庄线、昌平线开通运营，标志着中国具有完全自主知识产权的CBTC系统示范工程取得成功，中国成为继德国、法国、加拿大后第四个成功掌握该项核心技术、应用于实际工程并顺利开通运营的国家。

2011年1月25日，北交大召开“CBTC自主创新及其经验总结新闻发布会”。北京交通大学校长、CBTC项目总负责人宁滨表示，这套CBTC系统是学校轨道交通信号研发团队前后三代人、历时几十年的创新成果，突破了相关核心技术，打破了国外公司的行业垄断，是我国城市轨道交通国产信号控制系统的里程碑。

“CBTC信号技术创新的最大特点是协同创新”

[技术研发由北交大牵头，现场试验、中试由北京和大连地铁运营有限公司牵头，示范工程由北京市轨道交通建设管理有限公司牵头，产业化则由北京交控科技有限公司牵头。]

自2004年10月开始，北京市科委开展了连续五期对“基于通信的城轨CBTC系统研究”的大力支持。

在此过程中，前期核心技术研发由北交大牵头，负责开展制约中国信号系统发展的ATP/ATO系统研究。现场试验、中试主体由北京和大连地铁运营有限公司牵头。示范工程由北京市轨道交通建设管理有限公司牵头。产业化则由北京交控科技有限公司牵头。资本化将以投资者为主体。

随着科研课题的不断深入，2006年，建设部将“自主开发的CBTC系统研究与开发”纳入国家科技支撑项目“城市轨道交通关键技术研究”，同时组织北京地铁、广州地铁、上海地铁、城建设计院等单位联合开展了CBTC技术规范与标准的研究。

2008年1月到2009年10月，财政部批准了课题组“基于通信的CBTC研发中试与平台建设”专项，在大连快轨3号线上建成了首条自主知识产权的CBTC的中试线，试验线路长度达到8.9公里，试验历时一年多时间。

2009年，科技部配套支持“北京轨道交通核心技术研发及示范工程”北京市重大专项，将该项目纳入国家科技支撑项目予以支持。

“政产学研用的协同创新模式是CBTC信号技术研发与应用示范的最大特点。”郜春海介绍说。

作为一项重大工程技术，工程化应用和产业化必将涉及方方面面。CBTC系统的开发经历了基础研究、技术攻关、现场试验、中试、应用示范与产业化等过程。发改委、科技部、财政部、建设部等国务院部委分别给予了大力支持，而北京市科委、交通委、发改委、中关村管委会、经信委、北京市轨道交通建设管理有限公司、北京市地铁运营有限公司、北京市基础设施投资有限公司等单位与北交大通力协作，最后完成了CBTC项目的技术攻关、中试、应用示范。

“协同创新”并不是个新词，但是，在2011年清华大学的百年校庆上，胡锦涛总书记提出“要大力推进协同创新”，这个词被赋予了新的时代含义。

如何理解“协同创新”？

郜春海谈了自己的看法：“我理解协同创新是一种系统方法论，有三个要素：一是参与各方要有共同的目标；二是各方最佳的优势合作起来能够创造额外的附加值；三是合作前后各方利益都要得到合理保障。”郜春海说，“合作各方知识产权等权益的保护要始终受到高度注意，任何一方的损害都可能危及项目的合作。”

事实上，北京市对这个项目的重视，扶持起来的不只是一个产业，而是创造了一种工程技术领域自主创新模式。相关投资和建设运营企业也都会从中受益。而作为技术贡献方，北交大成为全国最强的轨道交通信号学科。

“CBTC 系统的开发和应用是一个庞大的系统工程，我从钱老（钱学森）的系统工程理论中受益最多，并且认为是一脉相传。”郜春海认为，工程技术的开发和应用，处处都需要系统论的思想方法，我们应该站在系统的角度进行设备研发，从系统的角度控制风险。

郜春海工作之余，博览群书，出入凯恩斯、德鲁克，最爱钱学森的系统工程理论。

“产学研结合的关键是大学与企业之间要打通”

[一方面是说，大学在为企业提供技术服务时，一定要为企业提供成熟、可靠的产业化技术；另一方面是说，任何一项关键核心新技术，都应该勇于走上产品化和产业化的路子。]

社会就是一个大系统。“两弹一星”是钱老系统工程理论指导下的成功实践。

城市轨道交通工程也是一个复杂大系统。

信号系统就是要保证这样一个复杂的轨道交通系统的安全、高效、准时、可靠，而不是说原理上通了就可以了。这一点非常重要。

产学研结合难在哪？难就难在大学老师往往只是解决技术原理上的问题。认为原理上说通了就行了。其实，从原理上解决到工程上可行、可用、可靠，还有很长的路程。

一个原理上说得通的技术，企业是不敢买的，用户也是没法用的。

西门子公司学习的经历让郜春海受益匪浅。

德国有最好的大学，最好的企业，如百年老店西门子，还有最好的连接这两者的研究机构，如弗劳恩霍夫应用研究促进协会。这个促进协会的主要成员都是大学的老师和学生，通过为企业开发技术、提供服务获得经济效益。大学因此与企业联系密切。

另外，西门子等企业的研究人员有些人来自大学，因为大学教授往往都需要有在著名企业工作的经历。大学老师的工程技术研究，是直接为企业和社会服务的，因此离市场很近，工程化和产业化较容易。

而我国的大学与此存在很大不同。即使是在我国较多从事工程技术教学科研的行业性大学，一定意义上，教授的科研与企业也往往是脱节的，离工程化和产业化很远。

事实上，20 世纪 70 年代 CBTC 概念出现以来，跨国公司很快就开始将这项技术工程化和产品化，而这在我国却是几十年以后的事。

“我感觉一定要向人家学习方法和路径，”郜春海说，“关键是要打通大学与企业的关系。”

把大学与企业的关系打通，一方面是说大学在为企业提供技术服务时，一定要为企业提供成熟、可用、可靠的产业化技术；另一方面也是说，任何一项关键核心新技术，都应该在国计民生需要时，勇于走上产品化和产业化的路子。应用技术一定要考虑到产业化。

以轨道交通信号系统为例，自 2002 年以来，我国许多城市的地铁建设引进的都是国外技术。国内有的企业企图通过“引进、消化、吸收、再创新”，可事实上，高价买来别人的产品，技术上并没有也不敢“消化、吸收”，只能做一些浅显的“系统集成”。

关键技术往往是买不来的。而且，“技术不是最重要的，最重要的是方法论和价值观”，郜春海始终这样认为。

他反对拷贝式的“学习”，也反对照搬照抄的“创新”。在系统思维指导下，由于得到有关部门和工程企业的大力支持，同时按照他的“现代透明厨房理论”在每一道技术工序上严格把关，使得 CBTC 核心技术及其产品都是可追溯的、标准化的、安全可靠的。

作为一项重大工程技术，只有在每一个细节上都是“可追溯的、标准化的、安全可靠的”，才可以说这项技术是成熟的，是创新的。

作为一项拥有自主知识产权的重大工程技术，CBTC 核心技术及其产品在北京地铁的成功应用，标志着中国已经完全掌握城市轨道交通的信号技术和保障体系。

为了推进这一重大技术的工程化和产业化，在北京交通大学和北京市政府的支持下，2009 年郜春海担纲成立了北京交控科技有限公司。三年时间，一路走来，郜春海和他的团队走得自信、稳健。

设计、咨询、核心技术研发、加工制造、安全认证、工程建设、后期服务、技术升级，以及法律、财务、基金等，城市轨道交通及其信号产业拥有一个长长的产业链，仅北京范围内就包含了上下游上百家企业。

2010 年 4 月，“北京轨道交通产业技术创新战略联盟”在丰台科技园挂牌。受有关部门委托，作为信号技术分盟主的郜春海，在学校教学、科研和企业经营之外，眼下正大力推进城市轨道交通及其信号技术的上下游产业链建设及其标准化。

“在国内市场我们有时候不得不争取‘国民待遇’”

[在当今中国，我们应该看到，我们的科技创新能力、综合国力和民族产业正在发展壮大，在一些领域，已经拥有和世界发达国家同等竞争力的技术和产品。]

北京地铁亦庄线、昌平线，是CBTC信号技术的示范工程，该技术开发享受到了政府定向采购、首台套财政支持等多项优惠政策。

此前，CBTC信号技术研发过程中，得到过科技部、发改委、建设部、财政部等国务院各部委和北京市的长期大力支持。作为北京交通大学面向国家经济建设主战场设立的重大工程技术攻关项目，十多年来，CBTC信号技术研发成功，实现了我国城市轨道交通信号控制技术的自主创新，是国家有关部门大力推进自主创新、建设创新型国家的成功案例。

“在此意义上，甚至可以说，没有政府部门的支持，没有北京市城市轨道交通提供的工程示范和产业化，就不会有今天成熟的CBTC信号技术，当然也不会有北京交控科技有限公司。”郜春海多次对记者说。

但是，北京市的工程示范完成后，CBTC信号技术将会面临真正的全面市场化：如何将这样一种自主创新的成熟技术推广到国内外市场上去？全国近50个城市都在筹划建设城市地铁、轻轨，全国每年大量的铁路和城际线路都是CBTC信号技术的应用市场，面对西门子等国外跨国巨头，CBTC信号技术将面临严酷的市场竞争。

“我们不怕竞争。但是在国内的市场竞争中，我们有时候却不得不去努力争取和证明我们具备‘国民待遇’。”郜春海不无遗憾地向我们介绍了近年来出现的这种怪异现象。

原来，随着我国城市地铁建设需求的大幅增长，地铁相关技术产品市场容量也迅速增加，国际上多个轨道信号技术企业看好我国国内相关市场广阔前景，积极与国内相关企业合作或合资，参与到国内轨道交通的信号工程建设中，但是这些企业的研发实力与集成技术水平也是参差不齐，给后期运营管理与升级维护带来了安全隐患。

作为自主创新型科技企业，凭借过硬的技术与安全管理实力可以获得市场成功一般来说是没问题的。但是近年部分工程在招标过程中，出现明显偏向于合资企业或外商独资企业的现象。即使是国内的企业，也要求使用国外的技术才行。招标方往往不相信国内的企业或技术，自主创新的成果往往还没有机会展示就被否定。这种思维造成了目前像拥有自主创新CBTC信号技术的企业却享受不到“国民待遇”的怪现象。

在实际招标过程中，有些客户可能觉得国外产品质量有保证，所以更加青睐于国外品牌，而将国内品牌产品挡在门外。“其实，就城轨 CBTC 信号技术而言，（针对）综合技术、性能、价格、售后服务等因素，我们公司的产品在国内外市场竞争中应该占有很大优势。”郜春海说。

“非国民待遇”的歧视是有其历史原因的，曾经很长一段时间，我们的民族产业发展水平的确和西方发达国家有较大差距，这是由当时我国的国情所决定的。在我们一穷二白的时候，改革开放是唯一的出路。由于对外国投资者实行了“超国民待遇”，我们看见了世界尖端技术给我国经济社会发展带来的巨大变化。久而久之，我们自己却在这场事关民族发展的竞争中迷失了，我们忘记了当初“吸引外资”“市场换技术”的初衷是什么。我们与这个初衷偏离得越来越远。“洋货一定比国货强”，几乎成为一些人的定向思维。

其实，在当今中国，我们应该看到，我国的科技创新能力、综合国力和民族产业正在发展壮大。在一些领域，我们已经拥有和世界发达国家同等竞争力的技术和产品，我们掌握了能够竞争取胜的科学方法论。CBTC 信号技术及其产品在北京示范工程的成功实践已经证明我国在这个领域已经迈进国际先进行列。

有人说，自主创新面临两大风险：一是研发和创新过程的风险，二是研发成功后推广应用的风险。以 CBTC 信号技术为例，这样一项历经十几年、甚至几十年科技攻关取得的技术成果，国家在资金、人力和社会资源上进行了巨大的投入。在技术本身经过工程示范已经取得成功后，应该通过政策法规形成推广应用的有效机制；而政府采购部门应该建立科学客观的第三方评价机制，在获得有关技术产品全面的性价比之后，做出正确的抉择。

实施自主创新战略、建设创新型国家是当代中国人实现中华民族伟大复兴的历史使命。经济要发展，民族产业要振兴，自主创新的科技成果及其产品，在国内市场上当然应该享有正常的“国民待遇”，甚至保护性待遇。

正如美国等西方发达国家，在政府采购中无不高度重视保护本国工业。我国近年来也制定了《实施〈国家中长期科学和技术发展规划纲要（2006—2020 年）〉若干配套政策》等一系列保护自主创新技术和产品的政策法规。

但在现实中，一项围绕国家和行业重大需求、政产学研用历经十多年大力协同自主创新取得的重大工程技术成果，在行业推广应用中却仍然会遭遇“非国民待遇”，并与外资企业的“超国民待遇”形成对照，这一反常现象不能不引起我国有关部门的特别注意！

2013年07月02日　星期二

为了城市轨道交通国产化之梦(上)

——北京轨道建设公司十年自主创新路

编者按

真正的现代地铁建设也就在十多年前，我国开始利用国外贷款，广州和上海地铁1号线用的是德国贷款。当时国内没有能力制造地铁所需机电设备，只能进口。因为是贷款，建设方只能使用德国或其他欧洲国家设备；因为是进口，设备价格高得惊人，致使当时地铁造价高达每公里6.63亿元。简单对比一下，广州地铁2号线由于实施了一系列国产化措施，每公里平均造价降至4.75亿元。

北京园博会开幕前夕，与园博园相连的北京地铁14号线首段开通运行。其线路信号、车辆及制动系统等关键核心技术，全部采用拥有自主知识产权的国产设备。至此，北京地铁开通总里程达456公里，居全国第一，世界前列。

2008年至今，北京地铁2号线和4号线在营运时段内，每两分钟就有一趟，发车间隔全国最短。

今年3月8日，北京16条地铁线路客日运量首次突破1 000万人次，成为世界上单日运送乘客最多的地铁。

一句话，北京地铁发展太快了！

而在这背后，北京地铁国产化率的一系列数字也令人惊羡：亦庄线CBTC信号设备国产化率达90%（国家要求55%）；房山线B型动车组国产化率达95%；昌平线牵引、制动、综合监控系统均采用自主创新技术，国产化率均达90%以上……北京地铁国产化率平均达85%以上，建设管理单位被中国交通运输协会城市轨道交通分会指定为国产化免验单位。

“为了国产化的梦想，我们追求了整整10年。”北京市轨道交通建设管理有限公司（简称“北京轨道建设公司”）总经理丁树奎说。

国产化势在必行

世界上最早的地铁于 1863 年在英国伦敦建成，长度约 6.5 公里，采用蒸汽机车。

目前，世界上已有 43 个国家和地区的 118 座城市建有地铁。

今天，地铁与人们的关系已经十分密切，但很多人可能并不清楚，地铁建设是一个非常专业的门类。除了拆迁、土建、装修之外，一条地铁从车站、轨道到列车及其机电设备，涉及几十个门类、数十个专业、数千个专业设施和备件。

北京地铁 1 号线是全国最早的地铁。那是一条用作战备的地铁，全长 31.04 公里，1965 年 7 月 1 日开工建设。从 1971 年 1 月 15 日开通北京站专线，至 2000 年 6 月 28 日连复八线全线贯通，形成满足需要的动力，前后历时长达近 30 年。

真正的现代地铁建设也就在 10 多年前，我国开始利用国外贷款，广州和上海地铁 1 号线用的是德国贷款。当时国内没有能力制造地铁所需机电设备，只能进口。因为是贷款，建设方只能使用德国或其他欧洲国家设备；因为是进口，设备价格高得惊人，致使当时地铁造价高达每公里 6.63 亿元。简单对比一下，广州地铁 2 号线由于实施了一系列国产化措施，每公里平均造价降至 4.75 亿元。

为此，1999 年起，国家出台了一系列推进国产化的政策法规。其中明确规定，所有地铁建设，必须保证国产化率达 70%，否则建设单位不得开工兴建。

而基于地铁关键核心设备国内无法生产的情况，政策规定，凡达到 70% 国产化率的业主，可以在剩余 30% 的范围内购买国外关键核心技术设备，免予征收进口税和进口环节增值税。这些关键核心设备，主要包括信号、车辆的牵引及制动系统等。

当时，国家专门成立了“国产化办公室”，一方面出台了一系列推进国产化的法规文件；另一方面，拿出专款支持一批城市轨道交通行业的科研机构和企业，鼓励他们积极开展自主创新。

2003 年，当时的北京地铁集团一分为三，北京轨道建设公司即为其中之一。作为北京市属专业公司，具体负责北京地铁（实际上还包括轻轨，所以后来叫作“城市轨道交通”）的建设管理。

10 年来，北京轨道建设公司建成（含改造）地铁 16 条线，总里程达 456 公里，使北京成为全世界地铁里程最长的城市之一。

这10年的前六七年，占设备30%的核心设备，由于国内没有能力生产，只能依靠进口。除承受较高价格外，还要在技术认知、工程进度、后期维护等方面长期受制于人。“一句话，受够了窝囊气!”公司副总经理韩志伟说道。他在北京地铁系统工作26年，是真正的“老地铁”。现在他具体负责地铁机电设备的采购、招标和项目实施。

在国家积极推进城市轨道交通设备国产化10年后，这种情况终于有了改观。

抓准机会启动国产化工程

“国有企业推进国产化天经地义。”丁树奎是国内地铁行业积极推进国产化和自主化的领军人物。他认为，10年前，国内城市轨道交通核心技术“一片荒芜”，作为建设管理单位，即使有心支持国产化，也是“心有余而力不足”。

◆ 丁树奎对地铁工程设备国产化情有独钟

2007年前后，我国的一批城市轨道交通设备生产企业和科研院所成长起来，开始形成比较完备的轨道交通设备制造体系，在一大批关键核心技术产品上取得突破。

2007年2月，国家发改委在广州召开第三次城市轨道交通设备国产化工作会议。发改委副主任张国宝在会上指出，经过不懈努力，我国城市轨道交通设备国产化工作取得显著成效。

所谓国产化，实际上包含两个内容：一是重要设备要实现在国内制造生产，或进口国外零部件在国内组装，一些国外公司在国内设立企业生产组装的设备也属于这个范畴；二是要实现关键核心技术的自主创新。这种国产化又称自主化，实际上是国产化所追求的深一层目标。

按照规划，2007 年前后，北京启动建设一批连接新城的轨道线路。这对于国内自主创新的地铁设备的初次示范采用，是极难得的机会和平台。北京轨道建设公司适时提出了大力推进北京城市轨道交通核心设备国产化的发展战略和行动计划，积极实施北京地铁“国产化示范工程”。

作为首都，北京地铁每天都要承担上千万人的运载量，按照规定，5 分钟的停运都要作为事故向政府部门专门汇报。因此，地铁建设必须把风险控制在最低。在地铁建设中，使用国外设备是免责的，但如果使用的是国产设备，而且这些设备此前并没有很好的表现，就容易让人产生疑问：“为什么用它?”

这让地铁建设的有关责任人承担着巨大的风险。

但是，北京轨道建设公司的思路得到当时市委、市政府主要领导的支持，同时得到有关部门的积极配合。

这个示范工程的核心，就是在新建地铁线路上积极采用自主创新并经过国际安全认证的国产关键核心设备。使用国产化设备的过程采取“从郊区走向市区”的顺序，首先在一批郊区线路上使用，然后逐步向城区推进。具体来说，就是在亦庄、昌平、房山、大兴等郊区线路，率先使用一批自主化国产设备。具体到每一条线路，国产设备要与进口设备搭配使用。待时机成熟，再将这些拥有自主知识产权的国产设备，在城区骨干线路全面推广。

协同推进自主化

2010 年 12 月 30 日，北京地铁亦庄线如期开通。这条线是基于通信的“移动闭塞”列车控制技术（简称 CBTC）的示范线，其开通意味着这项完全依靠自主创新取得的重大核心技术示范成功。我国成为继德国、法国、加拿大之后，世界上第四个掌握这项技术的国家。

“我们终于有了自己的 CBTC！过去没有这项技术，作为地铁建设和运营方，我们受够了别人的夹板气。”牛英明至今还记得亦庄线开通时大家的兴奋和喜悦，当时她是北京轨道建设公司副总工兼信号车辆部部长。

21 世纪初，首都的一切都在为 2008 年的北京奥运会忙碌着。迎接奥运必须有交通保障，发展公共交通成为共识，当然，这其中也包括发展地铁交通。

CBTC是一项保证行车安全、提高运输效率的重要安全控制系统，相当于地铁列车的“大脑神经中枢”。当时在国际上这种技术刚刚兴起。北交大宁滨、唐涛、部春海等人组成的科研团队，基本完成了CBTC系统核心技术的前期研究与攻关。

基于北京轨道交通快速发展、大规模建设的迫切需要，以及既有线路引进信号系统存在的问题，北京市委主要领导明确提出开展信号技术自主化研究。

2007年9月，北京市有关部门组织北交大、北京市基础设施投资、建设、运营公司及市路政局、运输局等单位多次研究，一致认为北交大长期进行基础研究的CBTC信号技术，是列车自动控制系统技术的发展方向，该技术的关键核心部分已取得突破，迫切需要通过实施“首台套”政策，依托一条地铁线路，多方合作，共同研制出一套能适用于国内地铁工程实际的国产CBTC系统，真正突破信号技术瓶颈，摆脱国外技术垄断。最终确定北京地铁亦庄线作为这项重大技术的示范线。

CBTC系统的研制、中试、示范先后历经三个阶段。北交大、北京地铁运营有限公司、北京轨道建设公司分别先后担任项目主体方。

“产学研结合是必需的。但是就这项成果来说，如果没有政府部门，包括科技部、发改委、财政部等国家有关部委和北京市科委、交通委、发改委、重大办等部门的支持，没有业主和用户的通力合作，CBTC很难成熟落地获得成功。”项目研制总负责、北交大校长宁滨回忆说。

2010年8月，亦庄示范线开始联调。当时任该项目首席专家的丁树奎也表示，CBTC项目的成功，得力于“官（政）、产、学、研、用”的协同创新。

CBTC信号技术只是城市轨道交通的关键核心设备之一。差不多与此同时，北京京车装备有限公司自主生产的B型车在房山线示范成功，由中国铁路科学研究院自主研制的列车制动系统、由北京和利时研制生产的地铁综合监控系统同时在昌平线示范成功……一系列国内生产的城市轨道交通重要技术装备，在北京地铁各条线路得以稳步推广。

（配发短评）树立起城市轨道交通的科技自信

国产化、自主化，严格来讲，包含着一个企业的责任与担当。

这里讲的国产化和自主化，指的是用户或业主，勇于采用并科学选择国内生产或拥有自主知识产权的技术产品。

“勇于采用”“科学选择”，是基于这样一个事实判断：改革开放三十多年后的今天，中国的科技实力，使我们可以在一些关键核心技术上与国外公司比肩而立。

从中国制造到中国创造，引进、消化、吸收和自主创新，使我国已经建立起自己的重大技术装备制造业。以城市轨道交通为例，车辆整车制造、车辆牵引、制动和信号系统等一系列关键核心技术，已经完全实现自主创新。

在此基础上，我们应该建立起对自主化设备的自信和自尊。

大家知道，关键核心技术是买不来的。而一旦实现了关键核心技术的自主创新，就要在确保安全的前提下，大胆采用，积极扶持。

自主创新最终只能在用户手中完成。自主化的技术设备只有在用户的购买和采用中，才能不断完善；我国的装备制造业也只有在用户和市场的认可下才能得以更好地发展。

今年是北京轨道建设公司成立十周年。这十年，是国家推进国产化、大力开展自主创新的十年。十年来，自主知识产权的创新产品让北京地铁的建设降低了造价，提高了效率，大大加快了北京地铁的建设进度，地铁建设者们有了底气！十年来，北京轨道建设公司大力推进工程建设设备的国产化与自主化，大力扶持行业关键核心技术的自主创新。

这种扶持既包括开展产学研结合，积极参与自主创新，也包括为自主化技术设备提供工程建设的示范平台。

这样的扶持其实是千百次的工程试验和科学选择。在这种扶持下，建立起信任感的CBTC信号技术、B型车、制动技术等一批自主化城市轨道交通关键核心系统走出深闺，走向中试和示范工程。其中，CBTC、综合监控系统等自主设备已走出北京，在成都、长沙、深圳、重庆等城市的地铁建设工程中得到推广应用。

2013年07月03日　星期三

为了城市轨道交通国产化之梦(下)

——北京轨道建设公司十年自主创新路

十多年来,我国城市轨道交通行业实行依托重大工程,引进、吸收、消化和自主创新相结合的方针,取得重大成果。一批行业关键核心技术走出实验室和工程示范现场,走向产业化,受到广大行业用户的欢迎。

对这些自主创新的企业,国家实行市场准入、“首台套”等国产化行业扶持政策。北京、广州、深圳等一批城市的城轨建设管理部门竭力而行,大大增强了人们对城市轨道交通国产化的信心。

北京轨道建设公司总经理丁树奎认为:“国产化的目的是为了改变我们技术上长期受制于人的情况,使国内的市场有国内企业参与竞争,使国内企业走出去参与国际竞争。”

安全保障大如天

国产化，首先要保障安全。任何一个重大安全事故，对于任何一个具体行业乃至整个城市轨道交通行业的打击都可能是致命的。

盾构机，是真正的庞然大物。每台盾构机的造价达6 000万元。北京市16 000平方千米的地平面下，目前有22台盾构机在地下“穿越”。

北京的地下管网纵横交错，在无数的管网下面进行地铁施工，可能会导致上方的地层出现沉降。当线路不得不从高铁或城际线路下方穿过时（如14号线方庄站到十里河站区间下穿京津城际铁路），必须保证其沉降为零；而当上方是城市轨道交通线路时，其沉降量要求控制在3毫米以内！如果施工过程导致沉降达到2.1毫米，也就是达到准许沉降量的70%的时候，工程就得停下来，研究防止沉降进一步发

生的专项措施。

如何保证工程施工达到如此的精度呢？如何保证每天北京市地铁施工数千个作业面不出任何安全事故？

“风险要通过合理规划、设计和科学管理来化解。”公司安全监控中心主任曹伍富介绍说。基于几十年的地铁施工建设，北京轨道建设公司积累了丰富的管理经验，并在此基础上建立了一套科学严格的施工安全风险技术管理体系。

2007年，“北京地铁工程建设安全风险控制及信息化管理平台的研究与应用”，在北京市科委立项，公司投入1 000万元，历时3年，与有关施工、科研单位联合开展产学研合作研究，取得重大成果。项目获2012年北京市科技进步一等奖。

对于地铁建设安全保障，土建施工是一个方面，机电设备的安装、调试、磨合是另一方面。正像施工每天面对数千个作业面，一条地铁线路上的机电设备也包括10大门类、20多个专业、几千个品种。车辆、信号、牵引、制动等关键核心技术设备，在实施国产化后，如何确保每一个技术设备安全有效，不出故障？

据北京轨道建设公司设备管理总部的总工吴铀铀介绍，机电设备的安全管理包含多个方面：首先是招投标管理，要对参建单位进行严格的资格审查；其次是生产许可管理（如电梯）、行业管理（如消防），以及市场准入和认证管理（如地铁车辆、信号等关键设备生产商），既要有发改委等政府部门的批准，有的还要通过专门的安全认证。

以信号系统为例，作为用户和建设方，北京轨道建设公司针对北京地铁亦庄线的信号系统，就专门国际招标引入了英国劳氏公司担任独立第三方国际安全认证机构。

按照北京市政府规定，任何一条地铁线路都要经过3个月的“空载”试运营，就是在全部设备安装齐备、全部岗位人员到岗的情况下，不载客运行3个月，再经过路网监控中心的严格监控，没有任何安全问题的情况下，地铁才能开始运行。

“超级工程、复杂巨系统的风险控制是一门科学，需要一整套严格有效的管理体系。”丁树奎认为，这方面西方发达国家走在我们前面。我们过去常常要求“人盯人”“严防死守”，这不是科学的风险管理方法。只有建立起真正严格有效的安全管理体系才能将风险降至最低。

要知道，如果说安全是一棵树的话，树上所有的叶子都是风险源，哪片叶子都可能落下。如何保证“叶子下落”不造成事故？需要有一个应对每片“叶子”的风险控制库。“目前国内的风险管理机制好像还没有完全成熟，现阶段借用国际安全认证是一个不错的思路。”丁树奎说。

既是“不得已”更是社会责任

作为业主和用户，北京轨道建设公司大力推进国产化之“不得已”有三：

一是造价。作为首都，作为人口超过 2 000 万的特大型城市，北京建设城市轨道交通网络是一个超级工程。与新建地铁的城市首先要解决有无的问题不同，北京是要在确保安全运行的情况下还要追求投资的有效控制。进口设备价高是众所周知的，但业外人士可能不知道，国外公司一旦成为供货商，在首期供货之后，后续的备件的价格往往是原件的 6 到 10 倍。人家这叫老鼠拖风箱，赚的就是这个后面的“大头”。因为一旦采用了他的制式，别人就无法供货。

二是进度。与西方发达国家已经进入后工业社会不同，我国基本上还处在“大干快上”的年代。北京地铁从“洞通”到铺轨再到开通运行，过去一般是 18 个月，现在往往只有半年时间。多数施工建设部门往往都是“白加黑”（日夜加班）、“五加二”（周末不休息），工程后期可能还要“大会战”。这在国外企业几乎不可能。他们认为节假日休息是天经地义，8 小时之后的时间都是神圣不可侵犯的。这种观念的不同，导致需要外国技术人员出现的时候，找不到人，因而严重影响工程的进度。

三是后期维护。在后期维护阶段，除了上述备件价高因素之外，进口设备的源代码不会向用户开放，软件程序也不会应用户要求修改，如果修改了哪怕微不足道的地方，用户也可能面临巨额的收费或赔偿；而线路上任何一个零部件的修复，都必须送回国外原产地，一个来回往往就是 6 到 9 个月，在此期间工程施工或设备运行很难正常开展。

这些问题对于国内的供货商，在很大程度上都可以避免。

丁树奎认为，用户推进国产化，除了有上述“不得已”之外，还因为有一份社会责任。

我国目前的地铁建设一般使用的是政府财政作为资本金，轨道交通的建设运营管理单位往往是典型的国有企业。“国有企业支持国内企业引进、消化、吸收国外技术，推进行业自主创新，应该是一份社会责任。”

地铁设备专业化程度高，这种设备的创新和国产化，必须依托地铁工程，实行用户导向和目标管理，这种创新才能获得成功。创新出来的产品如果没有用户的使用，这种创新活动将难以为继。

创新活动绝不只是科技部门的事，也不只是生产企业的事，甚至也不只是“产学研”三家的事。就一些大型技术装备或特殊行业的技术创新而言，依托重大工程，或用户直接参与，具有创新引领和导向的意义。

“如果没有用户，创新是没有动力的。”丁树奎认为，在城市轨道交通行业，用户引导着自主创新，用户的使用和推广应用是创新活动的“最后一公里”。

在大力推进行业国产化的过程中，北京轨道建设公司投入大量资金和人力直接参与 CBTC 系统和 B 型车的创新和国产化过程。这里面既包含企业家个人的胸襟，更体现了支持创新和国产化的社会责任。

国家有实施国产化的产业政策，科研和生产部门有自主创新的内生动力，用户也享受到国产化直接带来的切身利益。这三者的结合直接促成城市轨道交通行业今日国产化和自主创新的成就。

从国产化到全球化

“亦庄、昌平线的信号系统，我们用的是北京交控的产品。运行近 3 年了，在北京 16 条线路中故障率差不多是最低的。尤其是在建设和运营使用过程中得到的服务支持，使我们和运营部门都极大地感受到了采用自主产品的优势。”针对目前一些城市的地铁建设部门不敢使用国产技术的情况，北京轨道建设公司信号部张艳兵部长向记者透露。

由于受有关政策及传统习惯的影响，目前，国内许多业主仍然更愿意使用国外的产品，一些国产的关键设备受到市场冷遇，相关国内企业每每在激烈的招投标中失利。

据记者了解，出现这种情况的一个重要原因是，14 年前的国产化政策规定，总体达到 70%（信号系统是 55%～60%）国产化率的地铁建设部门，进口国外设备可以享受进口退税。当时保留 30%的进口许可，一个重要原因是引进国内没有的先进技术。早在 5 年前国内行业企业就普遍达到 70%这一标准。今天，一些关键核心技术设备国内都能制造，但是，这一政策至今未变。这直接导致国内还很稚嫩的相关企业直接面对国外大公司的竞争，因而处于不利的境地。

“该出手时就出手。”韩志伟认为，对于国家的相关政策的制定和调整来说是这样，对于具体企业落实国产化政策来说也是这样。

这么说，国产化程度是不是就越高越好呢？

他认为，不是这样。比如地铁的直流供电、无线调度、通信设备，北京至今还用的是 MOTOROLA 的产品，另外德国生产制动系统的 KONOL 一直是北京的供货企业。国产化应该主要针对那些关键核心技术设备，“没有必要什么都国产化”。

丁树奎认为，用户推进国产化，还需要培育市场，不能养成一家独大或垄断的局面。对国外企业是这样，对国内企业也是这样，“成熟以后的过度保护对于企业自身不利”。

◆ 2014 年 12 月底北京地铁 7 号线全线开通，所用地铁车辆和机电设备实现 95% 以上的国产化和自主化。上图为 7 号线广渠门站（图片由北京轨道建设公司提供）

但是，国内的城市轨道交通装备制造业，总的来说还处于创业时期。扶上马送一程，给予一定的保护还是必要的。70%这一标准既然都已经达到，就应该提高。以信号产业为例，过去国内没有完全自主的 CBTC，所以制定了 55%的国产化标准。现在国内能够自主生产，国产化率标准就应该提高，从而有利于这一关键核心技术的适度推广。

“等到相关产业成长壮大起来，具有了在市场上竞争生存的能力，即使降低甚至取消国产化率的要求也是应该的。毕竟现在已经是一个全球化的时代。”丁树奎说。

2013年07月04日　星期四

5 自主创新技术急需解决“最后一公里”

——施仲衡院士谈城市轨道交通技术自主化

编者按

施仲衡，我国城市轨道交通工程界泰斗级专家，中国工程院资深院士。早年留学苏联学习地铁设计与建造，获副博士学位。曾经参与主持过1965年我国第一条地铁——北京地铁1号线的关键技术研究，提出过地铁建设浅埋明挖加防护的重要理论，研制了我国第一台压缩混凝土衬砌盾构机，主持过北京、上海、广州、重庆等一大批城市的地铁、轻轨等轨道交通的规划、设计和监理工作。主持评估了北京、上海、广州、重庆等一大批城市的地铁可行性报告和规划设计方案。主编了我国第一本《地下铁道设计规范》。

“现在各地都在大力发展城市轨道交通，自主创新关键核心技术装备的推广应用没有受到应有的重视。北京交通大学自主研发的CBTC系统，在北京地铁成功示范之后是这样；中车四方公司生产的直线电机地铁列车，在广州地铁应用之后是这样；由重庆一家企业生产的跨座式单轨列车，在重庆轨道交通成功应用后，在全国的推广应用也是这样。政府要设法改变这种状况，让自主创新的技术走完‘最后一公里’。”中国工程院院士施仲衡日前在接受采访时这么说。

施仲衡是我国城市轨道交通工程界的泰斗级院士，现已83岁的他，仍然忙碌在我国城市轨道交通建设第一线。

当前，地铁等城市轨道交通在我国方兴未艾。城市轨道交通装备制造业属于国家大力发展的战略新兴产业。“支持自主创新、积极采用自主研发的技术装备应该成为全国共识。”施仲衡说。

◆ 施仲衡院士为中国城市轨道交通工程技术奋斗了一辈子

“请政府决策时多支持自主创新技术”

“20 世纪 90 年代，广州地铁 1 号线由于利用德国贷款，进口设备价格昂贵，致使造价每公里高达 6.63 亿元。而广州地铁 2 号线由于实施了一系列国产化措施，使得平均每公里造价降至 4.75 亿元。近期地铁造价又有所回升，有些线路每公里造价超过 10 亿元。”施仲衡介绍说，当前我国已经在信号、车辆、牵引、制动等一些关键的技术装备上实现了自主化。以信号技术为例，北交大主持研发的 CBTC 系统是世界上最先进的列车控制信号技术，目前掌握该项核心技术的公司只有 4 家。该技术在北京市政府的大力支持下已经在北京亦庄线、昌平线和 14 号线上成功应用。

21 世纪以来，通过引进、消化、吸收和自主创新，我国地铁装备制造业不断发展。在“十一五”期间，70%国产化率基本达到，随着车辆、信号、制动等一批关键技术装备难题不断被攻克，我国的地铁装备制造业正从国产化走向自主化。

“地铁信号技术关系着千百万乘客的安全，关键核心技术一旦开发出来就得使用，在使用中才能不断完善。无人采用说明自主创新的‘最后一公里’没有走完。”施仲衡建议有关决策部门对我国经过示范证明安全可靠的自主化技术装备要制定鼓励政策。我国城市地铁建设的高潮应该首先带动本国相关装备制造业的发展。以 CBTC 信号技术为例，我国具备 CBTC 系统核心技术与系统集成的产业化公司在市场推进中，正面临着与世界三巨头公司（西门子、阿尔斯通、泰雷兹）的竞争，已遭遇到重大的困难。刚刚听说，四川成都地铁和湖南长沙地铁通过招标，确定采用北交大的 CBTC 技术，这是个好消息，说明这项自主化的重大创新开始走出北京城。

20 世纪 80 年代以来，由于我国城市化和工业化的加快，交通拥堵、环境污染已成为各级政府和城市管理者的心病。施仲衡根据国际大都市城市管理的经验，提出大力发展城市轨道交通，认为这是目前我国解决城市交通难题的最佳方案。目前我国已有 36 个城市正在规划建设城市轨道交通，总投资超过 1.2 万多亿元。

“科学民主决策才能降低工程造价”

“政府科学民主决策很重要。”施仲衡说。20 世纪 90 年代，广州地铁 2 号线采用国产化、自主化技术装备，建设成本大大降低。CBTC 系统在北京地铁亦庄线成功示范、跨座式单轨列车在重庆轨道交通上得到使用，都是因为当地主要领导充分调研，有关专家多次分析论证，从而使我国自主创新的关键核心技术装备得以第一次进入工程领域。“支持国产化和自主化，积极采用安全可靠的自主创新技术装备，应该是政府科学决策的一项重要内容。”

据介绍，当施仲衡从苏联完成学业回国时，正值我国第一条地铁（北京地铁 1 号线）准备开工建设，因战备和交通需要，当时已决定采用超深埋（100 米以下）建设方案。在苏联期间，施仲衡了解到超深埋车站施工难度大，耗资巨，作为交通工具乘客使用也极为不便，为此他坚持向各级领导汇报，直到向中央反映，建议采用浅埋暗挖加防护的方案，1961 年 5 月被中央采纳。其后，上海、广州等各大城市均据此开展地铁设计和施工。

“城市轨道交通建设要因地制宜，不要相互攀比。”施仲衡认为，在城市轨道交通中，地铁最贵，工程难度最大，只适合一些特大型城市在市中心繁华地段建设。一些二、三线城市没有必要都学北京、上海、广州，可以根据自身城市特点，采用轻轨、高架等不同形式，再加入市郊线和有轨电车，这样可以大大降低工程造价。

他说，要真正做好科学决策，关键是要做到民主决策。民主决策应该有必要的基本程序。城市发展和城市轨道交通规划设计都是科学，应该有专门的机构和行业专家先期进行长期的可行性分析论证，此后还应该经过必要的立法程序。

“市场化建地铁，香港、新加坡是赚钱的”

据了解，目前我国城市轨道交通建设基本上还是政府主导、委托实施，主要是政府出资（40%左右）、银行贷款（60%左右），只是在土建和机电设备采购上采取招投标等市场手段，投资回报周期长，一般都要经过长时间的负债经营。

施仲衡说："其实，管理体制和经营理念的创新也是降低地铁造价和运营成本的办法。"据调查，我国的地铁建设主要依靠国家和地方政府的投资，建成后运营仍需城市财政补贴。在香港和新加坡，地铁建设采取商业化经营模式，政府从直接操纵者转变为指导者，从对地铁投资的直接控制转变为授权经营、政策支持与监督考核。将地铁工程和地铁沿线的开发结合起来，综合开发，把地铁经营以特许的形式交给地铁公司运作，使地铁公司成为真正的市场主体，从根本上解决了地铁造价偏高、运营时亏损严重的问题，实现了地铁建设的最终有效投资控制，减轻了政府负担。

目前，我国内地只有深圳开始尝试采用这种市场化商业模式。由于城市轨道交通一般都会带动沿线土地地价的升值，地下建地铁，地上可以搞房地产商业开发。记者在深圳采访时了解到，深圳市政府从去年开始划拨深圳地铁集团一批土地，其用土地融资滚动开发，政府不再直接提供财政拨款。

在市场化条件下，地铁承建单位和运营单位在确保安全的情况下，必须考虑如何降低工程造价，早日收回成本。因此更愿意采用可靠的国产化和自主化技术装备产品。可以预见，在市场化商业运作模式下，我国的城市轨道交通装备制造业有望得到更快的发展。

我国的城市现代轨道交通，从工程建设到技术装备调试和运营管理，是一个庞大的系统工程，应该开展全面综合的协调研究，制定出科学合理的近远期相结合的发展战略，把我国的城市轨道交通事业推上健康科学的发展轨道。

2013 年 07 月 05 日　星期五

6 政产学研用，最终在于用

——中国城市轨道交通协会副会长宁滨访谈

编者按

“政产学研用”五个方面的协同创新是 CBTC 自主化最重要的成功经验。其中“政”是指北京市从一开始就给予的大力支持，以及此后科技部、发改委、财政部等多个国家部委的政策和财政支持，没有这种支持，CBTC 自主创新不可能获得成功；“产”是指北京交控科技有限公司牵头进行产品的生产和产业化；“学”是指北交大拥有长期的学术积累和理论基础；“研”是指北交大有关国家重点实验室搭建平台进行核心技术研发，在取得技术创新的突破后，又将项目主导地位出让，从而达成与“用”即用户北京地铁运营有限公司的真诚合作。利益分享，风险共担，扬长避短，各显其能，政产学研用的协同创新成就了 CBTC 系统的自主创新。

中国正处于城市轨道交通大发展时期。未来 10 年 3 万亿元的城市轨道交通建设投资催生巨大的产业市场，同时也将成为行业内自主创新技术装备与进口设备中原逐鹿的战场。北京交通大学校长、中国城市轨道交通协会副会长宁滨认为，CBTC 自主创新的成功，及其在北京地铁近 3 年的成功运营，说明中国城市轨道交通最后一个难关——信号系统关键核心技术也已完全实现自主化，自主化 CBTC 为业内被攻克的最后的技术堡垒，国人完全可以放心使用。近日，科技日报记者采访了宁滨校长。

科技日报：城市轨道交通关键核心技术自主创新近年取得哪些重要突破？自主创新 CBTC 系统的经济、社会效益和产业前景如何？

宁滨：城市轨道交通基本上包括三大块：土木建造系统、地铁列车车辆系统和信号系统。其中土木建造成本高，主要在地面拆建，土建设备像大型盾构机，基本上已经实现国产化，当然也还有进口的；地铁车辆这一块近年来自主创新成效显著，南车、北车等制造企业的列车车辆都已经实现自主创新和国产化，有的已经实现大量出口；牵引、制动、通信、转向架等关键技术难题近年来都已经被先后攻破。信号系统投资大，风险大，见效慢，约占地铁设备系统投资的10%，是城市轨道交通最后一个技术堡垒，应该说现在也已经被攻克了。北京地铁亦庄线，作为国产CBTC系统的应用示范工程，2010年12月30日竣工通车，使我国成为世界上第四个掌握这项关键核心技术并顺利开通运营的国家。该系统至今运行良好，说明自主创新的信号系统已经完全可以替代进口。

此前我国城市轨道交通技术装备已经实现70%的国产化和自主化。在CBTC系统实现完全自主创新之后，我国城市轨道交通的关键核心技术已经完全实现自主创新。

自主化信号系统的应用，使得国外同类产品的价格降低了20%以上。原来每公里进口地铁信号系统的价格在1200万元人民币左右，现在的价格降到了800万元左右。我国每年建成城市轨道交通线路数百公里，仅这一项就每年为国家节约了大量的外汇。城市轨道交通是一项关系国计民生的浩大工程，目前我国已经批准35个大中型城市规划建设城市轨道交通，如何降低造价是大家普遍面临的问题，使用拥有自主知识产权的国货是一条重要途径，为此建议大家使用国产的地铁车辆，国产的CBTC系统，不仅可以大大降低工程造价，而且会给此后的轨道交通运营和工程维护带来诸多便利。

由于国家有关部门和北京市的大力支持，国产信号系统已经实现产业化，至今在北京的4条地铁线上得到应用。当前我国正处于城市轨道交通大发展的时期，是世界上最大的城市轨道交通技术装备市场，可以预见，自主创新的CBTC系统具有良好的产业前景。

科技日报：国产CBTC为什么诞生在北交大？CBTC自主创新的成功经验是什么？

宁滨：CBTC是城市轨道交通关键核心技术，属于“买不来的技术”。CBTC自主创新之所以在北交大获得成功，主要基于以下几个因素。

第一是长期的学术积累。北交大原属于铁道部，学校的轨道交通工程技术学科人才聚集，历史悠久，底蕴深厚。

第二是因为赶上我国轨道交通大发展的大好机遇。2008 年奥运会前夕，北京市要同时开通几条地铁专线，在按时开通和今后安全维护等方面遇到一系列具体问题。在此之前，国内 28 条地铁线的 CBTC 全靠进口。为了在奥运会召开前让北京有关地铁线路及时开通，北京市委市政府决定大力发展北京城市轨道交通，开展 CBTC 关键核心技术的自主创新。在北京市各委办局的大力支持下，北交大承担了 CBTC 关键核心技术自主创新的艰巨任务。

第三是各有关政府部门的大力支持，包括北京地铁运营和建设部门的通力合作。北京市科委首先立项，连续六期持续支持该项目，投入了 8 000 多万元项目经费。与此同时，北京市发改委、交通委、重大办、经信委、中关村管委会等部门都给予了积极支持和配合。在此之后，国家发改委、科技部、财政部、住建部和铁道部等国务院有关部门分别从政策和财政上给予大力支持。可以说，CBTC 关键核心技术的自主创新是“政产学研用”几个方面协同创新的结果，是协同创新的成功范例。

第四是我们采用了国际安全认证技术。CBTC 是城市轨道交通的关键核心技术，关系到千百万人生命财产安全。作为自主创新的科技成果，北京市第一个吃螃蟹，敢于在地铁建设中使用，作为技术研发主导者的我们十分感激。为了向业主负责、向广大乘客负责，我们花费巨资请第三方对核心技术进行了国际安全认证，该项目是国内同行业第一个获此国际安全认证的项目。

第五就是人才的培养和成长。在 CBTC 关键核心技术的自主创新过程中，从技术研发到中试再到工程示范和最终的产业化，学校在此过程中培养了人才，锻炼了队伍，这既是 CBTC 关键核心技术的自主创新取得成功的原因，也是水到渠成的理想结果。

“政产学研用”五个方面的协同创新是 CBTC 自主化最重要的成功经验。其中“政”是指北京市从一开始就给予的大力支持，以及此后科技部、发改委、财政部等多个国家部委的政策和财政支持，没有这种支持，CBTC 自主创新就不可能获得成功；“产”是指北京交控科技有限公司牵头进行产品的生产和产业化；“学”是指北交大拥有长期的学术积累和理论基础；“研”是指北交大有关国家重点实验室搭建平台进行核心技术研发，在取得技术创新的突破后，又将项目主导地位出让，从而达成与“用”即用户北京地铁运营有限公司的真诚合作。利益分享，风险共担，扬长避短，各显其能，政产学研用的协同创新成就了 CBTC 系统的自主创新。

科技日报：“政产学研用”协同创新与“产学研”三结合有何不同？如何看待用户在技术创新中的作用？

宁滨：我国提出“产学研”三结合至今已有20多年。当初这个问题的提出主要是为了解决科技与经济两张皮的问题。所谓科学技术要面向经济建设。所以三结合着力点就是产业界与科技界的结合，其中“产”主要指的是制造企业。而“政产学研用”中，“政”是指政府部门，一些关系国计民生的重大技术和重大工程需要政府的关注和支持；“用”是指用户，重大工程的承建和运营单位就是这些关键核心技术及其技术装备的重要用户，这些用户实际上往往参与到关键核心技术装备的中试和工程示范过程中，没有用户的参与、购买和使用，整个技术创新过程很难真正完成。

对于传统“产学研”三结合来说，“政”和“用”是两个新的因素，但对于一些重大工程的技术攻关来说，这却是两个至关重要的因素。实际上，一些像三峡水利枢纽工程、秦山核电站、神州系列飞船这样的重大工程，都伴随着一系列重大的技术创新和关键核心技术的突破，都可以说是“政产学研用”协同创新的成功范例。如果没有各有关政府部门的大力支持，没有北京地铁有关用户部门的参与和应用，没有当今中国城市轨道交通大发展的难得机遇，可以说，CBTC系统的自主创新实际上很难完成。因此在一定意义上，可以说在一些关键核心技术的自主创新中，用户的参与和应用推广起着至关重要的作用。

科技日报：如何跨越关键技术装备国产化到自主化的门槛？如何破解自主创新技术产品推广应用的难题？

宁滨：国产化和自主化的主要区别要看是否拥有自主知识产权。跨越从国产化到自主化门槛的唯一途径就是要加强自主创新。在引进、吸收、消化、再创新的过程中，国产化往往是一个必经阶段，而促使自主创新真正实现的是自主创新技术装备的大规模推广应用。过去我们谈得较多的是自主创新技术如何实现产业化，忽略了产业化之后自主品牌科技产品的推广应用，也就是自主技术用户的作用。其实，用户的参与、购买和使用是自主创新活动的“最后一公里”。我们应该积极倡导国内用户使用国货，尤其是自主创新的技术产品。政府对于自主创新技术产品应该“扶上马送一程”，通过制定相关政策法规积极倡导用户使用国货和自主化设备，为广大用户购买和使用自主创新技术产品化解风险、创造优惠环境。这是破解自主化关键核心技术产品推广应用难题的重要环节。

2013 年 07 月 06 日　星期六

7 "首台套"后存隐忧

——城市轨道交通技术自主化采访手记

编者按

国际上，后发国家制造业的自主创新多是在由技术引进到自主发展的历史进程中完成的。广为流传的"一号机引进，二号机国产，三号机出口"的日本模式及"机械零件和材料自主制造五年计划"的韩国模式是其典型，值得借鉴。

开始是支持科研出成果，然后是支持成果变成实验样机，再后是支持科技成果产业化，最后是支持关键核心技术产品应用到实际工程中去。国家推进科技成果转化为现实生产力的政策法规不断趋于完善化和系统化。

2006 年国务院出台的《关于加快振兴装备制造业的若干意见》，提出了"鼓励订购和使用国产首台（套）重大技术装备"的所谓"首台套"优惠政策，要求有针对性地安排一批重大技术装备自主化依托工程。

但一般认为，"首台套"政策只适用于自主化技术装备的第一个用户，对于其他用户起不到太多制约作用。自主化技术装备在示范成功后可能仍然难以规模化推广应用。

一项重大创新成果的取得，往往需要巨大的投入和科技人员长期的辛勤付出，而创新成果产业化之后创新产品的规模化应用则是技术创新的关键环节。

过去有人说科技成果的产业化是技术创新的"最后一公里"。现在看来，就一些关键核心技术及其重大技术装备而言，产业化之后马上就会面临着国际大公司的竞争。创新成果如果因为不能在市场上立足而终结，技术创新活动实际上并没有完成。

只有当关键核心技术的产业化获得市场和用户的认可，这个技术创新活动才算取得成功。从技术的产业化到被用户购买使用还有遥远的距离。应该说用户的广泛应用才是关键核心技术自主创新的“最后一公里”。

科技成果只有通过应用才能推动科技和经济社会的进步，从而体现出创新的社会价值，只有通过应用才能获得经济、社会效益，促进新的科学创新和技术创新。

新中国成立以来，特别是改革开放以来，通过引进、消化、吸收和自主创新，我国完成了一系列关系国计民生的重大工程。依托这些重大工程，我国一批重要科技成果得到工程化应用，因此建立起了比较成熟的装备制造业和独具特色的工程技术、科学技术体系。

但是应该看到，“市场换技术”有其局限性，关键核心技术是买不来的。只有在引进、消化、吸收的同时，努力加强自主创新，并不断将自主创新获得的关键核心技术转化为产品，同时努力推动自主创新产品的广泛使用，从而做强做大相关产业，我国的关键核心技术及其重大技术装备才不至于长期受制于人。

所以，一方面，关键核心技术的自主创新需要依托重大工程才能首次落地，另一方面，应该引导国家重大技术工程积极采用自主创新的关键核心技术成果——重大技术装备。

作为世贸组织的成员，WTO协议中并没有对成员国的自主创新政策进行限制，中国有权在政府采购中对自主创新产品提供优惠。中国目前是《政府采购协议》（GPA）的观察员国，即使已经是成员国，按照GPA的原则，也允许一国政府在涉及公共秩序、安全、生命与健康等领域实行自我保护。

国际上，后发国家制造业的自主创新多是在由技术引进到自主发展的历史进程中完成的。广为流传的“一号机引进，二号机国产，三号机出口”的日本模式及“机械零件和材料自主制造五年计划”的韩国模式是其典型，值得借鉴。

尽管我国已经出台了《首台（套）重大技术装备试验、示范项目管理办法》《政府采购法》《国务院关于加快振兴装备制造业的若干意见》和《关于城市轨道交通设备国产化的实施意见》等政策法规，但是，由于时间的推移和国内外情况的变化，有关政策尚待进一步完善。

以城市轨道交通设备国产化70%的政策为例。该政策于1999年由国务院办公厅转发国家计委的《关于城市轨道交通设备国产化的实施意见》中提出。从颁布至今已经 14 年了，我国的技术创新已经取得长足进步，城市轨道交通建设部门在实施工程建设过程中，普遍都能达到机电设备国产化率 70% 的标准。而与此同时，一些关键核心技术装备也都已经实现自主化和国产化，在此情况下，国产化率 70% 的标准没有提高，剩余的 30% 仍然鼓励将这些设备从国外进口，并且享受进口退税，不但达不到引进技术的目的，反而造成对国内行业自主创新企业的不利影响。

保护自主创新不等于保护落后。自主创新的科技成果与国外公司产品在国内市场可以开展公平竞争。但是，过度进口，和人们长期形成的“国货不如洋货”的传统观念，客观上造成自主创新技术在推广应用上处于不利的竞争地位。如果鼓励进口的政策不根据实际情况及时调整，过度崇洋的心理不根本改变，自主化技术装备得不到广泛应用，这些产品将没有自我完善的机会，这些企业将难以生存发展，自主创新的积极性将会极大受挫，创新驱动将难以实现，建设创新型国家将成为一句空话。

依托国家重点工程，逐步提高有关重大技术装备的国产化率，开展关键核心技术的应用示范，是真正支持关键核心技术自主创新及其产业化的有效途径。而对于自主创新的关键核心技术，在其产业化创业初期还应该“扶上马送一程”。

当前我国正在大力开展城市轨道交通建设，就发展我国的城市轨道交通装备制造业而言，应该进一步完善“首台套”政策配套体系，加大对自主创新关键核心技术装备的政策支持力度。

建议建立和公布国家“首台套”政策产品目录，同时进一步完善“首台套”政策配套体系，设立政府牵头、业主与创新主体联合投保的政策性保险机制，通过降低业主作为国产设备用户的使用风险，进一步发挥用户的市场引领作用；适时调整国家限制进口产品目录，对于已经实现国产化和自主化的关键核心技术装备实行限制进口；同时扩大国产重大技术装备的推广示范范围。对于示范成功的自主化技术装备，取消进口退税优惠政策，鼓励国内外企业同台竞争，同时鼓励国有企业和国家投资的重大工程积极采用自主化技术装备。

十几年前国家确定重大工程的国产化率 70% 的政策，曾经为推进我国城市轨道交通设备的国产化发挥重要作用。14 年后的今天，建议根据不同行业的实际情况，对于某些我国已经成长壮大的行业降低或取消这一限制，而对于某些还处于弱势的技术产业，应该提高国产化数值限制，以便于加强弱势行业的技术保护。

2013年10月29日　星期二

8 信号系统失灵：北京地铁10号线怎么了

——专家呼吁加快实现核心技术进口替代

编者按

地铁线路出现故障，在全世界范围来说，都是正常现象，重要的是能及时排除故障，保证交通顺畅。当前我国正处在城市轨道交通大发展时期，全国的城市轨道交通都面临着建成后的运营和维护问题。这种情况下，有关技术团队和设备供应商的快速反应就显得尤为重要。然而，目前国内已经建成的2 000多公里地铁线路中，信号系统等关键设备大部分从国外进口，关键核心技术及设备的国产化、自主化，已成为亟须解决的问题。

10月23日、24日，北京地铁10号线信号系统连续出故障引起公众和媒体的关注。记者调查发现，北京地铁10号线从国外进口的信号系统售后服务环节存在缺陷，城市轨道交通行业关键核心技术国产化、自主化进程亟须加快。

“信号系统维修的困难巨大。目前10号线信号系统使用的是国际上最先进的CBTC系统，供应商是德国西门子公司，其中关键核心技术只有外方掌握。发现问题后公司只能与外方沟通协调，我们自己不能直接解决。”北京地铁运营有限公司新闻发言人贾鹏这样答复记者。

据北京地铁运营有限公司对外公布，今年北京地铁16条运营线中，总共发生故障30次，其中10号线13次；而10号线13次故障中，信号系统故障就有8次。

据北京地铁运营有限公司介绍，北京地铁10号线是分期开通的，信号系统需要不断升级，而引进系统在国内的集成验证平台欠缺，核心代码修改需要在国外完成，因而一旦出现问题难以快速解决，这是一些故障解决迟缓的重要原因。而且，10号线开通后，每天平均有190万人次乘坐，最高纪录突破200万人次。列车运行间隔提高到2分20秒，运载率仍达110%。如此的超载，也直接影响了信号系统的稳定运行。此外，就是所谓信号CBTC制式问题。CBTC是目前世界上最先进的信号制式，但在10号线上使用的系统性能不太稳定。

北京轨道交通建设管理公司信号部部长张艳兵这些天一直在会同西门子等设备供应商、运营商和有关管理部门，紧急协调处理10号线故障。她认为，10号线信号设备性能不稳定，主要还是因为现在还在试运营阶段，设备系统尚处于运用磨合期。10号线线路长、站点多、运量大，因此采用了目前世界上最先进的CBTC信号制式以缩短列车运行间隔时间。大家等候的时间少了，效率提高了，但对各种运载设备的要求也相应提高。

据介绍，目前北京地铁10号线日均客流已突破2035年远期客流，而车辆配置只达到初期规模84辆，只能大小交路套跑，运营组织复杂，所以出现信号系统不太稳定的情况，但信号系统的安全性是肯定的。目前北京轨道建设公司、运营公司、信号承包商已经建立联合工作机制，对系统存在的不稳定因素进行攻关解决，以使信号系统尽早进入稳定期。

使用国外技术设备，一旦遇到故障需要售后服务时，供应商反应往往会比较慢。因为一些关键核心技术的核心团队都在国外；即使在当地有分公司，也往往不能解决根本问题。一个硬件的修复，从出事地点运到本土，修好后再运回当地，一般需要半年甚至更长时间。

“信号系统是城市轨道交通的大脑神经中枢，属于轨道交通行业关键核心技术。早在10号线一期的建设过程中，我们就认识到开展有关技术自主创新的重要性。为此，北京市积极响应国家自主创新战略，市科委、交通委、发改委等组织北交大等科研机构开展科技攻关，后来又和我们一起建设了国内第一条国产CBTC示范线亦庄线。”张艳兵介绍说。

据北京交通大学教授唐涛介绍，CBTC是“基于无线通信的列车自动控制系统”的英文简称。目前世界上只有德国、法国、加拿大等少数几个国家掌握这项核心技术。21世纪初，国家出台一系列自主创新和国产化政策，作为城市轨道交通的关键部件，北京交通大学、铁科院等机构开展了CBTC信号技术的自主创新科技攻关，目前已取得一批重要成果。其中，北京市已于2010年开通了亦庄示范线，此后又在昌平线、7号线和14号线推广应用，并在短时间内实现产业化。除北京外，目前已经推广应用到成都、长沙和重庆的城市轨道交通建设中。“可以说，自主创新的CBTC信号技术目前已经完全能够实现进口替代。”唐涛表示。

地铁线路出现故障，在全世界范围来说，都是正常现象，重要的是能及时排除故障，保证交通顺畅。当前我国正处在城市轨道交通大发展时期，全国的城市轨道交通都面临着建成后的运营和维护问题。这种情况下，有关技术团队和设备供应商的快速反应就显得尤为重要。然而，目前国内已经建成的2 000多公里地铁线路中，信号系统等关键设备大部分从国外进口，关键核心技术及设备的国产化、自主化，已成为亟须解决的问题。

2013年08月10日　星期六

9 树立创新自信，加快推进城市轨道交通自主化

——科技日报邀请业界专家、企业家座谈献策

编者按

施仲衡院士讲了这样一件事：一个南方城市招标，一种国产设备在与国外公司竞标中落败，原因是这种国产设备比国外产品的价格高。深入了解才知道，原来，现在国外公司的设备在其本国享受出口退税，在我国享受进口免税，而我国的企业需要交的各种税却是无一能免的，其中包括从国外进口部分设备的零部件也要交进口环节税。

我国是世界上城市轨道交通运营里程最长的国家。国家已经批准在40多个城市建设地铁、轻轨等城市轨道交通。当前我国正处在城市轨道交通大发展时期，城市轨道交通行业的技术创新已经从国产化进入自主化阶段。8月8日，科技日报在京举办“城市轨道交通国产化与自主创新座谈会”，邀请来自政产学研用领域的业界专家学者、企业家和有关部门负责人汇聚一堂，就此展开热烈讨论。

城市轨道交通是关系国计民生的重要行业，轨道交通装备产业是战略性新兴产业高端装备制造业的重点内容。7月2日至6日，科技日报在重要版面系列刊登专题报道，详细记述了北京轨道建设公司十年来大力推进行业自主创新的历程，引起社会广泛关注和热烈反响。座谈会上，与会者争相发言，为进一步推进我国城市轨道交通的国产化和自主创新及其装备制造业的发展献计献策。

专家们谈到，我国轨道交通装备产业经过多年的发展，已形成较为完整的研发、制造和服务体系，产业规模不断扩大、研发能力显著提升、技术创新体系初步形成，在主要产品领域取得了突破，基本满足了我国铁路和城市轨道交通建设的需要，部分产品已达到世界先进水平。但大家又不约而同地谈到有关自主创新关键核心技术设备推广难等问题。

怎样加快推进城市轨道交通自主化？北京交通大学校长、中国城市轨道交通协会副会长宁滨认为，要鼓励和奖励业主和用户使用自主化设备。他对北京地铁建设、运营单位表示赞赏，说北京方面积极参与自主创新，利用“首台套”政策，为北交大十年磨一剑研制成功的 CBTC 信号技术提供建设示范的机会，同时在有关线路上通过招投标，采用大量安全可靠的国产设备，令人钦佩。但他又不无感慨，一些单位至今还有“国货不如洋货好”的观念。

对此，中国工程院院士施仲衡深有同感。他说，他曾听有人说过一句话，印象深刻：在我国，许多重要科技成果鉴定会，实际上就是这个项目的“追悼会”。因为成果没有人使用，无法产业化，即使产业化了，没有用户和市场，只有死掉。

“应该让用户参与到创新的过程中来”，科技部战略研究院副院长郭铁城说，“北京地铁建设、运营部门和北交大的合作，实际上是一种联合创新和协同创新。如果没有与北京地铁有关部门合作创新，北京交控很难有今天的发展。”

郭铁城所说的北京交控，近年来在 CBTC 信号技术上坚持自主创新，实现了产业化、市场化。北京交控董事长郜春海认为，作为技术创新方也要找找自身的问题。现代技术创新不能小打小闹，不能再搞小作坊，应该在国际化大环境大市场中开展研究创新，要高度重视技术产品的国际化、标准化、规范化。缺乏安全保障的设备是不会有用户的。

中国铁科院李和平研究员谈到，中国城市轨道交通至今还没有自己的行业标准体系，这应该是眼下行业发展的紧急要务。

行业标准是重要方面，完善城市轨道交通行业技术创新环境也是当务之急。从国产化到自主化，从自主化到标准化，从标准化到环境优化。国家发改委产业协调司副司长陈建国透露，作为国务院指定的行业主管部门，发改委眼下正在制定有关进一步完善相关环境的政策法规条文。

施仲衡院士对此寄予厚望。“环境是多方面的、全方位的，税收政策应该是一个重要方面。”他讲了这样一件事：一个南方城市招标，一种国产设备在与国外公司竞标中落败，原因是这种国产设备比国外产品的价格高。深入了解才知道，原来，现在国外公司的设备在其本国享受出口退税，在我国享受进口免税，而我国的企业需要交的各种税却是无一能免的，其中包括从国外进口部分设备的零部件也要交进口环节税。

城市轨道交通行业设备的国产化和自主创新直接关系到国计民生和行业健康发展。科技部原党组成员、中国智能交通协会会长吴忠泽建议，鉴于城市轨道交通具有公益性，应该将城市轨道交通设施纳入国家科技计划中的基本建设范畴，加大政府对轨道交通基础性、公益性系统的建设资金和运营维护资金的支持，鼓励和规范民营社会资本参与轨道交通的运营和管理，发挥好金融市场的融资作用；推动政府资源的有序开放，形成公益服务和市场化的增值服务两方面相结合的交通信息资源的开放机制；推动城市轨道交通产业联盟的发展，支持和引导城市交通领域里集中度高、带动性强的一些大型企业建设公共设施实验平台；同时鼓励优秀企业参与和主导城市轨道交通技术的研发和标准的制定，创造良好的创新文化氛围。

与会专家学者和企业家各有各的高招，座谈会讨论得热烈、红火。

座谈会由科技日报社总编辑陈泉涌主持。参加座谈的还有原铁道部副部长、中国铁道协会会长国林，国家发改委高技术司副司长任志武，深圳地铁集团副总裁简炼，北京交通大学轨道交通控制国家重点实验室主任唐涛，株洲南车时代电气股份有限公司总经理李东林等。他们就如何更好地推进轨道交通行业的健康发展，纷纷发表意见和建议。

2013 年 11 月 26 日　星期二

在城轨交通自主化技术推广应用研讨会上专家呼吁

10 不要让国产设备在国内市场受歧视

编 者 按

自从国家实行 70% 国产化率的要求以来，我国城市轨道交通的工程造价一降再降，但是自主创新关键核心技术仍然推广不力。一个明显的例子就是，虽然我国早就取得了 CBTC 信号技术的完全知识产权，但至今国内地铁线路 90% 以上的信号系统仍然用的是进口设备。

中国城市轨道交通已经从国产化进入自主化阶段。只有真正解决好关键核心技术推广难的问题，才能最终完成关键核心技术自主化的任务。11 月 23 日，中国科学院、中国工程院资深院士联谊会与中国城市轨道交通协会在北京联合召开“城轨交通自主化技术推广应用研讨会”，与会代表一致呼吁应该加快关键核心技术的推广应用。

“自从国家实行 70% 国产化率的要求以来，我国城市轨道交通的工程造价一降再降，但是自主创新关键核心技术仍然推广不力。一个明显的例子就是，虽然我国早就取得了 CBTC 信号技术的完全知识产权，但至今国内地铁线路 90% 以上的信号系统仍然用的是进口设备。”工程院院士施仲衡说。

深圳地铁集团副总裁简炼似乎要回答施院士的问题：“对于由北京交通大学等单位开发成功的 CBTC 系统，许多用户并不十分了解。国家每年投入大量经费开展科技创新，取得大量的科研成果。但是用户对这些成果可能并不知道或不敢用。这显示我国应该进一步加大关键核心技术的推广力度。”

中国北车长春轨道客车车辆集团公司总经理卢西伟则认为：“改革开放以来，我国的自主创新已经取得重大成就。城市轨道交通事业的大发展为长春轨道车辆集团提供了难得的发展机遇。”中国南车、中国铁科院的代表也先后发言。这是几家铁道部所属的大型骨干企业，分别是我国城市轨道车辆、牵引制动系统等关键核心技术设备自主创新的制造企业或科研单位。北车、南车的轨道车辆除了广泛应用于我国的高铁、城市轨道交通外，几年前已经迈出国门，走向国际。

“1992年，我到伊朗访问。伊斯兰革命之后的伊朗受西方制裁，德黑兰的地铁等许多重要国民经济设施都趴窝了！因为其中的关键核心技术设备都是西方国家的。”傅志寰院士说，“我的问题是，一旦发生重大的国际性事件——当然我们不希望这样，我国的城市轨道交通会不会出现当年伊朗的那种情况？我国的其他许多重要的国民经济设施，现在是否已经到了可以依靠自主化的时候？”

傅志寰院士的问题一下子吸引住大家的注意力。预定议程完成后，会议进入自由讨论阶段，与会专家纷纷举手要求回答傅院士的问题。

中国城市轨道交通协会装备制造专业委员会主任陈建国认为，我国城市轨道交通行业已经从国产化进入自主化发展阶段。关键核心技术装备的国产化已经普遍达到80%左右甚至更高。但国产化中包括外资企业在中国的合资企业生产的产品。而这些产品的关键核心技术都不掌握在国人的手里。只有真正实现了资本自主化企业，关键核心技术才能掌握在国人的手里。

中国城市轨道交通协会副会长、北京交通大学校长宁滨说：“要实现自主化，必须解决好关键核心技术推广应用中的实际问题。首先，城市轨道交通行业进口设备享有退税的政策应该终止，不要让国产设备在国内市场上遭受歧视。其次，使用进口设备出现问题往往难以追究责任，存在客观的免责现象。所以大家都愿意进口。无论采用进口设备还是国内自主化设备，应该对出事故的责任方追究同样的相应责任。”

而针对一些国内用户，出于安全等原因不敢使用自主化设备，北京交通大学教授、轨道交通运行控制系统国家工程研究中心主任、北京交控科技有限公司董事长郜春海说：“应该加强国产关键核心技术设备的标准体系建设和安全认证制度。只有通过第三方国际安全认证，保证设备生产过程的每一步都是安全可靠的，最后的产品才能是安全的，从而保证用户的使用是安全的。只有当国人真正树立了对国货的信心，自主化才能最终实现！”

2013年09月05日　星期四

11 为自主关键核心技术推广鼓与呼

——“城市轨道交通国产化与自主创新”座谈侧记

今年的盛夏，热得有些不同寻常。

同样“热”的还有地铁这个行业（由于轻轨、磁浮、城际铁路的加入，“城市轨道交通”的新词已经在取代传统“地铁”的称谓，但是，为了书写简便，这里仍然沿用“地铁”或“地铁系统”的叫法）。

超出2 000公里里程。中国已经是世界上地铁运营里程最长的国家，目前已经有40多个城市正在建设或准备建设地铁等城市轨道交通。

地铁拥有车辆、信号、通信、供电、扶梯、综合监控、验票系统等，是一个庞大的系统工程，其中涉及的许多重要设备及其关键核心技术，过去都要从国外进口，导致地铁工程造价高昂。10多年前，国家出台了一系列鼓励自主创新的“国产化”政策。

十多年时间过去了，车辆、信号、制动、牵引等一批关键核心技术及其装备被成功研制出来。这时，地铁行业“国产化”已经取得重大进展，然而，一些国外大公司的关键核心技术和设备仍然占领着90％以上的中国市场。

信号等国产关键核心技术遭遇到前所未有的推广难问题。如何解决自主创新的关键核心技术设备的推广难问题？

7月2日至6日，科技日报在重要新闻位置连续一周，围绕城市轨道交通行业的国产化与自主创新，围绕该行业自主创新的关键核心技术的推广难问题，进行了系列采访报道。

8月8日上午，科技日报将这些接受采访的行业专家和企业家聚集在一起，与行业管理部门负责人展开座谈、对话——这是一次在分别采访基础上的集体采访。

一次地铁行业重量级人物的约会

18 人规模的座谈会，重点关注地铁行业自主创新成果推广难的问题。

接受采访的方阵不同寻常：

首先，北京交控（北京交通大学）、中国铁科院、中国南车株洲时代电气股份公司，以及北京京车集团应邀出席，他们分别是信号系统、制动系统、牵引传动系统和B型地铁车辆的研制和生产单位，他们是这个行业关键核心技术自主创新的功臣。

其次，一批重量级的专家学者、行业老领导和主管部门的负责人，应邀出席：他们包括参与了我国第一条地铁的建造和设计的施仲衡院士，北京交通大学宁滨校长，原铁道部副部长、世界城市轨道交通协会会长国林先生，科技部原党组成员、中国智能交通协会会长吴忠泽先生，还有作为行业主管部门负责人的国家发改委产业司的陈建国副司长和高技术产业发展司任志武副司长，以及长期致力于北京地铁系统科技项目管理的北京市科委部门负责人。

对于国产化和自主创新来说，地铁建设、运营部门是关键的一方。俗称“甲方”、“业主”或“用户”。所谓“国产化”就是指他们在地铁建设、运营过程中，在多大程度上使用在国内研制和生产的设备。没有他们的使用，自主创新的技术和设备就失去了用武之地。所以，他们的到来特别受到与会制造企业的欢迎。

北京轨道建设公司、深圳地铁集团、重庆地铁集团，作为业主和用户，他们是国产化的先锋。其中，深圳的简总和重庆的吴总，冒着酷暑专程从外地赶来。作为用户，他们打破“国货不如洋货”的传统观念，拥有对自主创新关键核心技术的充分自信。

其中，北京轨道建设公司的丁树奎总经理，第一个吃螃蟹，将北京交通大学研制成功的信号技术实验室成果，成功推向工程示范，与有关部门和企业合作，共同创造了“政产学研用”协同创新的商业模式，广受社会关注。

到底如何破解自主创新成果的推广难题

抛砖引玉。主持人让我首先发言。作为对事件缘起的交代，我对自己的采访历程作了简要介绍，对在座的地铁行业关键核心技术的创新企业，对勇于开展国产化、大力推进行业自主创新的地铁建设单位，对于有关科技管理部门和行业管理部门表达了敬意和感谢。

在为期一年多的采访报道中，在座的专家、企业家几乎都接受过我的采访。

应该说科技成果转化是一个老大难问题。据来自产业部门的统计，目前我国科技成果转化率仅为25%左右，而发达国家高达60%以上。

但是，在《中长期科技发展规划》颁布、十八大已经召开的今天，所谓的老大难问题，情况应该大有改观。实际情况也确实是这样。

但是，仍然有部分关键核心技术推广困难。

北交大等单位成功研制的CBTC信号技术，打破国外公司的长期垄断，2010年成功实现示范化、工程化、产业化和市场化。但是在国内大范围推广应用却面临诸多困难。与此类似的还有广州地铁的直线电机技术、重庆的跨越式单轨技术等。

这些行业关键核心技术，至今仍然受到国外大公司的严重挤压。一个重要原因是，许多人还是认为“国货不如洋货”，尤其是在一些关键核心技术上是这样。由于地铁行业本身对技术安全系数要求很高，使用进口技术，往往还是有很多人表示理解。

“应该从政策上鼓励业主和用户积极采用自主化关键核心技术，”施仲衡院士从苏联回国服务、致力于中国地铁事业发展的经历，正好就是中国地铁从无到有的发展历程，“没有北京地铁建设部门将CBTC信号技术在北京转化，北交大宁校长也很难将它在全国进行推广。”

“科技计划如果一开始就根据企业的需求来制定，就不会产生需要转化和转化不了的问题。”科技部战略研究院副院长郭铁成认为，“只有科技研发的成功与失败的问题。”

“政产学研用协同创新是解决重大工程技术成果转化难问题的有效途径。”北京市科委社会发展科技处副处长李国光，以CBTC信号技术在北京的成功示范和市场化成功实践表明，重大关键核心技术的自主创新是全社会的事，不能单纯依靠科研单位和科技部门。

深圳是我国改革开放的前沿阵地。对于深圳地铁集团十多年的探索实践，简炼副总裁一直在总结和提升，并且提出了一套“用户主导创新理论”。“地铁这种建设复杂系统，对于其中的关键核心技术的自主创新，必须以用户为主导，因为用户是司令部。”简炼说，“用户主导了，创新成果推广难的问题也就迎刃而解了。”

从国产化到自主化到标准化到环境优化

以地铁行业为例，十年前，这个行业的业主即使有心搞国产化，面对国内这个行业创新成果几近荒芜的情况，只能是无可奈何。那时的国产化，采用的基本上是外资企业的“国产化”。国外的技术和设备，拿到国内来生产而已。

今天的情况就不一样了。行业内大家公认的事实是，我国要求的70%国产化率的目标已经达到。而且，其中很大程度上已经自主化。因为当前地铁行业的关键核心技术，比如牵引、制动系统等，在我国都已经实现自主创新了。

“国产化之后是自主化。哪怕只是50%、30%的自主化也好!”中国铁科院李和平向政府主管部门提出了新的期盼。他的呼吁立即得到株洲南车时代电气股份有限总经理李东林的呼应。这是两家行业自主创新的重量级单位，前者自创了轨道交通牵引传动和网络控制系统，后者实现了地铁制动系统的自主化。

“别看中国地铁的里程数量搞到世界第一了，地铁行业标准却是世界最差的!”原铁道部副部长国林的话很尖锐，却引起在座各位专家和企业家广泛认同。我国的地铁行业真正发展起来就是最近几年的事，许多专业和技术至今还在借用铁路行业的标准。地铁行业自身的行业标准化体系还远远没有建立起来。

“从国产化到自主化，从自主创新到中国标准，这是我们一直在做和正在做的事情。我们还将进一步出台有关政策，为城市轨道交通行业的发展营造良好的发展环境。”国家发改委产业协调司副司长陈建国的发言，既是在回答大家的问题，也是在对大家存有的疑惑做出解析，“公平或者相对公平的环境，包括要允许外资的进入和外资参与竞争，而且还要鼓励他们参与竞争，不能仅仅保护中资企业，中资企业完全靠保护是没有生命力的，只有在竞争中才能有生命力。”

“我在铁路行业有7年的路龄，曾经到北交大进修过，在清华大学念的是模式控制专业。对轨道交通我有很深的感情。”科技部原党组成员、现担任中国智能交通协会会长的吴忠泽出席这么一个小规模的座谈会，既是对科技日报新闻采访活动的支持，同时还为城市轨道交通行业下一步的发展，提出了很好的建议。

“城市轨道交通带有公益性，属于基本建设范畴。建议制定政策将城市轨道交通公益性支撑设施纳入交通科技能力建设的范畴；建议加大政府对轨道交通基础性公益性系统的建设资金和运营维护资金的支持；建议推动形成公益服务和市场化的增值服务两方面相结合的城市轨道交通信息资源的开放机制，形成政府和用户相互协同的系统集成的产业链和价值链。”吴忠泽如是说。

2013 年 09 月 05 日　星期四

坚持创新自信，大力推进城市轨道交通行业健康发展

——“城市轨道交通国产化与自主创新”座谈纪要

编 者 按

在过去的 10 多年时间里，我国的地铁、轻轨、磁浮、城际铁路等城市轨道交通取得一大批关键核心技术上的突破，其中包括牵引传动、制动系统、信号系统，以及跨座式单轨、B 型车等重大成果，走完了西方发达国家 100 多年的发展历程。

40 年积累、10 年攻关。CBTC 信号技术，过去长期依靠进口。2010 年 12 月，CBTC 北京地铁亦庄示范线成功开通运营，被业界视为政产学研用协同创新的成功案例，标志着中国成为掌握这一关键核心技术的第四个国家。而基于改革开放前沿阵地深圳地铁建设经验的用户主导创新经验，对于重大装备的技术创新具有借鉴意义。

科技成果转化难、推广难的问题在城市轨道交通行业同样存在。由于行业本身对于安全和质量要求高，许多人还存在“国货不如洋货”的观念，导致信号等关键核心技术至今主要依靠进口。即使国内已经成功研制出这种自主化设备，一些国外大公司的产品即使要价高、售后服务跟不上，仍然垄断着国内市场。直接的结果就是拥有自主知识产权的自主化设备难以得到推广应用。

近年来国家陆续出台了一系列推进自主创新和科技成果转化的重大优惠政策，但是对于近年来我国自主创新取得的一系列关键核心技术的突破估计不足，缺少有针对性的保护政策和推广应用的有效途径。

针对创新成果推广难的问题，如果换一种思维方法，也许得到的就是另外一种实际结果。科技创新的项目如果是应企业的现实需求设立的，成果一旦取得立即就会进入企业的生产过程。这里根本就没有需要转化的问题。

20 世纪 80 年代，国务院曾经因为当时地铁的造价过高而一度叫停。地铁造价过高有多种原因：规划设计不合理、进口设备造价高，以及外商售后服务不能及时到位导致效率低下，等等。自主化、网络化、科学决策、合理规划都非常重要。每个行业都有自己的行业标准、国家标准。但是，城市轨道交通行业在我国还是一个新兴行业，也就十多年的发展历程。其中许多行业标准至今还在借用铁路行业的标准。

坚持对外开放，走依托国内市场、引进和自主创新相结合的发展之路，是我国城市轨道交通装备制造业的指导方针。国产化、自主化与利用外资和外国先进技术不矛盾，关起门来搞不了创新。

创新环境至少包括科技创新的环境和市场应用的环境。科技创新，尤其是重大科技创新，需要创新主体拥有良好的创新心态和社会生态；以企业为主体、市场为导向、用产学研相结合，才能为自主创新营造良好的社会生态。

创新环境需要营造，陈旧的观念需要打破。而对于科研单位、制造企业和用户企业来说，用户主导、协同创新，坚持创新自信，同时通过引进国际安全认证等管理创新和制度创新的手段，确保工程施工和乘客安全，才能推进城市轨道交通行业的健康发展。

如何实现重大科技成果与市场用户需求的无缝对接?如何界定用户和管理部门在重大工程技术成果转化过程中的作用与地位?如何进一步推进地铁、轻轨等城市轨道交通行业的自主化、标准化和环境优化?

2013年7月2日至6日，本报在重要版面连续刊登了记者对我国城市轨道交通行业国产化与自主创新情况的系列专题报道，引起广泛社会关注。8月8日，本报邀请行业专家学者、企业家和政府管理部门负责人座谈，以集体对话采访的形式，进一步深入探讨当前我国城市轨道交通行业科技进步面临的问题。大家一致认为，我们应该继续坚持对自主创新的自信，当前我国城轨行业国产化的中心任务，应该向自主化、标准化和环境优化方向转变，应该从体制机制上确保自主创新成果的广泛推广应用，大力推进城市轨道交通行业的健康发展。

我国城市轨道交通近年突破一大批关键核心技术

［在过去的 10 多年时间里，我国的地铁、轻轨、磁浮、城际铁路等城市轨道交通取得一大批关键核心技术上的突破，其中包括牵引传动、制动系统、信号系统，以及跨座式单轨、B 型车等重大成果，走完了西方发达国家 100 多年的发展历程。］

◆ 城市轨道交通行业调查采访第一次专题座谈会合影

陈泉涌： 习总书记在参加全国政协科协、科技界别委员联组会上发表了讲话，较早明确提出要增强创新的自信，坚持和鼓励使用自主创新的技术。最近习总书记又多次谈到了自主创新，强调我国是一个大国，在科技创新上要有自己的东西，一定要坚定不移地走中国特色的自主创新道路，推动科技和经济紧密结合。我国是世界上城市轨道交通里程最长的国家。国家已经批准了在 30 多个城市建设地铁、轻轨等城市轨道交通。当前，我国正处在城市轨道交通大发展时期，城市轨道交通行业的技术创新已经从国产化进入了自主化的阶段，已经形成了较为完整的研发、制造和服务体系，产业规模不断扩大，研发能力显著提升，技术创新体系已经逐步形成，在主要产品领域取得了突破，基本上满足了我国铁路和城市轨道交通建设的需要，部分产品已达到了世界的先进水平。今年是国家重大装备技术国产化提出 30 周年，也是我国实施城市轨道交通国产化政策第 14 个年头，还是我们北京轨道建设公司成立 10 周年。为了大力宣传报道我国城市轨道交通行业自主创新的成功经验，前一段时间，我们报社派出了记者冷德熙博士进行深入的专题采访，并在最近又刊载了系列报道。报道中所反映的有关自主创新关键设备推广难等部分问题引起了社会广泛的关注和热烈的反响。为了让更多的读者和有关部门对自主化设备推广应用问题更加关注，将对问题的讨论引向深入，本报今天邀请国家有关部门的领导和专家学者及有关企业负责同志会聚在这里，以北京轨道建设公司 10 年来大力推进行业自主创新为典型案例，召开一次座谈会，总结我国城市轨道交通国产化、自主化的成功经验，探讨用户在轨道交通等装备制造业自主创新活动中的引领和推进作用，为进一步推进我国城市轨道交通的国产化和自主创新，以及装备制造业的发展献计献策。

◆ 时任科技日报总编辑陈泉涌主持召开轨道交通调查采访第一次座谈会

李东林（株洲南车时代电气股份有限公司总经理）：我来自株洲南车时代电气股份有限公司。我们主要致力于电力牵引传动系统和网络控制系统，也就是地铁列车车辆里面最核心的部分，类似于人的中枢神经和大脑及心脏。多年来这个技术一直是被国外的大公司把控，欧系以西门子、阿尔斯通、庞巴迪为代表，日系以三菱、日立、东芝为主。我们真正从事轨道交通牵引传动和网络控制系统的研发是从20世纪80年代末开始的，已经走过了将近25年，造就了一个院士，就是我们公司董事长丁荣军先生。2003年我们的技术设备得到了北京地铁的支持，进行了首次上路运营，2008年在上海客流量最大的一号线投入使用。到现在我们的自主系统已经在九个城市（其中国外两个）、1 500辆车上上线运营，另外还有十个城市给了我们订单，另外在阿根廷、马来西亚、南非的项目也有大量的应用。

◆ 李东林担任总经理的株洲所2015年销售额已达300亿元

李和平（中国铁科院车辆所研究员）：我是中国铁科院的李和平。制动系统是我们的一个传统专业，在 90 年代就有，轨道交通制动系统的开发是从 1999 年、2000 年开始的，当时的国家计委设立了轨道交通的国产化项目，从那时起我们开始从事轨道交通制动系统的研发。2005 年国家计委和铁道部对我们这个项目进行了鉴定，后来在天津进行了 10 万公里的现场测试考核，我们非常感谢用户，如果天津不给我们这个机会是没有办法往下走的。10 万公里考核完了以后，目前在国内有 20 多条线、3 000 多辆车采用了这个系统，涵盖了国内所有的 B 型车，还有重庆跨座式单轨交通的这种模式，产品遍及北京、武汉、成都、广州，市场占有率超过 50%。就现在来看，我们已经掌握了轨道交通制动系统的核心技术，除了今天讨论的城市轨道交通外，高速列车、城际动车组的制动系统核心技术我们也都已经掌握，并且同时已经形成了产业化能力和批量供货的能力，在国内属于龙头企业。

吴焕君（重庆地铁集团战略企管部部长）：重庆跨座式单轨是我们国内第一次采用的一种新的交通制式。对于跨座式单轨，我们既是创新者、制造商，也是用户和建设方。因为重庆 2 号线的跨座式单轨是第一次采用，自主创新、产业化及其标准制定都是从零开始。从 2005 年 6 月份第一条线（2 号线）开通运营，到现在单轨交通已经历时八年多了。在八年多的安全高效的运营中，单轨交通确实展现了不同的特点和优势，也促进了 2 号线沿线地区的经济发展。对我们国内其他类似的山地城市、旅游城市是一个比较好的示范，提供了很多值得借鉴的经验。在 2 号线以后，我们又开通了 3 号线，目前我们重庆已经开通运营的跨座式单轨交通已经开通运营了 75 公里，现在还有 25 公里在建，总长度将达到 100 公里。

杜有强（北京京车装备公司总工程师）：我来自北京京车装备公司。在发改委的支持下，在北京市有关部门的支持下，我们京车装备公司与北京轨道建设公司、运营公司、铁科院、株洲时代共同参与了 B 型车的研制。在 20 余年的城市轨道交通车辆及其装备设计、开发过程中，逐步建立了独立的技术研发中心，形成了城市轨道交通车辆整车集成三大核心技术研发体系。通过自主研发和技术合作，打造出国内市场技术领先、质量领先的完全自主产权的国产化 B 型车，并于 2010 年在北京房山线成功开通运营。车辆总体性能和技术指标达到国内外同类产品先进水平。

宁滨（北京交通大学校长）：在国家相关部委，北京市政府、市科委，以及北京市轨道交通企业的支持下，CBTC 信号技术从基础研究到技术开发一直走到了今天。从 2010 年亦庄示范线开始，我们的 CBTC 在北京已经中标 4 条线，全完成后占到北京市地铁运营里程（650 公里）的四分之一。从去年到今年，CBTC 推广得怎么样？

中了2条，总算走出了北京城。

“政产学研用”协同创新与用户主导创新的成功经验

[40年积累、10年攻关。CBTC过去长期依靠进口。2010年12月，CBTC北京亦庄示范线成功开通运营，被业界视为“政产学研用”协同创新的成功案例，标志着中国成为掌握这一关键核心技术的第四个国家。而基于改革开放前沿阵地深圳地铁建设经验的用户主导创新经验，对于重大装备的技术创新具有借鉴意义。]

丁树奎（北京轨道建设公司总经理）：北京城市轨道交通要达到70%的国产化率分了两个阶段。第一个阶段是在4号线之前，这一轮的线路主要要努力实现国家发改委提出的70%的目标；第二个阶段是从奥运会以后，在发改委、北京市科委、北京发改委、北京工程指挥部的支持和推动下，我们搞了一个五年行动计划，专门推动国产化，CBTC示范工程的建设基本上是按照这个一期的行动计划开展的。原来国家发改委要求的国产化率70%，现在7、14号线已经做到了90%。我们前一阶段所做的工作是国产化和自主化，解决剩余30%里面的核心技术问题，包括信号、车辆、综合监控，标志性成果的有这几个：信号系统、不锈钢的B型车、综合监控系统，还有国产大型的PLC规模的工程应用。通过亦庄线的示范工程，北交大的信号技术从实验产品到工程化和产品化，昌平线、亦庄线、14号线，都已经开通使用了。在大型装备系统的国产化过程中，原来产学研相结合的模式，要发展成政府主导、用户牵引、“政产学研用”协同创新的模式。对大型系统、安全系统、定制系统尤其要这样。从国内的技术、产业、人才的积累来看，从整个轨道交通安全发展的战略高度上考虑，已经到了依靠国内力量解决关键核心技术、大型技术、安全技术的时候了。

李国光（北京市科委社会发展处副处长）：北京市拥有17条城市轨道交通线路，单日运行突破1 000万人次，轨道交通已经成为北京主要的交通工具之一。北京市科委长期以来支持轨道交通的发展，特别是形成了一整套轨道交通科技项目的管理创新体系，和“政产学研用”协同创新的组织管理方式。以CBTC整个组织管理过程为例，从2004年开始，北京市科委以重大项目形式支持了北京交通大学，开展了第一期科技项目，是关键核心技术的研发阶段，主要是北京交通大学主持的。2007年开展了第二期的支持，是实验性的考核，有一些中试的规模了，要对关键核心技术进行验证。2010年又支持了轨道交通核心技术系统的示范建设，开通了第一条使用CBTC的亦庄线。通过这三期的支持，完整地走过了CBTC的研发和成果转化的全过程。2011 年实施了城市轨道交通无人驾驶技术项目，目前已经完成了全过程的仿真和样机的研制。通过这些项目的运行，实现了 CBTC 整个系统的工程化。2011 年、2012 年 CBTC 分别在北京地铁 7 号线和 14 号线中标，我们今后还将在北京进一步推广应用。

简炼（深圳地铁集团副总裁）：我认为创新应该是三个主体。第一个主体是用户，是创新重大技术装备的，包括航空航天、高铁，因为没有另外一个人可以主持，主体一定是用户。第二个主体是生产单位，是创新社会消费品的。第三个主体是研究机构和大专院校，是搞原始创新的。宁校长搞信号技术自主创新非常辛苦，我非常的同情、理解和支持。他做得很辛苦，为什么辛苦？我们的体会是，重大技术装备的创新应该用户主导。所谓用户主导创新，就是在国家决策以后，在政府部门的支持下，用户要起到创新司令部的作用。因为轨道交通包含众多传统的机电设备和技术，行业跨度很大，没有一个乙方可以实现如此众多产品的目标，所以我们用户责无旁贷地成了司令部。工期是提前定好的，到了那个点一定要开通，面对老百姓，不管你用什么方式，一定要保证在那个节点上成功。在这个情况下，用户要组织所有参加创新的单位进行创新。这就是用户主体，谁管建设和运营谁就是主体。我的这个理论，论据之一是，美国国防部，它是世界上最大的用户，创造了最多的技术，如星球大战计划和互联网，其原创都是美国国防部，是需求和美国国家投资为主导的。这是我的第一个论据；第二个论据是高铁，铁道部是用户，当然铁道部要主导。地铁一模一样。所以主体太重要了，找到了主体，主要方面就解决了，资源怎么配置也知道了。这是我搞地铁十几年的体会，就是用户主导创新。

应该鼓励地方政府和业主大胆使用自主设备

[科技成果转化难、推广难的问题在城市轨道交通行业同样存在。由于行业本身对于安全和质量要求高，许多人还存在“国货不如洋货”的观念，导致信号等关键核心技术至今主要依靠进口。虽然国内已经成功研制出这种自主化设备，但一些国外大公司的产品即使要价高、售后服务跟不上，仍然垄断着国内市场。直接的结果就是拥有自主知识产权的自主化设备难以得到推广应用。]

施仲衡（中国工程院院士）：地铁建设与规划、领导的决策，跟国家的政策有关系。国家的政策要支持自主创新技术的推广应用。今天我想重点说说科技成果推广难的问题。我们要搞自主创新技术，搞了好半天，花了很大的精力，结果不能够推广。北交大的 CBTC 信号技术，在北京成功转化，示范工程成功开通，很了不起。

今天的会议，北京地铁建管单位的丁总也来了。CBTC 能够给用上，丁总的支持非常大，假如说他不支持，宁校长也没法推广，所以以企业为主体、市场为导向，非常重要，这个政策非常对。在审查我们城市轨道交通那个课题的时候，开题报告是我做的，总结验收报告是当时建设部的黄卫副部长。科技部也有一个领导去了，他说以前很多科技项目的验收会就是追悼会，验收完了总结报告就摆到一边了，没有发挥它的作用。所以从科技部开始，通过政策支持科技创新，支持创新技术的推广应用，非常重要。

宁滨：能否出台一些配套政策进一步鼓励地方政府和业主单位使用自主创新的技术，同时对使用自主化设备出现风险后进行政策划分和责任分担？不要一出现风险就是技术问题。我买国外的设备，出了问题和几十年的维护费用再高跟我有什么关系？所以说在风险分担方面，我觉得要出台一个政策。出了事故以后，在责任的界定方面要合理，要让我们的业主单位、地方政府敢于采用这个自主化设备。两条线中至少应该有一条线采用国产设备。只要给我们足够的时间和舞台，经过几年时间，我们自主化技术有信心成长起来。北京市在国产化和鼓励自主创新方面走得特别快，自主化 CBTC，已经用了四条线，可是至今没有人给奖励，业主、市政府承担了很大的风险。我们得有点什么政策，对承担风险的人给以鼓励，否则就意味着我们都不去承担风险，意味着自主化技术没人愿意采用。所以下一步，应该制定政策鼓励地方业主能够积极采用自主化技术。其中当然不能跟招标法、世贸规则相矛盾。在风险的界定和责任的分担上，我们不要求政策多么倾斜，在同等条件下公平对待就可以了。总的来说，怎么样让自主化技术的企业成长起来是一个共同的课题，关乎我们国家某些行业的公共安全，关乎整个轨道交通行业的运营效率和健康发展。

郜春海（北京交控科技有限公司董事长）：在座各位领导都在帮助我们呼吁去用自主创新的产品，但是我作为做企业的，应该考虑如何让政府和业主放心使用我们的创新产品？我认为，我们不能关起门来搞创新，自主创新与国际合作要结合起来。做大系统不能采取小作坊方式，要大团队协作，同时引进第三方论证。CBTC 在产业化、工程化过程中，我们把国际质量体系和安全认证体系引进来了。我们最大的成功不是我们的技术，而是我们从国外把安全管理体系引进来，现在我们的质量体系和安全体系与国外是一样的，也是真正落实的，所以用户和业主可以放心使用。这也是科技创新成果转化过程中需要面对的问题。你的产品如果不能让人放心，自然是难以推广应用的。为什么现在科技项目的总结会往往就是追悼会？因为很多所谓的成果传递不下去，很多东西在科技人员的脑子里，企业接不住。所以 2002 年、

2003 年开始我们从设计文件开始完全按照规范走，走到验收会时候，所有的代码和图纸等都是可以接的上，科研是创新，工程技术的科研一定是把标准放在前面的。

科技计划的企业需求导向和创新的用户导向

[对创新成果推广难的问题，如果换一种思维方法，也许得到的就是另外一种实际结果。科技创新的项目如果是应企业的现实需求设立的，成果一旦取得立即就会进入企业的生产过程。这里根本就没有需要转化的问题。]

郭铁成（科技部科技发展战略研究院副院长）：我们应该以企业需求为优先序来安排政府的创新计划。这一点非常重要。过去有一个“科技成果转化”的概念。为什么要转化，就是因为没有企业用户，项目研究到最后还是差那么一段，用施院士的话说就是差了“最后一公里”。如果这个用户在，这个研究成果就在用户那里使用，这样就不会有这“最后一公里”的问题，只有研发失败和成功的差别问题，没有转化的问题。所谓以企业为主体恐怕不是什么都由企业做。如果是这样，恰恰说明研究单位没有为企业做贡献。所以以企业为主体的关键问题应该是：政府部门是不是以企业的需求为优先序来安排你的科技资源？科研院所是不是以企业的需求来安排你的研发项目？如果这样做了，企业就是主体，如果不这样做，企业投入的钱再多也不是主体。以企业为主体的这样的创新有一个好处，就是研发、创新、销售是一体的，研发的时候就在用，不存在“成果转化”这个问题。另外，能不能把政府采购跟创新挂钩？在政府制订采购计划的时候，就与科技项目计划挂起钩来，既避免了腐败的问题、资金利用效率的问题，也考虑到了对创新拉动的问题。

任志武（国家发改委高技术产业发展司副司长）：企业如何真正实现市场导向和用户导向？如果不解决这个问题，我们的创新是没有效益的。我们创新的目的是为客户创造价值，为股东创造利润，如果创新的目的不明确，这个创新实际上是没有意义的。换句话说，用户不明确的创新，不为股东直接创造利润的创新，这种创新的必要性值得商量。我举两个例子，第一个，航空里边的波音公司、空客和庞巴迪，在启动一种新飞机之前，必须先达到董事会要求的用户数量，庞巴迪这个数量可能是一百架，或更多。我想这个东西在我们做大技术装备系统的时候也很重要，如果落实了一批合同，就体现用户先导，股东的收益会得到保证，更重要的是这种创新有了价值。第二个，支持创新最大问题是今天支持老李，明天支持老张，后天老赵接着老张去做。创新要以企业为主体来做，必须由有创新能力的企业来做。如果我们支持了半天，十年后创新没有发展成一个有持续发展能力的企业和产业，我们产业依然形不成自主化能力，不能形成类似于西门子、三星这样的企业，这样的创新是不成功的，这样的支持也是不到位的。

◆ 时任国家发改委高技术产业发展司副司长的任志武出席活动

如何降低工程造价？自主化、网络化、科学决策、合理规划

[20 世纪 80 年代，国务院曾经因为当时地铁的造价过高而一度叫停。地铁造价过高有多种原因：规划设计不合理、进口设备造价高，以及外商售后服务不能及时到位导致效率低下等。自主化、网络化、科学决策、合理规划都非常重要。]

李和平：我们城市轨道交通设备招投标一般有一个 70% 的国产化率要求，实际上这么多年国产化的问题已经解决。我建议将来在招投标中把国产化改成自主化，国产化相对来说是比较容易的事情，自主化比较难，如果把自主化作为条件之一，哪怕 30%、50%，不说 70%，对国内的自主化产业是非常有利的，因为现在很多公司核心技术还是引进的，尽管在国内生产，核心技术还是没有掌握，应该在招标中把自主化作为一个具体的参数，作为一个要求，这样从政策上对我们自主化的产业非常有利，也不违反世贸协议和国家的政策。

陈建国（国家发改委产业协调司副司长）：从国产化到自主化，从自主创新到标准化，是我们这些年做的一件事情。大家知道，国产化是温总理在天津视察调研的时候明确提出来的，不管是哪国资本的产品，只要在中国制造，就属于国产化的范畴。国外公司在中国生产的产品也属于国产化，但这不是我们的目标，我们的目标是自主化。自主化首先要求的是资本属于中资企业，资本自主化，方能自主决策，这是我们要抓的重点。从国产化到自主化，我们用了近十年的时间，这期间，既有国外企业的国产化，也有中资企业的自主化。后十年是 2010 年到 2020 年，要求资本的自主化，让中资企业成长起来，基本上占领国内市场的主力地位，这是自主化。只有自主化才有可能自主创新，只有自主创新才有可能出中国标准。当然目前阶段我们缺少的是原始创新，更多的是引进、消化、吸收、再创新，这是目前我们企业正在做的事情。

施仲衡：中国工程院曾经让我搞过一个课题，叫作如何降低地铁造价。因为那时候广州地铁1号线造价一公里7亿多元，太贵了。所以在1996年中央有个文件暂停审批地铁建设项目。为了这个事情，我们做了一个降低地铁造价的课题。北交大有一些老师也参与进来一起来搞这个课题，主要集中研究地铁设备的国产化。后来国家发改委成立了专门的国产化问题领导小组，当时地铁设备国产化的重点有两个：一个是车辆，另一个是信号。宁校长对信号这个题目花了很大的精力，开始在宋家庄做实验，后来到大连在行车的正线上做实验，后来得到北京支持，在亦庄线做了一条示范线，现在开始在全国推广。地铁设备国产化课题取得许多成果：除了信号技术，还有重庆的跨座式单轨，广州4、5、6号线的直线电机，东北长春的百分之百低地板轻轨车辆，以及深圳简总准备搞的中低速磁浮列车。重庆的跨座式单轨有几个优点：噪声小，振动小，造价低（每公里2.3亿元），并且安全又环保。这些成果大多数都开始应用上了，对于降低造价肯定都有作用。但降低造价最关键的还是科学规划，其中包括领导者的正确决策，如果决策有误、规划不合理，造成的资源浪费可不是一星半点的。轻轨造价低，地铁造价高，该建轻轨你建了地铁，自然造价就上去了。还有个办法，即城市轨道交通要成网地建，一建就是60公里，成网了以后效率就高了。广州地铁建完以后长期满载率才17%，但是一成网，客流马上就上去了。北京现在是成网了，客流也上来了，每天的客流量达1 000万人次。

建设城市轨道交通行业标准体系是当务之急

［每个行业都有自己的行业标准、国家标准。但是，城市轨道交通行业在我国还是一个新兴行业，也就十多年的发展历程。其中许多行业标准至今还在借用铁路行业的标准。］

李和平：现在城市轨道交通在行业标准方面还是有大量的欠缺，国部长（原铁道部副部长国林）可能要说标准化的问题。因为我们在招投标的过程中，很多采用的是铁路行业的标准，其实并不适合城市轨道交通，虽然两者有很多共同点，但是从要求上来说还是差别很大，城市轨道交通行业标准的欠缺不是一星半点，非常多，有些标准是有，但是还没有形成一个体系，还有很多标准是技术性的标准，比如说基础性标准，我们需要一个系数，这个系数谁来制定，这个标准是一个技术性的标准，需要非常多的人力、物力的投入，需要很长时间的持续性研究才能定出这个东西，而且是看不见摸不着的，可能搞了几十年的研究看不见一个结果，但它又是行业的基础，不是企业用户投得起的，投几千万都见不到一个跑来，但是这个东西是一个搞设计最基础的东西，离开它还不行，所以这种东西应该由国家投入，用户产学研都投不起。

◆ 原铁道部副部长国林大力支持轨道交通的技术创新

国林（原铁道部副部长）：当前城市轨道交通面临着快速发展，现在 18 个城市有地铁，发改委已经批了正在建设中 20 个，准备上的还有二十几个。不这么干不行，到去年年底我国的城镇化是 51.27%，但是国际上发展中国家城镇化率的平均值是 77.7%。发展城市轨道交通，首先，要实施有效系统管理。目前管理水平太低，这个行业的管理必须做到“全天候”“全空间”“全时间”“全员”“全数”“全过程”。全天候是指春夏秋冬；全空间是指上边是天下边是地，中间是我们的厂房；全时间是指 24 小时 1 440 分钟，86 400 秒；全员是指职工全员到位；全数是指乘客多少一个样；全过程是指始发、终点至始至终。总共是“六全”，讲的是规章制度和行业性的管理标准无所不在，不能有所遗漏；其次，要制定严格的技术标准。中国地铁别看数量搞到世界第一了，标准是世界最差的，许多标准都是从铁路行业借用的，至今可以说还没有自己行业的标准规范体系，这咱们得承认。最后，“三联手”的创新机制。这个机制也应该作为一个制度，要把它稳定下来，过去我在北京铁路局的时候就实行“三联手”：铁科研、北交大、北京铁路局，产学研结合，有问题大家一起解决。铁科院的专家有科技成果，北交大培养工程师，北京铁路局是企业家，三结合之后，成果就不愁变不成生产力。别看中国一年创新的成果量很大，但应用率很低，因为没有实现一个稳定的“三联手”。

国产化、自主化并不是要盲目排外

[坚持对外开放，走依托国内市场、引进和自主创新相结合的发展之路，是我国城市轨道交通装备制造业的指导方针。国产化、自主化与利用外资和外国先进技术不矛盾，关起门来搞不了创新。]

宁滨：除了北京，其他城市都是使用西门子等国外的设备，国内北京交控这样的小公司无论从经济实力还是技术的积累上，坦率讲跟人家不是对手。我们面临的都是国外的巨无霸大公司，但不同意把外国人赶出中国，我们中国高新技术企业还要走出去，你把别人赶出去，我们在世界上怎么立足，怎么取信于人？我觉得应该有对自主创新技术的扶持政策，从政策上对自主化扶上马再送一程。中国的高新技术也要走出去。

陈建国：我们要维持公平或者相对公平，要允许外资的进入和允许外资参与竞争，而且还要鼓励它们参与竞争，而不是仅仅保护中资企业，中资企业完全靠保护是没有生命力的，只有在竞争中才能有生命力。所以我们一方面要对强势的外资企业有一定程度的打压，另一方面还不能把它们赶走，要维护它们在中国的企业，要给它们甜头，给中资企业一定的压力。所以这是我们要做的事情，对外资企业还是要欢迎它们，鼓励它们转让技术，不管这个技术是不是关键核心技术，哪怕只是让你看一看，跟你有交流，有交谈，都是好事。

任志武：谈到国产化，谈到战略性产业，要支持国外技术资本与我国经济建设结合起来。我们要国外企业为我们服务，让外国的资本为我们服务，这个事情如果走不通，不利于我们发展。要让国外的技术、人才、资本更好地为我们服务，所以要客观地看国产化、自主化这件事。

如何支持关键核心技术的推广应用？

[近年来国家陆续出台了一系列推进自主创新和科技成果转化的重大优惠政策，但是对于近年来我国自主创新取得的一系列关键核心技术的突破估计不足，缺少有针对性的保护政策和推广应用的有效途径。]

施仲衡：北交大的 CBTC 信号技术属于地铁行业的关键核心技术，没有疑问。

但是在国内推广应用却很困难。对于他们的推广情况我不太了解。但前不久，我参加一次南京市地铁建设单位的招标活动，我才了解到一些具体情况。我是去开专家会的，因为我是专家小组成员。我问南京市地铁公司的总经理，我说为什么交大没有中标？参与投标的就阿尔卡特、阿尔斯通、西门子和北交大四家，老总回答说，北交大的报价在四家中最高。为什么最高？后来一查，原来 CBTC 属于关键核心技术，按照国产化政策要求，只需达到 50%～60% 即可。在剩余的 40%～50% 范围内，进口国外设备可以享受免税。而同样作为关键核心技术设备，北交大好不容易开发出来，在进入示范工程之后，对于进一步的市场推广，国内却没有可以依据的优惠政策。其中各种税费（包括进口零部件）均不能减免，加之最近几年人民币升值等原因，导致国内企业成本升高。怎么在政策上支持自主化技术的推广应用，这是个政策问题，应该鼓励咱们自己的创新成果被广泛采用，尤其是关键核心技术的自主创新成果。

李东林：关于免税的问题。今天有三位业主在这里。业主可能会讲，你们设备的价格跟别人比不便宜。我实事求是地讲，目前这个价格，是由于人民币升值因素，包括免税因素造成的。而国外的系统进来会大量的给予免税，我们的一些部件需要进口，例如，IGBT 目前需要向欧洲、日本等三家采购，我们要交大量的关税。但是回过头来国外的是整个系统进来却免税，这之间有很大的差异。因此，我恳请政府部门出台政策保护自主创新产品及其价格，让它有足够的成长空间。

唐涛（北京交通大学教授）：我也想谈一下我们今后的发展。要根据 CBTC 现象，探索创新的模式。我们今天所谈的中国轨道交通，不是原来北京地铁的 1 号线，今天是几十个城市，两千多公里已经开通的线路，未来还有四五千公里运营的线路。我们要解决的是持续创新的问题，而要解决持续创新问题，首先是要让自主创新的成果活下来，因为只有活下来才能继续创新，持续创新。比如说 CBTC，是一个非常安全的系统，但是还是有很多人在打问号。技术只有应用才能发展，才能有更多的创新。原始创新需要应用和推广。现在我们把 CBTC 研发出来，但是用不起来，这个问题需要领导能够很好地去考虑。

创新需要良好的文化环境、社会环境和市场环境

[创新环境至少包括科技创新的环境和市场应用的环境。科技创新，尤其是重大科技创新，需要创新主体拥有良好的创新心态和社会生态；以企业为主体、市场为导向、用产学研相结合，才能为自主创新营造良好的社会生态。]

唐涛：首先，要做出一些成果需要多年的积累，同时也需要有一个恰当的环境，让大家能够潜心坐下来研究。我觉得现在我们的外部环境确实不好，因为太浮躁。CBTC 研究之所以能够成功，完全是因为有一批人愿意潜下心来，不计名利长时间地去研究。一两个人搞研究容易出小成绩，也容易实现短期的利益最大化。但是我们国家现在欠缺的不是这样的、小打小闹的东西，欠缺的是重大的技术装备，是多年积累下来的难啃的硬骨头。其次，创新需要机会。我们学习国外的技术十几年，多年的科研的积累还需要碰上社会的需要。就像 CBTC 研发正好赶上了我国现在城市化发展、轨道交通发展的需要。积累和机会结合才能解决问题。最后，我觉得做关键核心技术研究，啃骨头，需要解决团结协作的问题，而且是大协作的问题。怎样构成一个持续协作的团队，大家怎么样能够大度一些，看远一些，这一点非常重要。

◆ 唐涛教授是北交大 CBTC 信号技术科研团队核心成员

李东林：这十多年以来，我的体会是，第一，国家层面确确实实有一个好的政策，我记得 2003 年国家就出台了关于 70% 国产化率的政策，有这个国产化率的牵引，业主能够按这个方向去推真正的自主创新；第二，有一批好的业主，所谓用产学研，用要放在前面，用来牵引自主化技术的广泛的应用，这个原动力非常有必要，非常突出，也非常重要，关于这一点，北上广深在牵引系统这个角度，帮助我们进行了创新，牵引系统率先也是在这四个城市得到应用的，应用成功后，其他的二、三线城市就纷纷地跟进，大概这么一个情况。第三，这十年或者最近这三五年，城市轨道交通快速发展的大背景造就了自主化技术的广泛应用。一个技术一个产业的背后一定是依赖于行业的大发展。

政府部门要营造和维护合理、合法、合规的竞争环境

[创新环境需要营造，陈旧的观念需要打破。而对于科研单位、制造企业和用户企业来说，用户主导、协同创新，坚持创新自信，同时通过引进国际安全认证等管理创新和制度创新的手段，确保工程施工和乘客安全，才能推进城市轨道交通行业的健康发展。]

陈建国：我们维护的竞争环境是一个合理、合法、合规的环境，这其实挺难，用户企业有自己的倾向性，制造企业在拼命地做关系，地方政府从书记到市长都有自己的想法。这个问题对发改委来讲压力也很大。当时根据国务院要求，我们只负责车辆、牵引系统、信号这三大关键核心技术的招投标，目前相对还比较有序。其他就难了，发改委有时候也鞭长莫及，也不是自己想管就能管。所谓合理、合法、合规的竞争环境，就是让这个产业能够健康发展，而不是在保护下发展。免税主要是给运输企业的优惠，实际上在缩小，与财政部在商量，到一定时候要取消，大家都照章纳税。在产学研用相结合的问题上，我想强调的是用户需求引导创新重要，制造企业、使用产品的企业也很重要，应该结合起来创新。据我所知，迄今为止用户创新很少得到国家科技计划的支持。两部分企业要结合起来，使用单位和制造单位这两部分其实都是企业，怎么把这两部分结合起来，是一个很重要的事情。

◆ 科技部老领导吴忠泽教授大力支持城市轨道交通装备自主创新

吴忠泽（科技部原党组成员、中国智能交通协会会长）：如何为城市轨道交通产业发展营造一个良好的环境？因为城市轨道交通具有公益性，属于基本建设范畴。我建议要制定政策将城市轨道交通公益性的支撑设施纳入到交通科技基本能力建设的范畴。第一个建议，要推动政府的资源有序地开放，形成公益服务和市场化的增值服务两方面相结合的交通信息资源开放机制，形成政府和用户系统集成的相互协同的产业链和价值链。第二个建议，要加大政府对城市轨道交通基础性公益性系统的建设资金和运营维护资金的支持，鼓励和规范民营和社会资本参与城市轨道交通的运营管理，要发挥好金融市场的融资作用。第三个建议，要推动城市轨道交通产业联盟的发展，来支持和引导城市轨道交通领域里带动性强、集中度高的一些大型企业，还有拥有专长的中小企业的发展，尤其是要建设公共设施实验平台，加大工程化的力度，鼓励优势企业参与和主导城市轨道交通技术的研发和标准的制定。第四个建议，要创造良好的创新文化环境。我相信通过不懈的努力，体制机制的创新一定会推动和支持我国城市轨道交通更加快速地发展，为公众提供更加便捷高效绿色安全的出行环境，创造更加美好的生活（根据速记及录音整理）。

总结跨座式单轨[illegible]

坚持经济安全环保理念

——“创新驱动与[illegible]

[illegible]这样一个特征。跨座式单轨交通制式是一种适合重庆自身实际情况的[illegible]选择。对我们国家来讲，每个城市情况不一样，多制式选择的方[illegible]也可以不一样，这与每个城市的发展特征、发展时期不一样也有关系，[illegible]多制式协调发展创新轨道交通。但是对一个具体的城市来讲，[illegible]“多制式”还是要有所限制。我们认为一个城市最好应该在三种制式[illegible]，别超过四种。为什么？如果太多了，我们后面的网络化运营、资源[illegible]、维护费用等，都会带来很大的困难。随着对轨道交通认识的不断发[illegible]，这个过程是不断深化的。10年前、20年前是那个样子，现在不一样，今[illegible]可能还不一样，我们的认识应该在原来的基础上不断发展。

宁滨（北京交通大学校长、中国城市轨道交通协会副会长）：我认为在[illegible]这么大一个国家，下一步城市轨道交通还有一个大的发展。发展城市轨道交通不可能是单制式的，或简单几个制式，而应该是多制式协调发[illegible]，因为的确没有一种制式和几种制式能够全部满足我们国家城市交通[illegible]的需求。只有多制式并且相互之间优势互补、综合利用，才能够解决[illegible]我们城市轨道交通的发展问题。地铁、轻轨、直线电机，还有跨座式单[illegible]、中低速磁悬浮，等等，这些轨道交通制式在一个城市里如何进行选[illegible]？[illegible]不可能制式太多，太多了将会带来网络互通互[illegible]、运行和维护成本的问题。但是一个城市也不可能就一种制式。[illegible]地铁、轻轨、直线电机、跨座式单轨都已经有了，磁悬浮正在做，这些[illegible]之间如何进行协调，我觉得可能是我们需要很好研究的一个课题。[illegible]方面，现在轨道交通作为城市交通的骨干已经形成共识了，没有问[illegible]。但是在城市综合交通运输体系中，轨道交通与其他交通形式如何衔[illegible]，如何把城市轨道交通定位好，发挥好作用？我觉得这个文章还做得[illegible]。现在从发展比较好的城市来看，城市轨道交通作为一个体系，需[illegible]城市综合交通和绿色交通的需求，这个研究还需要加强。单单就[illegible]轨道交通来讲，我觉得下一步要和干线铁路、高铁、城际铁路等进行[illegible]，目前可能还存在这方面不足。

李国勇（国家发改委基础产业司巡视员）：中国城市轨道交通协会的[illegible]，原来是发改委副主任，在重庆当过市长，他多次讲过城市轨[illegible]多制式发展这个问题，科技日报登了对他的采访。我们在给国务[illegible]里面也特别强调了多制式发展。由于国家推进城镇化建[illegible]城市轨道交通规划的面积可能要扩大一些。刚才北京市的[illegible]这个问题，我们过去更多的是关注城区、主城区的交通，那里人[illegible]、交通拥堵，所以更多的是建设地铁。发改委徐绍史主任来了以[illegible]规划的地铁比重太大，所以我们的范围可能要扩大到市域[illegible]已经遇到这个问题，很多地方要建市域快线。像北京[illegible]扩了，房山、顺义、大兴等很多新线都在规划之中，现在[illegible]。刚才天津也提到了，滨海新区和老城区之间需要加强联[illegible]我们轨道交通空白的地方，现在这些新的线路老的标准[illegible]了，我们需要加大科技创新的力度。从国家层面上讲，[illegible]多制式协调发展。

3.重庆跨座式单轨交通的成功经验

[illegible]就是体现了因地制宜、实事求是。根据当事人介绍，[illegible]上海等大城市的地铁建设经验，车子都得开到江里[illegible]，许多地方没法建地铁，所以选择了跨座式单轨。但[illegible]建地铁的地方就得建地铁。现在还准备建设都市[illegible]标准化的成功经验。

[illegible]（[illegible]，重庆轨道交通集团公司董事长）：重庆2[illegible]跨座式单轨交通的推广起到了很好的[illegible]2号线是我国首次引进跨座式单轨交通的示[illegible]到现在已经是第9个年头。这样一[illegible]重庆市老百姓的认可。重庆为[illegible]5、6种制式，包括全天[illegible]

吴忠泽

李国勇

王根芳

仲建华

卢西伟

孔 军

技术上的多项空白。其中车辆牵引、制动、新型车载、平移道岔等核心技术经中国工程院专家鉴定达到国际领先水平。制定国家和地方标准30余项，获得授权专利40余项，发表论文80余篇，形成了多项自主知识产权成果，多次获得重庆市科技进步奖等奖励。通过技术创新成果的成功转化，[illegible]

很多院士亲自来到[illegible]我们地方的主管部[illegible]究，重庆轨道集团、[illegible]究课题，为我们单[illegible]式单轨交通现在已[illegible]

功经验 发展城市轨道交通装备制造业

进城轨交通因地制宜多制式协调发展

轨道交通多制式协调发展"座谈纪要

本报记者 冷德熙

宁 滨

吴 波

徐景坤

王志强

吴铀铀

朱敢平

庞绍煌

段廷智

部春海

陈高华

谢跃红

曹 云

的发展出谋划策。另一方面，
，发改委一起组织大家开展研
了围绕发展纲要的10多个研
发起了很大的支撑作用。明显
……国产化率达到了90%以
……

的国外系统的进口替代的问题，解决了设备长期维护的后顾之忧。通过这个项目的合作，不但使我们供应商的技术水平得到了提升，也使我们真正参与到以重庆轨道交通集团为主导的自主创新过程中去，我们的收获非常大。有一个很深的感触，在自主创新的过程中，我认为用户所起的主导作用非常重要，是不可替代的。……

过程的战略联盟的成员才能够取得今天的进步。所以说，这种自主创新要依靠我们用户主导来进行。

陈高华（中国南车株洲时代电气股份公司副总工）：在参与重庆跨座式单轨交通建设过程中，……

的基础上，我们把数字控制移到了功率控制的最前端，完
控制，这是一大进步。另外，在网络控制方面，我们把日
进行了很大的提升，使得整个系统减重了400公斤，这是我
重庆轨道集团做的工作中的一个亮点，也是我们对原来日
和超越。

曹云（中国船舶重工集团重庆齿轮箱有限公司副总
轨交通，应该说10多年了，不是一个新业务。但是正如刚
家所讲的，轨道交通，特别是城市轨道交通是一个蓬勃发
齿轮箱有限责任公司是一家具有48年历史、研制专业齿轮
的大型国有企业。40多年来，通过引进德国的齿轮箱设计
家提供了大量可靠的国防装备。公司也和重庆的轨道交
展。轨道公司在建设重庆2号线的时候，把我们作为一个
自主研制道岔系统里的驱动装置。同时，国家科技部、重
委等多个政府部门也给了我们大力支持，使得我们今天
一个蓬勃发展的产业中来。从90年代末期开始，我们自
动系统，已经向重庆的2号线、3号线提交了50余组单开
型的道岔，目前最新的多开可绕道岔已经完成了鉴定工作
到新的线路上去。从2004年第一组道岔投入2号线使用
的时间里，重庆单轨轨道交通验证了我们创新产品的先进
全稳定性。

谢跃红（中国汽车工程研究院股份公司副总经理）：
轨设备国产化技术创新的过程中，我们坚持了几条原则
日本人的技术水平和可靠性；第二，坚持高强度、大力度
两个我觉得缺一不可。因为没有第一条客户不愿意要，
比日本差？而要保证高质量科研成果必须要有高强度、
入。这中间在具体技术路线上我们比较注重基础材料
算了一下，在整个转向架关键零部件研究过程中，我们
究高达30几次，因为机电产品国内差的东西主要在基础
十年的艰苦攻关，无论是在可靠性还是质量上，我们和
产品全面达到和超过了日本进口产品。重庆单轨的2
日本的，3号线搞国产化，但线路状况完全不一样。我做
号线的平直度，没有坡度的跟2号线一模一样，坡度长的
上的指标，比2号线多出2倍。所以当时我们在做基础
度的时候，我们做了详细的技术梳理，发现3号线增加的
于2号线的3倍。2号线原来1个人背100斤的东西，3号
背300斤的东西。所以，这种技术路线的梳理，基础材
我们中国人技术创造的实力。在这个过程中，我们发明
取到了一大批科技成果。

部春海（北京交控科技有限公司董事长）：如何把科
正结合到重大工程里面去？大家都在说企业是创新的主
么？怎么去创新？我觉得对于重大技术装备来说，需要
做牵引，产学研用相结合。原来是产学研三结合，没有"
为没有"用"，基本没有用，所以有人说"产学研"没有用。
合我们的重大工程，也就是要与用户或业主紧密结合。
一轮一轮的大规模建设，对于技术创新来说是最好的机
现在这个机会，再过10年，等建设高潮都过去了，
到时候都用不上。所以自主创新的东西，我们自己要积极
国外技术可能会省事省心一些（其实也未必）……
说，与使用国外的成熟技术比较，重庆在单轨交通建设
技术和国产化设备可能会累一些，因为使用新技术
是使用新技术本身，后面的红利是会得到的。……
线的时候，我们的CBTC信号系统还没有完全成熟，CBTC
……2008年才开始做。……
……3号线开始用了。……CBTC……
……

5.如何推进中国城轨交通相关产

第二篇　城市轨道交通多制式协调发展

——“重庆单轨与城市轨道交通多制式协调发展”专题调查

难题往往就是创新的机会，发展的机遇。

轨道梁、车辆、道岔，是跨座式单轨的三大核心技术。有轨道梁才有行车的路，有路才有路上跑的车，有路有车还要有用于车辆变轨的道岔。

——重庆轨道交通集团董事长仲建华

我国城轨交通的发展，应该从市情出发，根据不同区域交通需求特点，因地制宜地选择地铁、轻轨、单轨、现代有轨电车、市域铁路和中低速磁浮交通等不同制式，多制式协调发展。

——中国城市轨道交通协会会长包叙定

引子

2013 年年底，我连续三个月三进山城，在重庆采访跨座式单轨的发展历程。

当时，全球 62 个国家和地区建设了城市轨道交通系统，总运营线路已达 32 600 多公里，其中地铁里程占 33%。我国已建成 2 000 多公里城市轨道交通线，地铁占到 84%，一些二、三线城市也要建地铁。其实中国城市轨道交通应该多制式协调发展。重庆打破常规，因地制宜选择跨座式单轨交通制式，不但建成了世界上最长的跨座式单轨交通线，还建成了一个百亿元级的单轨交通产业链和产业化基地，成功地践行了创新驱动发展战略。

中国工程院院士施仲衡曾经对我说过，现在各地都在大力发展城市轨道交通，但是自主创新关键核心技术装备的推广应用没有受到应有的重视。北京交通大学自主研发的 CBTC 系统，在北京地铁成功示范之后是这样，四方公司生产的直线电机地铁列车在广州地铁应用之后是这样，由重庆一家企业生产的跨座式单轨列车，在重庆轨道交通成功应用后，在全国的推广应用也是这样。政府要设法改变这种状况，让自主创新的技术走完“最后一公里”。他因此介绍我去重庆采访，争取与重庆的有关部门和同志共同商议出一种对重庆跨座式单轨进行有效推广的办法。

很快我就与重庆轨道交通集团董事长仲建华同志取得联系。由于施院士已经将我向他做了介绍，有关采访工作也就非常顺利。

初见仲建华，他就毫不掩饰自己专家型领导的特点。他介绍自己是总工程师出身，现在还是董事长兼总工程师，特别重视技术工作。公司所有重大科技问题都是自己亲自挂帅。但寸有所长、尺有所短，用他的话说：“这辈子就干了单轨这一件事。重庆单轨建了三条线，算是干成了，但没想

到单轨要从重庆走向全国会这么困难!”

据了解，从最初到日本学习接触单轨到在山城重庆建成三条单轨线路（其中包括全球里程最长的 3 号线），他从事单轨研究 10 多年了！说他是重庆单轨第一人，一点也不过分。山城重庆适合建单轨，但国内其他城市是不是也适合建单轨？这个问题其实有答案。与地铁相比，由于单轨转弯半径小、爬坡角度大、建设成本低、周期短，国内二线城市大多数都更加适合建单轨。

怎么让更多人知道这个道理呢？正是这个问题让专家出身的仲建华犯了难。我告诉仲总，这对于媒体人来说不是一件太难的事。我给出的答案是请媒体介入，对重庆单轨的真实情况做一次调查采访和深入报道，同时要唱响两个重大主题：一个是行业主题：中国城市轨道交通应该多制式协调发展，重庆就是一个成功的案例；另一个是时代的主题：创新驱动发展战略，重庆也是一个成功的案例！在此之后，邀请业内专家、有关城市业主和行业管理部门举行媒体行业座谈会，将大家的发言整理成大版面文章，形成系列报道之后的第二波高潮，同时让大家到重庆亲眼看看单轨线路。

由于得到仲总的大力支持，作为媒体人和科技日报记者，我三下重庆，写出了《流动的彩虹：山城创新变奏（上、下）》等系列文章，引起行业内外广泛关注。而于这一年年底召开的“创新驱动与城市轨道交通多制式协调发展”座谈会也开得非常成功。据了解，会前国家有关主管部门对于重庆发展单轨及其产业并不赞同。由于有关主管领导亲自参加了此会，并现场调查了重庆单轨的建设和运营情况，从而态度有了一百八十度的转弯。会后也加入了重启单轨支持者的行列。

事实上，由于建成并成功运营了三条单轨线路，重庆已经积累了丰富的单轨工程设计、施工和建设经验，重庆还建成了一条专门生产单轨车辆的百亿元生产线。国内一些二线城市如果效仿重庆建设单轨，与建地铁相比较，不但为城市节省大量建设财政资金，甚至也为重庆单轨经济的发展做出了贡献。

重庆打破常规，因地制宜选择跨座式单轨交通制式，不但建成了世界上最长的跨座式单轨交通线，还建成了一个百亿元级的单轨交通产业链和产业化基地，成功地践行了创新驱动发展战略。

核心提示

创新需要因地制宜。当北上广深都在建地铁的时候，重庆选择了跨座式单轨。

重庆是山城，道路崎岖，弯多坡陡。选择能爬坡、易拐弯、造价较低的跨座式单轨，不但解决了公共交通的问题，还增加了城市景观；不但成就了经久耐用的城市基础设施，还形成了百亿元级（很快将达千亿元级）的城市轨道交通产业。

重庆要建设跨座式单轨交通时，国内既没有技术也没有设备，只有从国外引进。实践证明，这种引进是成功的。通过技术引进、消化、吸收，重庆实现了跨座式单轨技术装备的完全国产化和自主创新。

当下全国已有 30 多个城市在建设或规划建设城市轨道交通。与国际上地铁只占到城市轨道交通不足一半的比例不同，我国的城市轨道交通 80% 以上都是地铁，包括一些二线城市也规划建地铁，似乎只有地铁才是现代化大都市和都市生活的标志。

城市轨道交通包括地铁、轻轨、直线电机地铁列车、磁浮、悬挂式单轨、跨座式单轨、现代有轨电车等多种制式。各种不同制式的速度、适应性各不相同。不同城市应该根据具体情况因地制宜，选择不同的城市轨道交通制式。

2013 年 11 月 21 日　星期四

1 流动的彩虹：山城创新变奏（上）

——重庆跨座式单轨交通及其产业发展纪实

编者按

以城市特色而言，大气当首选北京，洋气不过上海，而要论气势，谁也不如重庆。原因就在山城全部都建在无数的山头与丘陵之上，长江、嘉陵江绕城东去，主城区呈组团式分布格局。而在长江和嘉陵江之间，两条跨座式单轨交通线——2 号线和 3 号线——时而顺江而下，时而穿山越岭，时而在繁华市区的楼宇间穿行……这是重庆一道靓丽的风景线。

山城重庆，气势雄奇。长江和嘉陵江如两条游龙穿行其间，婉然东去。

在长江和嘉陵江之间，两条跨座式单轨交通线——2号线和3号线——时而顺江而下，时而穿山越岭，时而在繁华市区的楼宇间穿行……

重庆市民说，这是一道靓丽的风景线。

由于是首个选择跨座式单轨交通制式的城市，重庆也创造了多项中国和世界第一：

重庆2号线，全长19.15公里，是国内最早建成的跨座式单轨交通示范线；

重庆3号线，全长55.5公里，是当今世界上线路最长、客流量最大的单轨交通线；

建成了世界上第一座公路、单轨两用城市大桥——菜园坝长江大桥，其钢箱拱梁跨距世界最长，也是第一座采用缆索吊机安装的大桥；

建成了世界上第一座单轨交通专用跨江大桥——渝澳嘉陵江大桥；

建成了世界上最大的跨座式单轨交通车辆停靠、维修、检测中心——童家院子车辆段；

创立了国际上第一个跨座式单轨交通标准体系，其中部分标准已被多国译成本国文字参照采用；

……

目前，重庆正在编制新的城市交通发展规划，还将建设两条新的跨座式单轨交通线，连通已建成的两条线路，加上有关地铁线路，以及正在规划兴建的都市快轨线，一个多种制式并存的现代化城市轨道交通网正在形成。

"需求就是机会，创新驱动发展。"重庆轨道交通集团董事长仲建华如是说。

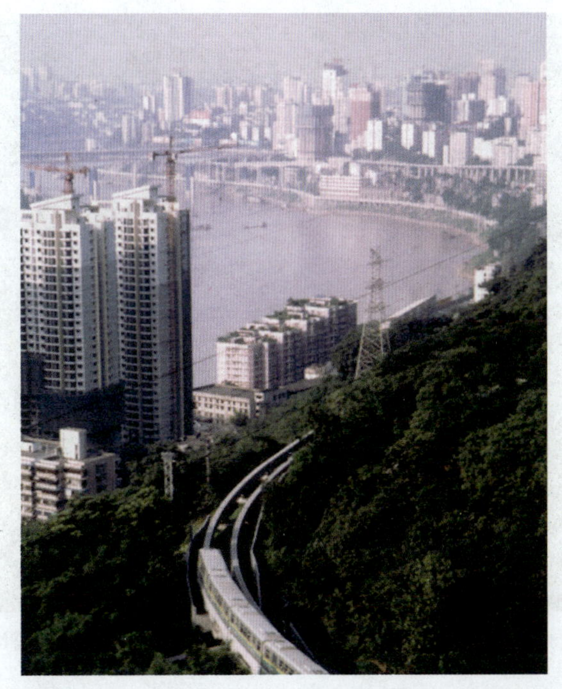

◆ 重庆嘉陵江边的跨座式单轨交通（图片由重庆轨道交通集团提供）

山城的勇气：选择跨座式单轨作为基本制式

我们生活在一个城市轨道交通大行其道的时代。

车辆在固定导轨上运行称为轨道交通，其中主要用于城市客运的轨道交通系统称为城市轨道交通，主要包括地铁、轻轨等不同形式，又分为轮轨（双轨）、单轨等不同的制式。

据中国城市轨道交通协会统计，全球城轨交通运营里程最多的 10 个国家共有运营线路 19 169 公里，其中轻轨和有轨电车里程为 12 312 公里，占 64%，地铁里程为 6 857 公里，占 36%。但单轨里程总共不过 600 公里。我国的城市轨道交通以地铁为主。

有人说，以城市特色而言，大气当首选北京，洋气不过上海，而要论气势，谁也不如重庆。原因就在山城全部都建在无数的山头与丘陵之上，长江、嘉陵江绕城东去，主城区呈组团式分布格局。

相较于其他城市而言，重庆城区人口密度大，道路崎岖、起伏，弯道多。要在这样的环境下建设城市轨道交通，需要独特的规划设计和交通制式安排。

20 世纪八九十年代，改革开放使我国西南重镇重庆走上了新型工业化、城市化发展的快车道，建设地铁、轻轨等公共轨道交通也被提上了城市管理者的议事日程。

◆ 单轨交通与公路车流对比优势明显（图片由重庆轨道交通集团公司提供）

包叙定，现任中国城市轨道交通协会会长，曾担任国家发改委副主任、重庆市市长、机械工业部部长。正是他在发改委副主任任上，批准了重庆市建设跨座式单轨示范线 2 号线的规划设计方案。

仲建华，重庆轨道交通集团董事长，重庆城市轨道交通“三剑客”之一。20 年前，许多人还不敢想象重庆会有地铁，他受单位派遣到日本学习轨道交通；重庆刚成立轨道公司时，他开始担任公司副总工程师。此后他先后担任过副总经理兼总工程师、总经理和董事长，工作的重心始终没有离开过城市轨道交通的科技创新。

在重庆建设城轨，怎么迈开第一步？仲建华回忆说，轨道公司还未成立时，他所在的重庆市公共事业设计研究院就邀请了多批次的国内外专家，专门为重庆市的轨道交通规划设计把脉。有的专家就认为，重庆是山城，地质地貌异常特殊，建地铁几乎不可能，建任何一种轨道交通都很困难。

为此，仲建华代表市政府从北京请来了我国城市轨道交通领域最负盛名的专家施仲衡院士，担任顾问专家组主任。此后，仲建华和他的技术团队对世界各国不同制式的轨道交通进行了全面系统调研，发现在地铁、直线电机地铁列车、悬挂式单轨、跨座式单轨、空中客车等不同制式中，唯有跨座式单轨比较适合山城重庆。

研究发现，跨座式单轨爬坡能力强，一般地铁的最大坡度在30‰左右，跨座式单轨的爬坡能力轻松可达50‰，理论坡度可达100‰；转弯半径小，一般地铁的最小半径在300米左右，单轨交通却可以达100～150米；造价较低，相当于地铁造价的1/3～1/2；节省土地，噪声低，跨座式单轨是橡胶轮胎骑行在钢筋混凝土轨道梁上，不会发出钢轮钢轨相互摩擦时发出的轰鸣声；此外还有景观性好、节能降耗等特点，整合起来正好适合了重庆山多坡陡、道路崎岖、人口密集和发展旅游经济的特点。

当时国内的北京、上海等大城市都在建地铁，重庆的管理者和建设者选择跨座式单轨，作为城市第一条轨道交通线路2号线的首选交通制式，需要过人的勇气。

所谓跨座式单轨交通，是一种轨道为一条带形梁体，车辆跨座于其上行驶的交通系统。世界上第一条跨座式单轨线诞生于1888年，由法国人设计，蒸汽机车牵引。在第二次世界大战以后，跨座式单轨技术逐渐完善和成熟起来。1952年，德国在科隆附近的菲林根成功建造了一条单轨线。后来美国、日本和意大利等国都修建了这种形式的单轨，其中尤以日本建成的线路最多。

目前世界上普遍使用的德国ALWEG型跨座式单轨系统，采用跨座式、混凝土轨道和橡胶充气轮胎相结合的建造方式。重庆选择的正是这种方式。

国产化：走引进、消化、吸收、再创新的道路

2000年，在历经10年的国内外寻访、调研和报批手续后，重庆城市轨道交通2号线终于上马。

由于2号线使用了第四批日元贷款，作为业主方和建设单位，当时的重庆市轨道交通总公司（即后来的重庆市轨道交通（集团）有限公司）决定从日本引进单轨交通技术和设备。首批从日本日立公司购买了两辆跨座式单轨列车。

单轨车辆、轨道梁和道岔是跨座式单轨交通的三大核心技术。业内有句行话叫

"车定百定"，使用了日本的车辆，接下来的各种机电设备和技术规范都得围绕日本标准。当时还请了日本公司的顾问现场指导。大家说得最多、听得最多的一句话就是"日本人说……"。

但是，国家规定，像城市轨道交通这样的大型建设工程，必须达到70%国产化率的标准。在西部欠发达地区，在国内头一遭建设跨座式单轨，还要达到70%国产化率的要求。这怎么可能呢？

谋定后动！早在20世纪90年代中期，仲建华先在日本学习，之后又到欧美各国考察，回到重庆，他和他的团队围绕跨座式单轨交通的关键核心技术进行组织、规划、设计和项目攻关。

"必须由业主或用户来主导重大工程项目的技术创新。对于城市轨道交通行业来说，尤其是这样。"重庆长客董事长兼总经理姜晓光曾经是长客公司的总经理助理，很早就开始了与重庆轨道交通集团的合作。他回忆说，如果不是业主主导技术创新，一些重要的科技项目甚至都难以进行下去。

经过近10年的科研积累和技术开发，到2000年2号线开工建设时，除了早期从日本进口的两辆单轨列车，以及相关的电气牵引和制动系统外，其他很多零部件已经实现了国产化：

绝大部分编组列车是当时的长春客车厂制造的——通过引进、消化、吸收、再创新，重庆市轨道交通总公司和长春客车厂共同实现了跨座式单轨列车的国产化、自主化；

重庆本地的重庆大学、中国汽车工程研究院（原重庆汽车研究所）、西南交通大学、重庆华渝电气仪表总厂、重庆川仪总厂等，先后参与了单轨交通有关车辆设备的研究与制造，铁科院、北京交通大学、青岛四方、株洲时代电气等国内著名机构，也先后参与到重庆单轨交通信号、牵引、制动等重要技术的自主创新中来。

"2号线达到70%国产化率的要求并不难，原因是我们早有准备。"仲建华说，事实上，在机电设备的造价中，车辆和信号占大头，60%以上；在车辆、轨道梁和道岔单轨交通三大核心技术中，轨道梁和道岔未记在国产化要求之列。

2005年，2号线一期、二期开通运营，国产化率已经达到74%，让到场的国家主管部门官员大跌眼镜："很担心你们达不到国产化率的要求，你们是在国内第一个搞跨座式单轨的！"

为进一步推进重庆单轨交通装备的自主创新，自2007年起，科技部将"跨座式单轨交通装备研发"项目列入国家"十一五"重点科技支撑计划。重庆市科委和重庆市轨道交通（集团）有限公司（简称重庆市轨道交通集团）联合主持了这个重庆有史以来最大的科技项目，重庆市轨道交通设计研究院、重庆交通大学、长客公司，以及上述有关机构均参与到项目中来。2011 年，该项目通过国家验收，在单轨交通车辆整车系统集成、转向架关键技术等十大方向及应用上取得一系列重大成果。

2007 年，世界上里程最长的重庆单轨 3 号线开工兴建，2011 年 9 月一期工程建成，今年 3 月，3 号线全长约 55 公里全程贯通。车辆、转向架、轨道梁等一大批自主创新重要成果在 3 号线上得到应用，其国产化率达到 95％以上。

创建世界上首个跨座式单轨交通标准体系

今年 4 月，泰国和印度的两家施工企业专程来重庆，拜访了重庆市轨道交通集团负责人，提出希望将由该企业会同有关单位编制完成的 3 个中国国家标准翻译成英文，他们将参照使用。

这两家外国企业之所以向重庆提出请求，是因为国际上迄今还没有成熟的跨座式单轨交通国际标准。即使是较早建设单轨交通的法国、德国和日本，至今也还没有建立成熟的国家或行业标准。

这 3 个标准分别是《跨座式单轨交通设计规范》《跨座式单轨交通施工及验收规范》《跨座式单轨交通车辆通用技术条件》。除此之外，主编单位还编制了重庆地方标准《重庆市跨座式单轨交通系统施工质量验收评定办法》，以及转向架、道岔、支座、指形板等企业技术标准 32 项。

这些标准和规范，均由重庆市轨道交通集团会同重庆市轨道交通设计研究院、中国北车长春轨道客车股份有限公司、重庆单轨交通工程有限责任公司等单位，在总结重庆 2、3 号线建设经验及科研成果的基础上，经过多方征求意见，反复论证和修订完成。

据重庆市轨道交通设计研究院常务副院长兼总工程师何希和回忆，2005 年，在 2 号线建设即将完成时，仲建华提出，应全面总结 2 号线成功经验，并在此基础上提炼形成包括国家标准在内的单轨交通标准体系。

国家标准具有或部分具有强制性。申报国家标准有严格的编制程序。跨座式单轨没有现成的国际标准，要编制世界上第一个标准体系，面临巨大的挑战。其中最大的困难就是为了保证标准体系的可操作性和先进性，既要做大量的定性、定量研究，还要进行大量的测试和验证。

后来的成功实践证明，当初的付出是值得的。没有《跨座式单轨交通设计规范》

和《跨座式单轨交通施工及验收规范》，跨座式单轨交通系统就难以在其他城市推广应用；没有《跨座式单轨交通车辆通用技术条件》，跨座式单轨交通的产业体系就难以形成。

“由于建立起了国际上首个单轨交通标准体系，我们的跨座式单轨交通及其产业在国际上具有先进性。重庆的跨座式单轨交通产业有望立足重庆，辐射全国，走向世界。”仲建华信心满满地说。

（配发短评）创新需要因地制宜

当北上广深都在建地铁的时候，重庆选择了跨座式单轨。

重庆是山城，道路崎岖，弯多坡陡。选择能爬坡、易拐弯、造价较低的跨座式单轨，不但解决了公共交通的问题，还增加了城市景观；不但成就了经久耐用的城市基础设施，还形成了百亿元级（很快将达千亿元级）的城市轨道交通产业。

重庆要建设跨座式单轨交通，国内当时既没有技术也没有设备，只有从国外引进。实践证明，这种引进是成功的。通过技术引进、消化、吸收，重庆实现了跨座式单轨技术装备的完全国产化和自主创新。

当下全国已有30多个城市在建设或规划建设城市轨道交通。与国际上地铁只占到城市轨道交通不足一半的比例不同，我国的城市轨道交通80%以上都是地铁，包括一些二线城市也规划建地铁，似乎只有地铁才是现代化大都市和都市生活的标志。

城市轨道交通包括有地铁、轻轨、直线电机列车、磁浮、悬挂式单轨、跨座式单轨、现代有轨电车等多种制式。各种不同制式的速度、适应性各不相同。不同城市应该根据具体情况因地制宜，选择不同的城市轨道交通制式。

重庆人认为，现在的轨道交通网络还不是真正的交通网络，因为还没有实现不同线路和车辆之间的“互联互通”。不同地铁线路之间、不同的单轨线路之间还因为信号制式的不同，车辆和线路还不能“跨线、越线、共线”。这是一个国内城市轨道交通领域普遍存在的难题，重庆的建设者们正在凝聚国内外科技力量，试图解决这一历史性难题，以实现城市轨道交通网络内部真正的“互联互通”。

我们相信，敢于创新和实事求是的重庆人还将创造新的业绩。

2013 年 11 月 22 日　星期五

流动的彩虹：山城创新变奏(下)

——重庆跨座式单轨交通及其产业发展纪实

10月10日，重庆市召开科技奖励大会，中共中央政治局委员、重庆市委书记孙政才，全国政协副主席、科技部部长万钢共同出席，并为获奖代表颁奖。由重庆轨道交通集团牵头完成的“跨座式单轨交通装备关键技术研发及产业化”项目荣获重庆市科技进步一等奖。

该项目除取得一系列重要科研成果、发明专利、国家标准之外，还产生直接经济效益超过100亿元。更重要的是，目前重庆已在两江新区建成我国第一个、也是最大的跨座式单轨交通车辆产业基地，与日立、庞巴迪并列，位居全球单轨交通车辆制造企业三甲，并因此成为国际上城市轨道交通车辆十大制造商之一。

在颁奖大会上，重庆轨道交通集团董事长仲建华作为获奖代表发表感言：“发展跨座式单轨交通是我们重庆的社会需求。别人满足需求可能通过购买，而我们则把需求看作机遇，发展成我们新的产业。”

技术产业化　让大项目带动大产业

城市轨道交通是城市公共交通的一部分，使用的是社会公共财政。使用社会公共财政建设公共交通设施无可非议，但巨大的财政支出，还应该为地方经济和就业发挥更大的作用。用重庆市委、市政府的话说，就是“大项目要带动大产业”。此话引起了仲建华和同事们的深思。

重庆轨道交通行业许多人至今还记得当时一位老领导的玩笑话：“进口设备好是好，但长此以往，一旦被人拿住，小命就没了！”

一句玩笑话，道出了一个道理：关键核心技术不能长久受制于人，所依附的关键设备必须尽快实现国产化。

2005 年，重庆 2 号线即将建成，重庆市发改委及时编制了跨座式单轨产业发展规划。当时的重庆市轨道交通总公司积极参与了规划的编制和实施。

目前，重庆轨道交通集团员工总数已超过 10 000 人，但在创业之初队伍小得可怜。

当时轨道公司的主要领导沈晓阳、仲建华、李秀敏，号称“三剑客”。“公司最初只有 56 人，人称创业‘56 条汉子’”。集团公司办公室副主任胡珂介绍说。

城市轨道交通一般都要涉及投融资、建设和运营等多个方面。跨座式单轨交通，作为一种区别于地铁等轮轨交通的特殊制式，无论是工程建设和运营管理，国内均没有成熟的经验可借鉴。必须建立一支成熟可靠的经营管理队伍和一批立足当地、招之即来、来之能战、战之能胜的施工企业和设备制造企业。

2003 年开始成立的重庆市轨道交通设计研究院，现已成为全国唯一全面掌握跨座式单轨交通核心技术并同时拥有城市轨道交通甲级设计、咨询和监理资质的三甲设计研究院。

为在山城顺利开展跨座式单轨交通建设，市政府有关部门邀请了中铁十一局、中铁电气化局、中船重工等国内 5 家施工企业和日立等 3 家外企，于 2005 年 8 月联合组建了重庆单轨交通工程有限责任公司。“为了重庆跨座式单轨，我们荟萃了国内外最优秀的工程技术人才组成团队。”公司副董事长杜珏介绍说。正是这家企业承担了跨座式单轨交通 2 号、3 号线的施工建设。2009 年，由他们提供的单轨轨道梁模板、轨道梁生产系统控制技术及支座安装控制技术，被输出到韩国大邱单轨建设项目，标志着重庆跨座式单轨技术走出国门。

吉林长春是我国轨道交通车辆制造业的摇篮。中国北车集团所属的长春轨道客车股份有限公司为我国近半数的城市地铁提供地铁列车，为重庆单轨交通制造单轨列车当然也非长客公司不可。在重庆决定发展跨座式单轨交通之初，仲建华找到当时的长春客车厂（长客公司前身）商谈合作事宜。正所谓“英雄所见略同”，双方很快达成联合开发单轨交通车辆的合作协议，从此开始了长达近 20 年的紧密合作。

产业本地化　打造千亿元级单轨交通产业基地

每一列跨座式单轨列车下方，内含两个转向架。每一个转向架上，包含 4 个走行轮，6 个稳定导向轮。行走中的单轨列车，除了 4 个橡胶轮在行走之外，还有 6 个轮子紧紧抱着轨道梁。所以除非轨道梁断裂，单轨列车无论如何不会出现翻覆现象。转向架是单轨列车安全行驶的基本保证，也是单轨列车中最关键、最复杂的设备。

现任重庆长客股份有限公司（简称“重庆长客”）副总经理程兆忠，曾经是长春客车厂的一名车间主任，亲自参与了转向架技术的引进、消化、吸收全过程。“正是因为业主单位不断向我们提出提高国产化率的要求，我们的技术创新才会有今天的成绩。今天单轨车辆的国产化率已经达到95%以上。”程兆忠介绍说。

重庆长客于2007年1月成立，由重庆机电（控股）集团公司、重庆城市交通开发投资（集团）有限公司、长春轨道客车股份有限公司共同出资注册。为更好地发挥重庆长客的产业优势，带动地方经济建设发展，2011年年底，中国北车与重庆市政府签订建设中国北车西南产业基地的战略合作协议，中国北车将以重庆长客为基础，在重庆市打造跨座式单轨交通产业链。

◆ 飞奔在重庆城乡之间的跨座式单轨列车（图片由重庆轨道交通集团公司提供）

跨座式单轨的市场在重庆，所以与此相关的企业纷纷在这里落户。重庆长客是近年来落户重庆的最大制造企业。目前已达全年生产500辆轨道车辆的规模，2012年产值近70亿元，成为仅次于庞巴迪、日立，位居全球第三位的单轨车辆制造基地。

此外，同样在重庆的中国汽车工程研究院，具有生产1 000台套单轨轨道车辆齿轮箱总成和基础制动装置的能力；重庆华渝电气仪表总厂等企业生产的单轨关节型、关节可挠型道岔已广泛应用于重庆2号线、3号线；重庆川仪总厂已经形成年

产3 000套轨道交通安全门的生产能力。

作为中国城市轨道交通工程技术和人才培养的重镇，北京交通大学在国内首次成功开发城市轨道交通的列车控制技术“CBTC系统”，并首次部分成功应用于重庆单轨交通3号线。作为这项技术的产业化公司，北京交控的分公司已落户重庆两江新区，大大加强了重庆轨道交通信号系统产业化的薄弱环节。

与此同时，单轨设计、施工、车辆和机电制造是单轨交通的4个关键核心环节，与之相应的4家企业已经签订战略核心联盟。重庆长客董事长兼总经理姜晓光说：“在泰国、韩国、巴西等国家，我们都在联合开拓国际市场。”

产业链是产业基地的龙身，拥有金融业的支持才能为产业基地的发展插上飞翔的翅膀。据介绍，在重庆市委、市政府支持下，重庆市进出口银行通过深入调研考察，认为重庆轨道交通产业已经具备“走出去”的产业基础，决定设立面向重庆轨道交通产业100亿元的出口信贷。“从此，重庆单轨交通产业的‘腰杆子’更硬了!”仲建华表示。

根据重庆市最新发布的产业发展规划，近期重庆轨道交通产业作为装备制造业的主要内容之一，近期规划发展规模在1 000亿元左右，未来的轨道交通产业链规模将不少于5 000亿元。

立足重庆　辐射全国　走向世界

国际化对于重庆单轨交通产业来说是必然的，但起因多少有些偶然。

2008年，韩国大邱市准备建设一条单轨交通线，事前到日本某公司考察商谈合作事宜。这家日本企业说：“中国重庆的2号线是在本公司协助下建成的，其中的车辆、牵引、制动等技术均从日本引进，因此一定意义上也是日本技术的示范线。要了解日本技术就去重庆看看吧。”

大邱市考察团来到重庆考察单轨交通，发现重庆不但有2号线，还有当今世界上里程最长的3号线；不但有示范线路，还有生产车辆、轨道梁、牵引制动系统等完整的产业链；不但有产业链，还有一支包含设计、咨询、监理、施工各方面人才的工程建设队伍。一句话，要建单轨交通，在重庆要什么有什么。而在其他国家，这一切几乎是不可能的。

2009年，由重庆单轨交通工程有限责任公司提供的单轨轨道梁模板、轨道梁生产系统控制技术及支座安装控制技术首次跨出国门，扬名韩国大邱。重庆轨道交通工程设计、施工等方面的人才队伍，在大邱单轨项目的建造过程中，与当地业主建立了良好的合作关系。

近年来，重庆轨道交通设计施工团队，先后参与了印度尼西亚、巴西、泰国等国的轨道交通建设项目，目前已完成印度尼西亚万隆和日惹两城市跨座式单轨交通可行性研究报告编制，并将为巴西圣保罗轨道 17 号线提供跨座式单轨轨道梁产品。

另外，目前国内已有北京、杭州、西安、承德、贵阳、昆明、太原等 20 多个城市派团到重庆参观考察单轨交通，其中北京、太原等大城市及一批二线城市已经明确表示，将建设新的跨座式单轨交通线。

重庆市政协副主席童小平，曾经是重庆市副市长，长期主管重庆市经济和科技工作，也曾经是重庆跨座式单轨交通的一位“铁杆粉丝”。谈起跨座式单轨，她感慨地说：“重庆单轨交通项目，10 年筹备、10 年建设。第一代人没干成，老了！第二代人又老了，干成了！但跨座式单轨交通，在中国却是一个年轻的事业。”

“单轨交通不只适合重庆，与重庆类似的山区城市、内陆地区的中等城市，还有沿海城市、旅游城市，只要乘客运量不是太大，都可以搞。与地铁相比，建单轨线造价低、工期短、占地少、节能环保，还是城市的一道靓丽的风景线，何乐而不为?”仲建华如数家珍地介绍说。他自 20 世纪 90 年代起，投身单轨交通，至今已有 20 多年。重庆的单轨交通事业正因为有这样一批人如此执着，才会有今天的发展。

2013 年 11 月 24 日　星期日

3 中国城轨交通应该走多制式协调发展之路

——访中国城市轨道交通协会会长包叙定

编者按

中国城市轨道交通协会会长包叙定认为，单轨交通有独特的优势，噪声小、爬坡能力强、转弯半径小，比较适合像重庆这样的山区城市。蜿蜒于鳞次栉比的高楼大厦之中的单轨，已是重庆一景。媒体曾做过调查，问重庆老百姓更愿意坐地铁还是单轨，大多数人都选择了后者，原因就是噪声低，乘用体验好。重庆的单轨交通已经建立了标准体系，形成了产业链，拥有了运营管理的成功经验，有较强的竞争力和较好的发展前景。

包叙定，曾任机械工业部部长、国家发展计划委员会副主任、重庆市市长。2011年，中国城市轨道交通协会成立，他出任首任会长。对于我国城市轨道交通发展制式的选择，包叙定做过长时间的研究和思考。日前记者就此采访了他，他把自己的看法概括成了几句话。

第一句话：现在中国的城轨交通是以地铁为主的城轨交通体系

到去年年底，我国城轨交通运营的线路共计 2 077 公里，其中地铁里程 1 740 公里，占将近 84%，绝大多数城市都在以地铁为主建设城轨交通。包叙定说，这种状况在城轨交通运营里程超过1 000公里的国家中非常少有。当然，也有一些运营线路为几十公里或几百公里的国家，地铁所占比重会比较高，比如朝鲜、韩国等。

第二句话：进入新世纪以来，我国城轨交通建设逐步出现了多制式萌芽

1965 年，中国的第一条地铁线——北京地铁 1 号线开始兴建，从苹果园到火车站，全长 23.5 公里，当时主要是作为国防工程，兼顾交通。此后的 35 年，我国的城轨建设也都是地铁。

据包叙定介绍，进入新世纪以后，我国开始建设其他制式的城轨交通。2002 年，第一条轻轨和第一条现代有轨电车分别在长春和大连投运；2005 年，第一条单轨和第一条直线电机轮轨分别在重庆和广州建成；2010 年，第一条市域铁路和第一条新型轨道交通 APM 线分别在成都和广州开通。除地铁外，轻轨、单轨、现代有轨电车、市域铁路、直线电机轮轨、新型轨道交通等其他制式逐渐有了星星点点的萌芽。

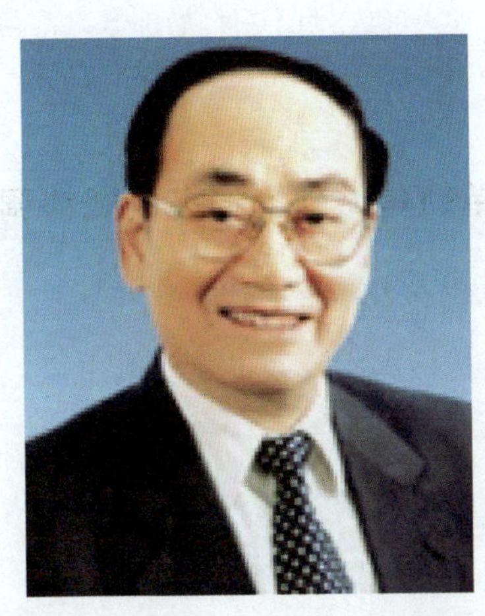

◆ 传奇式人物包叙定退休前的最后一个职务是中国城市轨道交通协会首任会长

第三句话：城轨交通多制式发展正从萌芽变为趋势

目前，北京已规划了 600 多公里的轻轨线和 600 多公里的市域铁路。上海的规划部门提出设想，要搞 600～800 公里的现代有轨电车线路。广州规划了 900 多公里的现代有轨电车线路，还规划了 10 条城际线，与广州相邻的佛山、深圳等城市相连，这 10 条城际线在广州市内的里程就有 300 多公里。

从全国范围来看，在 30 多个城市的规划设想中，现代有轨电车线路里程达 4 700公里，2020 年前要建 3 000 公里。

包叙定表示，在 5 年前，还看不到这样的发展思路。由此可见，城市轨道交通多制式发展正在从萌芽变为趋势。

第四句话：今后中国的城市轨道交通将形成多制式协调发展的新格局

包叙定认为，无论是国际经验，还是我们的规划，都表明今后二三十年，我国的城市轨道交通将形成多制式协调发展的新格局。

据不完全统计，全球现有 62 个国家和地区建立了城市轨道交通，总运营线路达 32 600 多公里。其中地铁占 1/3；其他制式占 2/3。

现在国内各城市发展城轨交通的速度可以说是空前的，发展势头迅猛。到“十三五”末即 2020 年，全国城市轨道交通运营线路将达到 6 000 公里左右。预计届时地铁线路可能占 2/3 左右，以后其占比还会进一步下降，逐步形成多制式发展的格局。

他表示，我国城轨交通的发展，应该从市情出发，根据不同区域交通需求特点，因地制宜地选择地铁、轻轨、单轨、现代有轨电车、市域铁路和中低速磁浮交通等不同制式，多制式协调发展。

第五句话：重庆跨座式单轨是城轨交通多制式协调发展的有益实践

包叙定与重庆跨座式单轨有着不解之缘。当年重庆市向国家计委申报建设跨座式单轨 2 号线时，包叙定正担任国家计委的主管副主任，在任上批准了项目建议书。后又在重庆市市长任上解决了建设资金的问题，启动了项目建设。

他认为，城市轨道交通的每种制式都有特点和优势，同时也有局限性。不同制式在城轨交通的发展中居于不同位置，发挥着不同作用。

重庆的跨座式单轨就是城轨交通一种有特色的制式，创造了许多全国第一。现在全世界单轨交通运营线路有 600 多公里，而重庆 2 号线、3 号线就约有 75 公里，以后还将延长到 100 多公里，成为全球拥有最长单轨交通运营里程的城市。

包叙定指出，单轨交通有独特的优势，噪声小、爬坡能力强、转弯半径小，比较适合像重庆这样的山区城市。蜿蜒于鳞次栉比的高楼大厦之中的单轨，已是重庆一景。媒体曾做过调查，问重庆老百姓更愿意坐地铁还是单轨，大多数人都选择了后者，原因就是噪声低，乘用体验好。重庆的单轨交通已经建立了标准体系，形成了产业链，拥有了运营管理的成功经验，有较强的竞争力和较好的发展前景。在某些旅游城市、沿海城市、历史古城和中小城市推广，很有生命力；在特大城市的某些特色区域，也具有应用价值；重庆单轨现在正在逐步走出国门，目前有许多国家的城市不断到重庆寻求合作。

2013年12月06日 星期五

4 轨道梁上的生命乐章

——重庆轨道交通集团董事长仲建华的创新故事

编者按

经过仲建华团队的长期努力，诞生于德国、繁荣于日本的跨座式单轨交通技术被成功引进山城重庆。不但在车辆、轨道梁、道岔、高架检修平台及设备系统集成等方面形成了一系列具有国际先进水平的自主知识产权成果，多项关键技术研发成果已达到国际领先水平，还建立了国际上第一个国家级的跨座式单轨交通标准体系，和一个百亿元级的单轨产业链和生产基地。

山城，既是山，也是城。特殊的地质地貌，给重庆的城市轨道交通建设出了不少的难题。而这些难题却为重庆轨道交通建设者们提供了创业舞台。

仲建华，重庆市科协副主席，重庆轨道交通集团的当家人。在重庆城市轨道行业从业30余年，长期致力于城市轨道交通的科技创新和管理工作，与跨座式单轨打了几十年的交道。

他和他领导的团队，将跨座式单轨交通制式成功引进重庆，建成我国第一条跨座式单轨交通示范线和世界上最长的跨座式单轨交通线；与有关产学研单位一道，取得一大批跨座式单轨交通的重要科技成果；由仲建华本人亲自主编并创立了国际上第一个国家级跨座式单轨交通标准体系，其中部分标准已被译成多国文字参照采用。与此同时，还推动建成一个百亿元级的跨座式单轨交通产业。

对于这些成就，仲建华用重庆口音说："活都是大伙一块儿干的"，"不管是个人还是团队，成功主要靠的是执着和坚持"。

◆ 仲建华的研究团队和企业在重庆建成我国最早的两条单轨线路

为山城"量身打造"跨座式单轨

"重庆最先修建的是 2 号线。曾考虑过在江底下修建地铁，但渝中半岛周围水太深，出不来。"

"也考虑过采用空中客车的形式过江，但是江面有几百米，跨度太大。当时国内的修桥技术不过关，只好放弃。"

说起重庆第一条城市轨道交通线，为什么最终选择跨座式单轨交通，仲建华的回忆把我们带到了 20 世纪 90 年代。为了学习和考察跨座式单轨，仲建华两赴东瀛。

第一次，随团到日本考察城市轨道交通，东京等城市的跨座式轨道交通给他留下深刻印象。当时他就想，这种城市轨道交通是不是适合重庆？

对于重庆，生于斯长于斯的仲建华知道，重庆发展城市轨道交通网络，一定需要有与其他城市不同的交通制式。

主要原因就在于重庆山多，许多城区建于山坡和丘陵之上，长江、嘉陵江往来环绕，需要修建很多桥梁。除了需要在部分城区适当修建地铁之外，还应该发展一种爬坡能力强、轻巧耐用、转弯半径小的特殊交通制式。

1993 年，仲建华被单独派到日本，专门考察和学习跨座式单轨。学习期间，仲建华对世界各国的轨道交通进行了系统的技术比较和研究。

回到重庆，仲建华学以致用，回报家乡。在领导和组织的支持下，他努力将自己的学习成果和理想规划变成同行的共识和项目科学决策的目标。

作为当时重庆轨道交通筹建办的副总工程师，他针对重庆的特殊地质情况，组织国内外专家一道，从技术适应性、经济效能、客运量、制造与维护等多个方面，精心研究了地铁、轻轨、单轨、直线电机地铁列车、中低速磁浮、空中巴士等国际上几乎所有的轨道交通。在不断考察和比较中，他发现日本和德国的跨座式单轨，虽然也有一些不如人意的地方，但却是唯一比较适合在重庆山城大力发展的交通制式。

所谓跨座式单轨交通，是一种轨道为一条带形梁体、车辆跨行于其上行驶的交通系统，具有爬坡能力强、转弯半径小、造价较低等特点。

轨道梁、车辆、道岔，是跨座式单轨的三大核心技术。有轨道梁才有行车的路，有路才有路上跑的车，有路有车还要有用于车辆变轨的道岔。

钢筋混凝土结构的轨道梁，既是承载体，又是列车运行的轨道。重庆自己生产的轨道梁一般长 24 米，宽 0.85 米，高 1.5 米。连接起来的轨道梁，远看就像一条飘动的玉带。但是要将一根根 60 多吨重的轨道梁，在 7 到 9 米高的空中平滑地连接起来，误差率却不能超过两毫米，这可不是一件容易的事。

记得当初修建 2 号线的时候，由于每根轨道梁在连接起来的时候都会有一定的角度误差，几公里之外，这些误差积累起来，就是一段很长的距离，将与下一段梁体无法精确相连。为了将这些误差在每一段梁上找补回来，仲建华亲自带着团队来到施工现场，行走在数公里长的轨道梁上用肉眼来回寻找、测量，研究调整方案。

那可是在八九米高的空中轨道梁上来回行走。宽度只有 0.85 米的轨道梁，如果放在地上，人走在上面不会感觉到什么特别的，但是，如果是在八九米甚至更高的空中，而且延绵数公里长，那就有点像是在大峡谷上走钢丝了。这对于没有受过特殊职业训练的技术人员来说，确实是件不容易的事。

当时的吴焕君主任回忆说："想起来，至今还有些后脊骨发凉。"但是，当时的副总经理兼总工程师仲建华硬是第一个走上去，大家一个个都在后面跟着。

由于轨道梁是一个矩形梁，误差有时出现在"左肩"，有时出现在"右肩"，为消除误差，有时应该从中间往两头"赶"，有时应该从两头往中间"挤"。

就这样，经过无数次的"高空行走"，仲建华和他的团队，经过无数次的现场摸索，终于总结出一套架设轨道梁、消除误差行之有效的施工方法。

具有爬坡能力强、转弯半径小、占地少、工期短、投资省等显著优势的重庆跨座式单轨交通，因其卓越的环保性能及良好的景观效果，被列为重庆市十大名片和人文特色景观之一，荣获多项国家和省部级大奖，已成为我国发展多制式城市轨道交通的重要示范性工程。

单轨设备国产化追梦之旅

建设跨座式单轨交通，不但在重庆是头一回，在国内城市也是绝无仅有。

说起城市轨道交通，无论地铁、单轨、磁浮，不管是哪一种，都是一个庞大的系统工程。除去常规的土建工程施工以外，仅轨道交通涉及的机电设备，就包含车辆、信号、通信、供电、售检票系统、车站系统、机电设备、维修保养等十几个门类，每一个门类又包含众多不同的专业设备。

当时的城市轨道交通筹建办挂靠在重庆市公共事业管理局下面，核心成员都是重庆市公用事业设计研究院的骨干技术人员。其中仲建华具体负责全部工程的技术管理工作。核心内容就是如何将日本的跨座式单轨交通技术引入重庆，并且在此过程中消化吸收、融汇创新。

作为业主单位，一般人认为不就是替政府或投资人花钱嘛。其实不然。相对于城市轨道交通这样的复杂系统工程来说，购买一个重要设备应用到轨道工程上，就像医院的医生将一个三脚架放进需要进行心脏搭桥手术的胸腔一样，本身就是一个工程技术创新的过程，更何况有时候国内就没有需要的“三脚架”，需要业主单位向制造商提出要求，直接参与制造企业引进、消化、吸收和自主化的全过程。

仲建华召集国内几乎所有轨道交通的科研骨干来到重庆，把在重庆建设跨座式单轨交通的设想、要求和自己在日本的所学所见与大家沟通。大家关心的都是一件事，如何为重庆跨座式单轨交通助一臂之力？

但是，当时国内的城市轨道交通尚处于建设初期。不管是哪一种交通制式的技术与经验都极为缺乏，更不用说跨座式单轨。许多人甚至见都没见过。怎么办？一个字：学。

当时中央已经批准重庆使用日本第四批日元贷款建设轨道交通。日本人为了未来在中国推销本国的单轨交通设备，为重庆的单轨交通建设提供了必要的技术指导和经济合作。

但是学习的过程异常艰难。由于涉及一系列的知识产权保护问题，国内许多合作单位想要到日本看看都难成行，因为人家对于潜在的竞争对手并不欢迎。没有办法，一批批国内单位的科研人员去日本考察，只得“冒充”重庆业主单位的工作人员。

首先是要掌握跨座式单轨交通的基本技术和知识。其次是要学会使用和维护。建设 2 号线的时候，牵引、制动等许多设备都是从日本进口的。当时仲建华就想一时的引进是必要的，但如果长此以往，必将受制于人。

当时国内有的城市在建地铁，工程浩大，造价奇高。为此国家对于一些城市纷纷要求上马地铁工程的行为，几次叫停。并最终提出了实行“国产化”的要求：全部轨道车辆和机电设备的平均国产化率要确保不低于70%。跨座式单轨设备达到70%的国产化率，因此也就成为一代重庆单轨建设者的梦想。

从此开始，仲建华领导的技术团队，还有围绕在业主周围的一批技术合作单位，在原来学习、引进、消化、吸收的基础上，又开始了“国产化”和自主创新的进程：

“车定百定”，车辆是关键。经过仲建华的多次往来沟通，当时的长春车辆厂开始了从日本引进单轨车辆，继而开始组装和自主创新的过程；

中国铁科院、宝鸡桥梁厂、铁道部二院，以及后来的青岛四方、株洲时代电气等著名科研和制造企业，纷纷加入到跨座式单轨交通关键核心设备的科技攻关中来；

重庆车辆研究所（即后来的中国汽车工程研究院）、重庆川仪总厂、重庆交通大学等当地机构也参加了跨座式单轨交通系统的技术创新。

仲建华认为，为了避免长期受制于人，中国必须有自己的跨座式单轨交通相关产业。在他的支持和推动下，一批掌握车辆、轨道梁、安全门、道岔等关键核心技术的相关企业在重庆相继成长起来。

到2005年2号线建成的时候，跨座式单轨的国产化率已经达到74%；而到2011年3号线建成的时候，国产化率已经达到95%！当初“国产化”的梦想终于实现！

经过仲建华团队的长期努力，诞生于德国、繁荣于日本的跨座式单轨交通技术被成功引进山城重庆。不但在车辆、轨道梁、道岔、高架检修平台及设备系统集成等方面形成了一系列具有国际先进水平的自主知识产权成果，多项关键技术研发成果已达到国际领先水平。还建立了国际上第一个国家级的跨座式单轨交通标准体系，和一个百亿元级的单轨产业链和生产基地。

经过10年筹备、10年建设，今日重庆的长江、嘉陵江两江边上，绵延数十公里的跨座式单轨2号线、3号线，就像两道永不消散的流动的彩虹！

都市快轨创新发展永无穷期

“难题往往就是创新的机会，发展的机遇。”仲建华顺手从抽屉里拿出一本书，书名是《城市轨道交通工程硬岩掘进机（TBM）技术》。记者注意到，主编正是仲建华本人。

当初重庆开始城市轨道交通建设施工的时候，仲建华就发现，与国内其他城市的地质地貌不同，作为山城，重庆所有的工程施工都是在岩层中进行。所以一般在其他城市能够使用的盾构机，不能在重庆使用。盾构机只能在软土里面打洞，而重庆这里全部是岩石，能够在这里使用的必须是 TBM 掘进机。

TBM（tunnel boring machine），即隧道掘进机，20 世纪六七十年代以来，国内铁路、水利水电、矿山开采等工程施工已经开始采用。但是要在城市轨道交通建设中使用 TBM，必须在施工安全、消除噪声、碎土运输等方面对机器做大量的技术改进。仲建华将 TBM 成功引入重庆单轨交通建设工程施工，又创造了一个“第一次”。在总结长期实践经验的基础上，他和大家一起，专门写了这么一本书。

类似的“第一次”还有很多，譬如与有关单位一道，在重庆建成了世界上第一座公路单轨两用城市大桥——菜园坝长江大桥，第一座单轨交通专用跨江大桥——渝澳嘉陵江大桥，等等。今日重庆不同种类的桥梁达几十座之多，已然成为一个永不谢幕的桥梁博览会。

“重庆轨道交通又一次面临创新的机遇。”仲建华作为业主单位重庆轨道交通集团的董事长，虽然已经年过半百，但每次发现创新的机会都会有些兴奋。他这里所说的“新的机遇”，指的是眼下重庆市正在规划建设的“都市快轨”，以及其与其他线路的互联互通。

“仲建华，你给我们讲讲，都市快轨到底是怎么回事？”在到重庆调研之后，国家有关部门负责人邀请他，专门给大家讲讲国际上现代都市快轨的发展趋势和重庆的建设设想。在此之后，国家有关部门决定在重庆建设国内第一条都市快轨试验线。

都市快轨是一种速度介于地铁与高铁之间的轨道交通形式。地铁时速一般在 100 公里左右，高铁在 200 公里以上。这种新型轨道交通的时速在 140 公里左右，比地铁更快，比高铁稍慢。地铁站多，一般建在主城区，适于跑短距离；高铁适于在城市之间跑长距离。介于短距离和长距离之间的，譬如城市主城区与卫星城区和郊县之间，就可以使用都市快轨。过去许多城市习惯于在主城区与郊县之间建地铁延长线，仍然是地铁的造价。建都市快轨就能将造价大大降下来。

为什么能够把造价降下来？这是因为都市快轨的车站减少了（车站一般造价很高），列车上采用了“双流制”备件：列车可以同时在市区地铁线和郊县大铁路上跑，主城区地铁上用的是 1 500 伏直流电，大铁路上用的是 25 000 伏交流电，一般情况下是不能联通的。都市快轨却可以实现这一点。

主城区到郊县之间建都市快轨，可以让近郊县和主城区连接更紧密，让住在主城区和郊县之间的市民出行更方便。

目前国内的城市轨道交通，一般不同的地铁线路之间都没有实现互联互通，就是说每一条线都是封闭的，这条线上的车不能跑到那条线路上去。乘客要去另外一条线只有通过换乘的方式来实现。

2012 年 7 月，重庆市都市快轨铜梁试验线工程可行性报告已通过专家评审。今年年底重庆市政府即将进入筹备建设阶段。可以预计，都市快轨试验线建成后，将会成为又一个跨座式单轨 2 号线那样的示范工程，对全国的城市轨道交通具有重要推动作用。与跨座式单轨交通产业相似，都市快轨的背后同样隐藏着一个百亿元级、千亿元级的巨大产业。

仲建华希望借助重庆都市快轨交通项目的推进，通过信号和车辆制式的统一，在地铁线路之间、单轨线路之间、都市快轨与地铁之间、都市快轨与大铁路之间，采用国际先进的“跨线”“越线”“共线”网络化运营模式，建成真正互联互通意义上的城市轨道交通“网络”。

展望未来，仲建华充满信心：我们用了 20 多年时间建成了一个单轨交通城市基础设施和一个百亿元级单轨交通产业。有了这个经验，建成新的都市快轨和都市快轨交通产业，不需要太长的时间。

2013年11月25日 星期一

5 “看见美好的梦想成为了现实”

——重庆市政协副主席童小平谈重庆单轨交通

编 者 按

“事都是人做的。说到单轨交通，许多人为此做出了贡献，不能忘。其中包括一些领导、专家等。但我认为有一支几十年如一日，始终坚持在岗位的关键人才队伍，尤其重要。其中轨道交通‘三剑客’功不可没。没有他们，就不会有今天的重庆轨道交通。”重庆市政协副主席童小平说。

成为直辖市是重庆人的梦想，西部大开发是重庆人的梦想，建设单轨、地铁等城市轨道交通也是重庆人的梦想。

要成为直辖市，破破烂烂、交通拥堵不行；成了直辖市，没有钱，中央不批，单轨、地铁等城市轨道交通项目就不可能上马；世纪之交，中央提出实施西部大开发战略，重庆作为我国西部唯一的直辖市，迎来了大发展的机遇。重庆跨座式单轨交通2号线项目，经过10年申报和审批，终于在2000年正式上马，并于2005年成功投入运营。

引进、消化、吸收、再创新，最终实现国产化。在自主创新的基础上，以大项目带动大产业，重庆建成了国内独一无二、百亿元级的跨座式单轨交通产业。

从20世纪80年代到当时的重庆市发展计划委参加工作，担任过副处长、处长、副主任、主任，到连续两届担任主管经济、科技工作的副市长，再到刚刚转任重庆市政协副主席，30年时光仿佛从手指间流过，学中文出身的童小平，坚称自己是跨座式单轨交通的“铁杆粉丝”。对于重庆轨道交通今天的成就，对比那些早就从岗位上退下来的老同志，“功成身退”的她说自己“看见美好的梦想成为了现实”。

重庆单轨交通建设沾了西部大开发的光

重庆曾经是抗战时期的陪都。但国民党逃离重庆时，留下的是一个烂摊子。新中国成立后，重庆市一度计划单列，后并入四川省。1984 年再度成为计划单列市，1997 年成为中央直辖市。在此过程中，重庆人民一直怀着许多美丽的梦想。让山城人民畅享舒适、便捷的跨座式单轨交通，就是这样一个怀揣多年的梦想。

“美好的梦想，其实都是很艰难的事儿。”童小平回忆说。对于在重庆建设跨座式单轨交通，大家的认识并不一致。甚至中央主管部门不同时期负责人的看法也不一样。

重庆选择建设跨座式单轨交通，是因为这种交通制式占地少、爬坡能力强，相对省钱，还有就是噪声小。尤其是爬坡能力这一点，对于山城重庆非常重要。为此重庆市有关部门做了长期的考察分析、项目论证。然而审批的过程十分漫长。

“整整 10 年没有批下来。”原因是多方面的。首先是因为穷，今天重庆的财政收入为每年 3 000 多亿元，当时只有 40 多亿元；其次因为单轨交通是个新东西，国内很少有人搞过，缺少经验；最后，大环境不允许。城市轨道交通造价高、投资大，只有在城市社会经济发展到一定阶段，人口大量膨胀、交通出现严重拥堵的时候，才需要建设城市轨道交通。中国是否已经到了这个发展阶段？当时许多人发出这样的疑问。从 20 世纪 80 年代开始，中央压缩基建规模，10 年中至少 3 次叫停审批有关城市轨道交通项目。重庆单轨交通 3 次都被当作“楼堂馆所”给压缩掉了。

然而，苦尽甘来。1997 年，中央宣布重庆为直辖市。一个重庆人民多年的梦想眼看成为现实。20 世纪 90 年代末，包叙定在担任国家计委副主任期间，批准了重庆市跨座式单轨交通 2 号线项目；2000 年，中央实施西部大开发战略，当时作为重庆市长的包叙定，将此项目申报为西部大开发 20 个重点项目之一，解决了项目建设资金的缺口问题。重庆单轨交通项目终于迎来了曙光。

国产化和自主创新成就了单轨产业

“事都是人做的。说到单轨交通，许多人为此做出了贡献，不能忘。其中包括一些领导、专家等。但我认为有一支几十年如一日、始终坚持在岗位的关键人才队伍，尤其重要。其中轨道交通‘三剑客’功不可没。没有他们，就不会有今天的重庆轨道交通。”童小平说。

记者头一次听见一位在职的领导称呼自己的属下为重庆城市轨道交通“三剑客”，并说自己是重庆城市轨道交通的“粉丝”。

她所谓的“三剑客”是指重庆市轨道交通集团前任董事长沈晓阳、现任董事长仲建华和原常务副总经理李秀敏。其中，仲建华的职务不断变迁，但一直主管轨道交通建设的国产化与科技创新。童小平从重庆市发展计划委负责人到后来的重庆市副市长，城市轨道交通建设项目一直是她的主管业务。

“国产化和产业化是我关注的重点。”童小平所说的“国产化”，是指1999年国家发布的专门针对城市轨道交通建设工程的一项政策。要求城市轨道交通项目，无论使用何种建设资金，其全部轨道车辆和机电设备的平均国产化率要确保不低于70%。当然，其中的“国产”也包括在国内合资企业生产的产品。

引进、消化、吸收和自主创新是国产化的前提。在跨座式单轨交通技术的引进过程中，作为业主单位的重庆市轨道交通集团组织有关单位开展了大量的科技创新工作，重庆市科委和国家科技部也先后给予了大力支持。

2005年，国家发改委对建成后的2号线进行验收，当时的国产化率已经达到74%。让当时的主管官员大为惊讶。而这之后，到3号线建成的时候，国产化率已经达到95%以上。

“达到国产化率的要求，科技部门功不可没。”2011年，科技部对列入“十一五”国家科技支撑计划的“重庆跨座式单轨交通装备研发”项目进行验收，童小平代表重庆市政府对国家科技部表示了感谢。

没有一大批跨座式单轨交通的科技创新成果，和以此为基础的单轨交通标准体系，重庆城市轨道交通产业很难有今天的发展。

基于长期主管经济工作的经验，童小平在主管轨道交通建设项目期间，提出了“大项目带动大产业”的思路。在她的支持下，沈晓阳、仲建华等人在努力推动单轨交通工程建设的同时，大力推进跨座式单轨交通技术的标准化和产业化。

随着重庆跨座式单轨交通2号线、3号线的建成，一大批相关企业在重庆和国内快速成长起来。在重庆两江新区内，一个以重庆长客为主体的跨座式单轨列车产业基地已然矗立。

梦想既是虚幻的，也是现实的

据了解，2013年，重庆市轨道交通营运里程将达到170公里，高峰期轨道交通最小发车间隔缩短至2分50秒，日均客运量达109万人次。去年重庆长客年产500

多辆单轨列车，年产值 80 多亿元。相关产业年产值 200 多亿元。相信用不了多久，重庆单轨产业年产值将冲破千亿元大关。

另外，重庆城市轨道交通沿线土地明显升值。过去也就卖 3 000 元一平方米的房子，在开通轨道交通之后，房价很快飙升到 8 000 多元一平方米，甚至更贵。

对于这些明显的经济和社会效益，童小平自然感到非常欣慰。然而，时下更让她关注的是重庆市新一轮的轨道交通建设规划。据了解，根据新的轨道交通建设规划，到 2020 年，重庆市的轨道交通运营里程将达到 420 公里。除了要建新的跨座式单轨交通线和地铁线外，还将根据重庆市组团式城市分布的特点，在中心城区和郊区新城之间建设都市快轨。

据了解，作为国家支持建设的示范工程，都市快轨的车站间距将大大拉长，运行速度将达每小时 140 公里左右。比地铁和单轨速度快，但不及高铁的运行速度。都市快轨将采用兼容直流和交流电压的“双流制”，列车可以同时在地铁轨道和高速铁路上行驶，从而实现地铁与城际铁路的互联互通。新的轨道交通建设理想让童小平感到兴奋。虽然已经不在副市长任上，但作为政协副主席，以她过去长期主管城市轨道交通的经验，她提出的意见总是受到有关方面的尊重。

“既然是梦想，就会比较虚幻。当你还没实现的时候，它就是虚幻的。你要把它做成了，它就是现实的。”长期的行政管理职业生涯，养成童小平自信乐观的性格。

对于兴建都市快轨示范工程，当天下午市政府正在开会研究，有关领导层的意见并不一致，但很快会有最终结果。“对于新生事物，我总是多支持。”童小平表示。

采访童小平之前，记者在网上搜索“童小平”三个字，发现她曾被网民评为“全国十大魅力女市长”之一。

2013 年 11 月 23 日　星期六

“产业化和标准化是重庆单轨创新的最大特色”

——专家学者谈重庆跨座式单轨交通

编 者 按

按照国家规定，车辆和信号是城市轨道交通需要重点国产化的两项关键核心技术。而在跨座式单轨交通系统中，轨道梁、转向架和道岔是其中三大核心技术。一大批科技成果的取得，一个跨座式单轨交通国家级标准体系的建立，以及建成包括设计、施工、车辆系统在内的产业链、产业联盟和百亿元级产业基地，是重庆跨座式单轨交通自主创新的最大特色。

城市轨道交通除地铁外，还包括轻轨、跨座式单轨、现代有轨电车、磁浮、市域铁路、直线电机地铁列车等不同制式。目前，地铁是我国城市轨道交通的主要形式。地铁有占地少、运力大的优点，但同时也存在工程浩大、技术复杂、造价高（每公里工程造价2亿至10亿元）等局限性。

重庆市在发展多制式轨道交通方面做了许多探索。在地铁之外，建成了75公里的跨座式单轨交通线，运营至今8年，受到广大市民欢迎，被当地百姓评为“重庆十大名片之一”。

“中国应该发展更多不同制式的城市轨道交通，重庆跨座式单轨交通是城市轨道交通多制式百花园中的一朵奇葩。”有业内专家这样评价。

施仲衡：不同交通制式的选择，科学决策很重要

早在 20 世纪 90 年代，重庆市决定建设城市轨道交通时，中国工

程院院士施仲衡就是由国内外专家组成的顾问组主要成员之一。从那时起，他就开始为重庆的轨道交通勾勒蓝图。

今年 4 月，他第三次从重庆市领导手中接过城市轨道交通建设专家委员会主任的聘书。他在不同场合，多次向大家推荐重庆市的跨座式单轨交通，而这绝不仅仅是因为他对重庆的个人感情。

“重庆市的轨道交通拥有自己的特点，既有跨座式单轨也有地铁，还将建设都市快轨，从规划到建设均切合城市的实际情况。这一点难能可贵。”施仲衡认为，“重庆跨座式单轨在引进、消化、吸收的基础上，在技术、标准和产业化方面实现了很多自主化创新。”重庆市轨道交通从无到有、从有到优，还形成了包括技术标准、车辆生产、设备配套、系统集成、工程总包和安全认证在内的跨座式单轨交通产业链。

“领导科学决策很重要。”施仲衡说。重庆选择建设什么制式的城市轨道交通，经过了反复论证。交通制式的选择首先要考虑当地的地形地貌，还要在不同制式之间做出比较。重庆中心城区渝中区是个半岛，中间高两边低，左右分别是长江和嘉陵江，中间最窄处的“鹅颈”相距只有 800 米。通过考察国内的不同制式，当时可供选择的制式主要有地铁、直线电机地铁列车、单轨（跨座式、悬挂式）、空中客车等。对各种不同制式的适应性、效能、经济性进行比较后，跨座式单轨噪声小、爬坡能力强、转弯半径小，比较适合像重庆这样的山区城市。“当时经过仔细调查研究发现，跨座式单轨有独特优势，最后才选择了跨座式单轨交通制式。”施仲衡回忆说。

何希和：重庆跨座式单轨国产化率达 90% 以上

何希和是重庆跨座式单轨交通技术开发团队的核心成员之一，现任重庆市轨道交通设计研究院常务副院长兼总工程师。

“重庆跨座式单轨技术走的是引进、消化、吸收、再创新的路子。现在重庆跨座式单轨交通关键设备的国产化率已经达到 90% 以上。”何希和介绍说。

按照国家规定，车辆和信号是城市轨道交通需要重点国产化的两项关键核心技术。而在跨座式单轨交通系统中，轨道梁、转向架和道岔是其中三大核心技术。对于这些技术和设备，有关企业和科研设计部门早在 20 世纪初甚至更早，就在业主和地方科技管理部门的主持和协调下，通过产学研紧密结合，开展了技术攻关。特别是在 2006 年，“跨座式单轨交通装备关键技术研发及产业化”项目被列入国家科技支撑计划后，跨座式单轨交通技术的自主创新和国产化被注入了强大动力，取得了一系列重大科技成果。

业内有“车定百定”的说法。重庆跨座式单轨 2 号线的建设，从购买两辆日本

单轨列车开始。此后，业主方与长客公司紧密合作，开始实行进口组装，很快就消化、吸收进而实现完全国产化。目前重庆已对跨座式单轨交通 PC 轨道梁系统、道岔系统、车辆转向架系统三大关键技术实现了国产化，研究成果填补了我国在该领域的空白，总体达到国际先进水平。

“一大批科技成果的取得，一个跨座式单轨交通国家级标准体系的建立，以及建成包括设计、施工、车辆系统在内的产业链、产业联盟和百亿元级产业基地，是重庆跨座式单轨交通自主创新的最大特色。”何希和说。

目前，重庆作为全国唯一掌握了跨座式单轨全套技术的城市，不但已经开始与一批国内城市在设计施工上合作，还实现了单轨技术的外输。有关技术团队已在泰国、韩国、巴西等国开展跨座式单轨交通的技术合作。

宁滨：适合城市实际情况的才是最好的

“城市轨道交通建设要因地制宜，不要相互攀比。”宁滨说，在城市轨道交通中，地铁最贵、工程难度最大，只适合一些特大型城市在市中心繁华地段建设。一些二、三线城市应该根据自身城市特点，采用轻轨、高架、跨座式单轨、中低速磁浮等形式，这样可以大大降低工程造价。

作为北京交通大学校长，宁滨和他领导的技术团队一直在为全国各地的城市轨道交通建设提供多种技术合作和科研服务。重庆是北交大主要服务对象之一。重庆最长的跨座式单轨 3 号线就有北交大 CBTC 科技团队的合作身影。

“重庆的跨座式单轨交通为其他城市发展轨道交通，提供了一种新思路。这并不是说跨座式单轨就适合全国所有的城市。对于山城、坡度较大的城市来讲，效果最佳。”宁滨说。

近年来，随着城市化和城市规模不断扩张，高峰时段道路拥堵、交通制式结构单一，以及环境污染三大问题，已在我国城市现有交通系统中变得日益严重。一些城市由于对城市轨道交通缺乏足够了解，出现规划向北京、上海看齐的跟风现象。

“城市轨道交通的制式很多，远不只地铁或跨座式单轨一两种，还有直线电机地铁列车、中低速磁浮、现代有轨电车等。适合自己城市实际情况的才是最好的。”实际上，一座城市也可以有多种轨道交通制式。重庆市也不只有跨座式单轨交通，在需要建地铁的地方也建了地铁。关键是要因地制宜。宁滨认为，城市轨道交通的每种制式都有特点和优势，同时也有局限性。因此，不同制式在城市轨道交通发展中居于不同位置，发挥着不同作用。

2013年12月08日　星期日

信号互联互通为城市轨道交通网络化护航

——访北京交控科技有限公司董事长郜春海

编　者　按

交通制式的选择需要考虑各个城市的具体情况。而就信号制式而言，建设管理部门应该更多地选择国内自主创新的信号系统，这是许多经验教训已经证明了的。近年来，我国许多城市的地铁经常出事故，事故原因多数出在信号系统，而且绝大多数是国外的信号系统。这是因为目前国内线路的信号系统大多是进口的。这些系统的开发团队都在国外，一旦出现故障，系统维修极其困难。其中不同公司的信号系统要互联互通根本不可能。如果使用的是国内自主创新的经过验证的信号系统，既方便系统维护和维修，又为新建的城市轨道交通线路实现互联互通提供了可能。而近年来我国自主创新的许多重大成果又为信号系统的国产化提供了实现的可能。

当前，我国正在大力发展城市轨道交通事业。随着城市轨道交通建设项目规划审批权的下放，更多的城市轨道交通项目正在不断上马。北京、上海等特大型城市的轨道交通网络已经建成，在建设过程中先后大量引进了不同的国外技术制式，导致同一个城市的轨道交通线路和车辆往往不能实现"互联互通"，实际上造成了一定程度的资源浪费。这个问题已经引起行业内外的广泛关注，一批新建城市在规划建设过程中不断提出，在城市轨道交通网络化到来之前，就应该从技术与制式的选择上为未来的互联互通做好准备。信号系统(又称列车控制技术)是城市轨道

交通的“大脑”和“神经中枢”。在城市轨道交通建设过程中，应该如何正确选择城市轨道交通的制式?当前我国的城市轨道交通实现互联互通是可能的吗?如何通过正确选择信号系统的制式保证城市轨道交通网络的互联互通?记者就此采访了北京交通大学教授、轨道交通运行控制系统国家工程研究中心主任、北京交控科技有限公司董事长郜春海。

信号互联互通：城市轨道交通网络化的前提

“城市轨道交通的网络化与互联互通必将到来。”郜春海日前接受记者采访时如是说。

北京交控是国内从事信号技术开发推广的著名专业公司。由该公司开发生产的CBTC系统，目前已经成功应用于北京市多条线路，并在重庆、长沙、成都的招投标中分别中标。

郜春海所以说“网络化”和“互联互通”必将到来，实际上也就是说这两者都还没有到来。对像北京、上海这样的特大型城市，已经建成的城市轨道交通，郜春海认为，还不是真正的“网络化”，因为这种网络“还得靠乘客走路换乘来实现”。

真正的网络应该是怎样的？郜春海介绍说，从北京到上海的高铁是直达的，中间并不需要乘客换乘。同样，在一个城市内部，从甲地到乙地，乘上地铁之后，地铁列车应该将乘客直接送达目的地，中间不应该让乘客走路换乘。之所以还需要乘客自己换乘，就是因为现在的城市轨道交通还不能实现“互联互通”，A线上的列车不能跑到B线上去，更不能跑到C线、D线上去。

而A线上的列车之所以不能跑到B线上去，更不能跑到C线、D线上去，这是因为，第一，不同线路列车的交通制式不同，如地铁、直线电机列车、跨座式单轨、磁浮等，这些不同轨道交通制式相互之间相互不能联通；第二，不同线路上跑的列车的信号制式不同。因为作为列车的中枢神经系统，目前世界上不同公司的信号系统技术上差别很大，使用不同信号系统的列车，只能在选定的轨道线路上跑，这条路上的车不能跑到那条路上去。所以乘客在不同线路之间不得不“换乘”。这种状况，短时间内很难改变。因为地铁交通系统不能推倒重来，城市轨道交通建设越早的城市，实现互联互通的难度越大，问题越严重。

目前中国处于城市轨道交通的“战国时代”

谈到当今我国城市轨道交通的发展状况，郜春海将目前的多制式并存的情况形象地比喻为城市轨道交通的“战国时代”。

从交通制式来看，20 世纪末、21 世纪初，北京建成了国内第一条地铁 1 号线。此后的 2002 年，我国出现了第一条轻轨和第一条现代有轨电车线路。轻轨在长春，有轨电车在大连。2005 年，重庆建成跨座式单轨 2 号线，广州直线电机轮轨交通线 4 号线一期建成。2010 年，从成都市区到都江堰的第一条市域铁路（也叫市域快轨、都市快轨等）开通，第一条新型轨道交通 APM 线在广州开通。在地铁以外，轻轨、单轨、现代有轨电车、市域铁路、直线电机、新型轨道交通等多种制式同时存在，其中地铁是主要制式，占 84%。

从信号制式来看，在我国已经建成的 2 000 多公里的城市轨道交通线路中，信号系统主要都是引进国外的技术，其中又包括固定闭塞、准移动闭塞和移动闭塞三种制式，而以基于通信的移动闭塞技术最为先进。

多年来在中国市场上大行其道的国外信号公司，主要有西门子、阿尔斯通、阿尔卡特、西屋、安萨尔多、庞巴迪、日立等，而每一个外企又可能拥有多种技术（但其中只有西门子、阿尔斯通等少数公司拥有 CBTC 移动闭塞技术）。当然也有一批与国外品牌公司合资合作的国内信号企业，但这些企业使用的关键技术往往也是国外的。

“近年来，通过引进、消化、吸收和自主创新，国内的信号技术已经取得重大突破。”郜春海介绍说，2010 年，国内多个部委和北京市支持北京交通大学等机构联合研究开发的 CBTC 信号技术取得突破，建成了第一条 CBTC 信号技术的亦庄示范线，这标志着中国成为掌握这一行业关键核心技术的第四个国家。

除北京交控之外，通号集团、和利时、铁科院等一批企业的信号技术也都开发成功，有关示范线路正在建设之中。北京交控正在通过产业化、工程化大力推广这项关键核心技术，并成功应用到北京、重庆、长沙、成都等多个城市的轨道交通建设工程中。

重庆轨道交通为信号制式互联互通提供了发展机遇

重庆是我国最年轻的直辖市，又是著名的山城。重庆城市轨道交通选择跨座式单轨作为主要交通制式之一，显示了决策者的聪明睿智和实事求是的精神。迄今为止，重庆已经建成了两条著名的跨座式单轨交通线 2 号线和 3 号线，其中全长约 55 公里的 3 号线是全世界最长的跨座式单轨交通线。北京交控的 CBTC 信号技术（部分）在 3 号线中得到成功应用。

“网络化和互联互通是当前我国城市轨道交通发展面临的重大课题。解决这个难题的突破口在城市新建轨道交通工程的信号制式的选择上。”郜春海认为，已经建成的城市轨道交通线路，不管是哪种交通制式和信号制式，要推倒重来几乎是不可能的。但新建的线路在建设之初，就要考虑到建成后的网络化和互联互通，并据此进行交通制式和信号制式的选择。

交通制式的选择需要考虑各个城市的具体情况。而就信号制式而言，建设管理部门应该更多地选择国内自主创新的信号系统，这是许多经验教训已经证明了的。近年来，我国许多城市的地铁经常出事故，事故原因多数出在信号系统，而且绝大多数是国外的信号系统。这是因为目前国内线路的信号系统大多是进口的。这些系统的开发团队都在国外，一旦出现故障，系统维修极其困难。其中不同公司的信号系统要互联互通根本不可能。如果使用的是国内自主创新的经过验证的信号系统，既方便系统维护和维修，又为新建的城市轨道交通线路实现互联互通提供了可能。而近年来我国自主创新的许多重大成果又为信号系统的国产化提供了实现的可能。

郜春海说：“在国内，重庆市的城市轨道建设管理部门最早提出一种新思路，通过供电‘双流制’实现‘互联互通’，通过‘互联互通’实现城市轨道交通的‘网络化’，并且付诸实践。我们目前正在开展信号制式互联互通的技术开发，正是秉承他们的思路。”

在重庆市新的城市轨道交通建设规划中，还将新建两条跨座式单轨交通线路、若干地铁线路和若干从郊区通向市区的“都市快轨”（都市快轨时速在 140 公里左右，比地铁 100 公里的时速更快，比高铁 200 公里的时速稍慢）。在这些规划线路中，不仅要实现单轨与单轨的互联互通，地铁不同线路之间的互联互通，都市快轨之间的互联互通，还要实现都市快轨与市区地铁、与城际铁路的互联互通。“要实现这个理想，信号制式的互联互通是关键，重庆轨道交通为信号制式互联互通提供了机遇。”郜春海说。

2013年12月14日 星期六

8 大力推进城市轨道交通多制式协调发展

——科技日报邀请业界专家与企业家座谈献策

编 者 按

当前的问题是我国的城轨交通形式过于单一。中国城市轨道交通协会副会长、北京交通大学校长宁滨表示，重庆跨座式单轨是在地铁之外，我国行业技术体系和产业体系都比较完善的城市轨道交通制式，在我国中等规模以上城市具有广泛的推广价值。

12月12日，本报以重庆跨座式单轨交通的创新发展为案例，在重庆召开创新驱动与城市轨道交通制式协调发展座谈会，行业专家、企业家，以及主管部门负责人共聚一堂，就此展开热烈讨论。

地铁在我国已经建成的城市轨道交通中占比达84%，远高于国际上1/3左右的比例，直接带来有关工程造价过高等一系列问题。重庆轨道交通集团通过引进、消化、吸收和自主创新，建成了我国第一条跨座式单轨交通示范线2号线和世界上最长的跨座式单轨交通3号线，同时建成一个百亿元级的跨座式单轨交通产业，探索出一条多制式协调发展的成功之路。

11月下旬以来，本报在重要版面连续刊登专题报道，介绍了重庆轨道交通集团20多年来大力发展跨座式单轨交通的创新历程，引起广泛关注和反响。座谈会上，与会者争相发言，为我国城轨交通多制式协调发展献计献策。

“地铁、单轨和都市快轨都只是可供选择的城轨交通制式之一。”

重庆市科协副主席、重庆轨道交通集团董事长仲建华认为，城市轨道交通关键是要因地制宜，符合所在城市的地理地貌和经济发展状况。同时要注意实现不同制式线路之间的互联和相同制式不同线路之间的互通。

重庆市城乡建设委员会总工程师吴波则提出，一个城市的轨道交通制式也不是越多越好。一般不应超过 4 种，制式太多不利于实现不同制式线路的网络化和互联互通。

“当前的问题是我国的城市轨道交通形式过于单一。”中国城市轨道交通协会副会长、北京交通大学校长宁滨表示，重庆跨座式单轨是在地铁之外，我国行业技术体系和产业体系都比较完善的城市轨道交通制式，在我国中等规模以上城市具有广泛的推广价值。

国家发改委基础产业司巡视员李国勇指出，国家有关部门已经注意到我国城市轨道交通中地铁建设比例过高的问题。为贯彻落实十八届三中全会精神，更好地发挥市场和政府的双重作用，国家发改委正在制定新的行业管理办法，在加强规划、强化监管的同时，批准和部署有关城市选择建设经济实用、安全可靠、造价合理的轨道交通制式。

城市轨道交通行业的发展离不开相关产业的自主创新和产业化发展。科技部原党组成员、中国智能交通协会理事长吴忠泽建议，不管发展哪一种城市轨道交通制式，都应该大力开展以业主为主导的政产学研用协调创新，认真吸取重庆跨座式单轨自主化、标准化、产业化的成功经验，真正把创新驱动战略落到实处。

座谈会上，重庆跨座式单轨相关产业单位还介绍了产业化发展的成功经验。

座谈会由科技日报社副总编辑刘亚东主持。北京、天津、广州、兰州的地铁建设管理与运营单位（业主单位）参加了会议。

2013 年 12 月 31 日　星期二

 重庆吹来单轨风

——“创新驱动与城市轨道交通多制式协调发展”座谈侧记

编 者 按

座谈会上国家发改委基础产业司巡视员李国勇的话，代表了行业主管部门对重庆跨座式单轨交通的态度，同时具有行业导向性：“重庆的跨座式单轨，是一种非常好的轨道交通模式。从国家层面上讲，我们态度很明确，就是支持因地制宜多制式协调发展。”

隆冬时节，记者随同科技部原党组成员、中国智能交通协会理事长吴忠泽和本报副总编辑刘亚东，到重庆进行了一次特殊的采访。

采访的对象是重庆市轨道交通相关产业、国家主管部门负责人和有关专家学者。

之所以说这是一次特殊的采访，是因为这是记者本人的“三进山城”。在这之前，记者已经两度到重庆采访跨座式单轨交通相关人员和企业。自 11 月下旬以来，记者在本报重要版面连续刊登专题报道，介绍了重庆轨道交通集团 20 多年来大力发展跨座式单轨交通的创新历程及其多制式协调发展的规划构想，引起行业内外广泛的关注和反响。作为第三次重庆之行，这次采访的目的是要开展一次有关“创新驱动与城市轨道交通多制式协调发展”的座谈与对话。

到去年年底，我国城市轨道交通运营的线路共计 2 077 公里，其中地铁里程 1 740 公里，占将近 84%。我国绝大多数的城市都在以地铁为主要交通制式建设城市轨道交通，这种状况在世界上一些运营里程已经超过一千公里的主要国家里绝无仅有。20 多年来，通过自主创新，重庆轨道交通建设管理部门在中国西部唯一的直辖市，建成了国内首

条跨座式单轨交通示范线2号线和世界上最长的跨座式单轨交通线路3号线，同时建成了目前世界上最大的跨座式单轨交通产业基地之一，成功地践行了创新驱动发展的战略思想。

在此前后，我国第一条轻轨和第一条现代有轨电车分别在长春和大连投入运营，第一条直线电机轮轨交通线在广州建成，第一条市域铁路和第一条新型轨道交通APM线分别在成都和广州开通。2013年3月，以中国第一辆百分之百现代有轨电车亮相为重要标志，辽宁沈阳浑南新区现代有轨电车项目宣告成功。可以说，在中国城市轨道交通史上，创新、低碳、环保、快捷、舒适、廉价的现代轨道交通系统，正在我国成为新一轮建设热潮。

12月12日，一个再平常不过的日子。活动在重庆一家不起眼的酒店如期举行。原定二十人规模的座谈会，来了足足五六十人！

记者认真查看了来自企业的人员名单，其中有北京、天津、广州、兰州等城市轨道交通建设运营的业主单位，更多的是参与工程建设的大型企业集团，其中包括重庆轨道交通集团、中国北车集团、中国南车集团、中铁电气化局集团、中国汽车工程院、中国城建院、中国船舶重工集团、重庆机电控股集团、华渝电气集团，等等。

座谈会由本报正在主持采编工作的刘亚东副总编辑主持。科技日报的负责人主持一个有重庆市多个政府部门负责人、众多国内大型企业集团代表和著名专家学者出席的活动，多少有点让人感到意外。

作为开场白，记者向大家交代了这次活动的缘起。

“今年8月8日，科技日报在北京召开了城市轨道交通国产化与自主创新座谈会。作为抛砖引玉，会议的开头我将自己的采访见闻向与会的领导和专家做了汇报。当时我的见闻是，在10多年的时间里，我国的城市轨道交通走完了发达国家150多年的发展历程。在今天，我同样想向在座的各位领导、专家学者和企业家汇报，在过去4个多月的采访中，我发现我国的城市轨道交通已经有了多制式协调发展的萌芽。也许在不久的将来，这或许会成为一种发展趋势。我的依据来自今天在座的各个城市的业主代表和有关企业的成功经验。”

各位与会代表桌子上都放着厚厚一叠科技日报。从头开始是长篇通讯《流动的彩虹：山城创新变奏（上下）》，同时配发了《创新需要因地制宜》的短评。然后是对施仲衡院士、宁滨校长等专家的采访，还有对原重庆市市长、中国城市轨道交通协会包叙定会长的采访，对重庆市政协副主席童小平（原来重庆市主管经济、科技工作的副市长）的采访，对重庆市科协副主席、轨道交通集团董事长仲建华的采访，以及对北京轨道交通信号专家部春海教授的采访。会议前一天，科技日报还专门推出了对重庆跨座式单轨交通两个整版的彩色形象宣传——“山城传奇：重庆跨座式单轨交通图片集锦”。

我国当前正处在城市轨道交通大发展时期。我国的城市轨道交通中，84%以上都是地铁。地铁由于车站密集、位处闹市区等原因，建设成本往往居高不下。目前我国地铁的工程造价是每公里6亿至10亿元，轻轨、单轨、有轨电车等工程造价为每公里1.5亿至3亿元。根据各个城市特点，选择跨座式单轨等不同的交通制式，可以大大降低城市轨道交通的工程造价和工期，是件利国利民的事。城市轨道交通平均造价在6亿元左右。全国已批准了36个城市的轨道交通线网建设规划，在建里程达5 790公里，投资规模超3万亿元。

“如何推进我国城市轨道交通多制式协调发展？如何在发展城市轨道交通事业的同时，积极推动我国轨道交通装备制造业产业集群的迅速发展？这正是本人和本报如此高度关注重庆跨座式单轨交通、城市轨道交通制式选择及其产业化问题的主要原因。”我必须向大家说明座谈对话的主题和开展这次活动的真正目的。

年初以来，我一直在思考一个问题：国民经济有关重要行业（选定城市轨道交通）落实创新驱动战略的关键问题是什么？并就此进行了行业调查，发现这个行业存在关键核心技术转化推广难和轨道交通制式过于单一（主要都是地铁）的问题。为此，在报社领导支持下，有针对性地召开了两个座谈会：8月8日的“城市轨道交通行业国产化与自主创新座谈会”和本次“创新驱动与城市轨道交通多制式协调发展座谈会”。

我选定了两个有代表性的企业进行调查：北京地铁企业和重庆地铁企业。前者在国产化方面做得好，后者在地铁之外建成了两条跨座式单轨交通线，在国内是首创。这两个座谈会就是以这两家企业为成功范例，在对它们进行调查采访并写成系列文章的基础上召开的。在每个座谈会召开之前，分别采访了相关人士几十人，写成系列报道文章并予刊登，以引起广泛的社会关注。

每个活动的与会人员都包括企业家、专家学者和行业主管部门的负责人，所以讨论非常充分。会后，我会将会议内容认真整理，以两个整版的大篇幅给予发表。从长篇通讯、短评到人物专访和座谈会，以及后来的长篇会议纪要和侧记，两个系列报道，都是相对独立的新闻策划。由于都在一定程度上暴露了一些行业共性问题，为有关企业仗义执言，推动了产、官、学等多个方面就某些问题进行有效沟通，因而深得行业的重视和企业的欢迎。

本次座谈会包含了三大板块：业主板块、产业板块和领导板块，分别为 1 小时时间。主持人将自己大刀阔斧、雷厉风行的风格带到会上。由于企业代表较多，每人的发言限制在 5 至 10 分钟内，代表们抓紧时间纷纷发言，但还是有人没有抢到机会。

国家发改委基础产业司巡视员李国勇的话，代表了行业主管部门对重庆跨座式单轨交通的态度，同时具有行业导向性："重庆的跨座式单轨，是一种非常好的轨道交通模式。从国家层面上讲，我们态度很明确，就是支持因地制宜多制式协调发展。"

科技部原党组成员、中国智能交通协会理事长吴忠泽不愧为智能交通专家。在会议的最后一刻钟，他对这样一次中等规模的对话和座谈进行了高度概括和总结。

"不同的制式适用于不同的城市环境，发挥着不同的作用。我国城市轨道交通建设要走多制式协调发展的路子，要根据不同城市的具体情况因地制宜地选择城市轨道交通的制式。"

"在大力推进城市化、城镇化的背景下，我国大规模的城市轨道交通建设，应该带动作为战略新兴产业的城轨交通装备制造业的发展。我国的自主创新应该推进相关产业和产业集群的发展。"

"我们要学习重庆轨道交通的创新经验，抓住机遇，迎接挑战，实事求是地推进轨道交通更快更好地发展。会上一些专家提出了一些问题，比如如何选择轨道交通制式的问题，如何在轨道交通和综合交通体系之间进行衔接的问题，单轨交通轮胎的寿命问题，轮胎和轨道梁摩擦导致能源消耗的问题，尤其是如何实现安全管理、网络化和互联互通？如何进一步降低成本，提高效率？等等。希望引起有关单位的高度关注。总而言之，创新需要持续不断地进行，这样才能为公众提供更加便捷、高效、绿色和安全的出行环境，创造更加美好的生活。"

2013年12月31日 星期二

总结跨座式单轨交通成功经验 发展城市轨道交通装备制造业

坚持经济安全环保理念 推进城轨交通因地制宜多制式协调发展

——"创新驱动与城市轨道交通多制式协调发展"座谈纪要

编者按

新的城市化、城镇化必将掀起我国城市轨道交通新的建设高潮。前一阶段，我国的城市轨道交通主要以地铁为主，主要是要解决大型、特大型城市人口密集中心区的交通拥堵问题。下一阶段的城市轨道交通将向大城市的边缘区、城市新区和二线城市延伸。这种情况下原来的地铁制式将被轻轨、单轨等新的交通制式取代。北京、天津、兰州三个城市的情况典型地反映了这一趋势。

多制式协调发展是一种网络概念、主辅概念、因地制宜的概念。关键是要看城市轨道交通的实际需要。过去建设单位的关注点都集中在城市中心人口密集区，只有一种地铁形式，当然也就无所谓多制式。一旦走向城市的边缘和郊区，就要根据不同情况做多重选择，可以是地铁，也可以是直线电机、跨座式单轨，多制式就成为必然。

重庆的经验其实就是做到了因地制宜、实事求是。根据当事人介绍，重庆当初如果照搬北上广等大城市的地铁建设经验，车子都得开到江里去。因为重庆是山城，许多地方没法建地铁，所以选择了跨座式单轨。但是重庆也建有地铁。该建地铁的地方就得建地铁。

现在还准备建设都市快轨试验线。另外，重庆还有产业化、标准化的成功经验。

重庆跨座式单轨交通的成功不是一个单位、一家企业的成功。在作为建设运营单位（业主）的重庆轨道交通集团的背后，是一个协同创新的产学研战略联盟和一大批科研院所及高新技术集团企业的大力支持。这些科研设计单位、装备制造企业和建设施工单位，都通过市场机制广泛参与到跨座式单轨技术的引进、消化、吸收、自主创新及其产业化的过程之中。

怎么样通过大项目大工程来带动大产业的发展？重庆给我们树立了成功的范例。当前我国的城市轨道交通建设，每年投入几千亿元，能不能形成我们自己的装备制造业？别等我们建完了，钱全给老外拿走了，最后我们的财政全靠卖房子。这样的经济能不能可持续发展？

在推进城镇化的大背景下，我国的城市轨道交通如何进一步发展?如何推进我国城市轨道交通多制式协调发展?如何在发展城市轨道交通事业的同时，积极推动我国轨道交通装备制造业产业集群的迅速发展?

11月下旬以来，本报在重要版面连续刊登专题报道，介绍了重庆轨道交通集团20多年来大力发展跨座式单轨交通的创新历程及其多制式协调发展的规划构想，引起广泛关注和社会反响。12月12日，本报以重庆轨道交通的创新发展为案例，以“创新驱动与城市轨道交通多制式协调发展”为题，邀请专家学者、企业家和政府管理部门负责人座谈，以集体对话采访的形式，进一步深入探讨当前我国城市轨道交通多制式选择和相关产业发展问题。

◆ 城市轨道交通行业调查采访在重庆召开第二次专题座谈会

大家一致认为，我国每个城市的轨道交通项目都是当地的民生工程、民心工程。而就这些工程项目涉及的巨大装备制造产业集群而言，这又是一项关系国计民生和国家经济发展的巨大产业工程、利税工程。城市轨道交通装备制造产业属于国家战略性新兴产业。在我国城市轨道交通装备制造的关键核心技术已基本实现自主创新的情况下，国家应该在大力推进城市轨道交通多制式协调发展的同时，积极推进相关装备制造业产业集群的发展。

当前我国城市轨道交通对多制式发展的现实需求

新的城市化、城镇化必将掀起我国城市轨道交通新的建设高潮。前一阶段，我国的城市轨道交通主要以地铁为主，主要是要解决大型、特大型城市人口密集中心区的交通拥堵问题。下一阶段的城市轨道交通将向大城市的边缘区、城市新区和二线城市延伸。这种情况下原来的地铁制式将被轻轨、单轨等新的交通制式取代。北京、天津、兰州三个城市的情况典型地反映了这一趋势。

吴铀铀（北京市轨道交通建设管理有限公司设备管理总部副主任）：北京轨道交通现在发展到了一个新阶段，我们已经开通了456公里的地铁线。地铁线主要集中在主城区，而且基本上都是以大运量的地铁B型车、A型车这种地铁制式建设的，主城区的范围现在也没有一个准确的定义，大致应该在四环以内。发展到这种程度的时候，基本上轨道交通的骨干网在主城区就算支起来了，我们过去的研究主要集中于骨干网、换乘站怎么建。现在这个网要加密，这是一个新问题。另外，这个网要向主城区之外的边缘区去支。边缘区是一个什么情况呢？边缘区在北京基本上是四环到五环、到六环之间。这中间有一些城市居住组团、高新技术开发区的功能组块。这些组团、组块，人口密度不如主城区大，其间还有一些绿化隔离带。当前我们的任务一个是要将这些组团区的人引到主城区来，另一个是在组团之间也要提供一种比较好的交通形式相互连通。我们现在需要一种中等运量的交通制式来解决这个问题，使我们这个网在主城区向边缘扩散的时候有一个合理的运力配置。完全都靠主城区建地铁这一套，都修在地下，造价太高了。而且边缘区的人口没有这么大的运力需求，我们现在想找这么一个轨道交通的形式。对于新制式的选择我们有几个标准，造价要低，建设速度要快，还要环保。此外，核心技术要已经国产化，设备配套在国内已经形成了整体生产的能力，还要有工程示范和运营的经验。这几点重庆的跨座式单轨交通都有。我们前一段时间不同部门都到重庆来学习过，我们感到跨座式单轨确实是种比较好的交通制式。

朱敢平（天津市地下铁道集团有限公司总工程师）：天津1、2、3号线都已经通车了。1、2、3 号线是中心城区的 3 条骨干线。2004 年，我们把中心城区跟滨海新区连接起来。去年 10 月 15 日，津滨轻轨与中心城区的 3 条线也连起来了。应该说天津的城市布局有一定的特殊性。它有两个城区，一个是老城区，我们叫中心城区，同时还有一个滨海新区。滨海新区与中心城区之间有 50 公里的距离。2008 年，我们对新一轮的线网规划做了调整。其中最大的变化就是，我们规划了 4 条市域线。有 2 条线把滨海新区与中心城区联系起来，另外海河南北岸各一条线。具体怎么选择制式，没有决定。领导多次交代我，要研究一下采用什么制式的问题。用一般地铁制式可能还得一个多小时才能到，那跟高速公路没有区别，也疏导不了地面交通。用高铁制式，高铁的造价和运量也都是问题。我们预测，这两个城区以后每天的出行客流量应该都在八九十万人，甚至上百万人，一条高铁解决不了。用什么制式解决？坦白说，这是我自己到现在为止一直在关注的问题。这次到重庆来，在车上重庆轨道交通集团的总工范总已经给我指点了方向。刚才仲建华董事长的介绍也都提到了，一个是单轨交通，一个是都市快轨，还有一个互联互通。我个人觉得这几点对天津轨道交通，对整个行业的发展，都有特别重要的意义。

段廷智（兰州市城市轨道交通有限公司总经理）：兰州市的轨道交通起步较晚，我们是 2008 年年底开始着手编制线网规划的，2009 年 7 月完成了线网规划，到 2010 年我们开始向国家申报。当时李国勇司长几次到兰州指导。我们现在的建设规划在 2012 年 6 月得到了国家发改委的批准，整体里程是 36 公里。我们在上一版线网规划中，核心区有 3 条线，1、2 号线主干线是 A 型车，3 号线是辅助线，开往郊区、中川机场，另外东市区、北市区还规划有 2 条市域线。去年 8 月 20 日兰州新区获批成为第五个国家新区之后，市委市政府加快了对周边发展的部署，省里也提出了新的要求。今年“新丝绸之路经济带”这个概念提出之后，省市也都要求我们轨道公司开展进一步的研究，修改兰州市的城市轨道交通线网规划，以便对上述的区域能够有很好的带动作用。近期我们已经开了几次会，就下一个轨道交通线网规划修编提出了一些新的思路，特别是兰州新区和兰州中川机场所在地离兰州市区有 50 公里的距离，中间都是山脉，南北的高差将近 500 多米。按照原有的思路实施下去有很大的困难和问题，所以我们也计划下一步在多制式方面做一些探讨。

城市轨道交通多制式协调发展的具体含义

多制式协调发展是一种网络概念、主辅概念、因地制宜的概念。关键是要看城市轨道交通的实际需要。过去建设单位的关注点都集中在城市中心人口密集区，只有一种地铁形式，当然也就无所谓多制式。一旦走向城市的边缘和郊区，就要根据不同情况做多重选择，可以是地铁，也可以是直线电机地铁列车、跨座式单轨，多制式就成为必然。

仲建华（重庆市科协副主席、重庆轨道交通集团董事长）：到现在为止，重庆已经开通运营的轨道交通的里程是 170 公里，4 条线路，其中 2 条地铁线、2 条跨座式单轨交通线。重庆现在续建的里程为 38 公里，今年新开工的里程为 140 公里，也就是说在建的工程是 178 公里。建完以后的 2017 年，重庆市就可以拥有达到 350 公里的轨道交通运营线路，其中跨座式单轨交通是 100 公里，目前已经建成的跨座式单轨交通有 2 条线路，是 75 公里。正在建设的还有 2 号线延伸段和 3 号线的延伸段单轨线路。单轨线路的这种交通方式优点非常突出，因为跨座式单轨交通采用的是橡胶轮胎和混凝土的轨道梁。重庆市第一轮建设规划 200 公里建设已经接近尾声，第二轮建设规划 215 公里，已经全面启动。总结第一轮建设规划的建造经验、运行经验，我们认为一个城市的轨道交通多制式协调发展非常有必要。重庆第二轮建设规划地铁比较多，也有轻轨和单轨，在地铁方面，我们提出来网络化运营这一理念，就是要因地制宜，实现都市快轨、单轨交通、大型地铁（A 型车、B 型车）等多制式的协调发展，不同的地区、不同的客流圈采用不同的交通制式，同一种交通制式要做到标准统一。重庆是山地城市，平面城市的地铁标准不适应重庆地铁的发展。所以我们现在制定的标准（爬坡能力必须达到千分之五十，转弯半径不大于 250 米）已经形成地方标准。另外，我们提出了网络化的概念。重庆第二轮建设规划，包含对第一轮建设规划的一些改造，要实现互联互通，每一条线路可以跨线运营、越线运营和与都市快轨贯通运营。都市快轨是连接主城区地铁和郊县地方铁路的纽带。通常说高速铁路的速度在 200 公里以上，地方铁路是 160 公里以上，地铁一般在 100 公里以下。时速在 130 到 160 公里之间的都市快轨采用直流和交流的“双流制”，既可以和地铁贯通运营，也可以和城市铁路、地方铁路贯通运营，这样的话就形成了城乡一体化的轨道交通网络。

吴波（重庆市城乡建设委员会总工程师）：我们国家幅员辽阔，每个城市的地形情况、线路情况等都不一样。选择什么样的交通制式需要因地制宜。重庆与全国其他兄弟城市不太一样，是一个山水城市，两江穿城而过。除了两江以外，还有山脉。城市结构组成也不一样。重庆有多中心组团式这样一个特征。跨座式单轨交通制式是一种适合重庆自身实际情况的慎重选择。对我们国家来讲，每个城市情况不一样，多制式选择的方式也可以不一样，这与每个城市的发展特征、发展时期不一样也有关系，需要通过多制式协调发展创新轨道交通。但是对一个具体的城市来讲，这个“多制式”还是要有所限制。我们认为一个城市最好应该在三种制式左右，别超过四种。为什么？如果太多了，对后面的网络化运营、资源共享、维护费用等，都会带来很大的困难。随着对轨道交通认识的不断发展，这个过程是不断深化的。10 年前、20 年前是那个样子，现在不一样，今后可能还不一样，我们的认识应该在原来的基础上不断发展。

宁滨（北京交通大学校长、中国城市轨道交通协会副会长）：我认为在我们这么大一个国家，下一步城市轨道交通还有一个大的发展。发展城市轨道交通不可能是单制式的，或简单几个制式，而应该是多制式协调发展，因为的确没有一种制式和几种制式能够全部满足我们国家城市轨道交通所有的需求。只有多制式并且相互之间优势互补、综合利用，才能够解决好我们国家城市轨道交通的发展问题。地铁、轻轨、直线电机地铁列车，还有跨座式单轨、磁浮等轨道交通制式在一个城市里如何进行选择？我同意刚才专家讲的，不可能制式太多，太多了将会带来网络互通互联、共线运行和维护成本的问题。但是一个城市也不可能就一种制式。现在地铁、轻轨、直线电机地铁列车、跨座式单轨都已经有了，磁浮正在做，这些制式之间如何进行协调，我觉得可能是我们需要很好研究的一个课题。另外，现在轨道交通作为城市交通的骨干已经形成共识了，没有问题。但是在城市综合交通运输体系中，轨道交通与其他交通形式如何衔接？如何把城市轨道交通定位好、发挥好作用？我觉得这个文章还做得不够。现在从发展的比较好的城市来看，城市轨道交通作为一个体系，需要适应城市综合交通和绿色交通的需求，这个研究还需要加强。单单就城市轨道交通来讲，我觉得下一步要和干线铁路、高铁、城际铁路等进行衔接，目前可能还存在这方面不足。

李国勇（国家发改委基础产业司巡视员）：中国城市轨道交通协会的包叙定会长，原来是发改委副主任，在重庆当过市长，他多次讲过城市轨道交通多制式发展这个问题，科技日报登了对他的采访。我们在给国务院起草的文件里面也特别强调了多制式发展。由于国家推进城镇化建设，今后城市轨道交通规划的面积可能要扩大一些。刚才北京市的吴总说到这个问题，我们过去更多的是关注城区、主城区的交通，那里人口密集，交通拥堵，所以更多的是建设地铁。发改委徐绍史主任来了以后，感觉规划的地铁比重太大，所以范围可能要扩大到市域范围，而且我们现在已经遇到这个问题，很多地方要建市域快线。像北京就从中心城区往外扩展了，房山、顺义、大兴等很多新线都在规划之中，现在又规划 5 条快线。刚才天津也提到了，滨海新区和老城区之间需要加强联系。这都是目前我们轨道交通空白的地方，现在这些新的线路不太适用老的标准和制式了，我们需要加大科技创新的力度。从国家层面上讲，我们态度很明确，就是支持因地制宜多制式协调发展。

◆ 李国勇在多年的城市轨道交通规划建设及其国产化过程中扮演重要角色

重庆跨座式单轨交通的成功经验

重庆的经验其实就是做到了因地制宜、实事求是。根据当事人介绍，重庆当初如果照搬北上广等大城市的地铁建设经验，车子都得开到江里去。因为重庆是山城，许多地方没法建地铁，所以选择了跨座式单轨。但是重庆也建有地铁。该建地铁的地方就得建地铁。现在还准备建设都市快轨试验线。另外，重庆还有产业化、标准化的成功经验。

仲建华（重庆市科协副主席、重庆轨道交通集团董事长）：重庆 2 号线、3 号线的成功建设和安全运营为跨座式单轨交通的推广起到了很好的示范作用。重庆轨道交通的 2 号线是我国首次引进跨座式单轨交通的示范性工程。2005 年 6 月开通运营，到现在已经是第 9 个年头。这样一种快速、方便、准点、安全的系统，目前在重庆深受老百姓的认可。重庆为什么选择跨座式单轨？实际上我们前后一共考察了五六种制式，包括今天大家谈的地铁、直线电机地铁列车、直线马达、新交通、悬挂式等。我们确定采用单轨，第一是因为它爬坡能力强，它爬的坡度能够达到 8%，这一点对重庆很重要。第二是因为拐弯半径比地铁小，地铁一般是 300 米，它能小到150米、100米，这个可以帮助我们节约用地。第三是经济性，因为我们没钱，它的投资比地铁等省30%到50%。第四是它的环保性能好，透气、没噪声。我们在现场做过实验。晚上在25米外，声音在60分贝以内，感觉非常好。与此同时，因为它是高架的，周围环境绿化很好，这点对我们也很有吸引力。第五是安全性。我们对安全性很重视，胶轮轮胎爆了怎么办？紧急情况下单轨车不像人在平地上，怎么从高架上下来等安全问题，必须都考虑好，都有危机管理方案。这些都是它的优点。但它是一种中运量系统，运量与地铁不能比。

◆ 王根芳在重庆早期轨道交通发展史上曾扮演重要角色

王根芳（重庆市原建委主任）：在20世纪80年代初，重庆提出轨道交通的时候，我在市公用事业局当局长，沈晓阳、仲建华、李秀敏他们都属于事业局下属公共交通研究所。我们当时定了三个目标，第一是要建设一条交通线来；第二，我们一定要带出一支队伍；第三，要推进发展一个产业。现在看来，第一点我们是实现了的，第二点也是实现了的，第三点部分实现，而且会继续深化。但是在商务模式的创新上，我认为存在一定的缺憾。日本广岛的新交通线是为十一届亚运会准备的。他们提出了一个很好的商业模式。轨道交通沿线的城区在规划的时候不公开，周边的地拿来开发。如果一个建筑商要地可以，你拿100%的钱来买，但只能得75%的土地，或者你拿125%的钱来买100%的土地。政府将这25%的土地置换成钱，作为对城市轨道交通的投入，不再回收。工程需要的东西通过招商。政府不需要更多的投入，换得了社会的发展，这是一个很好的模式。因为当时国内人们思想观念有差距，没成功。如果商业模式跟上了，我相信重庆现在的发展会更健康，发展会更快。

王志强（重庆市发改委处长）：应该说重庆轨道交通做到了因地制宜、创新发展。从因地制宜来讲，我们采取了内轨外铁的发展模式。城市轨道交通有单轨也有地铁，是根据重庆的地形进行选择的。从创新发展来讲，应该说跨座式单轨从引进、消化、吸收、自主创新，走过这么一条不平坦的路。现在我们对跨座式单轨技术已经完全掌握了，还有很多创新，从而使我们这个跨座式单轨交通能够发展起来。我们还走了一条产业化的道路，我们现在从设计、装备制造，到建设、运营，建成了一个完整的产业链。我们引进了长客公司在重庆制造轨道车辆，还引进了其他一些相关装备制造企业，通过轻轨交通的需求带动装备制造业的发展。刚才朋友们都讲到了跨座式单轨的很多好处，其实归结起来就是小半径、大坡度、低噪声、低成本、低能耗，确实值得推广。

徐景坤（重庆市科委副主任）：近年来重庆市先后组织承担了跨座式单轨交通装备研发、国家科技支撑计划项目和 15 项市级科技计划项目。通过技术攻关，掌握了跨座式单轨交通装备系统集成、单轨车辆整车集成、单轨道岔等关键技术与工艺，填补了我国在跨座式单轨交通装备关键技术上的多项空白。其中车辆牵引、制动、新型车载、平移道岔等核心技术经中国工程院专家鉴定达到国际领先水平。制定国家和地方标准 30 余项，获得授权专利 40 余项，发表论文 80 余篇，形成了多项自主知识产权成果，多次获得重庆市科技进步奖等奖励。通过技术创新成果的成功转化，车辆转向架、单轨道岔等关键零部件成功实现了自主研发，车辆国产化率达 95%，大大降低了车辆制造成本、购置成本和运行维护成本，在车辆方面节约了 20% 以上的费用。单轨交通装备产业整车与关键零部件企业从无到有快速发展，形成了车辆整车与关键零部件的研发、制造、实验、评价的基本体系，直接、间接效益达 100 亿元以上，为我国和重庆市轨道交通事业的发展和单轨交通车辆产业提供了重大设备支撑和技术支撑。

宁滨（北京交通大学校长、中国城市轨道交通协会副会长）：这几年北京交通大学参与解决了重庆单轨交通发展过程中的许多技术问题。在这个过程中我的体会是，重庆在这么短的时间内，建成了世界上最大的跨座式单轨线路，并且能够安全地运营，很不容易，很了不起。更重要的一点是，他们在运营的过程中，对跨座式单轨在我国的应用，在标准化、自主创新和产业化方面做的工作，值得我们城市轨道交通行业进行很好的总结和推广。跨座式单轨交通发展的经验，在我们国家当前城镇化发展的背景下非常有意义。

跨座式单轨科技创新及其产业发展

重庆跨座式单轨交通的成功不是一个单位、一家企业的成功。在作为建设运营单位（业主）的重庆轨道交通集团的背后，是一个协同创新的产学研战略联盟和一大批科研院所及高新技术集团企业的大力支持。这些科研设计单位、装备制造企业和建设施工单位，都通过市场机制广泛参与到跨座式单轨技术的引进、消化、吸收、自主创新及其产业化的过程之中。

仲建华（重庆市科协副主席、重庆轨道交通集团董事长）：跨座式单轨交通以重庆的 2 号线、3 号线作为依托，主要有三大关键技术，第一是提升轨道梁精度的技术，包括制造精度、架设精度、桥梁精度；第二是机电一体化的产品与道岔系统；第三是单轨车辆的转向架技术。通过产学研用协同创新，我们攻克了单轨交通的核心技术，掌握了单轨交通各个系统的关键技术，填补了我们国家在单轨交通产业化和装备制造领域的空白，创建了一系列的国家标准、行业标准和自主知识产权成果。推广单轨交通有三个必要条件，一是标准，二是成果，三是成功运行的经验。现在我们国家《单轨交通设计规范》《跨座式单轨交通施工及验收规范》《跨座式单轨交通车辆通用技术条件》，都是国家级标准规范，分别在 2008 年、2009 年和不久前正式颁布实施，填补了国家和行业标准的空白，也使中国成为目前世界上唯一拥有跨座式单轨交通国家标准的国家。地方标准现在正在不断完善。同时，重庆在单轨交通、地铁的发展过程中，专门组织制定了《重庆市轨道交通发展纲要》，这个纲要的制定、评审、完成，得到了中国工程院，还有国家有关部门的大力支持。当时审查纲要提纲的时候，中国工程院组织了 10 多位院士来把脉，在最后咨询的时候，工程院的院长、副院长带领很多院士亲自来到重庆，为重庆轨道交通的发展出谋划策。另外，我们地方的主管部门高度重视，建委、科委、发改委一起组织大家开展研究，重庆轨道交通集团、北京交通大学共同完成了围绕纲要的 10 多个研究课题，为单轨交通的顺利推进和发展起了很大的支撑作用。跨座式单轨交通现在已经形成了一个完整的产业链，国产化率达到了 90% 以上。重庆单轨交通产业从无到有，逐步培育，现在形成了比较完善的单轨交通产业链，组成了单轨交通产业技术创新战略联盟，成立了重庆国际单轨协会。今年 4 月，专门召开了协会主办的国际论坛，世界上拥有单轨的国家和城市、地区到重庆一起进行经验交流。协会现在有会员 45 家，17 家理事单位，包含了车辆、信号、供电及机电设备、轨道梁桥等专业企业，形成了一个产业链条。现在重庆单轨交通对外推广的产业化和技术条件已经成熟，国内已经有部分城市正在积极采用重庆的单轨制式，同时我们正在走向海外，韩国大丘、巴西、印度尼西亚等很多国外城市都运用了重庆单轨技术，韩国最近建的单轨应用了我们的道岔模板，我们为他们提供了工程设计和施工技术咨询等支持，为在国内进一步推广奠定了坚实的基础。

◆ 卢西伟曾经一度是中国北车长客的“少帅”

卢西伟（中国北车长春轨道客车股份有限公司总经理）：我们和重庆轨道交通集团合作很多年，从第一条单轨开始到现在，我们为重庆单轨提供了 530 多辆车，同时为重庆地铁也提供了 400 多辆不锈钢 B 型车。总体上讲，给我们感触颇深的就是，重庆轨道交通集团在创新方面做出了很多有益的尝试，为我们这个行业带来很多新的思路。这几年我们企业与重庆轨道交通集团一道，在技术创新方面做了很多工作。单轨交通满足了重庆山城的特殊需求。国外单轨车过去只有 4 辆车编组，考虑到重庆的人口密度比较大，客流也比较大，我们增加到 6 辆车编组，这在世界上都是没有的。现在又提出了 8 辆车编组的可能性问题。车辆编组越长对车体的承载能力要求越高，意味着车与车之间的相互作用力会越大。作为长客来讲，我们要于立足于用户的需求进行不断创新。另外，在关键设备的国产化、本地化方面我们也做了很多工作。其中最关键的转向架和齿轮箱技术，是我们和重庆本地的汽研所合作开发的，而核心技术牵引和制动系统是我们分别和北车四方所、铁科院等单位共同完成的。这些都为我们独立自主开展单轨车的设计打下了坚实的基础。同时，为了适应重庆山城地貌的特点，我们还专门制造了山地城市A型车和都市快轨列车。其中山地城市A型车的一个特点是满足了千分之五十的坡道要求和适应了小半径小曲线的山城特点。都市快轨列车的最大特点是采取交流、直流“双流制”，直接和地铁、大铁路兼容，是我们的一个新的追求。

孔军（中国北车青岛四方车辆所党委书记、副董事长、副总经理）：我们作为重庆轨道交通集团多年的合作伙伴，也有幸全程参与了重庆单轨交通系统整个国产化创新的过程，目睹了重庆轨道交通集团在跨座式单轨、都市快轨项目上取得的很多成绩。从一开始，我们主要参与的是关键部件的国产化，从车钩连挂系统到转向架上的减震系统，包括地面的一些减震装备。实际上这几年我们重点做的是牵引系统，主要解决了与原装的国外系统的进口替代的问题，解决了设备长期维护的后顾之忧。通过这个项目的合作，不但使我们供应商的技术水平得到了提升，也使我们真正参与到以重庆轨道交通集团为主导的自主创新过程中去，我们的收获非常大。有一个很深的感触，在自主创新的过程中，我认为用户所起的主导作用非常重要，也是不可替代的。为什么？从两方面说，一方面，用户提出问题都是从实际需要提出来的，实践性非常强；另一方面，题目出来以后，作为供应商，我们研发才能有了精确的方向。在这个过程中用户承担了很大的风险。只有经过了实践检验的环节，我们这些所有参与到创新过程的战略联盟的成员才能够取得今天的进步。所以说，这种自主创新要依靠我们用户主导来进行。

陈高华（株洲南车时代电气股份公司副总工）：在参与重庆跨座式单轨交通建设过程中，感谢重庆市科委和重庆轨道交通集团给了我们这样一个机会，开发替代日本进口的轨道线路。在接到这个任务之后，其实我们还有一个想法，要超越日本的那套系统。在过去几年的开发中，首先在整个牵引系统和系统的构成上，我们把日本的系统彻底做了一个解构，系统的可靠性有很大的提升，经济成本大大降低。另外，在原来的基础上，我们把数字控制移到了功率控制的最前端，完全用程序做这个控制，这是一大进步。另外，在网络控制方面，我们把日本网络的可靠性进行了很大的提升，使得整个系统减重了400公斤，这是我们给重庆地铁、重庆轨道交通集团做的工作中的一个亮点，也是我们对原来日本系统的创新和超越。

曹云（中国船舶重工集团重庆齿轮箱有限责任公司副总经济师）：说起单轨交通，应该说10多年了，不是一个新业务。但是正如刚才各位领导和专家所讲的，轨道交通，特别是城市轨道交通是一个蓬勃发展的产业。重庆齿轮箱有限责任公司是一家具有48年历史、研制专业齿轮传动、军工背景的大型国有企业。40多年来，通过引进德国的齿轮箱设计制造技术，为国家提供了大量可靠的国防装备。公司也和重庆的轨道交通建设同步发展。重庆轨道交通集团在建设 2 号线的时候，把我们作为一个合作伙伴，一同自主研制道岔系统里的驱动装置。同时，国家科技部、重庆市科委、经信委等多个政府部门也给了我们大力支持，使得我们今天可以参与到这么一个蓬勃发展的产业中来。从 20 世纪 90 年代末期开始，我们自主研发的道岔驱动系统，已经向重庆单轨的 2 号线、3 号线提交了 50 余组单开、关节性、可绕型的道岔，目前最新的多开可绕道岔已经完成了鉴定工作，争取能够应用到新的线路上去。从 2004 年第一组道岔投入 2 号线使用以来，在近 10 年的时间里，重庆单轨交通验证了我们创新产品的先进性、可靠性和安全稳定性。

谢跃红（中国汽车工程研究院股份有限公司副总经理）：在参与跨座式单轨设备国产化技术创新的过程中，我们坚持了两条原则。第一，不低于日本人的技术水平和可靠性；第二，坚持高强度、大力度的科研投入。这两个我觉得缺一不可。因为没有第一条客户不愿意要，中国制造为什么比日本差？而要保证高质量科研成果必须要有高强度、大力度的科研投入。这中间在具体技术路线上我们比较注重基础材料配方的研究。我算了一下，在整个转向架关键零部件研究过程中，我们对基础材料配方的研究高达 30 几次，因为机电产品国内差的东西主要在基础材料上。通过数十年的艰苦攻关，无论是在可靠性还是质量上，我们和长客公司一起研制的产品全面达到和超过了日本进口产品。重庆单轨的 2 号线是全套进口日本的，3 号线搞国产化，但线路状况完全不一样。我做过仔细的比较，3 号线的平直度，没有坡度的跟 2 号线一模一样，坡度长的大概超出 2 倍以上的指标，比 2 号线多出 2 倍。所以当时我们在做基础制动、承载强度的时候，我们做了详细的技术梳理，发现 3 号线增加的技术难度，相当于 2 号线的 3 倍。2 号线原来 1 个人背 50 公斤的东西，3 号线变成了 1 个人背 150 公斤的东西。所以，这种技术路线的梳理、基础材料配方的研究检验了我们中国人技术创造的实力。在这个过程中，我们发明了几十项专利，取得了一大批科技成果。

郜春海（北京交控科技有限公司董事长）：如何把科技创新的东西真正结合到重大工程里面去？大家都在说企业是创新的主体，企业创新什么？怎么去创新？我觉得对于重大技术装备来说，需要政府去搭台，用户做牵引，产学研用相结合。原来是产学研三结合，没有“用”。事实上，因为没有“用”，基本没有用，所以有人说产学研没有用。创新的过程要结合我们的重大工程，也就是要与用户或业主紧密结合。我们国家现在这一轮一轮的大规模建设，对于技术创新来说是多好的机会！我们不抓住现在这个机会，再过 10 年，等建设高潮都过去了，许多自主创新的新技术到时候都用不上。所以自主创新的东西，我们自己要积极采用，虽然使用国外技术可能会省事省心一些（其实也未必，甚至恰恰相反）。反过来说，与使用国外的成熟技术比较，重庆在单轨交通建设上大量采用自主化技术和国产化设备可能会累一些，因为使用新技术有个成熟的过程。但是使用新技术，后面的红利是会很快到来的。当时重庆建设 3 号线的时候，我们的 CBTC 系统还没有完全成熟，CBTC 的示范工程北京亦庄线到 2008 年才开始做。但是，作为 CBTC 系统的很多技术已经在重庆单轨 3 号线开始用了。可以说 CBTC 的示范线在北京，但第一次工程应用是从重庆开始的。

如何推进中国城市轨道交通相关产业发展

怎么样通过大项目大工程来带动大产业的发展？重庆给我们树立了成功的范例。当前我国的城市轨道交通建设，每年投入几千亿元，能不能形成我们自己的装备制造业？别等我们建完了，钱全给老外拿走了，最后我们的财政全靠卖房子。这样的经济能不能可持续发展？

庞绍煌（广州市地下铁道总公司副总工程师）：我们认为自己制定游戏规则是最重要的，核心技术提高国产化才是关键。为什么我们要制定游戏规则？外国的大公司进来的时候，他们都会把自己的网络、软件加密了带进来，如果我要换牵引系统，物理的东西可以看见，可以仿制。但是软件却没办法破译，因为每个数据包都加密了，很难知道它的原代码。这样的话，我们招标的时候可能价格不是太高，但是后来我们买备件的时候价格会很高。因为买别家公司的挂不上去，网络是他的，必须买他的。我们算过价格，后来卖给我们的价格是原来价格的 20 倍，比我们招标的时候高了 20 倍。我们还算是老关系，就是说你们是老客人才给你 20 倍的价格，别人不止，香港的去了要 40 倍。所以，我们认为核心技术掌握在自己手上是很重要的。比如说网络自主化，实际上在网络中有三层，物理层、数据链层、协议层，前两层都有国际标准，在国际上都可以采购。唯一不同的就是他们的协议层，每个大公司的协议层都各不相同。后来在国家发改委的推动下，我们和株洲所一起，从 2007 年开始完成了对协议层的标准化。现在在行业中，已经发布了车载网络传送协议的标准。这个协议得到了国内各个大厂的响应，现在各个大企业都有自己的网络，并且协议都按照我们自己的协议来，直接的结果是国外各大公司目前都表态，他们完全可以响应这个协议。这样一来我们就掌握主动了。

郜春海（北京交控科技有限公司董事长）：我觉得重庆通过单轨交通的建设，建成了一个百亿元产值的单轨交通产业，这很了不起。不然的话，不但重庆的单轨交通设备全部都要买国外的，其他城市今后要建设单轨交通线路，也都得到国外购买。那是一个多么可怕的情况啊！作为信号系统制造商，我也给大家报告一下。与车辆一样，信号也是单轨交通的主要装备之一，我们公司也已经落地重庆。不管我们CBTC今天推广到哪里，不管在哪用，都是从重庆出去的。什么意思？我们大家应该形成一个聚集效应，制造车辆的长客落地重庆已经五六年了，今天在座的还有很多机电设备的厂家。大家实际上都属于一个大的单轨产业链条。正是因为有了重庆单轨交通建设，才有了我们这些相关企业的成长和发展。在这个意义上，我国的城市轨道交通建设，也应该带动作为战略新兴产业的城市轨道交通装备产业的发展。如果我国的城轨交通建设都像重庆这样，能够通过推动行业自主创新，带动中国相关产业的发展的话，对我们国家来说，这一轮新的城镇化建设和轨道交通建设，可能还会形成更多的产业，形成新的产业集群。刚才广州地铁的同志说了，外商后续备件的价格是原来价格的20倍，工程建设项目的后期维护，可能是10年、50年、100年，那就得不断往里面扔钱。问题是如果一旦别人不卖给你，情况将更加不可设想。如果使用的是自主化的设备就不会出现这种情况。当然从新技术、新设备的推广角度来说，我们也不能走向另外一边，将不稳定、不可靠的技术设备推广应用到工程里。我们要形成一系列的标准和规范，在使用行业标准上国内、国外企业必须同等对待，自主化不应成为质量低劣的借口。

李国勇（国家发改委基础产业司巡视员）：城市轨道交通行业应该坚持经济实用、安全可靠、环境保护、造价适中的理念，因为当前我们的轨道交通发展还是面临着造价比较高、运营费用比较高，以及噪声、振动扰民等问题。我觉得我们在加快发展的同时在这些方面要注意改善。重庆的跨座式单轨，我们感觉是一种非常好的模式，非常符合重庆的地形地貌。刚才董事长介绍了它的爬坡能力强，可以达到8%，这比磁浮还要厉害，磁浮现在好像是7%。还有就是拐弯半径小，噪声比较小。尤其是我们重庆，把这个产业做起来了非常好，也希望你们能够走出去。最近这一段时间，李克强总理也去海外推销中国的高铁。中国的高铁产能过剩，我们批的城轨产业相对少了一些。但是我们也很担心，希望我们的轨道交通产业不要过剩，我们过去是6个定点生产厂，现在已经达到了14个。今天中央正在开城镇化工作会议。前两天是经济工作会议，今天和明天是城镇化工作会议。会后我们的城市化进程会加快，在学习十八届三中全会决定的时候，我们也看得很清楚，下一步的新型城镇化就是城乡统筹，还有一个城市群的发展，不是单独一个城市去发展，而是一个城市群的发展，这两个需要我们的轨道交通来支撑。大家提到了，将来我们到乡里面去也要通过轨道交通，城市群之间都要通过轨道交通，方便、快捷、安全，节能环保，这些特点千万不要丢了。下一步我们中国的轨道交通发展会有一个大好形势，面对新的形势确实需要不断加大科技投入，大力开展自主创新。我们也希望重庆的单轨能够走向世界，我们国家不仅要开展商业贸易，还要开展技术输出，这是我们国家新的战略。

吴忠泽（科技部原党组成员、中国智能交通协会理事长）：重庆的经验启示我们，第一，要按照产业链来部署创新链。要深入推进轨道交通产业集群和产业技术创新战略联盟的发展，加强轨道交通产业共性技术成果的扩散转移、技术研发平台的建设，还应该探讨、创新一些新的商业模式，要围绕企业的需求来建立产学研用的结合机制，引导创新的要素向企业聚集。第二，我们要通过支持轨道交通企业承担国家和地方的重大项目，加大国家创新平台在企业的布局，健全国有企业技术创新考核的机制和政策措施，积极探索企业研发后补助的机制，引导企业加大研发的投入，促进从研发到产业化之间的有机衔接。重庆的经验还告诉我们，要强化企业在技术创新中的主体地位，要发挥大型企业的创新骨干作用，提高企业技术集成的能力，特别要建立和完善产学研协同的创新机制，进一步探讨用户或者说业主主导重大工程技术创新的协调机制。在轨道交通装备制造业里，要国产化和自主创新起到引领和推进的作用中，须十分重视提升两个能力，一个是轨道交通核心技术的竞争力，另一个是轨道交通产业可持续发展的能力。十八届三中全会提出要发挥两个作用，一个是市场在资源配置中的决定作用，另一个是要更好地发挥政府的作用，各级政府要为城市轨道交通行业实施创新驱动发展战略营造良好的环境。

从国产化到…

——创新驱动与城市轨道交…

[illegible]望：国产化自主化奠定国际化发展基础

我曾经的梦想是退休时全国建成地铁100公里

□ 国家发改委原副主任 张国宝

[illegible]……我们没有哪个文件说不让国外公司来竞标，你欢迎他来，他们没有来。能源行业也有同样的情况。我们改革开放至今买了人家很多的发电设备，30万千瓦、60万千瓦的发电机组都有。国产化以后，我们质量也好，价格也好，都上来了。现在我们没有任何文件说，发电设备不能买国外的，但是有人买国外的吗？很少有人买。因为进口发电设备的价格和性能竞争不过国产的。所以要培育我们国家自己的实力，包括基础性能力和价值性能力，到一定时候你叫他买国外的，他买吗？他不买，他就买中国国内的，物美价廉嘛。可是前些年70%的厂家都是买的国外的，因为当时国产的质量不行，后来国产化了，质量上来了，所以国产化功不可没。

发展城市轨道交通应该因地制宜

□ 中国工程院院士 施仲衡

[illegible]……现在咱们全国建设城市轨道交通已经2500多公里，其中80%左右是地铁，在国外这个地铁的比例一般都占30%到40%。在城市中心交通拥堵客流量大的情况之下，用地铁是最好的。比如说像北京、上海、广州、深圳这些城市的中心地带。但是到了中小城市修地铁，或者是大城市在郊区修地铁就不经济了。我们修地铁应该有几个原则，第一个是安全，第二个是高效，第三个是节省，节约土地资源，节约能源，第四个是环保，第五个是经济。经济非常重要。所以发展城市轨道交通，应该因地制宜，选择各种不同制式。

贯彻落实创新驱动战略的一次生动具体的实践

□ 科技部原党组成员 中国智能交通协会理事长 吴忠泽

[illegible]……核心技术由国产化向自主化的重大的转变，中国轨道交通技术进入到一个更高的发展阶段。"十二五"以来，科技部等有关部门启动实施了一批国家重点科技项目，极大的推动了我国城市轨道交通的信息化和智能化水平，支撑了我国轨道交通技术的可持续发展。

2001年党中央确立了实施走出去的战略，坚持引进来走出去同时并举，相互促进。从上个世纪八十年代开始，我国企业的国际化走过了这么一个历程，首先是间接出口，接下来是直接出口，然后设立驻外销售机构，最后建立海外生产制造基地。而当前我们国家企业的国际化，已经进入了一个迈向高端制造和出口升级的海外发展新阶段。根据预测，今年将是中国企业进入全球投资的新时代，中国企业全面走出去的时代已经到来。在这样一个背景下，我国的轨道交通企业应该继续贯彻落实创新驱动战略，努力提高自主创新能力，形成具有关键核心技术的制造能力和市场品牌，真正实现基于高端制造的出口的升级。

[illegible]推进国产化责无旁贷

推动轨道交通装备产业发展是一项历史责任

□ 北京轨道交通建设管理公司副总工程师 吴铀铀

[illegible]……推动了信号系统国产化，地铁车辆的国产化，还有大型的控制系统国产化，等等。业主单位应该有一种责任感，承担这个责任，因为毕竟使用新的东西是有一定风险的。同时要紧密联系产、学、研、用，各个方面来共同推动。今后我们可能在关键元件上的国产化也要继续推动。

用户要在国产化自主化中起主…

□ 重庆轨道交通集团副总经理 范金福

从我们二号线首次引进跨座式单轨以后，从最初勉强达到70%的国产化率，现在已经达到93%了。整个单轨关键技术，已经完全由国内机构掌握。在国内已经形成了比较完整的一个产业链，很多产品的性能和指标都已经超过了国外的同类成品。我们在推广关键设备研发的时候，基本上都考虑两家以上，以利于这个产品的竞争和发展。通过这么多年不断的国产化工作，我们感觉尝到了甜头，大大降低了工程建设的造价，同时备品备件价格也大幅度降低。我们测算了一下，现在单轨系统里面关键的车辆、道岔设备，与我们引进的时候比，价格不到当初二分之一，备品备…国产化、自主化工作，我有个体会，最先的二…我们感觉到好处，我们变成主动的了。在整…作用。为什么？因为各个厂家要有项目依…台套产品，还是有一定风险，用户要有决心…组织这个事。我们重庆的做法就是轨道集…同时政府部门要在政治上也给予支持。

决策的层次越高创新的能…

□ 深圳地铁集团副总裁 简炼

我讲三点。第一，我认为伟大的创新关键在于决策的层次，决策的层次越高创新的能量就越大。1998年，城市轨道交通行业国产化，当时国宝主任从发改委报的是60%，朱镕基同志改成70%。从那个时候开始，我作为深圳地铁负责装备和运营的副总，就要求完全自主化，要求零部件也要达到70%国产化率，没有一个系统不自主化。地铁信息化的飞跃是从深圳开始的。第二，超越式的创新一般是自觉行为，是野生的，效益取决于突破的程度，它绝不是按计划、按项目下去的。跟随式创新的层次不可能超越别人，国内外无一例外。第三，关系到国际民生的重大创新，用户是创新的主体。美国国防部是世界上先进武器的创新主体；地铁业主是城市轨道交通的创新主体；铁道部是中国高铁的创新主体。关于国际化问题，出口应该…族复兴的战役，谁来当头的问题解决了没有…铁出口就应该是铁路总公司牵头，其他牵头…应该是地铁建设和运营总公司牵头，施展…户本身，战略上一定要解决谁是头的问题，…的问题，这是根本的问题。高速公路为什…台湾有个《促参法》，就是促进民间资金参与…只要实行BOT形式，主体、资金、技术、人才…资源都是你的，建议我们大陆借鉴台湾的《促…

■供应商：为用户提供放心的产品与服务

中国南车国产化自主化的发…

□ 中国南车总裁助理 苗永纯

这几年我们国家城市轨道交通的发展还是比较快的。有这么三点体会。第一，是企业要多渠道提升创新能力，加快技术引进消化吸收，加快创新步伐，对标国际一流企业；第二，就是整零（整车和零部件）互保，没有部件子系统的自主就难有整车的创新，没有整车的市场占领，就没有部件子系统的发展壮大。这些年我们生产整机的同时，自主研发牵引、制动等关键系统，部件迅速跟进，整零互保，核心先行，抓住牵引系统这个牛鼻子，从…流；第三，就是逐步实现从引进来到走出去的…求，走出去是发展的必然。近几年中国南车自…有自主知识产权的产品，在海外城市轨道展上…等国家的地铁定单，实现了南车跨出国门的多…

中国北车正在实现两个…

□ 中国北车城轨事业部副总经理 王浩

现在北车基本上在做两件事，开展两个转变。第一个转变是从单一的供货商转变成综合的服务商，以轨道装备为核心为城市轨道交通提供系统的解决方案，不光是说提供车辆，不只是研究车辆制造的技术，而是研究城市发展的需求和城市经营的要求。我们在沈阳做了一个尝试，为沈阳市浑南区建设有轨电车的公交系统，那是我们…个转变，就是从国产化到自主化到国际化…什么样的区别，最基本的一个特点是"在中…是"在国外"。在国外意味着你的供应链在…

寻找城市轨道…

——"创新驱动与城市轨…

[illegible]……广泛等的郭春海教授。在对郭春海的采访中记者了解到，中国地铁、城域的轨道交通的国产化自主化工作10多年前就开始了，自主创新的国产化[illegible]……

"自主创新技术急需解决最后一公里——施仲衡院士谈城市轨道交通技术自主化"；

"政产学研用，关键还在用——中国城市轨道交通协会副会长宁滨访谈"；

"在关键核心技术上自主——北京市科委推进城市轨道交通CBTC技术纪实"；

"首台套后等隐忧——城市轨道交通技术自主化采访手记"。等等。

[illegible]

重庆单轨采访引发多制…

2013年12月12日，本报以重庆跨座…在重庆召开"创新驱动与城轨交通多制式…业家，以及主管部门负责人共聚一堂，围…问题展开热烈讨论。

当时，地铁在我国已经建成的城市轨…[illegible]

主化到国际化

国产化15周年新闻交流研讨会纪要

走向国际化。为了总结我国轨道交通行业国产化自主化和国际化的成功经验，揭示有关企业通过自主创新实现科学发展、绿色发展、集群发展的秘诀，科技日报派出记者对我国的城市轨道交通行业进行了连续两年的调查采访，先后以"创新驱动与信号系统国产化"、"创新驱动与多制式协调发展"、"创新驱动与国产化15周年"三个专题，在科技日报进行了三次系列报道，刊登系列文章30多篇，引起广泛社会反响。为了从媒体的角度，对我国城市轨道交通行业国产化自主化的成功经验进行总结，探索中国企业走出去的成功之路，11月28日，科技日报召开"创新驱动与城市轨道交通国产化15周年新闻交流研讨会"。现综其要者，以飨读者。

系统没有实现国际化，我们就必须依赖国外的供应链。这种"在国外"的国际化目前取得一个初步的成果，就是大家都知道的波士顿地铁项目。波士顿项目的成功意味着我们至少已经开始在国外建立起了我们自己的供应链，因为根据美国的法律，美国的公共设施必须60%的设备购买美国本地生产的产品。国际化也好，国产化也好，自主化也好，市场竞争是需求竞争，不是技术的竞争，技术要服从于市场需求。因为发达国家不缺技术，也不缺钱，缺的是市场经营的智慧。没有这个智慧，在当地你根本不可能混，这就是我们多少年在海外市场上摸爬滚打的经验。

自主化之后还要降低成本提高服务水平

□ 中国铁科院机车车辆所所长 孙剑方

第一是感谢《科技日报》举办这次活动。第二到现在为止，制动系统，刚才施院士讲的，实际上我们已经不光是地铁了，重庆单轨现在几乎全部使用我们的制动系统，我们直线电机车辆的制动系统也在广州推广应用。从我们机辆所的角度看，整个城市轨道交通里头，不同的制动系统都已经开发完了。地铁车辆制动系统包括车控和驾控，已经在13个城市得到推广，主要城市都已经得到推广。第三，就是希望将来各位业主继续给我们长期的支持，因为目前我们在中国市场占有率达到了50%左右，希望大家像深圳的简总和重庆的范总一样，给我们长期的支持。第四，我们自己要继续好好做，不仅仅国产化自主化，还要降低成本，控制质量，提高服务水平，让用户满意。

政府搭台让关键用户参与创新过程

□ 北京交控董事长 郜春海

首先，无论是产学研结合或者政产学研用协同，政府要搭台，因为咱们做的是公共事业，政府如果没有政策，用户也好，产学研也好，没有太大用处。信号技术走到今天，北京市、科技部立项，用户得作为一个主体，从一开始就被拉进来。我们现在不管做什么项目，北京地铁包括建管公司、运营公司、投资公司三家，都在概念提出的时候就把他们拉进来。其次，咱们做自主化，不要封闭起来做。我们做信号系统的时候，包括性能指标、功能、安全评估，应该走国际化的路子，因为我们最终还是要走出去的。第三，有一个产业链整合的问题，要做更多的标准化工作。咱们的标准是什么？过去没太多经验的人做标准，现在应该反过来，应该让真正懂行和有经验的人花大力气去做标准。从地铁开始建设到运营，已经15年了，达到4分钟间隔的线路不到一半。就这一半的线路来说，每条线如果在开始建设的时候，都按两分钟来设计，这一条线的钱可以建两条线。相当于这15年投资的钱可以建两倍、三倍的线。现在大家都在说一个互联互通的概念，基于互联互通的移动闭塞效率更高，这是信号技术的发展方向。

关键零部件国产化自主化势在必行

□ 北京天宜上佳董事长 吴佩芳

我们企业研制生产的刹车片作为轨道交通车辆的关键零部件，主要应用在轨道交通车辆，如地铁车辆、动车组和高铁列车。过去高铁刹车片主要依靠进口，在采购价格和交货期两个方面始终不能自主。一方面，供应价格上国外供应商拥有完全定价权。由于市场需求的不断扩大，价格水涨船高，有时候一个月一个价。另一方面，这些国外供应商在交货期上越来越苛刻，几乎全由他们说了算，经常出现严重拖延，而且动辄以停止供货相要挟，使国内使用单位深切感受到了受制于人的痛苦滋味。在中铁总公司和中国铁科院机车车辆所的大力支持下，我们公司成功研制生产出地铁车辆和高铁刹车片，从根本上改变了这一状况。研制生产刹车片，从推动到应用是一个艰难的过程，就刹车片来讲，虽然它小，但是一直被进口产品垄断，属于具有战略意义的关键零部件，应该说国产化势在必行。但是从用户的角度来说，使用国产化自主化产品，除了应该要有严格的管理监控，确实还要有胆识和战略眼光，所以对于铁科院和中铁总公司我们十分感激。从国产化到自主化到国际化是一个相对漫长的过程，经过几年的摸爬滚打，应该说我们在专业技术上有了一些自己的理解和创造。作为一个民营企业，我们在自己的专业领域里，应该持续坚持创新，为我们的业主，为我们的客户，提供优质的服务保障，这是我们应该做到的。

在中国自动化领域创造世界品质

□ 北京和利时系统工程公司副总裁 李剑

成立30年来，我们和利时一直坚持自主研发、自主设计、自主制造，通过三个"自主"让国产化的技术达到了国际水平，让国产化的产品在国家重大工程、重大项目上获得广泛应用，在让企业自身获得发展壮大的同时，也推动了国家的装备水平达到了世界水平。和利时在传统工业化改造和转型升级过程中扮演了国产化的重要角色，在石油化工、大型火电、大型核电、煤炭、冶金、精细化工等高端工业领域和高速铁路等高端装备制造领域，突破了国外控制系统的技术壁垒，承接和实现了很多国家重大装备国产化的攻关课题，在国家关键项目和关键装备中实现了产业化应用，得到了神华集团、大唐电力、中广核、中石化、中石油、中海油等一批大型企业集团的支持和认可，同时还与世界500强化工巨头BASF、DEGUSSA等知名跨国集团开展了合作。这几年随着行业的发展，我们在自动化领域逐步站稳了脚跟，在高速铁路、城市地铁、核电站等重大工程上取得了优异业绩，相继开发出了一系列的安全产品，并得到规模化应用。和利时的工业控制系统还成功应用在包括百万核电站、百万超超临界火电站等大型装置中。

■专家学者：面向未来的建议与告诫

建议在科技领域推广公私合作伙

□ 中国科技发展战略院副院长 郭铁

技术国产化、国际化的关键在体制。好的体制可以使好的技术迸发涌流，不好的体制会使好的技术胎死腹中。北京等城市轨道交通技术国产化的成功，主要原因就在于采取了国际先进的公私合作伙伴(PPP)创新模式。PPP创新模式是以企业需求为基础实现国家目标，政府、企业、社会共同投资，共担风险、共享收益。这里"公"指政府，"私"指企业等社会组织。北京市最早建设高速公路，到近年建设奥运场馆，都采取了PPP模式，具有丰富

中国企业走出去要汲取

□ 国务院发展研究中心研究员 罗雨

国家领导人出访的时候，高铁和轨道交通是重点推广的领域。从对外投资的角度来看，我们现在对外投资规模已经成为全球第三。今年我国对外投资会超过国外资本的投入，咱们海外利益的保护也是一个非常重要的问题。在开放方面，上海自贸区正在探索一些适应更高水平的机制，未来开放是一个更大范围的开放，这是一个不可逆转的趋势。我们的国产化发展确实发挥了很大的作用。但是从利益交换的角度来说，如果过于强调国产化率，当咱们中国企业走出去后，东道国也会强调国产化。中国企业发展到今天，在国际国内市场上应该有这样的自信。在国际化上，建议中国企业继续提高自己的研发

国内国外市场的风险

□ 商务部研究院副主任

中国的轨道交通一定要有国际化的视野，向国际化发展。我觉得这个其实有一个内在压力，也有一个外在机遇。从内在动力来说，一方面已经具备资金、技术、装备、施工方面很多优势，像南车和北车，这些年在国外不断有所突破，不断有捷报频传。另一方面，金融危机之后，无论是发展中国家还是发达国家，对基础设施建设的需求非常强烈，他们希望通过基础设施来改善自己的经济结构，提升自己的投资环境，吸引更多的外资进入。我在调研过程中发现，可能因为我们国内的市场太大了，很多企业对走出去的动力还不是很大。实际上我们未来几年将加入《政府采购协议(GPA)》(世界贸易组织WTO的一项诸边协议，目标是促进成员方开放

建立以本土企业为主导的产业链

□ 清华大学教授

中国搞自主创新，但是很多时候我们的用户不愿意用国产的东西。一个国家处于追赶的时候，用户不买自己国家的产品，国外的做法就是保护自己的产业，也就是国产化自主化。无论是什么原因，如果本土的用户不用本土的产品，那么这个国家是发展不起来的。要建立以本土企业为核心为主导的产业链和产业知识体系。这里最核心的东西，就是用户要用国内生产的产品。以前搞国产化是对的，但是国产化不够，所以后来提出来自主化。自主化发展下去，肯定需要对原来的政策做相应的调整。有些行业可能不容易落实这样的政策，但是城轨行业不一样，因为这是你国家掏钱，政府掏钱的行业，我们有这

交通国产化追梦人

国产化15周年新闻交流研讨会"侧记

本报记者 冷德熙

业主单位也参加了会议。与会企业还包括一批参与重庆单轨工程建设的大型企业集团，如中国北车集团、中国南车集团、中铁电气化局集团、中国汽车工程院、中国城建院、中国船舶重工集团、重庆机电控股集团、华渝电气集团，等等。

会上国家发改委基础产业司巡视员李国勇的讲话，代表了行业主管部门对于重庆跨座式单轨交通的态度，同时具有行业导向性："重庆的跨座式单轨，是一种非常好的轨道交通模式。从国家层面上讲，我们态度很明确，就是支持因地制宜多制式协调发展。"

会前，中国城市轨道交通协会会长包叙定在接受采访时表示，我国城轨交通的发展，应该从市情出发，根据不同区域交通需求特点，因地制宜地选择地铁、轻轨、单轨、现代有轨电车、市域铁路和中低速磁浮交通等不同制式，多制式协调发展。

化是人家的国际化，而今天我们的国际化正是东道国的国产化。11月28日的研讨会，以"从国产化到自主化到国际化"为题，目的在于总结国产化自主化的成功经验，探索升级版国际化的发展新路。

国产化15年是中国城市轨道交通引进消化吸收和自主创新的15年，是中国城市轨道装备产业不断发展壮大的15年。15年中，一批关键核心技术被攻克，轨道车辆和信号、牵引、制动等一批重要系统装备实现完全自主化，中国北车、南车、铁科院等一批重要行业企业发展壮大的历程，是这个行业国产化自主化国际化的成功典范。

第三篇　从国产化到自主化到国际化

——“创新驱动与中国城市轨道交通国产化 15 周年”专题调查

技术引进如果没有消化、吸收和自主研发，必将导致长期的技术依赖。引进先进技术的同时，不能放弃自主研发和自创品牌的权利。否则，不但市场和利润都是人家的，技术上也将永远受制于人。

——中国铁科院机辆所所长　孙剑方

为什么要国产化？对于现代化初期的国家来说，这其实是一个国际性的问题。当年的日本是这样，韩国是这样，中国也得这样。因为不这样的话，什么都靠进口，谁也玩不起。

——原国家发改委副主任、国家能源局局长　张国宝

引 子

2012年记者在教育部采访，了解到部属行业高校北京交通大学近年产生一项重大科技成果，其经济和社会价值为改革开放以来高校成果中所罕见。它就是基于无线通信的列车控制系统（英文简称CBTC），俗称地铁信号系统。同时记者还听说，就是这样一项重大技术成果却推广不畅。

2013年年初，记者找到北交大具体承担这项科技成果研制和产业化推广任务的部春海教授。在对部春海的采访中记者了解到，中国地铁，或城市轨道交通的国产化、自主化工作在10多年前就开始了，自主创新的国产化设备销售不畅的关键原因是业主或用户不敢放心使用。

城市轨道交通关系着国计民生，关系着千百万乘客的生命安全，因此对设备安全的质量要求特别高。多年来，我国的轨道交通装备产业国产化工作卓有成效，但是对于业主来说，使用国际品牌的进口设备，比使用经验不足甚至没有工程业绩的国内产品让人放心。国产化、自主化固然重要，但谁也不愿第一个吃螃蟹。这仍然是一个科技成果转化难的老问题！但这是一个科技成果在产业化之后如何被用户使用的“最后一公里”的问题。为此记者开始了一次围绕“城市轨道交通国产化与自主创新”专题的系列采访，并召开有政产学研用多个方面重要人士参加的行业专题座谈会。

2013年年底，地铁在我国已经建成的城市轨道交通中占比高达84%，远高于国际上1/3左右的比例，直接带来有关工程造价过高、建设周期长等一系列问题。重庆市轨道交通集团通过引进、消化、吸收和自主创新，建成了我国第一条跨座式单轨交通示范线2号线，和世界上最长的跨座式单轨交通3号线，同时建成一个百亿元级的跨座式单轨交通产业，探索出一条多制式协调发展的成功之路。重庆的经验如果能为国内其他城市了解并予以借鉴，对于中国城市轨道交通的多制式协调发展无疑具有重大意义。为此，记者又于这一年下半年做了一次专题调查采访，并召开有多个方面重要人士参加的专题座谈会。

2014年是中国城市轨道交通行业国产化政策颁布15周年。为了了解这个行业15年来国产化和自主创新的重大成就，总结他们在引进、消化、吸收、集成创新的同时，在自主化原始创新方面取得的经验，记者又对该行业一些主要装备制造的情况进行了专题调查，取得了许多第一手的行业资料，写成了系列采访报道。并据此召开了一次针对该行业国产化15周年的巡礼性专题座谈会。在座谈会上对上述三次采访都进行了系统回顾。后来记者一次到青岛四方采访，该公司一位中层技术负责人拉着我的手说："你和你的媒体为我们行业做的事，我们都知道，很感谢。"一句"我们都知道"当时让我感动不已。

连续三次专题性系列调查采访，接触到许多十分感人的故事。这些故事在《寻找城市轨道交通行业国产化追梦人》一文中有具体讲述，在此不赘。

核心提示

关键设备的国产化和自主创新是一个硬币的两面，没有自主研发就没有成功的国产化和自主化。中国的现代化必然伴随着对西方先进技术的引进过程。引进的同时应该大力开展消化、吸收与自主研发。我国改革开放初期，由于经验不足，有的行业出现一味引进，在与外方的博弈中放弃了自主研发的权利，给后来的行业发展带来后患。制动技术的引进、消化、吸收和自主研发较好地汲取了前人教训，为后来者创造了成功的经验。

大院大所的专家群体需要具有市场眼光的企业家精神。制动技术研制成功后，如果没有进行产业化的投资和市场化的努力，铁科院不可能有今天的百亿元企业；中国不可能有今天完全自主化的制动技术和产业。

自主研发呼唤创新自信。创新自信既包括创新主体的创新自觉和自信，也包括广大用户和业主对创新过程的参与和积极推广使用。国产化、自主化技术需要敢于第一个吃螃蟹的用户和业主。制动系统是一项对于安全质量要求极高的技术，当初如果没有天津、沈阳、北京等一批地铁业主对推进城轨技术国产化、自主化的紧迫感和责任感，对国产自主化技术创新的参与和支持，敢于第一次使用自主研制的制动系统，自主化制动技术不可能取得市场的成功和技术本身的不断完善。

需要特别提出的是，在制动技术的国产化、自主化过程中，行业主管部门和有关行业协会发挥了政策指引、行业引领和技术指导的作用。而由于城市轨道交通的专业特性和行业特点，这些作用显得更加不可或缺。

2014 年 10 月 31 日　星期五

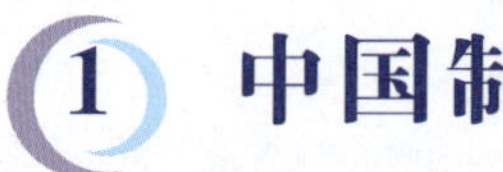

1 中国制动

——中国铁科院机车车辆所制动系统开发纪实

编 者 按

1999 年，国务院办公厅转发当时国家计委（即后来的国家发改委）《关于城市轨道交通设备国产化的实施意见》，首次提出城市轨道交通建设的车辆和机电设备的国产化率不得低于 70%。2014 年是这一国产化政策文件颁布 15 周年。与某些行业的技术引进和国产化不同，轨道交通行业的技术引进，在消化、吸收国外成熟技术的基础上，将国产化与自主创新紧密结合，走出了一条自主创新、进口替代和国际化的成功之路。

中国铁道科学研究院（下称“铁科院”）机车车辆研究所（下称“机辆所”）是我国轨道交通车辆制动系统的主要研制生产单位之一。其所自主研制生产的车辆制动系统，目前在国内城轨列车、重载机车、高速列车和动车组（与外商合作）、铁路货车等轨道运输市场上的覆盖率，已经分别达到70%、75%、60%和30%的比例。制动系统过去主要由国外企业垄断市场的局面已完全改变。

“技术引进如果没有消化、吸收和自主研发，必将导致长期的技术依赖。引进先进技术的同时，不能放弃自主研发和自创品牌的权利。否则，不但市场和利润都是人家的，技术上也将永远受制于人。”机辆所所长孙剑方说。

从第一单到占比七成

铁科院机辆所从事列车制动系统的研制、开发、生产和销售，具有悠久的历史。但是生产和销售城轨车辆制动系统，是从21世纪初开始的。曾经担任主管市场销售副所长的李学峰，回忆起当初的研制、开发和市场化，至今还记得，每走一步都不轻松。

有了产品之后，要使之成为商品，关键是必须有人购买，有人第一次吃螃蟹。车辆制动系统，不同于一般商品，直接关系着高速运行的列车能否及时停下来。城市轨道交通列车还有别于一般的铁路机车。以地铁为例，地铁列车虽然速度不如高铁快，但是地铁车站多，停车频繁。如果制动系统不能让列车及时停下来，列车就会误站误点。现实中大家都知道关键核心技术的国产化很重要，但是谁都不敢第一个购买和使用国产设备，不希望做第一个吃螃蟹的人。

国家《招标投标法》规定，大型项目工程所需设备必须通过招标和投标来购买。而没有成功的工程业绩，设备制造供应商是不能参加招投标的。从没有任何业绩，到有了工程业绩，从读不懂工程投标的标书到多次参加投标陪榜，从2005年机辆所制动系统产品通过国家行业技术验收到2007年夏天，整整2年时间，机辆所制动系统一套没有卖出！

但是，2007年秋，一个收获的季节。沈阳地铁2号线开始招标。经过周密的调查研究和战略策划，竞标的主要对手败下阵来。沈阳地铁成为第一家敢于使用国产制动系统和牵引网络系统的国内轨道交通建设运营方。

沈阳地铁成为第一个吃螃蟹的人！沈阳地铁公司向中国南车集团定制的20列车，每列6辆编组，共120辆，全部使用机辆所研制生产的车辆制动系统。

沈阳之后，北京市地铁建设管理部门对制动系统的国产化做出特殊贡献，曾经一次订购房山和昌平两条线路全部列车的制动系统，合计288套。由于后来的运行状况一直不错，北京市再建的地铁线路几乎全部购买的是机辆所的车辆制动系统。国产制动系统在北京实现了全面进口替代！

北京之后是重庆。重庆之后是武汉。武汉之后，机辆所又相继拿下天津、成都、深圳等城市的制动系统市场。2012年，广州地铁集团也对国货投了信任的一票！……

就这样，在城市轨道交通列车制动领域，外国公司长期以来垄断中国市场。自从机辆所的车辆制动系统研制成功，短短数年间，国外公司的市场份额不断缩小，其中日本和法国两家公司不得不完全退出中国市场，自主品牌的制动系统已经占有接近70%的份额。

没有国产化就没有后来的自主化

对于轨道交通行业而言，车辆制动系统是让列车减速和停车的设备，是最重要的关键核心技术之一。任何一辆列车，可以开不动，不能停不下。速度越高的列车，越要能够及时准确地慢下来和停下来。所以，车辆制动系统是“生命的保护神”。

所谓国产化，实际上包含两个内容：一是重要设备要实现在国内制造生产，或进口国外零部件国内组装，一些国外公司在国内设立的合资企业生产组装的设备也属于这个范畴；二是要实现关键核心技术的自主创新。这种国产化又称自主化，实际上是国产化所追求的深一层目标。

◆ 城轨列车的架控制动控制装置（图片由车辆所提供）

新中国成立后，我国的铁路都是从国外进口的“万国牌”。车辆开起来后，不同的车辆有不同的制动机、不同的制式、不同的停车方式。

铁科院是我国铁路行业唯一的综合性科研机构，成立于1950年。机辆所是铁科院几个主要的研究所之一。当时的军管会让铁科院把全国搞制动的业内专家集中在一起，把不同车辆的制动方式统一起来。为此，铁科院集中了当时全行业的专家专门成立了机务研究组。这就是后来的机辆所的前身。

计划经济时代，中国的列车时速一般从40到90公里不等，像当年中国的经济一样缓慢前行。直到20世纪90年代，中国没有真正的高速列车。1993年，广州深圳之间建成中国第一条准高速铁路，最高时速140公里。当时在行业内部，许多人最关心的问题是：“这么快的列车能停下来吗？”

也就是从那时起，我国的城镇人口迅速增长，城市规模不断扩大，交通拥堵现象日渐严重。为此，当时国家利用国外贷款分别在北京、上海、广州建成3条地铁示范线。由于采用了大量的进口机电设备，综合造价高达每公里6亿至8亿元人民币，高出了世界上许多国家和地区地铁造价的平均水平。

为此，国家一度停止了一些地方城市轨道交通（地铁、轻轨等）建设的审批，进而制定了地铁车辆及其机电设备的国产化政策。

正是在一片荒原上，机辆所开始了轨道交通列车制动系统的技术引进和研制开发。现任高速动车组制动系统国家实验室主任李和平研究员，至今还记得，当时研究所决定，由他和现在已经退休多年的林祜亭研究员负责，带领五六个年轻人，开始了首先对地铁列车制动系统、然后对各种轨道交通列车制动系统的研究开发。机辆所车辆制动系统现代学科的建设和技术开发从那时真正开始。

国产制动技术的体系化与产业化

2005年2月，机辆所开发的车辆制动系统通过了国家发展改革委委托铁道部科技司对该所进行的技术鉴定。此后，国产制动系统在天津滨海快轨线路上进行装车运行考核。

2007年2月，最后一次专家评审组认为，该系统的各项技术指标达到了国外同类产品的水平，满足安全性、可靠性、可维护性等要求，已具备推广应用的条件。作为使用单位的天津滨海快轨发展有限公司，对国产制动系统的运行表现给予了极高的评价，此后还购买了5列车的制动系统，这标志着我国城市轨道交通设备国产化向前迈进了一大步。

在城轨车辆制动系统研究开发的同时，在当时铁道部的支持下，机辆所也开始了国外高速列车制动系统的引进、消化、吸收和自主研制工作。

据主管副所长李万新介绍，到2008年，通过技术引进和合作开发，机辆所高铁制动系统的研制生产体系就已具雏形。目前，该所已经建成包括高铁制动系统在内的三个国家级工程实验室，其中1∶1制动动力试验台居世界先进水平。

由于坚持了自主研发创新的原则，目前高铁制动系统的基础制动部分（制动盘、制动夹钳、闸片）已经完全国产化，时速200公里以下动车组已经实现自主供货；车体上的控制软件和网络部分也已经完成自主开发，已经在混合动力动车组、城际动车和市域列车推广应用。自主研制生产的高速列车制动盘试验时速可达550公里，已经完成60万公里的空载、载货、载客考核实验。在时速350到380公里的高速列车上，国产制动系统控制部件已经完全实现进口替代，从而为最终实现为中国标准动车组提供完全自主化的制动系统做好了准备。

迄今为止，铁科院机辆所已经建成一个涵盖城轨列车、重载机车、高速列车和动车组（与外商合作）、铁路货车的列车制动技术体系和产业系统。建立在此基础之上的系列制动设备，正以其特有的国产品质和商誉，驰骋在国内轨道交通市场，并迅速走向国际。

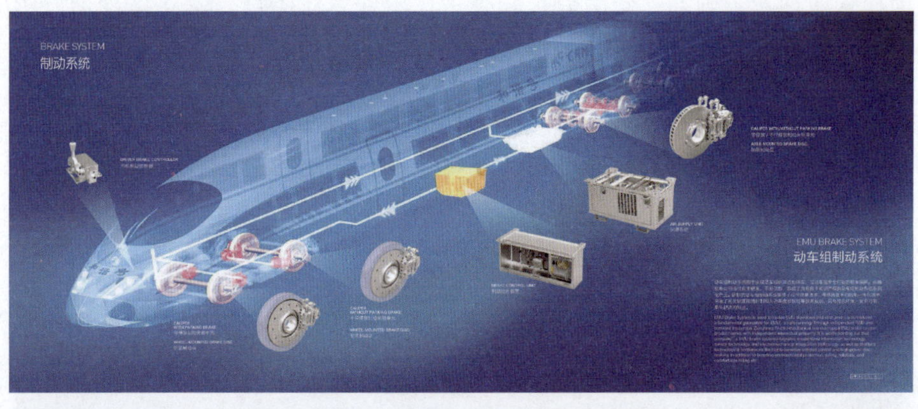

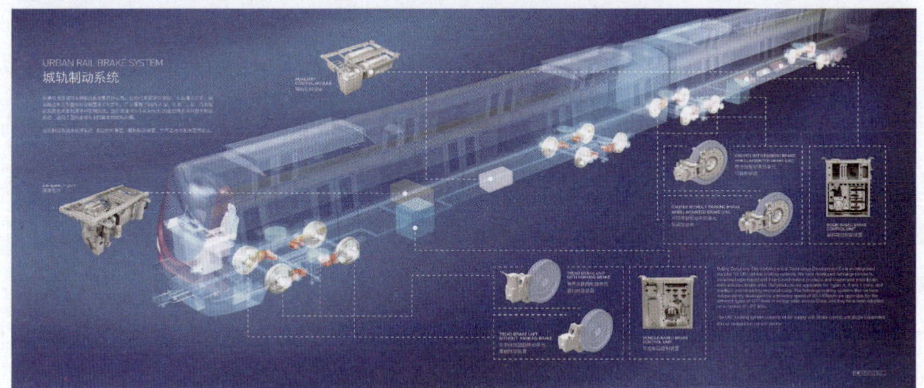

◆ 铁科院机辆所的列车制动技术广泛用于城轨列车和高速列车

(配发短评) 国产化推进城轨交通自主创新

关键设备的国产化和自主创新是一个硬币的两面，没有自主研发就没有成功的国产化和自主化。我国改革开放初期，由于经验不足，有的行业出现一味引进，在与外方的博弈中放弃了自主研发的权利，给后来的行业发展带来后患。制动技术的引进、消化、吸收和自主研发较好地汲取了前人教训，为后来者创造了成功的经验。

大院大所的专家群体需要具有市场眼光的企业家精神。制动技术研制成功后，如果没有进行产业化的投资和市场化的努力，铁科院不可能有今天的百亿元企业，中国不可能有今天完全自主化的制动技术和产业。

自主研发呼唤创新自信。国产化、自主化技术需要敢于第一个吃螃蟹的用户和业主。制动系统是一项对于安全质量要求极高的技术。当初如果没有天津、沈阳、北京等一批地铁业主对于推进城轨技术国产化自主化的紧迫感和责任感，对于国产自主化技术创新的参与和支持，敢于第一次使用自主研制的制动系统，自主化制动技术不可能取得市场的成功和技术本身的不断完善。

在制动技术的国产化、自主化过程中，行业主管部门和有关行业协会发挥了政策指引、行业引领和技术指导的作用。而由于城市轨道交通的专业特性和行业特点，这些作用显得更加不可或缺。

2014 年 11 月 02 日　星期日

中国牵引

——南车株洲所城轨关键设备自主开发纪实

编者按

对于中国的相关企业来说，要有业绩就必须首先参加工程投标；不让参加投标就永远不会有成功的工程业绩。这就像一个古老的哲学命题，有了鸡才有蛋，但是鸡又是鸡蛋孵出来的，有蛋才有鸡。先有鸡还是先有蛋？中国牵引是如何破解这道哲学难题的？

今年9月，中国南车株洲电力机车研究所有限公司（下称“株洲所”）旗下时代电气公司一举击败国内外众多强劲竞争对手，拿下北京市场66列400辆地铁列车牵引系统5亿元订单。这是该公司在北京市场中标房山线、7号线牵引系统之后的又一次重大斩获，体现了自主牵引系统在国内北上广深一线市场的影响力，为国内外同行树立了新的标杆。

株洲所是国内从事电力牵引系统开发生产的应用型研究所，拥有 50 多年的从业历史。我国京沪高铁曾跑出时速486.1公里的世界铁路最高运营速度，其牵引和网络控制系统就是株洲所提供的。2007年我国高速动车组投入运营以来，株洲所提供了其中半数以上的牵引电传动和网络控制系统。

就是这样一家在铁路交通行业具有辉煌历史的企业，在已经在铁路行业确立稳固地位的21世纪初，当它将自主开发的城轨列车牵引系统，面向地铁、轻轨等城市轨道交通领域进行推广应用的时候，却遭遇了不少的尴尬。

鸡生蛋还是蛋生鸡？城轨交通自主化牵引系统的市场遭遇

株洲所旗下时代电气公司与北京、上海等城市渊源颇深，株洲所人始终感谢这些城市的地铁建设管理和运营部门，对于自主创新电气牵引系统推广应用的每一次支持和助力。“没有业主的支持和助力，关键核心技术的国产化和自主化几乎是不可能的。”株洲所副总经理、总工程师冯江华说。

1999 年，国务院办公厅转发国家计委《关于城市轨道交通设备国产化的实施意见》，提出支持发展国家轨道交通装备制造业的“国产化”政策，同时指定一批企业和科研院所作为相关技术装备的研制归口单位。当时的株洲所就是城市轨道交通车辆牵引系统的研制生产和归口部门。

但是，国家《招投标标法》规定，任何城市轨道交通装备的生产企业参加工程招标之前，必须有成功的工程业绩。没有业绩，任何单位不得参加工程的设备竞标。相对于刚刚兴起的中国城市轨道交通事业来说，当时许多设备生产商都没有业绩。

对于中国的相关企业来说，要有业绩就必须首先参加工程投标；不让参加投标就永远不会有成功的工程业绩。这就像一个古老的哲学命题，有了鸡才有蛋，但是鸡又是鸡蛋孵出来的，有蛋才有鸡。

必须找到新的办法。不然，国产设备就没有出头之日。当时推进地铁机电设备的国产化已经成为业内共同的心声，注意到当时的北京地铁管理部门正在培育本地车辆制造企业，当时的株洲所负责人向有关单位发出倡议，有关主机厂和设备系统研制单位应该和业主开展合作，在业主单位支持下开展自主轨道交通关键设备的生产、考核和试运行。

据冯江华回忆，倡议在当时得到多方响应，最后大家研究决定，由北京地铁建设管理部门牵头，由长春客车厂和北京的京车装备公司各生产 3 节车辆合成一列车，由株洲所和中国铁科院分别供应牵引和制动系统，在北京地铁线路上进行考核试运行。

北京地铁建设管理部门对此给予了大力支持，安排这列试验列车在 9 号线上跑了 1 年，先是空跑和装沙跑了 5 万公里，然后又载客跑了 2 万公里。一年下来，株洲所的牵引系统、长春客车厂和北京的京车装备公司的地铁车辆都有了工程业绩。国产化终于迈出了关键的一步！

机遇又一次降临准备好的人。2007 年上海地铁一号线一辆已经运营 12 年的列车在事故中撞坏，需要维修。上海地铁方找到车辆国外供货方。该公司提出，由于车型久远不再生产，维修费用会等同于购买一列新车。了解到这一重要信息，株洲所派人找到上海地铁业主，表示可以提供免费维修，条件只有一个，就是将车辆的牵引系统全部换装成株洲所的国产牵引系统。换装了国产牵引系统的地铁列车，一年后跑了 10 万公里，各项性能指标全部达到原来的进口系统标准。原来国产系统并不比进口系统差。为此，上海地铁已经运行 12 年的其他线路，全部换上了株洲所的牵引系统。

2010 年，世博会在上海召开。上海地铁运营管理方在世博会地铁线上，安排 3 列车分别装上外企和株洲所的牵引系统，半年时间跑下来，人们发现，在各项性能指标中，国产系统与进口系统相比不相上下。因此，上海地铁建设管理方决定，上海新建地铁线路的轨道交通车辆全部安装株洲所的牵引系统。

政策指引，业主支持，国产牵引系统终于走出困境。2008 年前全国地铁线路车辆的牵引系统全部来自进口。自从株洲牵引系统进入市场，这种国外公司的垄断局面被打破。目前株洲所生产的牵引系统占领全国牵引市场的七成以上。

从自力更生到自主创新：中国牵引技术的王者之路

20 世纪 60 年代以来，我国实行“独立自主、自力更生”的科技发展战略。在此战略指引下，株洲所曾经参与了“韶山”系列铁路机车的技术开发。此后又开始了小功率交流传动技术的实验研究。20 世纪 80 年代中期，株洲所“交流-直流-交流”变流器异步电机研究成功，创造了当时国内交流电传动系统的最高功率。

20 世纪 70 年代，西方发达国家的轨道交通开始对电力牵引技术进行研究开发，10 年之后的 80 年代中期，这一技术被广泛推广应用。但迄今为止，这项技术仅为西门子、庞巴迪、阿尔斯通等少数跨国公司掌握，至今不对中国转让。

牵引系统包含传动和网络控制两大关键技术，具有功率大、速度高、节能环保、运营经济等优点，是现代机车车辆的心脏和大脑，业内被称为“机车之芯”，是一个国家轨道交通装备水平的重要标志。

为了打破西方少数跨国公司对于铁路关键核心技术的垄断，从 20 世纪 80 年代以来，株洲所先后投入 30 多亿元，历经几代人的努力，创立了一个以牵引电传动技术为核心的技术开发平台和产业链，为我国的轨道交通及其装备制造业提供了强大的技术支撑。

首先是主持研究铁道部“电力机车三相交流传动地面试验”重大课题，并与兄弟单位联合研制成功 Ac4000 交流传动电力机车原型车，此后又相继启动了高性能交流传动控制技术、中大功率 IGBT 主变流器等系列牵引电传动核心技术研究，先后开发出“熊猫号”“蓝箭号”“中华之星”等多种型号电力机车。

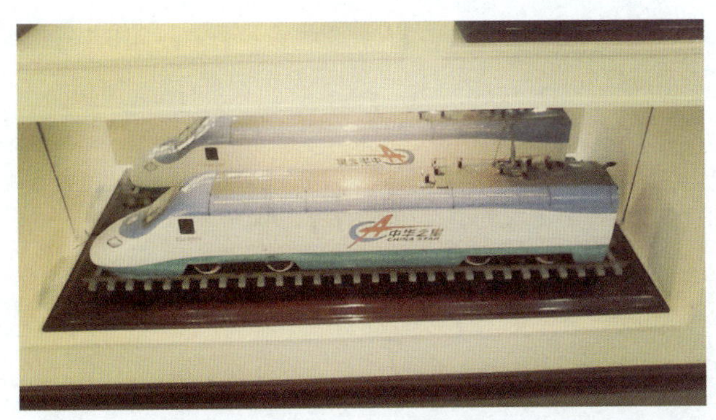

◆“中华之星”等高速列车是中国自主研发高铁的开始（采访时拍摄模型）

进入新世纪以来，以丁荣军为代表的创新团队积极响应自主创新的时代号召，将原始创新、集成创新和引进、消化、再创新紧密结合，创造性地发明了以两点式和异步电机为主、兼有三点式和同步电机的全新牵引技术模式。在中国铁路从普载、常速，到重载、高速的时代性跨越中抢占技术制高点。

在新一轮高铁技术项目攻关中，株洲所独立承担牵引变流器、网络控制技术等三大关键技术，成功解决了高速动车组要求变流器“功率大、体积小、质量轻”的技术难题，再次确立了自己在行业牵引电传动和网络控制技术领域的王者地位。

2010 年以来，随着中国高铁建设进入高峰期，株洲所研制生产的牵引传动系统先后中标京沪、武广、郑西、沪杭等高铁线路，成为国内高铁项目最大的牵引系统供应商。

2010 年 12 月 4 日，世界上最长的京沪高铁试运营，由株洲所提供牵引、青岛四方公司生产的动车组跑出了时速 486.1 公里的世界铁路最高运营速度。

50 多年来，株洲所迈着坚实的步伐一路走来，从成立之初“自力更生”的实践者，到改革开放早期“技术引进的先行者”，再到新时期成为“自主创新的引领者”，不断推进我国轨道交通装备的牵引控制技术进入世界强国之列。

到 2013 年为止，作为中国南车集团排位第三的一级子公司，株洲所已经在国外进行过三次跨国并购，拥有三家上市公司，年产值 160 多亿元，产品已经遍布世界 30 多个国家和地区。

2014年11月12日 星期三

3 龙行天下

——北车长客公司城轨列车创新纪实

编 者 按

炎黄龙身。龙在中国传统文化中具有特殊地位。在当今世界上，龙实际上经常成为中国人、中国文化、中国制造的象征。在当今国际轨道交通市场上，长客的动车组、城轨列车广受欢迎，是一条活力四射的中国龙。作者正是在此意义上，将“龙”这一崇高的文化意象附着在长客这样一家具体企业及其产品的身上。

传说五帝之一的帝喾曾经巡游长白山，后来更有“泰山之龙，发于长白”之说。

长白山西去400公里是吉林省省会长春。中国轨道交通车辆制造的摇篮——北车长春轨道客车股份有限公司（下称“长客”）便坐落于此。

新世纪以来，中国的高速动车组像无数白色的长龙，飞驰在960万平方公里的中国大地上；中国的地铁、轻轨、城际快轨等城市轨道交通列车（下称“城轨列车”）则像是无数的巨蟒，穿行于中国现代化的城市地下和城市之间。

一列列高速动车组、城轨列车从长客开出，有的纵横驰骋在祖国的神州大地上，有的已经漂洋过海，行驶在遥远的美洲大陆腹地、辽阔的非洲草原和繁华的澳大利亚城市与乡村。

自多年前从这里开出了共和国第一列地铁列车，到今天为世界上众多国家的地铁线路提供轨道客车，长客的城轨列车从简单的“中国制造”走向“中国创造”，再到今天的“中国智造”，从早期的技术引进和自主研发相结合，到20世纪90年代开始的国产化和自主化，再到今天大踏步出口升级和国际化，长客的城轨技术创新走了一条原始创新、集成创新和引进、消化、吸收、再创新相结合的自主创新之路。

一位长客老人说，在一个白昼，他梦见一条巨龙从数千年前的历史星空中飞来，在长白山下瞬间幻化成无数的长龙，飞向神州，飞向世界。

一、地铁龙种 这里开出共和国第一列城轨列车

到长客采访，工作人员会询问你采访什么。长客制造高速动车组等多种产品，但生产城轨列车的时间更长，历史更悠久。当今之时，“高铁已经是红花，城轨是绿叶”。

◆ 长客生产的中国标准动车组（图片由长客提供）

长客成立于新中国诞生不久的 1954 年。当时长客是国家“一五”计划 156 个重大项目之一，是国家最早的大型工业企业之一。

长客是新中国第一列城轨列车的生产者。1965 年，北京地铁 1 号线开始兴建，按照国家要求，地铁列车由长客生产提供。当时，西方国家对我国实行经济技术封锁，长客在一片空白的基础上，开始了新中国地铁列车的研究开发。

1969 年 10 月 1 日，标有“长春客车厂制造”（长春客车厂是长客的前身）字样的第一列直流传动地铁车辆，首次出现在首都人民面前。从此，长客也连同北京地铁一起，载入了中国城市轨道车辆制造业的史册。

60 年后的 2014 年，巴西里约举办四年一度的世界杯足球赛。世界各国足球运

动员乘坐万里之外的长客提供的地铁列车参加赛事。长客的球迷说，长客的城轨列车在轨道交通领域也参加了“世界杯”，以特殊的方式庆贺了自己公司的 60 华诞。

◆ 北京地铁最早的 1 号线列车均由长春客车厂制造（图片由北京轨道建设公司提供）

二、龙生九子 创新孕育每一个市场的宠儿

“创新是企业的灵魂。长客是国内开展城轨列车制造技术研发最早的企业。”说起城轨列车的研发，长客副总工程师杨晨辉总是充满自豪。

继北京地铁 1 号线开始兴建之后，北京地铁 2 号线 1969 年开始施工，1984 年首期开通。长客负有为首都地铁建设提供地铁客车的任务。即使在“文化大革命”期间，长客的生产和科技研发受到严重干扰，但也没有完全中断。

从 20 世纪 60 年代到 90 年代，长客为北京地铁提供的都是直流地铁客车。1998 年，通过自主研发，长客率先实现了交流传动地铁车辆技术的突破，为北京地铁复八线成功提供交流传动 B 型地铁列车（B 型车）。

地铁技术产生于 19 世纪的英国。我国到 1965 年才有了第一条北京地铁。长客虽然在 20 世纪 60 年代就具备了地铁列车的生产能力，但是向西方发达国家学习的脚步一刻也没有停止。

与 B 型车相比，A 型车具有车体宽大、运送乘客多的优点，当然技术要求也更高。国内最早的北京地铁 1、2 号线使用的都是长客生产的 B 型车，上海和广州的地铁使用的是 A 型车，却都是从国外进口的。

为了真正掌握 A 型车制造技术，在自主创新的基础上，长客通过从欧洲、日本引进样车，与庞巴迪公司建合资公司等方式，全力消化、吸收先进技术，使地铁A型车的研发和制造水平很快接近和达到世界先进水平。

2006年首辆国产A型铝合金地铁车辆成功下线，标志着长客A型车技术获得最终突破。不久之后，长客A型不锈钢城轨列车走出国门，分别中标泰国、沙特、巴西和我国香港特别行政区的地铁线路。

长客还先后从德国、日本引进消化了磁浮、跨座式单轨技术，同时建立相关技术标准，摆脱了国外在相关领域的技术垄断。

按照国家标准，目前，长客是国内唯一具有A、B型地铁列车，以及磁浮、直线电机地铁列车、有轨电车、单轨、市域快轨等多种轨道客车研制生产能力的企业。长客同时生产轨道客车车体、转向架和网络控制系统等多种轨道系统和关键部件，是国内最早具备多种轨道机车系统集成能力的大型企业。

60年来，长客先后开发生产了国内众多地铁列车型号中的“首列”：首列免涂装不锈钢地铁车，首列不锈钢轻轨车，首列铝合金轻轨车，首列单轨车，首列70%低地板铝合金车体轻轨车，首辆低速磁浮车和首辆高速磁浮车，等等，合计50多个品种，填补了国内多项空白。

三、龙行雨施 风行国际

1980年，当国内只有北京一个城市建设地铁的时候，国内地铁市场是萧条的。但从那时起，长客就开始开拓国际市场。

1996年，长客在2000年前张骞驼队到达过的古波斯王国——今天的伊朗，签下德黑兰地铁1.4亿美元的订单。

2000年，当217列德黑兰地铁列车的最后一列从大连港口驶向德黑兰的时候，从伊朗反馈回来的是业主对产品质量的高度评价和广大乘客的热情赞誉。从此，长客的质量，中国轨道装备的口碑就开始在国际市场上建立。

此后的2010年，同样是在阿拉伯国家的沙特，麦加朝觐轻轨线路的列车同样由长客提供。该轻轨投入运营后，原来需要7到8个小时的朝觐之路变成短短几十分钟。沙特朝觐地铁被当地人称为最“吃苦耐劳”的地铁列车，是“沙漠中流动的绿色”，车辆能够满足户外55℃高温的性能要求，并保证车辆在8级风力条件下正常工作。由于广受欢迎，朝觐地铁一度登上沙特国家邮政总局的邮票。

在巴西世界杯期间，驰骋于南美大陆的长客EMU电动车组堪称世界上最结实的城轨列车，采用美国标准设计，车体纵向压缩载荷为363吨，是欧洲城轨设计标准的 2.5 倍。该地铁车窗、车门等采用具有“防砸防碎”功能的特殊板材，即使石头砸上去，车窗也不会碎。

◆ 长客为巴西生产的 EMU 电动车组（图片由长客提供）

理念先进，技术高端，质量稳定，安全可靠。长客的产品已经在国际市场上建立起令人信服的商誉，这种信誉让长客的产品在国际市场上畅通无阻。

目前，长客的轨道客车和动车组已先后出口到巴西、阿根廷、澳大利亚、新西兰、泰国、伊朗、伊拉克、沙特、巴基斯坦、孟加拉、斯里兰卡、朝鲜等十几个国家和香港特别行政区，在南美洲、大洋洲、东南亚、中东地区等主要市场上均有良好的市场业绩，出口产品数量和效益稳居全国同行业之首。

[文章草成之际，长客传来消息，当地时间 10 月 22 日（北京时间 10 月 23 日）下午，美国马萨诸塞州交通局（MBTA）正式批准，将向长客采购 284 辆地铁车辆，装备波士顿红线和橙线地铁。这是中国轨道交通装备企业首次登陆美国。这实际上既是长客 60 年华诞的最好礼物，也可视作这篇小文一个精彩的收尾。]

2014 年 11 月 13 日　星期四

从国产化到国际化

——中国城市轨道交通装备产业发展 15 年回眸

编 者 按

从间接到直接，从行商到坐商。起初不能直接做进出口生意，后来虽然可以直接出口了，但开始是游商、行商，往往赔本挣吆喝。在轨道交通装备这种高端市场，既无品牌又无实力，科技附加值又有限的情况下，中国的相关企业在相当长的时间内，在国际市场上几乎没有话语权。

当地时间今年10月22日下午(北京时间10月23日)，中国北车在美国面向全球的招标中首次胜出。美国马萨诸塞州交通局正式批准向中国北车采购284辆地铁车辆。这是继2011年获得法国的订单后，中国北车再次获得欧美国家的轨道交通装备整车订单。自此，中国北车轨道交通装备实现了亚洲、欧洲、非洲、北美洲、南美洲、大洋洲六大洲的覆盖。

当地时间今年3月17日，中国南车在南非约翰内斯堡市与南非国营运输公司签订价值超过20亿美元的电力机车销售合同。这是目前我国轨道交通行业企业所获海外最大订单。

近年来，中国轨道交通行业的两家领军企业进入国际化发展收获期，出口额大幅提升，国际化程度不断提高。中国的动车组、城轨列车、电力机车的高端产品，纷纷进入世界市场，已经在全球八十多个国家和地区拥有了自己的用户。

从间接到直接，从行商到坐商，出口模式不断升级

从 1991 年到 1996 年，历经 6 年的竞标和谈判，长客（当时的“长

春客车厂”）做成改革开放以后中国轨道交通装备的第一单生意：获得价值 1.382 5 亿美元的伊朗德黑兰地铁列车订单。但是，当时长客自己没有进出口权，217 列地铁列车从大连港口出发到达伊朗的国际旅程，是通过进出口公司帮助完成的。

中国企业的国际化进程起始于 20 世纪八九十年代。当时长客等铁路机车制造企业隶属于原中国铁路机车车辆工业总公司（中国南车、中国北车的前身），自己并没有进出口权。与外国做生意，把车辆卖到国外实际上是先卖给进出口公司，由进出口公司作为中介帮助完成后续的程序。

从间接到直接，从行商到坐商。起初不能直接做进出口生意，后来虽然可以直接出口了，但开始是游商、行商，往往赔本挣吆喝。在轨道交通装备这种高端市场，既无品牌又无实力，科技附加值又有限的情况下，中国的相关企业在相当长的时间内，在国际市场上几乎没有话语权。

新世纪以来，尤其是最近几年这种情况有了改变。

2010 年，中国南车株机公司守望了十年的马来西亚吉隆坡项目有了突破。马来西亚交通部投资 40 亿元建设吉隆坡南北城际交通项目。株机公司不但中标这个项目，还将自己的商业模式进行了升级。

针对客户前期采购的其他国家的车辆，由于没有维修保养最后几乎无车可用。株机公司因此提出在吉隆坡建设城际动车组“4S 店”的构想。这个建议很快得到马来西亚交通部的认可，获签 2.7 亿元的维修保养合同，南车吉隆坡维保有限公司因此得以成立。株机公司在输出产品的同时，也输出了服务。

同样是这家企业，2012 年中标土耳其安卡拉地铁 25 亿元项目。2013 年，中国南车土耳其制造中心成立，标志着中国高端城轨制造基地落户欧洲，实现从中国向欧洲输出产品到输出技术和生产制造的出口升级。

从输出产品、技术和服务，到海外并购，国际化发展不断升级

“我们输出产品之外，还输出技术、服务和制造文化。10 年前我们搞国产化，今天我们在产品进口国帮助别人搞国产化。10 年前别人教我们，现在是我们培训别人，用标准化专利设置门槛防止竞争对手。”小佘是南车株机公司派驻南非的市场商务部经理，是年初中国南车在南非签订 20 亿美元电力机车商务大单的功臣之一，刚刚从南非回国，对于企业今天的海外发展已有新的认识。

近年来，中国南车株机公司在南非、马来西亚、土耳其三国相继拿到的订单总额超过了 200 亿元人民币，并在这 3 个国家建立了生产基地，辐射非洲、东盟、欧

洲等市场，实现了由输送“产品＋服务”向“产品＋服务＋技术＋投资”的海外发展的“转型升级”。

中国南车的另一家企业株洲电力机车研究所（下称“珠洲所”）的国际化也做得有声有色。作为改革开放后，我国最早一批转向市场的应用技术研究所，这家企业目前已经是一家拥有3家上市公司、年产值近200亿元的国际化科技企业。这个企业的国际化特点是勇于开展国际资本运作，连续三次并购国外企业，将自身的科技品质和产业规模不断提升。

第一次并购是2008年完成的对世界著名的半导体公司丹尼克斯公司的并购。IGBT作为牵引变流器的核心元件，其性能及可靠性直接决定了牵引变流器的性能及可靠性。这家公司是世界三大IGBT技术公司之一。2008年的世界金融危机使这家上市企业跌入低谷，株洲所与另外两家跨国公司同时看好这家企业，最后凭借雄厚的经济实力和广阔的国内市场赢得东家的青睐。

第二次并购是2011年，株洲所旗下上市公司时代新材收购了澳大利亚的代尔克公司。

第三次并购是2013年9月，株洲所旗下的另一家上市公司时代电气成功实施跨国并购德国E＋M钻井技术公司。

据了解，株洲所的第四次国际资本市场并购又在紧张酝酿之中。据株洲所有关负责人介绍，每一次跨国并购，株洲所都获得从技术到市场的多重丰厚收入。

从国产化到自主化到国际化，企业发展的动力来自科技创新

“品牌的背后是品质，品质的背后是科技。中国北车作为从事高端制造业的大型企业，无论是国际品牌的树立还是企业成本的降低，最终都依靠科技创新。”中国北车副总裁余卫平在柏林展会上这样回答媒体的提问。

新世纪以来，中国北车长客与庞巴迪合作，中国南车株洲电力机车厂与西门子合作，南车、北车地铁A型车都有一个引进技术、进而消化、吸收和自主创新的过程。新世纪前十年，德国西门子、加拿大庞巴迪、法国阿尔斯通等国际巨头，都曾经是中国有关企业的技术老师。今天，无论是在国内还是国际市场上，中国北车、南车及其所属企业已经成为这些国际大牌公司强有力的竞争对手和合作伙伴。

国产化政策15年来，中国城市轨道交通装备的85%以上已经实现自主化。这既包括地铁A、B、C型车，也包括磁浮、单轨、直线电机地铁列车、有轨电车等城市轨道交通特殊车型，还包括信号、牵引、制动系统及转向架、网络控制等主要关

键机电设备。

以北车为例，北车拥有制造 A、B 及 C 型车、多种轻轨车辆及有轨电车的全球领先研发平台。2008 年以来，北车连续获得了一个国家科学技术进步奖特等奖及三个国家科学技术进步奖一等奖。2012 年，中国北车的电力机车、地铁车辆和货车产量排名世界第一，占当年世界机车市场的市场份额达到 9.25%。

◆ 中国第一列出口发达国家的双层不锈钢客车——
澳大利亚不锈钢双层动车组由长客制造（图片由长客提供）

在柏林展会上，中国南车展出了最具时代感和未来感的超级电容储能式有轨电车系统。这是全球首个采用车载超级电容储能元件供电的新型轨道交通车辆。该系统采用车站停车 30 秒充电储能、区间放电驱动行驶的方式，可实现全线无接触网运行，集“绿色、智能、环保、便捷”等特点于一身。

谈到中国南车的创新实力，徐宗祥副总裁在媒体见面会上说：“中国南车不仅拥有强大的制造能力，在研发投入上也不遗余力。中国南车拥有变流技术国家控制中心、国家高速动车组总成工程技术研究中心、高速列车系统集成国家工程实验室、动车组和机车牵引控制国家重点实验室，以及 9 家国家认定的技术中心、8 个博士后工作站和 5 个院士工作站。我们还在英国成立了功率半导体研发中心，在美国成立了美国研究中心，与新泽西理工学院、德州大学圣安东尼奥分校合作建立了联合实验室。”

2014年11月08日 星期六

“没有高端装备的国产化就没有工业的现代化”

——张国宝谈城市轨道交通装备国产化自主化

编者按

20世纪90年代初，我国只有北京和天津两个城市有地铁，里程总共50公里。当时世界上有五个大城市的地铁里程超过300公里。张国宝当时就想，在他退休的时候中国如果有100公里的地铁就不错了。没想到现在北京、上海两个城市的地铁里程各自都已经超过了400公里，已有几十个城市建起了地铁，每天运送数亿人次。

从国产化到自主化，到如今的国际化，15年来，中国的城市轨道交通似乎经历了一个轮回。曾经被人称为“国产化先生”的张国宝是最主要的见证人之一。

在担任国家发改委副主任的12年时间里，张国宝长期主管我国的工业、能源和装备制造业，力推我国高端装备的国产化。城市轨道交通装备的国产化不过是他主管业务中很小的一部分。

“指点江山诗兴起，且纵豪情论今昔”。第17届全国政协常委、经济委员会副主任、中国产业海外发展和规划协会会长张国宝愉快地接受了科技日报记者的采访。

缘何要“国产化”？

“为什么要国产化？对于现代化初期的国家来说，这其实是一个国际性的问题。当年的日本是这样，韩国是这样，中国也得这样。因为不这样的话，什么都靠进口，谁也玩不起。”张国宝的回忆，一下子把人拉回到20多年前。

◆ 在担任国家发改委副主任期间，张国宝因为重视高端装备国产化被外企称为“国产化先生”

1989年之后，西方国家“制裁”我们。当时在上海、广州建设地铁交通线，使用德国政府贷款用于购买德国的地铁设备也受到影响。1990年，德国率先放弃制裁，同意继续与我们做生意，原来签署的对华贷款协议继续生效。

几年之后，上海地铁1号线和广州地铁1号线建成，造价昂贵。每公里花费竟达人民币8亿元！原因就在于地铁设备我国不能自己生产，主要都是从德国进口。进口设备一方面价格高，根本没有讨价还价的余地，另一方面售后服务也受制于人，严重影响工期进度。

20世纪90年代，日趋紧张的城市交通状况使许多大中城市纷纷要求建设地铁、轻轨等城市轨道交通项目。我国近30个大中城市都提出建设或筹划建设城市轨道交通设施。如果所需大量设备全都依赖进口，将极大地增加工程建设成本和运营成本，政府和项目业主不堪重负。

为此，地铁设备的国产化被提上日程。

所谓国产化，就是为了降低生产成本和培育本国产业，使本国能够生产原来在国外生产的设备。发展中国家在引进外国产品和技术的时候，必须注意消化、吸收和自主创新，逐步把原来依靠发达国家生产的设备，转移到本国生产制造。

国产化是现代化进程中发展民族经济的重要措施，对发展中国家有特别重要的意义。发展中国家要发展本国经济，就必须实施装备制造业的国产化。

“国产化率的指标意义很重要，对于促进城市轨道交通建设，工程大量采用国产设备，具有明显的促进作用。当然，后来中国加入了 WTO，国产化率不太提了。”张国宝说。

国产化、自主化的难题

国产化的难题，首先碰到的：一是地方政府谁都想在自己城市上设备生产厂；二是国产设备生产出来后，首台套的使用问题，一度无人敢用。

国产化其实包括两个方面：一方面，邀请国际上主要的地铁设备制造商，通过转让技术或合资的方式在中国设厂，将原来在国外生产的地铁设备转移到国内生产（实现所在国的“国产化”），从而降低生产成本；另一方面，通过引进、消化、吸收国外技术和自主创新，逐步实行有关轨道车辆和机电设备的国产化和自主化。

在哪里设立中国的地铁装备制造企业，是当时规划部门的一个难题。为什么？因为“谁都想上，都希望未来的企业把 GDP 和税收留在自己的一亩三分地里”。

最难的事情是，国内厂家生产出来了设备，在实际工程建设上却无人敢用。事实上，任何参加招投标的企业必须拥有工程业绩，而首台套又没有业绩。这是一个悖论！

这个悖论可是难坏了不少人！据张国宝回忆，不只是轨道交通行业是这样，所有装备制造行业的国产化普遍遇到这个问题。

改革开放前，北京的首条地铁装备是当时的长春客车厂生产的，但技术水平和国外有很大差距。改革开放初期的上海、广州地铁 1 号线地铁车辆全部依靠进口。直到 21 世纪初，在国家发改委和有关行业协会的协调下，长春客车厂与北京地铁建管运营部门协商，依托北京地铁工程，实施有车辆主机厂、牵引制动系统研制单位和工程建设单位共同参加的“城轨交通装备国产化工程”，才逐步解决了国产轨道车辆及其牵引制动等关键设备的推广应用问题。

为了从根本上解决国产设备的推广难问题，发改委除了此前提出的 70% 国产化率要求之外，同时还积极推动国家出台鼓励业主采用国产设备的“首台套”政策。2006 年，国务院出台了《关于加快振兴装备制造业的若干意见》，规定对订购和使用首台（套）国产重大技术装备的国家重点工程，可确定为技术进步示范工程，优先予以安排。并研究制定了由项目业主、装备制造企业和保险公司风险共担、利益共享的重大技术装备保险机制，引导装备制造企业和项目业主对首台（套）国产重大技术装备实行投保。

2002年，广州地铁2号线开通。与地铁1号线相比，工程造价下降近50%。所需156辆车由长客中标承造，比广州地铁1号线车辆（从西门子进口）价格下降了33%。广州地铁2号线是城轨交通第一个国产化示范工程，显示1998年开始的国产化取得明显成效。

2007年2月，国家发改委在广州召开第三次城市轨道交通设备国产化工作会议。一批国产化先进单位受到表彰。发改委副主任张国宝在会上指出，经过不懈努力，城市轨道交通车辆、信号、牵引制动系统等一批关键设备成功自主化，城市轨道交通装备的自主化率达到70%以上，我国城市轨道交通设备的国产化工作取得极大成功。

城轨交通国产化的经验

张国宝曾经专门撰文《装备制造业的自主创新问题》提出，“要以16项重点装备领域为主攻方向，以国家重大工程和大宗设备订单为依托，研发制造与使用运行相结合，引进、消化、吸收、再创新与自主研发相结合，国内分工协作与统一对外谈判招标相结合，深入开展重大技术装备国产化工作。”

其中“16项重点装备领域”是国务院《关于加快振兴装备制造业的若干意见》规定的重点装备领域，也包括“高铁列车和地铁车辆”。作为国家发改委主管工业和重大技术装备国产化的副主任，张国宝在文中实际上已经道尽了我国装备制造业国产化进程中的经验与教训。

但说到城市轨道交通这个具体行业，张国宝认为，在确定轨道装备生产基地的时候，我国的社会主义市场经济体制发挥了积极的作用。

引进、消化、吸收和自主创新相结合是我们的国策，许多装备行业都是这样做的。但是城市轨道交通行业较好地贯彻执行了这个国策。如果只是一味地引进，没有自主创新，就会陷入“引进—落后—再引进—再落后”的怪圈。

“特别值得一提的是，地铁工程业主与技术创新单位的合作经验。”他说，“与铁路不同，地铁工程的业主是各个地方政府。实际工程建设中，北京、深圳等许多业主单位直接参与到轨道交通设备国产化、自主化的创新过程中，应该说是城轨交通国产化最难得的经验。”

通过引进、消化、吸收和自主创新，实现国产化和自主化，是任何发展中国家实现现代化的必由之路。没有国产化和自主化，就不会有此后的国际化。

20 世纪 90 年代初，我国只有北京和天津两个城市有地铁，里程总共 50 公里。当时世界上有五个大城市的地铁里程超过 300 公里。张国宝当时就想，在他退休的时候中国如果有 100 公里的地铁就不错了。没想到现在北京、上海两个城市的地铁里程各自都已经超过了 400 公里，已有几十个城市建起了地铁，每天运送数亿人次。

“没有高端装备的国产化就没有真正的现代化。没有当初地铁装备的国产化，就不可能有城市轨道交通行业今天的成就。”最后张国宝感慨地说。

2014年10月25日　星期六

高铁刹车片诞生记

——吴佩芳和她的创新创业路

编者按

沙特麦加朝觐轻轨线是中国和沙特阿拉伯两国政府的合作项目。2010年11月14日，麦加朝觐轻轨如期通车，数百万名来自世界各地的穆斯林以一种前所未有的体验，踏上了他们一年一度的朝觐之旅。但是由于天气过于炎热、列车超负荷等原因，开通之后不长时间，列车制动系统的刹车片出现基体压溃和金属镶嵌等问题，直接影响轻轨线路的正常运营。作为轻轨列车供货商的长客要求制动系统供货商公司立即拿出解决方案。但由于各种原因，问题始终得不到解决。在这种情况下，长客想到了曾经为重庆地铁提供制动闸瓦的北京天宜上佳新材料有限公司。

中国高铁已经进入了进口替代的自主化时代。

刹车片是列车制动系统的关键零部件。高铁刹车片的质量如何，直接关系到高速运行的列车能否及时减速和停下来，人称“生命的保护神”。我国高铁刹车片长期依赖进口。

2013年9月24日，北京天宜上佳新材料有限公司（下称“天宜上佳”）获权威部门颁发动车组7个车型5种型号刹车片CRCC产品认证证书，打破国外公司垄断，填补国内空白，降低了市场售价，保障了国家战略安全。

作为北京中关村的一家高新技术民营企业，天宜上佳从2009年成立开始自主研制开发，到高铁刹车片关键技术的突破，再到成为我国铁路高铁刹车片国内唯一供货商，仅经历短短4年时间。

“我们是站在巨人的肩膀上。没有国家高铁事业的发展，没有国家自主创新和产业化的政策环境，没有铁路行业科技主管部门的支持与行业协作，高铁刹车片的自主化不可能这么快。”该公司董事长吴佩芳说。

◆ 吴佩芳成功研制出中国的高铁刹车片（图片由北京天宜上佳提供）

盯上刹车片全凭“女人的直觉”

与英文教员出身的马云创办互联网公司阿里巴巴不同，师从于于北京钢铁学院吴成义教授的吴佩芳，在创办天宜上佳之前，与粉末冶金材料和刹车片打交道已经30年。

专业技术背景和豁达开朗的性格成就了吴佩芳。当年24岁的她已经是一家数百人国营企业的厂长。多年的商海生涯，磨炼了她敏捷的思维、准确的市场嗅觉和游刃有余的企业管理能力。

20世纪90年代，日、法、德等国就已开通了最高时速达300公里的高速列车。从1997年4月1日到2007年4月1日，十年时间，我国铁路部门经过6次大提速，普通动车时速达到160至200公里。随着2008年8月1日京津城际铁路的开通，我国高铁最高时速已经超过350公里。

而2011年6月，设计时速380公里的京沪高铁的开通，标志着我国高速铁路已经走在世界的前列。

随着我国高铁的快速发展，高铁装备的各项性能要求相应提高，尤其对制动性能提出了更加严格的要求。

高速列车制动力主要有电制动力和摩擦制动力，而摩擦制动力是列车安全停车的最后保障。摩擦制动力依靠制动系统中的制动盘和刹车片之间的摩擦来实现，而制动系统中刹车片性能的好坏对列车制动效果有着非常大的影响。有鉴于此，目前我国高铁制动系统的刹车片主要依赖进口。

近年来，国家大力推进装备制造业的自主创新和关键零部件的自主化。高铁刹车片是高铁列车的关键零部件，尽快实现高铁刹车片的进口替代势在必行。

“天宜上佳”，寓意“天意尚佳”。公司名称透露了创办者的使命感和创业自信。2008年，当时的铁道部和科技部实施两部联合发展中国高铁事业的合作计划，大力推进中国高铁技术的自主创新和高铁装备的国产化。吴佩芳看好高铁事业发展的巨大商机。

一个偶然的机会，她从铁科院那里了解到，在中国中长期铁路网规划中，到2020年中国的高速铁路客运专线网络全长将达到16 000公里。而制动系统作为高铁九大关键技术之一，是国家科技支撑项目的重要内容。她据此相信开发高铁制动系统的制动闸片（刹车片）具有巨大的市场前景，便与合作伙伴一道，走上了高铁刹车片的独立投资开发之路。

公司注册资金1 000万元，累计投资1.2亿元。决定开发高铁刹车片，吴佩芳并没有经过太多的市场调查与可行性分析，“全凭女人的直觉”。

筚路蓝缕　厚积薄发　瞬间突破

列车制动方式有多种，摩擦制动是其中主要的制动方式，包含踏面制动和盘形制动。一般踏面制动依靠闸瓦施压在车轮上实现制动，而盘形制动则依靠闸片施压在制动盘上实现制动。高速列车主要采用大功率的盘形制动，刹车片主要采用粉末冶金闸片。

传统闸瓦和闸片主要分铸铁、合成和粉末冶金三种。其中铸铁闸瓦适用于低速货车，合成闸片一般适用于时速200公里以下的中低速列车，时速200公里，尤其是时速300公里以上的高铁列车，在列车制动时瞬间温度会达到900℃以上，合成闸片难以承受，必须使用粉末冶金闸片。吴佩芳开发的就是这种高速列车刹车片。

开发高铁制动系统的刹车片，谈何容易！世界上拥有时速300公里高铁的也就那么几个国家。能够直接生产高铁制动系统和刹车片的只有德国、法国和日本等国，其中德国克诺尔公司在全球市场的垄断地位无人能敌。

当时公司刚刚成立，正是“十几个人、七八条枪”。吴佩芳将公司全部的人力、财力、物力都投入了技术攻关。

虽说曾经做过飞机刹车片，但是如若沿着开发飞机刹车片的传统思路走，根本走不通。事实证明，这正是国内许多研究者开发速度缓慢的原因。

数百个日日夜夜，公司研发人员全部窝在几十平方米的实验室里，实验数据不理想，再来！材料、设备、工艺，完全依靠自己摸索，自己配制，同样的实验，吴佩芳和同事们重复了数万次。

注册资金 1 000 万元花完了，还是没有结果。当公司账面只剩下 13 000 元的时候，人称“女汉子”的吴佩芳哭了。为了维持公司正常运转，她向亲戚朋友借款，寻求投资合作伙伴，房产抵押贷款，又是几千万元投了进去……

屡败屡战，离成功也就不远了。一直礼佛有加的吴佩芳相信冥冥之中有大法指引，自己努力的方向没有错。凭借自己多年从事粉末冶金专业研究的经验，她知道自己正在一步步接近成功。

事实上，试制出来的闸片越来越具有稳定的摩擦系数和耐热性，就差最后如何提高使用寿命的问题了。如果这个问题解决了，可以说在高速列车上使用的粉末冶金刹车片也就开发成功了！

吴佩芳至今还记得，2009 年年底，自己的实验结果越来越将接近最后的目标。但眼看就是 2010 年的春节。辛苦一年了，必须放假，让员工回去与家人团聚。坚守在公司的只有自己和一名本地的大学生。

这天早上，吴佩芳像往常一样来到实验室，看着“减重”一栏的实验数据，她怔住了，这正是几个月以来孜孜以求的实验结果！

成功了！实验成功了！那一天，正是 2010 年春节大年初二。

法国合作伙伴竖起的大拇哥和权威人士的来访

实验成功正好应了一句老话，“革命胜利只是万里长征走完了第一步”。

一个铁路上使用的零部件，在开发实验成功后，首先需要通过行业科技测试部门的 1∶1 台架测试，测试完成后还要在铁路上装车“路考”。

“路考”需先经过专家评审，中国铁路总公司（下称“铁总”）主管部门批准后方可进行。装车需要按照装车试验考核大纲进行，先装一个轴，再装一个转向架，再装一节车厢，然后是整列列车。每一次从装车到卸车少则 3 个月，多则半年、一年。

有道是，仙人指路，不如贵人相助。

Flertex 是法国的一家合成材料刹车制品生产商。这是一个拥有 70 多年历史、获得多项 UIC 产品认证证书的制造企业，拥有良好的科技实力和行业声誉，同时拥有严格规范的 1∶1台架测试设备。在吴佩芳自己的刹车片上市之前，天宜上佳是 Flertex 在中国境内合成产品的唯一代理商。

实验是成功了。但毕竟是实验室的数据，刹车片到底性能如何？还有待 1∶1台架进行检验。一开始就在国内做台架试验，与其说路子不熟，倒不如说是有些信心不足，还不如先在国外测试测试。

2010 年 5 月，吴佩芳带着天宜上佳研制的粉末冶金闸片来到法国巴黎 Flertex 公司总部，开始了为期一周的台架测试。

2010 年 5 月 26 日，吴佩芳刚满 49 周岁。这一天要进行最高时速 300 公里的试验。实验室里 5 名参试人员全神贯注地盯着仪器上的数据，摩擦系数 0.36——制动曲线非常平稳！实验室里响起了热烈的掌声！Flertex 公司 CEO 马丁先生向吴佩芳竖起了大拇指！

这一刻，吴佩芳内心升起了强烈的民族自豪感，这也是她有生以来收到的最好的生日礼物。

也许是因为这是第一个中国产的高铁刹车片！天宜上佳的刹车片通过了法国测试的消息，在行业内不胫而走！

天宜上佳的刹车片通过了法国的测试，在行业内引起不小的震动。许多认识或不认识的朋友听说这个消息都为之一振。

6 月中旬的一天，位于北京海淀上庄镇的天宜上佳，来了一位铁科院的权威人士。铁科院在铁路行业享有极高的学术地位和行业权威，是许多科研成果的获得者，也是重要技术装备的鉴定测试单位。国家大力发展的高铁事业，铁科院在其中发挥着极其关键的作用。

通过汇报交流，吴佩芳从铁科院权威人士那里了解到，产品在国外通过台架测试还不够，还需要通过国内国家指定权威机构的台架测试。

2010 年 9 月，天宜上佳刹车片接受了铁总专业检测部门最严格的 1∶1台架测试，并且顺利通过。

此后，按照程序，天宜上佳刹车片开始接受铁总一次次严格的装车运行考核。

考核是严格的，漫长的，有时甚至是让人难以忍受的；然而，支持却又是温暖的，巨大的，令人鼓舞、令人振奋的。

一定要生产出中国人自己的高铁刹车片！一路走来，吴佩芳和同事们经常听到的是业内同行鼓励的话语，感受到的是来自行业内外国人支持的目光。

从麦加朝觐轻轨到哈大高寒线

机会总是青睐准备好的人。

天宜上佳刹车片注定要成功，因为机会总是不断降临在它身上！

机会之一。中国需要自己的列车制动系统。铁科院机辆所就是中国列车制动系统的研究开发和集成生产商。虽然，目前中国高铁制动系统部分零部件还是使用进口的，而且今后还将延续一段时间。但是，中国的城市轨道交通，包括地铁、轻轨和动车组，已经用上了机辆所所属纵横公司生产的完全自主知识产权的制动系统。

从2007年起，铁科院机辆所作为制动系统集成商，先后向国内外20多家生产刹车片的企业发出“英雄帖”：谁都可以为国产轨道交通列车制动系统配套生产刹车片，但是必须通过最严格的1∶1台架测试。质量合格者入选！

2010年年底，在顺利通过铁科院机辆所的台架测试之后，天宜上佳适用于城轨列车的合成刹车片替代进口，顺利成为纵横公司制动系统的刹车片配套供货商。

机会之二。沙特麦加朝觐轻轨线是中国和沙特阿拉伯两国政府的合作项目。2010年11月14日，麦加朝觐轻轨如期通车，数百万名来自世界各地的穆斯林以一种前所未有的体验，踏上了他们一年一度的朝觐之旅。但是由于天气过于炎热、列车超负荷等原因，开通之后不长时间，列车制动系统的刹车片出现基体压溃和金属镶嵌等问题，直接影响轻轨线路的正常运营。作为轻轨列车供货商的长客要求制动系统供货商公司立即拿出解决方案。但由于各种原因，问题始终得不到解决。在这种情况下，长客想到了曾经为重庆地铁提供制动闸瓦的天宜上佳。这时，离2011年11月的朝觐日期还有不到一个月的时间，而由于相关人员技术交流等花去了许多时间，最后真正留给天宜上佳提供闸瓦的时间只有五天！

吴佩芳认为，作为摩擦材料制品生产商，应让产品适用于各种环境和工况，而不是让环境、工况迁就产品。虽然麦加朝觐轻轨线每年的开通时间很短，运行的只有十几列车，闸瓦的用量极为有限，但其有政治意义和世界性影响，天宜上佳在第一时间集中了全部的精兵强将查找问题，解决问题。最后在指定时间内，将适用于沙特麦加气候环境状况的制动闸瓦，按时按量交到了用户手中！

机会之三。2012年12月1日，世界纬度最高的高寒高铁线路东北哈大线如期开通。此后紧接着东北连续下了多年罕见的暴雪。高速动车组在每天回到车库的时候，工作人员发现列车制动系统中的制动盘出现深深的划痕。原来，列车制动时的高温融化了积雪，在冷却的过程中，雪水和铁轨上的积雪裹挟着刹车片上未经排出的金属屑形成坚硬的金属镶嵌物，并在运行过程中不断扩大，在制动盘上留下了深深的划痕。鉴于问题的严重性，铁路主管部门责成车辆供应商尽快拿出解决方案。

由于此前天宜上佳针对高寒地区的刹车片做过专门研究，拥有比较成熟的方案，接到任务后吴佩芳在最短的时间内拿出了高寒刹车片的样品。在中国铁科院的试验台架上，模拟哈大高铁的高寒积雪工况，天宜上佳的刹车片与原车刹车片进行对比试验。经测试，吴佩芳的“大间隙”高寒刹车片没有在制动盘上留下划痕。2013年1月，在哈大线开始进行装车试验，从冬季运行时速200公里，到夏季运行时速300公里，天宜上佳的刹车片完全符合高寒地区高速列车的运行要求！

2013年9月，天宜上佳的高铁系列刹车片（含高寒刹车片）分别获得行业主管部门的CRCC产品认证。2013年10月，中国铁路总公司下发电报，要求哈大线高速列车换装天宜上佳TS399高寒刹车片，为此，长客一次购买高寒刹车片一万多片。

生产标准更高更严的中国高铁刹车片

2014年，天宜上佳好消息不断。半年刚过，原定年度经营额已被远远超出。

获得行业产品认证短短几个月时间内，公司已与国内多个高铁列车生产厂和铁路局达成合作供货协议，而系列闸片、闸瓦除在高铁线路适用之外，还广泛适用于城轨、轻轨、城际列车和多种类型铁路机车。同时，天宜上佳的刹车片，还通过有关合作主机厂、系统集成商走出了国门。

目前，尽管已有多家企业投资开发高铁刹车片，其中部分产品上市时一度掀起国内高铁刹车片的投资热。但迄今为止，国内真正获得时速300公里以上粉末冶金闸片CRCC产品认证证书的，还只有天宜上佳一家企业。

为了让中国的高铁真正走出国门，目前中国铁总正在组织设计生产具有自主知识产权的“中国标准动车组”。为了响应这个计划，吴佩芳向自己提出了更高的要求。

“中国高铁的刹车片，已经达到了欧洲国际铁路联盟（UIC）的标准要求。但仅这样还不够，当我们的国家领导人都在向国人、向国际社会推荐中国高铁的时候，作为高铁安全的‘守护神’，中国高铁刹车片应该拥有更加严格的标准。”

吴佩芳是这么想的，也是这么做的。记者在北京上庄看到，天宜上佳新厂区建设已经竣工，公司管理信息化、生产自动化正在积极推进。人们有理由相信，中国的高铁刹车片拥有光明的未来！

2014年11月30日 星期日

从国产化到国际化，轨道交通怎么走出去？

——科技日报邀请业界专家企业家座谈献策

编 者 按

中国城市轨道交通装备产业的国产化，从15年前开始，通过引进、消化、吸收和自主创新，在整车、信号等多个关键技术领域，从跟跑到并跑再到领跑，已经进入完全自主化和高端制造出口升级的国际化发展新阶段。新形势下走出去怎么走？

11月28日，本报在京举办“从国产化到自主化到国际化——创新驱动与中国城市轨道交通国产化15周年新闻交流研讨会”，邀请政产学研用多个领域的业界专家学者、企业家和部门负责人聚集一堂，就此展开了热烈的讨论。

城市轨道交通是关系国计民生的重要行业，轨道交通装备产业是战略性新兴产业高端装备制造业的重要内容。为了总结我国轨道交通行业国产化、自主化和国际化的成功经验，揭示有关企业通过自主创新实现科学发展、绿色发展、集群发展的秘诀，科技日报派出记者对我国的城市轨道交通行业进行了连续两年的调查采访，先后以“城市轨道交通国产化与自主创新”“创新驱动与城市轨道交通多制式协调发展”“创新驱动与中国城市轨道交通国产化15周年”三个专题，在科技日报进行了三次系列报道，刊发系列文章达几十篇之多，引起强烈社会反响。座谈会上，与会者争相发言，为进一步推进我国城市轨道交通的国产化和自主化及其装备制造业的国际化发展献计献策。

专家们谈到，我国轨道交通装备产业经过多年的发展，已形成较为完整的研发、制造和服务体系，产业规模不断扩大、研发能力显著提升、技术创新体系基本形成，在主要产品领域已经从过去的跟跑进入并跑和部分领跑阶段，以中国南车和北车为龙头企业的轨道交通产业在高端制造的出口升级和国际化发展上不断取得新的成就，中国城市轨道交通装备产业已经整体进入国际化发展的新阶段。但大家又不约而同地谈到经济全球化和市场网络化条件下企业走出去怎么走的问题。

我们的国际化对于东道国（所在国）来说就是我们15年来一直在说的“国产化”。我们的国际化怎么处理好与东道国国产化的关系？国务院发展研究中心对外经济研究部研究员罗雨泽说：“15年来，我们的企业通过国产化不断成长壮大，今天能够走出去与跨国企业开展竞争，我们国产化的成功经验实际上正是跨国公司在中国发展的失败教训。他们培养了自己的竞争对手！我们的国际化必须避免出现这种结果。一个重要方法就是要与东道国合作共赢，让别人进入我们主导的产业体系。”

国际化竞争不仅在国外，也在家门口。面对WTO协议和西方发达国家的贸易压力，我国也将迟早签署《政府采购协议》。现在条件下签不签？一旦签署，包括城市轨道交通在内的许多政府项目都将面临跨国大公司的强有力竞争。清华大学经济管理学院教授高旭东说：“最好别！”而且“一定要顶住！”因为发展中国家保护国内市场是国际惯例，而且即使是德国、美国、日本等发达国家当年也是这么走过来的。

对此，深圳地铁集团副总裁简炼发表了不同意见。他认为中国的城市轨道交通装备产业已经具备了同时在国内外参与国际竞争的实力。当前我国城轨的信息化水平和服务的安全可靠都已经达到国际最高水平。“从全行业和产业链来讲，走出去的关键是选好牵头单位，就像高铁应该由铁总牵头，用户和业主单位应该是城市轨道交通装备产业国际化的龙头。”

国家商务部研究院研究员金锐认为，企业走出去要进行技术经济分析，充分考虑国际风险。“既要充分考虑东道国的技术壁垒和法律健全问题，也要关注当地的政治风险，如政府更迭和社会动荡。”

原国家发改委副主任、中国产业海外发展和规划协会会长张国宝认为，不管是走出去还是在家门口与人家竞争，关键在于国家的科技实力和经济实力。在家门口市场，国家有了实力不怕人家竞争，你邀请人家来，人家也不会来了，因为你都国产化、自主化了；在国外与人竞争，还是依靠这个实力。

当前经济全球化呈现了新的发展趋势，信息技术和互联网革命，使世界变成了一个地球村，而中国等发展中国家作为新经济体广泛参与经济的全球化，成为世界经济一个重要的驱动力。原中纪委驻国家科技部纪检组长、中国智能交通协会理事长吴忠泽认为，在此背景下，我国的轨道交通企业，应该继续贯彻落实创新驱动战略，努力提高自主创新能力，在保持价格优势的同时，不断提升城市轨道交通技术的可靠性、安全性和智能化水平，使得企业在国际化进程中，具备技术和品牌双重优势，只有这样才能真正实现基于高端制造的出口升级。

与会专家学者和企业家各有各的高招，座谈会讨论得红火、热烈。

座谈会由科技日报社总编辑刘亚东主持。参加座谈的还有中国城市轨道交通协会专家委员会主任施仲衡院士，国家科技部高新司武平处长，科技部战略院郭铁城副院长，北京交通大学余祖俊副校长，中国南车总裁助理苗永纯，和南车四方、南车株机、株洲所、铺镇、戚墅堰等企业的代表，以及中国铁科院机辆所、北京轨道建设公司、重庆市轨道交通集团、北京交控、天宜上佳和和利时集团等企业。他们就如何更好地推动轨道交通行业的自主化和国际化发展，纷纷发表意见和建议。

2014年12月17日 星期三

8 从国产化到自主化到国际化

——“创新驱动与中国城市轨道交通国产化15周年新闻交流研讨会”纪要

编者按

15年前为了发展中国的城市轨道交通，国家出台了发展城市轨道交通装备的国产化政策，国务院办公厅转发了当时国家计委《关于城市轨道交通设备国产化的实施意见》，提出城市轨道交通项目，其全部轨道车辆和机电设备的平均国产化率要确保不低于70%。在此情况下，我国一大批轨道交通装备企业，通过引进、消化、吸收和自主创新，在不长的时间内迅速掌握关键核心技术，在车辆、制造、信号、制动、牵引等关键设备领域完全实现国产化和自主化，在此政策影响下，北京、上海、广州、深圳等一批特大型城市的城市轨道交通建设单位，大力采用国产化、自主化设备，中国北车、南车、中国铁科院等一批高端装备制造企业和研发机构迅速成长起来，正在从国产化、自主化不断走向国际化。

为了总结我国轨道交通行业国产化、自主化和国际化的成功经验，揭示有关企业通过自主创新实现科学发展、绿色发展、集群发展的秘诀，科技日报派出记者对我国的城市轨道交通行业进行了连续两年的调查采访，先后以“城市轨道交通国产化与自主创新”“创新驱动与城市轨道交通多制式协调发展”“创新驱动与中国城市轨道交通国产化15周年”三个专题，在科技日报进行了三次系列报道，刊发系列文章30多篇，引起广泛社会反响。为了从媒体的特殊角度，对我国城市轨道交通行业国产化、自主化的成功经验进行及时的总结，探索中国企业走出去的成功之路，

11月28日，科技日报联合有关企业共同召开“创新驱动与中国城市轨道交通国产化15周年新闻交流研讨会”。以下就是与会嘉宾的发言摘要。

◆ 城市轨道交通行业调查采访召开第三次专题座谈会

一、业主方阵：推进国产化责无旁贷

吴铀铀：推动轨道交通装备产业发展是一项历史责任

我们公司这些年在推动国产化方面做了大量的工作。国家花这么多的钱建设城市轨道交通，在建设高峰期，如果不能够推动我们国家的相关装备产业发展，将来再发展就很困难了。大家要把推动我们国家轨道交通装备产业的发展作为一项历史责任来看待。我们公司在丁总的带领下，这些年主要推动了信号系统国产化、地铁车辆国产化，还有大型的控制系统国产化，等等。应该有一种责任感，来承担这个责任，因为毕竟使用新的东西是有一定风险的。同时要紧密联系产学研用各个方面来共同推动。今后我们可能在关键元件的国产化方面也要继续推动。

范金福：用户要在国产化、自主化中起主导作用

跨座式单轨从我们2号线首次引进以后，整个单轨最初勉强达到70%的国产化率，现在已经达到93%了。整个单轨关键技术，已经完全由国内掌握。在国内已经形成了一个比较完整的产业链，很多产品的性能和指标都已经超过了国内外的同类成品。我们在推广关键设备研发的时候，基本上都考虑要两家单位以上，以利于这个产品的竞争和发展。通过这么多年不断的国产化工作，对于业主来说，我们感觉到最大的甜头，就是大大地降低了工程建设的造价，同时这些备品备件价格也大幅度降低了。我们测算了一下，单轨系统里面关键的车辆、道岔这些设备，与我们引进的时候比，现在的价格不到当初二分之一，备品备件不到当初三分之一。对于这么多年的国产化、自主化的工作，我有个体会，最先的2号线，我们国家有政策要达到70%，我们是被动的，到后来我们逐步感觉到对用户的好处，就变成我们主动的工作了。在整个自主化工作当中，我们感觉用户在这个里面要起主导作用。为什么？因为各个厂家要有项目依托，用户要有这个勇气敢于使用首台套的产品，里面还是有一定风险，用户要有决心，这是我们的体会。用户要牵头来组织这个事。我们重庆的做法就是轨道交通集团牵头组织各个厂家来共同攻关，同时政府部门要在政治上也给予支持。

简炼：决策的层次越高创新的能量就越大

◆ 施仲衡院士为深圳地铁集团副总经理简炼颁发国产化经典案例证书

我讲三点。第一，我认为伟大的创新关键在于决策的层次，决策的层次越高创新的能量就越大。1998年，城市轨道交通行业国产化，当时国宝主任从发改委报的是60%，朱镕基同志改成70%。从那个时候开始，我作为深圳地铁装备运营的老总，就要求完全自主化，要求零部件也要达到70%国产化率，没有一个系统不自主化。地铁信息化的飞跃是从深圳开始的。第二，超越式的创新一般是自觉行为，是野生的，效益取决于突破的程度，它绝不是按计划、按项目下去的。跟随式创新的层次不可能超越别人，国内外无一例外。第三，对于关系到国际民生的重大创新，用户是创新的主体。美国国防部是世界上先进武器的创新主体，地铁业主是城市轨道交通的创新主体，铁路总公司是中国高铁的创新主体。关于国际化问题，出口应该是联合舰队出口。打一场伟大的民族复兴的战役，谁来当头的问题解决了没有？没有，这个头就是用户。如果高铁出口，就应该是铁路总公司牵头，其他牵头都是没有效率的。如果地铁出口，就应该是地铁建设和运营总公司牵头，旗舰是地铁公司。他从金融开始，然后到制造业、建筑业、原材料、装备，最后是服务产品，形成全国的产业链。这个司令员一定是用户本身，战略上一定要解决谁是头的问题。

打战略战争，谁是司令员，谁是主体的问题，这是根本的问题。主体解决后是出口方式问题。最好的出口方式是BOT（建设、运营与移交的英文简称）而不是PPP（public-private-partnership的简称）。为什么？你谈一个PPP试试看，三个方面的谈判是一个漫长的马拉松。高速公路为什么发展这么好，就是得益于BOT。只要提BOT形式，主体、资金、技术、人才，四个问题就都解决了。

二、系统供应商：为用户提供放心的产品与服务

孙剑方：自主化之后还要降低成本提高服务水平

第一，感谢科技日报举办这次活动，让我们大家在一起分享15年来国产化的成果。感谢发改委的国产化政策，也感谢各位业主在国产化过程中给我们的支持。第二，到现在为止，制动系统，刚才施院士讲的，实际上已经不光应用在地铁上了，重庆单轨现在几乎全是我们的制动系统，我们直线电机车辆的制动系统也在广州推广应用。从我们机辆所的角度看，整个城市轨道交通制动中，不同的制动系统都已经开发完了。地铁车辆制动系统包括车控和驾控，已经在13个城市得到推广。第三，希望将来各位业主给我们更长期的支持，因为目前我们在中国市场占有率达到了50%左右，希望大家像深圳的简总和重庆的范总一样，给我们长期的支持。第四，我们自己要继续好好做，不仅仅国产化，还要降低成本，控制质量，提高服务水平，让用户满意。

郜春海：政府搭台让关键用户参与创新过程

首先，无论是产学研结合或者政产学研用协同，政府要搭台，因为咱们做的是公共事业，政府如果没有政策，用户也好，产学研也好，没有太大用途。我们信号技术走到今天，北京市、科技部立项，用户得作为一个主体，从一开始就被拉进来。北京地铁包括建管公司、运营公司、投资公司三家，我们现在不管做什么项目，都在提出概念性的时候就把他们都拉进来。其次，咱们做自主化，不要封闭起来做。我们做信号系统的时候，包括性能指标、功能、安全评估，应该走国际化的路子，因为我们最终还是要走出去的。要有一个产业链整合的问题，要做更多的标准化工作。现在6个城市大概11条线在应用CBTC系统，包括北京、重庆、深圳、天津、长沙、成都，咱们的标准是什么？过去没太多经验的人做标准，现在应该反过来，应该让真正懂行和有经验的人花大力气去做标准。从地铁开始建设到运营，现在15年了，行车间隔达到4分钟以内的线路不到一半。就这一半的线路来说，每条线如果在开始建设的时候，都按两分钟来设计，这一条线的钱可以建两条线。相当于这

15 年投资的钱可以建两倍、三倍的线。现在大家都在说一个互联互通的概念，基于互联互通的移动闭塞效率更高，这就是信号技术的发展方向。

吴佩芳：关键零部件国产化、自主化势在必行

我们企业研制生产的刹车片作为轨道交通车辆的关键零部件，主要应用在轨道交通车辆，如地铁车辆、动车组和高速列车。过去高铁刹车片主要依靠进口，在采购价格和交货期两个方面始终不能自主。一方面，在供应价格上国外供应商拥有完全定价权。由于市场需求的不断扩大，价格更是水涨船高，有时候一个月一个价。另一方面，这些国外供应商在交货期上也越来越苛刻，几乎全由他们说了算，甚至出现严重拖期，而且动辄以停止供货相要挟，使国内使用单位深切感到了受制于人的痛苦滋味。我们公司在地铁车辆和高铁刹车片的研制生产过程中，得到中铁总公司和中国铁科院机辆所的大力支持，从根本上改变了这一状况。研制生产刹车片，从推动到应用确实还是有一个过程，也需要一定的胆量，从刹车片角度来讲，虽然它小，但是一直还被进口产品垄断，应该说关键零部件国产化势在必行。但是从我们的用户来说，够使用国产化、自主化产品，除了应该要有严格的管理监控，确实还要有胆识和战略眼光，所以对于铁科院和中铁总公司我们十分感激。从国产化到自主化到国际化应该说是一个相对漫长的过程，经过几年的摸爬滚打，我们在专业技术上有了一些自己的理解，从刚开始懵懵懂懂，到现在已经有了一些自主创新的东西在里面。所以说作为一个民营企业来讲，我想在自己的专业领域里面，持续不断地坚持创新，为我们的业主，为我们的客户，提供优质的服务保障，这是我们应该做到的。

三、整机制造商：央企高端制造的继往开来

苗永纯：中国南车的发展经验

这几年城轨方面发展还是比较快的。我有三点体会。第一，是坚持多渠道提升企业创新能力，加快技术引进、消化、吸收，加快创新步伐，对标国际一流企业。第二，就是整零互保，没有部件子系统的自主就难有整车的创新，没有整车的市场占领，就没有部件子系统的发展壮大。这些年我们生产整机的同时，自主研发牵引、制动等关键系统，部件迅速跟进，整零互保，核心先行，抓住牵引系统这个牛鼻子，从全面落后起步逐渐跟上历史发展潮流。第三，就是逐步实现从引进来到走出去的转变。最开始的引进来是实在的需求，走出去是发展必然。近几年中国南车自身技术创新能力快速提升，一批具有自主知识产权的产品，在海外城市轨道交通展上，

相继获得了印度、土耳其、新加坡等国家的地铁订单，实现了南车跨出国门的多个第一。

◆ 张国宝为中国南车集团公司代表颁发国产化经典案例纪念证书

王浩：中国北车正在实现两个转变

现在北车基本上在做两件事，两个转变。第一个转变是从单一的供货商转变成综合的服务商，以轨道装备为核心为城市提供系统的解决方案，不光是提供车辆，不只是研究车辆制造的技术，而是研究城市的需求和城市经营的要求。我们在沈阳做一个尝试：为沈阳市浑南区建设有轨电车的公交系统，那是我们北车以 BT 方式全面承建的。第二个转变就是从国产化到自主化到国际化的转型，国产化和自主化，别管有什么样的区别，最基本的一个特点是在中国。什么是国际化？国际化就是在国外。在国外意味着你的供应链在国外，意味着如果我们的供应链系统没有实现国际化，我们就必须依赖国外的供应链。这种“在国外”的国际化目前取得一个初步的成果，就是波士顿地铁项目。波士顿地铁项目的成功意味着我们至少已经开始在国外建立我们自己的供应链，因为根据美国的法律，美国的公共设施必须 60% 的设备是买美国本地生产的。国际化也好，国产化也好，自主化也好，市场竞争是需求竞争，不是技术的竞争，技术要服从于市场需求。因为发达国家不缺技术，也不缺钱，缺的是市场经营的智慧。你没有这个智慧，在当地你根本不可能混下去，这就是我们多少年在海外市场上摸爬滚打的经验。

◆ 张国宝为中国北车集团公司代表颁发国产化经典案例纪念证书

四、专家学者：面向未来的建议与告诫

高旭东：要建立以本土企业为主导的产业链和产业知识体系

中国搞自主创新，但是很多时候我们的用户不愿意用国产的东西。一个国家处于追赶的时候，用户不买自己国家的产品，国外的做法就是保护自己的产业。无论是什么原因，如果本土的用户不用本土的产品，那么这个国家是发展不起来的。要建立以本土企业为主导的产业链和产业知识体系，这里最核心的东西，就是用户要用国内生产的产品。以前搞国产化是对的，但是国产化不够，所以后来提出来自主化，自主化发展下去，肯定需要对原来的政策做相应的调整。有些行业可能不容易落实这样的政策，但是城市轨道交通行业不一样，因为这是国家掏钱、政府掏钱的行业，我们有这个条件。我们不要听信有些学者发表了一些不负责任的言论，比如说跟国际接轨就不能支持自己的企业了，这是绝对错误的。加入 WTO 以后很多东西中国政府还应该采购自己的，因为中国没有参加《政府采购协议》，可以不采购别人的。所以从这个角度来讲，我们需要发挥政府的作用，这是政府的责任。我们政府要搭这个台子，要建立一个生态系统，以中国本土企业为主导，不同企业要各负其责，业主要敢于用我们自己的东西，但是我们的制造和配套的企业，一定要为业主考虑，给他们提供安全可靠的产品。

郭铁成：建议在科技领域推广公私合作伙伴关系创新模式

技术国产化、国际化的关键在体制。好的体制可以使好的技术迸发涌流，不好的体制会使好的技术胎死腹中。北京等城市轨道交通技术国产化的成功，其主要原因就在于采取了国际先进的公私合作伙伴（PPP）创新模式。PPP 创新模式是以企业需求为基础实现国家目标，政府、企业、社会共同投资、共担风险、共享收益。这里“公”指政府，“私”指企业等社会组织。北京市从最早建设高速公路，到近年建设奥运场馆，都采取了 PPP 创新模式，具有丰富的正反两方面经验，这次又走在前头，率先在科技领域使用了 PPP 的创新模式，取得了良好效果，为在我国建立国际化的创新计划体制提供了样本。习近平总书记在 APEC 会议上的闭幕词中总结说：“我们决定拓展基础设施投融资领域务实合作，推广公私合作伙伴关系模式，帮助本地区破解互联互通建设资金瓶颈。”实际上，不仅基础设施领域可以采取 PPP 创新模式，而且科技创新领域也可以采取 PPP 的项目模式，很多国家早就这样做了，北京市等地方也提供了成功的范例，可以说，公私合作伙伴创新模式是我国创新计划体制改革的方向，也是解决创新经费腐败问题的治本之道。

罗雨泽：中国企业走出去需要汲取的经验教训

我们也知道国家领导人出访的时候，高铁和轨道交通是重点推广的领域。从对外投资的角度来看，我国现在对外投资规模成为全球第三大投资国家，但今年呢，本着最晚估计到明年对外投资会超过咱们国家净资本率的输出，将来咱们海外利益的保护也是一个非常重要的问题。国内在开放方面，上海自贸区探索出一些适应更高水平的自贸区和双边谈判的机制，可以说未来开放是一个更大的范围的开放，更深入的开放，是一个不可逆转的趋势。我们的国产化发展确实发挥很大的作用，但是从利益交换的角度来说，如果你过于强调国产化率，当咱们中国企业走出去后，东道国也会强调国产化率。中国企业发展到今天，在国际国内市场上应该有这样的自信。在国际化上，首先，建议中国企业继续提高自己的研发能力和技术水平，同时要加强技术经济预测和可行性研究。其次，国际工程承包和咱们的轨道交通设备，这几个方面结合起来，要打造一个综合架构，包括产品、服务、技术等多方面的产业链条。最后，我们走出去要注意培养合作者而不是一个竞争者。跨国公司在中国的发展，使得中国企业从国产化到自主化，到现在成为强有力的 PK 对手，对发达国家来说是一个教训，我们今天走出去要避免这个，这就需要提倡互利共赢，要给当地带来好处，要服务热情，让他们当地的国产化、自主化降低一些。同时使他们融入我们主导的产业体系，在我们的系统中发挥他们的优势，而不是简单地搞技术垄断。

金锐：国内国际市场的风险应对与防范

中国的轨道交通一定要有国际化的视野，向国际化发展。我觉得这其实是有一个内在压力，也有一个外在机遇。从内在动力来说，一方面已经具备资金、技术、装备、施工等方面很多优势，像南车和北车，这些年在国外不断有所突破，捷报不断频传。另一方面，金融危机之后，无论是发展中国家还是发达国家，对基础设施建设的需求非常强烈，他们希望通过基础设施来改善经济结构，提升自己的投资环境，吸引更多的外资进入。我在调研过程中发现，可能我们国内的市场太大了，很多企业对走出去的动力还不是很大。实际上我们未来几年将加入《政府采购协议(GPA)》(世界贸易组织WTO的一项诸边协议，目标是促进成员方开放政府采购市场，扩大国际贸易)。按照《政府采购协议》，门槛是采购价500万元，届时我们国内90%以上的政府项目，都将对西方国家开放。所以我们对国内市场要有这种警惕性，我们正面临市场开放之后的巨大压力。要在看到出口机遇的同时看到风险，想办法应对这种风险。咱们的传统出口市场还是在亚洲和非洲，现在在拉美也有所突破。但是这些国家恰恰有很多很多不安全的隐患，比如社会动荡、政府更迭、法律不健全。这几年我们的城市轨道交通，在国际化过程中有很多惨痛的教训。因此我觉得咱们企业要有风险意识，因为城市轨道交通必然是一项大投资，投入非常大，要做好风险应对与防范。

五、回顾与展望：回顾历史 展望未来

施仲衡：发展城市轨道交通应该因地制宜

今年是国产化政策出台15周年。科技日报能够举行这次研讨会，对我们国家的城市轨道交通发展具有非常重大的意义。实际上这也是纪念咱们国家城市轨道交通50周年的一个纪念会。因为从毛主席1965年“二次批示”到现在也整整50年。“二次批示”以后的7月，北京地铁1号线正式开始施工。1995年，国务院60号文件停止地铁的审批。1998年，朱镕基总理提出来，要搞地铁设备的国产化，国产化率要超过70%。广州地铁是我们第一次国产化工程，广州地铁1号线每公里造价7亿多元，到2号线国产化以后，每公里才4.7亿元，降低了40%。所以国产化对我们降低造价起了很大的作用。现在全国建设城市轨道交通已经2 500多公里，其中80%左右是地铁，在国外这个比例一般都占30%到40%。在城市中心交通拥堵客、流量大的情况下，用地铁是最好的。比如像北京、上海、广州、深圳这些城市的中心地带。但是中小城市修地铁，或者是大城市在郊区修地铁就不经济了。我们修地铁应该有几个原则，第一个是安全，第二个是高效，第三个是节资，节约土地资源，节约能源，第四个是环保，第五个是经济。经济非常重要，现在地铁每公里造价高

的到十亿元以上，非常不合理。我国到 2020 年城市化率要达到 60% 左右，轨道交通会大发展。应该根据地形地貌、客流量选择不同的城市轨道交通方式。地铁当然好，但是造价高，运营费用大（因为它的耗电量大），另外，施工难度大，施工时间长。所以发展城市轨道交通，应该因地制宜选择各种不同制式。

张国宝：我曾经的梦想是退休时全国建成地铁里程 100 公里

《科技日报》举行这样的座谈会，虽然这是一份报纸搞的座谈会，但是我觉得讨论的问题还是很深入的。我回想城市轨道交通国产化的历程，确实有很多可圈可点，值得总结的地方。这个轨道交通基本上还是寻着一个比较健康的道路，就是既发展起来了。但也没有说偏离开来。轨道交通，现在已经管不住了，在我手里头的时候管的非常好，我管住了，我没有让北京市也去建地铁厂，广州去建地铁，也没有让上海去搞。当初我定的就是，就是长春、四方、南京、浦镇、株洲这几家。至少没有向船舶和汽车那样遍地开花。国家坚持一个合理的规划非常重要。国家一定要有自己的实力才行，现在我们国产化要求也不怎么提了。但我们的实力已经上来了，国外公司也就不怎么来了。那他为什么来不了呢？他没法竞争，因为我们价格也低，质量也能保证，零部件也能保证，管理也很好。我们现在并没有哪个文件说是不让国外公司来竞标的，你欢迎他来，他们没有来。能源行业也有同样的情况。我们改革开放至今买了人家很多的发电设备，30 万千瓦，60 万千瓦。国产化以后，我们质量也好，价格也好，都上来了。我们现在没有任何文件说，发电设备不能买国外的，但是有人买国外的吗？很少有人买。因为进口发电设备的价格和性能竞争不过国产的。所以要培育我们国家自己的实力，包括基础性能力和价值性能力，到一定时候你叫他买国外的，他买吗？他不买，他就买中国国内的，物美价廉嘛。可是当初 70% 的厂家都是买国外的，因为当时国产的质量不行，后来国产化了，质量上来了，所以要培育这个。20 世纪 90 年代中央叫我们制定一个标准，什么样的城市可以建地铁。当时我牵头制定了一个标准，三个内容：城市人口在 300 万以上，GDP 达到 1 000 亿元，本级财政收入 100 亿元。按照这个标准一套，当时全国只有 13 个还是 14 个城市达到标准。刚才冷老师讲的“梦想”那话，就是我讲的，因为我想从 1965 年我们就开始搞地铁，搞到 1993 年才建了 50 公里。所以我说在我退休的时候建到 100 公里，就算对得起国家了。那时全世界就五个城市超过 300 公里，东京、莫斯科、巴黎、伦敦和纽约。但是没想到现在北京一个城市就 400 多公里，而且很快要到 500 公里，上海也马上要到 500 公里。所以今后的地铁最集中的可能是在中国，因为中国人口密度太大，你不搞地铁怎么行。

吴忠泽：贯彻落实创新驱动战略的一次生动具体的实践

近两年来，科技日报组织实施的“创新驱动与城市轨道交通国产化”系列采访，先后经历了三个阶段，第一个阶段关注信号技术创新和国产化，第二个阶段关注重庆单轨与多制式协调发展，第三个阶段关注国产化15周年和国际化。持续了两年的时间，行程达数万公里，采访了几百个当事人，发表文章30多篇，写成文字20多万字。这是一个记者一次关于城市轨道交通自主创新和国产化的新闻之旅。从信号技术开始，持续关注了制动、牵引、整车、单轨及多制式协调发展，大到地铁车辆，动车组，小到一个小小的零部件，刹车片，就城市轨道交通行业来说，代表性的企业，代表性的技术系统，代表性的关键零部件都关注到了。通过这样一次全行业的综合性的深入调查和采访，报道了一批的案例，解剖了一种经济现象，形成了一个行业的范例，摸清了我国城市轨道交通行业的发展情况，总结了行业发展国产化和自主化的成功经验，同时探索了行业发展的国际化方向，以实践证明了实施创新驱动战略的重要性和规律性。从某种意义上说，摆在面前的这本采访文集，是一本发展中国家工业现代化进程的新闻读本和简明教科书。应该说，这是新闻媒体贯彻落实创新驱动战略的一次生动的具体实践，确实很有意义。

要实施走出去的战略，积极探索新形势下中国企业国际化发展道路。今天这个问题谈得比较深入也比较展开，因为用技术换市场，这样一种技术引进，是改革开放以来，我们国家科技、经济发展的一个重要的战略思想。2001年党中央确立实施走出去的战略，坚持引进来走出去同时并举，相互促进。从20世纪80年代开始，我国企业的国产化走过了这么一个阶段，首先是间接出口，接下来是直接出口，然后设立驻外销售机构，最后建立海外生产制造基地。而当前我们国家企业的国际化，已经进入了一个迈向制造高端和出口升级的海外发展新阶段。根据预测，今年将是我们中国企业进入全球投资的时代，中国企业全面走出去的时代已经到来。在这样一个背景下，我国的轨道交通企业应该继续贯彻落实创新驱动战略，努力提高自主创新能力，形成具有关键核心技术的制造能力和市场品牌，真正实现基于高端制造的出口的升级。习近平总书记最近在两院院士大会上明确指出，我们不能总是用别人的昨天来装扮自己的明天，不能总是指望依赖他人的科技成果来提高自己的科技水平，更不能做其他国家的技术附庸，永远跟在别人的后面亦步亦趋，我们没有别的选择，非走自主创新的道路不可。让我们以此来共勉，共同推进中国轨道交通技术的创新发展，真正实现由中国制造向中国创造的重大跨越。

2014 年 12 月 17 日　星期三

9 寻找中国城市轨道交通国产化追梦人

——“创新驱动与中国城市轨道交通国产化 15 周年新闻交流研讨会”侧记

编者按

在采访中，一位从重要职位退下来的负责同志曾经对记者讲，他有一个梦想，就是希望在他离任的时候，中国的地铁里程能够达到 100 公里。今天中国的城市轨道交通总体里程已经接近 3 000 公里，是世界上地铁里程最长的国家之一，每年新增里程数百公里。一位北京轨道建设公司的负责人曾经告诉记者，他有一个梦想，就是有一天中国的城市轨道交通建设工程能够全部用上国产的车辆和机电设备，在关键技术上不再受制于人、受气于人。今天，车辆、信号、牵引、制动等关键技术全部国产化的北京地铁 7 号线，年底前即将开通。一位年轻的科技企业家告诉记者，他在高校当研究生时就有一个梦想，就是中国城市轨道交通全部用上中国人自己研制生产的信号系统。现在由他们研制生产的 CBTC 系统，已经被推广应用到北京、重庆、成都、长沙、深圳、天津等多个城市的轨道交通建设工程。像这样向记者讲述他们梦想的采访对象还有许多位，他们是这个行业的科研人员、企业家、城市业主，是行业主管部门的负责人，是行业协会的老专家……应该说，他们是中国城市轨道交通国产化的追梦人，他们追逐个人梦想、企业梦想、行业梦想、国家梦想的成功故事，是中国城市轨道交通国产化、自主化、国际化的经典案例。

“15年前我们有了国产化产业政策。其实真正的国产化50年前就开始了。”

“我曾经梦想在退休前修100公里地铁，可今天全国地铁的里程都接近3 000公里了！”

“我们国产化、自主化的成功，从一方面证明了一些跨国公司在我国发展的不成功。”

“15年前我们就开始了国产化。今天我们的国际化正是东道国的国产化。”

……

11月28日，“从国产化到自主化到国际化——创新驱动与中国城市轨道交通国产化15周年新闻交流研讨会”在京召开。会上与会企业和专家学者围绕城市轨道交通15周年国产化发展和怎么走出去的话题，不时发生争论。

研讨会50人规模，由科技日报总编辑刘亚东主持。与会的嘉宾包括业界重量级人物：张国宝、施仲衡、吴忠泽，重量级企业：中国北车、中国南车、中国铁科院，国家决策管理、学术研究与咨询部门：国务院发展研究中心、国家发改委、科技部、商务部、清华大学，和一大批优秀装备制造企业的代表，以及中国城市轨道交通协会、中国交通运输协会等。

2013年以来，科技日报派出记者对我国城市轨道交通行业进行了连续两年的调查采访，先后围绕“城市轨道交通国产化与自主创新”“创新驱动与城市轨道交通多制式协调发展”“创新驱动与中国城市轨道交通国产化15周年”三个专题，刊发文章30多篇，举办专题座谈会三次，引起广泛社会反响。

这是一次“蓄谋已久”的谋面，这是中国城市轨道交通行业国产化追梦人的聚会。这是中国城市轨道交通装备产业国产化、自主化历程的一次总结和从此迈向国际化的再出发。

缘于信号系统推广难的国产化寻踪

2012 年记者在教育部采访，了解到部属行业高校北京交通大学近年产生一项重大科技成果，其经济和社会价值为改革开放以来高校成果中所罕见。它就是基于无线通信的列车控制系统（英文简称 CBTC），俗称地铁信号系统。同时记者还听说，就是这样一项重大技术成果却推广不畅。这个新闻线索引发记者对城市轨道交通行业为期两年多的追踪采访。

2013 年年初，记者找到北交大具体承担这项科技成果研制和产业化推广任务的郜春海教授。在对郜春海的采访中记者了解到，中国地铁，或城市轨道交通的国产化、自主化工作10多年前就开始了，自主创新的国产化设备销售不畅的关键原因是业主或用户不敢放心使用。

城市轨道交通关系着国计民生，关系着千百万乘客的生命安全，因此对设备安全的质量要求特别高。多年来，我国的轨道交通装备产业国产化工作卓有成效，但是对于业主来说，使用国际品牌的进口设备，比使用经验不足甚至没有工程业绩的国内产品让人放心。国产化、自主化固然重要，但谁也不愿第一个吃螃蟹。

这仍然是一个科技成果转化难的老问题！但这是一个科技成果在产业化之后如何被用户使用的“最后一公里”的问题。

记者还了解到，北交大的CBTC系统已经在北京地铁工程得到应用，使用绩效与进口设备不相上下。购买进口设备却有价高、服务差等受制于人的一系列问题。为此北京地铁建设管理部门有一个历时10年的国产化工程计划。采用国产CBTC系统只是这个计划的一部分。此前，国产化的车辆、牵引系统和制动系统等关键产品已经得到推广应用。这说明国产化设备的质量并不是不可靠。然而国产信号系统为什么走不出北京城呢？关键还是缺乏创新自信，关键还是“国货不如洋货”的传统观念。改革开放已经30多年了，国产化政策也已经出台10多年，我国的装备制造业已经取得长足进步。国货在家门口受歧视，这种现象不能再继续下去了。

为此，记者决定对相关企业和专家做一次连续性采访报道。报社领导对记者的想法给予了充分的肯定和支持。此后，一批文章在科技日报新闻版面显要位置被集中刊登。它们分别是：

《春深如海觅芳华——中国城市轨道交通车辆信号系统自主化心路历程》；

《为了城市轨道交通国产化之梦——北京轨道建设公司十年自主创新路（上下）》；

《自主创新技术急需解决“最后一公里”——施仲衡院士谈城市轨道交通技术自主化》；

《政产学研用，最终还在用——中国城市轨道交通协会副会长宁滨访谈》；

《在关键核心技术上自主——北京市科委推进城市轨道交通CBTC技术纪实》；

《“首台套”后存隐忧——城市轨道交通技术自主化采访手记》；

……

系列文章刊发期间，两次配发短评。文章发表后，记者本人多次接到电话和短信。其中既有被采访当事人的，也有行业内未采访到的企业的，还有一些一般读者。他们反映，文章反映的科技成果推广难的问题带有一定的普遍性。在城市轨道交通行业是这样，在其他行业也有这些问题。建议邀请有关行业的企业代表和专家学者与管理部门一道做一次对话和集体采访。

2013年8月8日，征得报社主要领导同意，时任科技日报总编辑陈泉涌在京主持召开“城市轨道交通国产化与自主创新座谈会”，18位重量级业内专家和企业家与会。会议第二天，科技日报头版头条刊登了重要消息：“树立创新自信，加快推进城市轨道交通自主化——本报邀请业界专家、企业家座谈献策”。此后，还以两个整版的篇幅刊登了此次会议纪要。

鉴于这次座谈会内容的重要性和紧迫性，同时还由于与会代表的强烈要求，记者将会议内容写成《鼓励用户参与创新　破解技术推广难题——城市轨道交通CBTC信号设备推广难引发的行业调查》一文，在《科技日报内参》上刊登。

会后不久，北京地铁10号线连续出事故，记者亲往调查，发现原来是使用的进口设备售后服务滞后导致事故频发。为此记者发表了《信号系统失灵：北京10号线怎么了？——专家呼吁加快实现核心技术进口替代》一文。在此前后，记者还参加了城市轨道交通行业的一次内部会议，会议主题也是推广自主化技术。根据这一内容，记者又写出《不要让国产设备在国内市场受歧视》的文章，并在本报刊登，当天网络转载150余万次。

重庆单轨采访引发多制式发展行业新潮

2013年12月12日，本报以重庆跨座式单轨交通的创新发展为案例，在重庆召开“创新驱动与城市轨道交通多制式协调发展座谈会”，行业专家、企业家，以及主管部门负责人共聚一堂，围绕我国城市轨道交通的制式选择问题展开热烈讨论。

当时，地铁在我国已经建成的城市轨道交通中占比高达84%，远高于国际上1/3左右的比例，直接带来有关工程造价过高等一系列问题。重庆轨道交通集团通过引进、消化、吸收和自主创新，建成了我国第一条跨座式单轨交通示范线2号线，和世界上最长的跨座式单轨交通3号线，同时建成一个百亿元级的跨座式单轨交通产业，探索出一条多制式协调发展的成功之路。

会前记者曾经两进山城，写成系列报道在科技日报集中刊登。首先是长篇通讯《流动的彩虹：山城创新变奏（上下）》，同时配发了《创新需要因地制宜》的短评。然后是对中国工程院院士施仲衡、北京交通大学校长宁滨等专家的采访，还有对原重庆市市长、中国城市轨道交通协会会长包叙定的采访，对重庆市政协副主席童小平（原来重庆市主管副市长）的采访，对重庆市科协副主席、轨道交通集团董事长仲建华的采访，以及对北京轨道交通信号专家郜春海教授的采访。

目前我国地铁的工程造价是每公里 6 亿至 10 亿元，轻轨、单轨、有轨电车等工程造价为每公里 1.5 亿至 3 亿元。根据各个城市特点，选择跨座式单轨等不同的交通制式，可以大大降低城市轨道交通的工程造价和工期，是件利国利民的事。

座谈会得到重庆市政府多个部门和重庆轨道交通集团的大力支持。国家发改委、科技部、中国工程院、中国城市轨道交通协会、北京交通大学等多个单位派员参加。北京、天津、广州、兰州等城市轨道交通建设运营的业主单位也参加了会议。与会企业还包括一批参与重庆单轨工程建设的大型企业集团，如中国北车集团、中国南车集团、中铁电气化局集团、中国汽车工程院、中国城建院、中国船舶重工集团、重庆机电控股集团、华渝电气集团，等等。

会上国家发改委基础产业司巡视员李国勇的讲话，代表了行业主管部门对重庆跨座式单轨交通的态度，同时具有行业导向性："重庆的跨座式单轨，是一种非常好的轨道交通模式。从国家层面上讲，我们态度很明确，就是支持因地制宜多制式协调发展。"

会前，中国城市轨道交通协会会长包叙定在接受采访时表示，我国城市轨道交通的发展，应该从市情出发，根据不同区域交通需求特点，因地制宜地选择地铁、轻轨、单轨、现代有轨电车、市域铁路和中低速磁浮交通等不同制式，多制式协调发展。

会议之后，北京、天津、太原、兰州等城市纷纷表示，将在城区某些区间建设单轨线路。一批城市的轨道交通建设单位纷纷前往重庆考察，听取有关设计和建设经验。

2014 年 11 月 20 日至 21 日，中国城市轨道交通协会在重庆召开"2014 跨座式单轨交通系统应用与发展现场研讨会"，300 多名国内外轨道交通行业专家齐聚山城，共同探讨跨座式单轨交通系统在世界范围内的应用和未来发展趋势，分享城市绿色轨道交通技术与应用的新思路、新经验、新做法。

可以说，在当今中国城市轨道交通行业内，多制式协调发展正在成为时代的主旋律。创新、低碳、环保、快捷、舒适、廉价的现代轨道交通系统，正在我国城市轨道交通出现新一轮的建设热潮。

致敬中国城市轨道交通国产化追梦人

从国产化到自主化到国际化是一种发展也是一种回归。我们的国产化是人家的国际化，而今天我们的国际化正是东道国的国产化。11 月 28 日的研讨会，以“从国产化到自主化到国际化”为题，目的在于总结国产化自主化的成功经验，探索升级版国际化的发展新路。

国产化 15 年是中国城市轨道交通引进、消化、吸收和自主创新的 15 年，是中国城市轨道装备产业不断发展壮大的 15 年。15 年中，一批关键核心技术被攻克，轨道车辆和信号、牵引、制动等一批重要系统装备实现完全自主化，中国北车、南车、铁科院等一批重要行业企业发展壮大的历程，是这个行业国产化、自主化、国际化的成功典范。

为了对 15 年来城市轨道交通关键核心技术国产化的主要成就进行一次集中检阅，会议之前，记者下株洲，上长春，飞重庆，采访了中国北车和南车集团的多家下属企业，写成《中国制动——中国铁科院机车车辆所制动系统开发纪实》《中国牵引——南车株洲所城轨关键设备自主开发纪实》《龙行天下——北车长客公司城轨列车创新纪实》等系列文章在科技日报先后刊发，向广大读者讲述了一个关系国计民生重要行业创新发展的故事，集中展示了 15 年来我国城市轨道交通行业一批重要企业和企业家不懈追求国产化、自主化的寻梦历程。

记者的讲述或许不是最精彩的，但这些故事是真实的，记者的讲述是客观的、真诚的，因为记者在调查采访的过程中，多少次被故事的主人公感动着、震撼着。

在采访对象中，一位从重要职位退下来的负责同志曾经对记者讲，他有一个梦想，就是希望在他离任的时候，中国的地铁里程能够达到 100 公里。今天中国的城市轨道交通总体里程已经接近 3 000 公里，是世界上地铁里程最长的国家之一，每年新增里程数百公里。

一位北京轨道建设公司的负责人曾经告诉记者，他有一个梦想，就是有一天中国的城市轨道交通建设工程能够全部用上国产的车辆和机电设备，在关键技术上不再受制于人、受气于人。今天，车辆、信号、牵引、制动等关键技术全部国产化的北京地铁 7 号线，年底前即将开通。

一位年轻的科技企业家告诉记者，他在高校当研究生时就有一个梦想，就是中国城市轨道交通全部用上中国人自己研制生产的信号系统。现在由他们研制生产的 CBTC 系统，已经被推广应用到北京、重庆、成都、长沙、深圳、天津等多个城市的轨道建设工程。

像这样向记者讲述他们梦想的采访对象还有许多位，他们是这个行业的科研人员、企业家、城市业主，是行业主管部门的负责人，是行业协会的老专家……

应该说，他们是中国城市轨道交通国产化的追梦人，他们追逐个人梦想、企业梦想、行业梦想、国家梦想的成功故事，是中国城市轨道交通国产化、自主化、国际化的经典案例。

在这些追梦人和经典案例中，既有像张国宝这样的“国产化先生”，长期担任国家经济发展和行业主管部门重要职务，为了国家利益亲自制定政策，大力推动行业关键技术的引进、消化、吸收和国产化；也有像施仲衡院士这样的工程技术泰斗，早年学成回国，创造发明了适合国情的地铁浅埋暗挖技术，同时在工程规划中大力推广这一技术，使得我国的地铁工程因此节约建造成本难以数计。

既有像丁荣军院士、郜春海教授、孙建方所长这样的科技企业家，他们在国产化和自主创新的大潮中，在轨道车辆的牵引、信号、制动系统等关键核心技术的科技攻关中担当领军人物，同时在这些重大技术的产业化、市场化过程中成长为具有时代标志性特征的科技企业家；也有像仲建华、丁树奎、简炼这种城市业主单位的代表人物，他们是具体城市轨道交通公共设施的建设者、管理者和运营者，同时是国家利益的守护者，因为他们是行业关键技术设备的用户，因而是国产化政策的执行人，他们直接参与行业关键核心技术的工程化和自主化，却常常无人喝彩，他们是承担了使用“首台套”技术设备风险的无名英雄。

既有像中国北车、中国南车这样的国家队和集团军，他们所代表的城市轨道交通装备产业，支撑起了我国城市轨道交通国产化的大厦，同时带领着自己的航母战斗群不断挺进国际市场的深海，让中国制造的祥龙纵横天下；也有像北京交控、和利时、天宜上佳这样的混合所有制企业、民营企业，他们是轨道交通装备关键系统或关键零部件的研制生产者，由于他们的存在，有些轨道交通的关键设备或零部件成功实现进口替代，他们贡献给社会的不只是税收和就业，还有国家和行业的战略安全。

为此，经科技日报社编委会研究批准，并经与有关行业协会协商，我们向在这两年的行业采访活动中接受采访的有关人员和企业，敬赠了“中国城市轨道交通国产化追梦人”的称号和“中国城市轨道交通国产化自主化经典案例”“中国城市轨道交通国产化国际化经典案例”的称号，并由有关领导现场颁发纪念牌和证书，以表达一个媒体及其媒体人对一个行业的观察、理解和敬意。

研讨会还围绕“我们的国产化与别人的国际化”“我们的国际化与别人的国产化”“如何出口升级、怎么走出去?”等话题展开了热烈的讨论。

张国宝，曾任国家发改委副主任，一些外企曾经不怀好意地赠给他一个“国产化先生”的雅号，曾经亲自参与领导了这个行业的国产化运动。会上他很有感慨地说：“记者先生的话引起我很多怀想。当年的许多梦想现在都变成了现实，这是自主创新的力量，我们都应该感谢这个伟大的时代！”

吴忠泽，科技部原党组成员，现任中国智能交通协会理事长，对科技日报社组织的这次连续两年的新闻采访活动给予了高度概括和中肯的评价：

“这是一个记者关于城市轨道交通行业自主创新和国产化的一次新闻旅程。从信号技术开始，持续关注了制动、牵引、整车、单轨及多制式的协调发展，大到地铁车辆，动车组，小到一个小小的零部件，刹车片，就城市轨道交通行业来说，代表性的企业，代表性的技术系统，代表性的关键零部件都关注到了。”

“这样一次全行业综合性的深入调查和采访，调研和解剖了一种行业经济现象，摸清了我国城市轨道交通行业的基本发展状况，总结了这个行业国产化、自主化的成功经验，证明了实施创新驱动战略的重要性和规律性，从行业的角度记录了一个时代的发展进程，同时也探索了这个行业国际化的发展方向。在一定程度上，摆在读者面前的这十多万字的文章，是发展中国家工业现代化进程的一个新闻读本和简明教科书。应该说这是新闻媒体贯彻落实创新驱动战略的一次生动的具体实践，确实很有意义。”

关注京津冀协同创新与交通一体化

——"京津冀协同创新与交通一体化

编者按 为了贯彻落实国家京津……和轨道交通互联互通，11月29日，科技……通一体化高层论坛暨轨道交通互联……区域协同创新有效结合，邀请有关专……讨，搭建良好的信息咨询和宣传平台……津冀协同发展的政策建议。敬请关注……

京津冀三地应该逐步实现交通出行信息服务的共享

□ 中国智能交通协会理事长 吴忠泽

[illegible]

京津冀一体化协同发展中的五个主要问题

□ 原铁道部副部长 国林

我想谈谈京津冀目前现状和存在的主要问题。京津冀地区经过多年的发展，北京和天津的双核集聚现象显著，与周边地区相比长期存在工业化落差，河北大部分地区仍然以污染较重的工业、加工业为主，今天的石家庄还在满天雾霾尘埃当中。北京和天津之间也缺少有效的合作和产业分工，没有实现联动。长期以来，京津冀经济发展极不均衡，行政樊篱阻碍了资源要素的自由流动，产业发展各自为战，区域市场被割裂，城里交通环境问题突出，发展面临着严重的资源枯竭问题。到目前为止，京津冀经济一体化还仅限于初始阶段，区域经济一体化效应没有被充分的挖掘出来，没有形成像长三角、珠三角那样的密集城市群。

京津冀协同发展尚存在许多问题。主要是五个问题：一是各自为政现象严重，缺乏统筹部门，这是京津冀三地难以一体化发展的根本原因。二是区域一体化效率低，缺乏基础条件建设和物流体系，远远落后于长三角，珠三角。第三，地区经济发展水平差异明显，导致产业对接难度大，基本没有形成配套的产业链。四是，功能定位不清，产业重叠现象严重。特别是京津两地产业结构自成体系，重复投资、重复建设现象严重。第五，生态环境形势严峻。如何确保企业在发展中节能减排，安全生产，防止生态环境进一步恶化，对一体化发展提出更高要求。我想这五个方面问题是客观存在的，应该有针对性地很好解决，不能光纸上用兵。

京津冀应该形成网络化布局、智能化管理和一体化服务格局

□ 国家发改委基础产业司副司长 任虹

应该说本次论坛的举办非常及时，因为11月18日国家发改委刚刚批复了《京津冀协同发展交通一体化规划》……[illegible]

……领域的推广应用，提高交通智能化水平；一体化服务是指在客运枢纽上实现零距离换乘，在货运枢纽方面实现无缝化换装。京津冀地区应该建立一种跨区域交通运输管理协调机制，三地市要分工合理，竞争适度，合作发展，形成一体化服务的格局。

到2020年，京津冀交通一体化有八项任务：包括建设高效密集的轨道交通网络，完善便捷通畅的公路交通网，构建现代化的京津冀港口群，打造国际一流的航空枢纽，发展公交优先的城市交通，提升交通智能化的管理水平，实现区域一体化的交通服务，和发展安全绿色的可持续交通。在此基础上实现三省市的"四个一"，即绘制一张蓝图，打造一个信息平台，推进一张"一卡通"信息网，建设一个交通示范区。

[illegible]精神 为京津冀协同发展做出贡献

[illegible]

建设基于互联网的智能化交通运营安全保障体系

□ 中国工程院院士、石家庄铁道大学副校长 杜彦良

[illegible]

[illegible]总公司非常关注京津冀轨道交通互联互通

□ [illegible] 赵长江

[illegible]

进区域轨道交通发展及其互联互通

坛暨轨道交通互联互通座谈会”纪要

准进京津冀协同创新与交通一体化发展
交通大学在京举办“京津冀协同创新与交
主轨道交通行业科技进步与关注京津冀
表和建设管理部门负责同志进行交流研
口轨道交通有关问题的深入探讨，提出京

构建京津冀一小时区域交通圈和轨道交通网络

□ 北京市交通委员会副主任 **李晓松**

11月18日，《京津冀协同发展交通一体化规划》正式颁布，再一次明确轨道交通是京津冀协同发展骨骼系统，是有序疏解北京非首都功能的基本前提。当前京津冀协同发展战略已经进入了全面实施阶段，为落实国家和北京市委市政府的工作要求，北京市交通委员会今年重点谋划了九项工作任务，包括京密断头路的开工，京津冀一卡通三地密切合作，联合治超，等等。截至目前，各项工作均取得了实质性的进展，目标是要构建京津冀一小时区域交通圈，形成干线铁路、城际铁路、市郊铁路和城市轨道四位一体的多层次轨道交通网络。市郊铁路平谷线将率先启动，最终将形成一千多公里的市郊铁路线网。此外，作为北京承办冬奥会的重要基础设施，京张铁路干线也正在加紧进行施工，目前八达岭隧道段施工监理招标均已经完成。

在京津冀交通一体化的新形势和新要求下，北京市交通委员会将着眼于三地基础设施互联互通的目标，立足于城市群整体空间布局，适应疏解北京非首都功能和产业疏解需要，按照智能化服务的要求，构建多节点、网络状的交通枢纽，建立统一开放的区域交通运输格局。下一步，北京市交通委员会将深入贯彻党的十八届五中全会精神，按照创新、绿色等理念，在京津冀交通一体化规划的指导下，积极引导区域空间布局调整和产业升级转型，以建设高效密集的轨道交通网、公路运输网，打造国际一流的航空枢纽，提升京津冀交通管理水平四方面工作作为工作重点，努力开创京津冀交通一体化的新局面，为京津冀地区建成有较强国际竞争力和重要影响力的世界城市群贡献自己的力量。

轨道交通规划应该与区域综合交通网络规划一起编制

□ 天津市城市规划设计院道路交通规划研究所所长 **曹伯虎**

应该说我们全程参与了京津冀层面各方面的规划，包括城镇化规划体系和城际轨道交通，以及天津市各个方面的规划。在规划过程中，我们体会到轨道交通特别是区域轨道交通的规划，在建设运营管理上，与公路交通规划的差距还是比较明显的。为什么这么说？因为我们京津冀轨道交通都是各个城市单独在编制规划。而我们要编制的公路网却是一张网，不管分成几个等级。比如说我有高速公路，有干线公路，有快速路、主干道和支线，是在编制一张网。而京津冀轨道交通我们是公路、铁路、地铁、航运、港口分别编制，交通制式不一样，管理的标准模式也不一样，相互之间缺乏有效的一体化衔接。

城市群的轨道交通究竟应该如何编制？其实我们遇到了很多问题，比如说客流预测方面。最早的京津城际我们也参与了规划和预测。最初几年差不多是20%以上的增长，京津城际的客流已经超过了京津唐的增长。实际上京津城际一个比较突出的特点是周通勤的概念，在一个城市里面是日通勤，跨出城市是周通勤，每周五、周一、周日客流特别多。初步调查通勤客流应该在15%左右，还有很大的增长空间。再一个是市域规划层面。我们正在编制天津市的轨道交通综合规划。以前我们也是分别编制，地铁、铁路、市郊线、中运量轻轨分别编制，这次天津轨道交通集团把这几种交通方式编制单位一起编制。让搞道路规划的人，搞公交规划的人，搞铁路规划的人，搞地铁规划的技术人员同时参与编制这一张交通网，初步来看还是达到一定的成效。

我们提出京津冀双城连接、多通道连接的观点。天津市人口已经超过1500万人了，北京人口2000多万人，将来两个城市是两个中心，还有河北的主要城市，各个城市的区域交通枢纽应该建成多通道、多节点、开放式的网络，同时应该和周边城市的轨道网络互联互通。

轨道交通互联互通的多重含义

□ 原铁道部科技司副司长 中国城市轨道交通协会装备专业委员会副主任 **李中浩**

我们有一张城际铁路的网，有一张市域铁路的网，还有一张城市轨道交通的网。这三张网一块儿编制，并不意味着就一定会互联互通。有两个概念，一个是如何修建好城市交通枢纽，一个是如何策划和规划互联互通的轨道交通运输网。这是两个概念。大家都说日本的轨道交通互联互通做得好，好在哪里？首先，我们看日本轨道交通的历史。日本东京的城市轨道交通一百年前就开始了，1900年就开始建设，从东京开始往外铺设。以山手线为例，好像是从国家铁路变成了城市轨道交通线，其实不然。日本是先有郊区铁路，先有大铁，然后才有地铁，因为地铁是随着城市发展以后，把地面轨道交通移到地下去了。而我们国家的城市轨道交通，现在是先有地铁，然后我们再来设想京津冀一体化。所以在做这样的规划的时候，有些问题是要思考的。一是市域轨道铁路如何和城市轨道……

互联互通，二是如何建造我们多节点的……

为了做好……

轨道交通建设要把枢纽和城市功能区结合起来

□ 北京交通发展研究中心副主任 总工程师 **李 先**

京津冀协同发展是国家三大经济发展战略之一，它的核心是疏解北京非首都核心功能。但是疏解了是不是就没问题了？我们理解是要以疏解促发展，疏解是途径，发展是我们的目的，因为北京是京津冀协同发展的核心。京津冀目标是要建设世界级的城市群，同时在建设的途径上解决改革创新所面临的一系列新课题。世界的城市群都经历过一个拥堵、再缓堵再拥堵的循环过程，他们也是通过疏解降低环境污染的，大家可以看到上世纪六十年代的东京，停车乱、地铁挤，污染跟我们是一样的，疏解到今天，东京是3500万人，1500万辆车，但是交通拥堵得到了缓解，城市生活质量都得到了提高。目前东京地铁和铁路承担了四千万人的承运量。其中东京291的地铁承受1100万客运量，北京500多公里的地铁也是1100万的客运量。我们的地铁长度是别人倍，运载能力是别人的一半。大阪一百年前地铁编组就是10节，我们到现在最大编组还是8节。说东京的很多轨道都能越线运行，一条轨道线可站停，也可以一站直达。我们的地铁都是单线，上束缚了轨道运输能力。在大城市一小时通勤，及一小时商务圈都应该构造适合的轨道交通，枢纽和城市功能区结合起来，打造轨道上的京津冀。

轨道交通是“中国制造2025”的最好抓手之一

□ 北京交通大学教授 轨道交通运行控制系统国家工程研究中心主任 郜春

中国城市轨道交通基本是按车辆间隔2分钟建设的，但是开通以后常常超过4分钟。这等于每建成两条线就浪费了一条线。我们许多城市地铁修了一条线又一条线，没有提供多少交通上的方便，因为乘客在车站换乘时间长，换乘次数多。现在在北京上班基本上得换乘两三次，常常两个小时才能到。我们现在下一步修建市郊铁路，如果不能实现互联互通，到时候我们的城市轨道交通要么堵死，要么会像刚才所说京津冀的机场那样，有的吃不上，有的吃不饱，有的吃不下。

建设京津冀世界级城市群应该发展……

第四篇　大风起兮京津冀

——“京津冀交通一体化与轨道交通互联互通”专题调查

建设高效密集的轨道网，关键是要将城市设施建在轨道交通沿线，让办公、居住、医疗等服务机构沿轨道分布，将大型交通枢纽建在城市中心，让市民不用开车、仅靠步行就能解决上下班、购物、就医等生活问题。这样才能减少车辆出行，减少因此造成的交通拥堵。

——京津冀协同发展专家委员会委员、
北京交通发展研究中心主任郭继孚

我国重载铁路运输，一吨煤一公里的运费是 6 分钱。而汽车运输一吨煤一公里的运费是 6 毛钱多，相差 10 倍以上。

——中国工程院院士王梦恕

京津冀地区应该形成网络化布局、智能化管理和一体化服务。原来京津冀地区主要是以首都为中心的放射状格局，今后要逐步形成多节点、网格状、全覆盖这样一个格局，一体化服务是指在客运枢纽上实现零距离换乘，在货运枢纽方面实现无缝化换装。京津冀地区应该建立一种跨区域交通运输管理协调机制，三地市要分工合理，竞争适度，合作发展，形成一体化服务的格局。

——国家发改委基础司副司长任虹

引子

今年京津冀协同发展进入第三个年头，各项工作都取得巨大进展。而在两年前的今天，《京津冀协同发展规划纲要》刚刚颁布，虽然大家都在说“协同发展，交通先行”，但京津冀交通，尤其是其中的轨道交通应该如何协同发展，对许多人来说，都是一个问号。

当时得知中央专门成立了京津冀协同发展专家委员会，其中有几位专家正是科技界的知名专家。通过采访他们，同时根据自己对三地轨道交通建设管理部门的了解和调查采访，自信可以为关注这个话题的读者提供一些有用信息。

新闻在哪里？我以为在现有新闻管理条件体制下，新闻的基本特点首先是中央关注的，其次是老百姓关切的，最后，就是自己通过调查采访，围绕“关注”“关切”的所见所闻、所思所想。新闻就在这种对重大问题的回应之中。

京津冀轨道交通的协同发展正是这样一个重大的时代课题。

因为，首先，京津冀（曾经也有“环渤海经济圈”等不同叫法）话题，过去几十年经过了学者层面长期的酝酿和研究，地方政府之间也开展过多层次横向经济技术合作的努力和探讨。与此不同，2014 年以来，本届政府高层亲自从战略层面深入谋划，并将京津冀协同发展提高到国家发展战略层次，这是历史上从未有过的。这就决定了京津冀话题具有了高度的新闻价值。

其次，协同发展，交通先行。在京津冀协同发展的宏大规划中，京津冀轨道交通的互联互通及相关规划发展，由于与投资、技术、环保具有特殊关系，因而受到公众和媒体更多的关注。

但由于当时相关战略规划尚在具体制定过程中，有关话题具有高度的敏感性，采访起来并不容易。有关专家学者能够慨然接受我的采访，实属不易。在采访了有关专家写出系列报道，并在科技日报重要

新闻版面开设“京津冀交通一体化与轨道交通互联互通”专栏之后，有些问题的探讨还有待于进一步深入。为此，本报又与北京交通大学联合举办了“京津冀协同创新与交通一体化高层论坛暨轨道交通互联互通座谈会”。

采访京津冀话题，对我来说是一个巨大的挑战。因为这意味着我必须从过去长期关注行业发展转向对区域与行业的共同关注。

核心提示

长期以来，京津冀经济发展极不均衡，行政壁垒阻碍了资源要素的自由流动，产业发展各自为战，区域市场被割裂，城里交通环境问题突出，发展面临着严重的资源枯竭问题。到目前为止，京津冀经济一体化还仅限于初始阶段，区域经济一体化效应没有被充分地挖掘出来，没有形成像长三角、珠三角那样的密集城市经济群。京津冀协同发展尚存在许多问题。

京津冀交通一体化是协同发展的一个骨骼系统，是有序疏解北京非首都功能的有效方法之一。京津冀地区已经初步形成了以北京为中心，以高铁、高速公路为骨干，公路、铁路、港口和机场共同组成的圈层放射状的交通网络。京津冀地区应该形成网络化布局、智能化管理和一体化服务。原来京津冀地区主要是以首都为中心的放射状格局，今后要逐步形成多节点、网格状、全覆盖这样一个格局；智能化管理是指推动新技术在交通领域的推广应用，提高交通智能化水平；一体化服务是指在客运枢纽上实现零距离换乘，在货运枢纽方面实现无缝化换装。京津冀地区应该建立一种跨区域交通运输管理协调机制，三地市要分工合理，竞争适度，合作发展，形成一体化服务的格局。

世界的城市群都经历过一个拥堵、再缓堵、再拥堵的循环过程，它们也是通过疏解降低环境污染的，大家可以看到 20 世纪 60 年代的东京，停车乱，地铁挤，污染跟我们是一样的，疏解到今天，东京是 3 500 万人，1 500 万辆车，但是交通拥堵得到了缓解，城市生活质量得到了提高。目前东京地铁和市郊铁路承担了 4 000 万人次的承运量。其中东京 291 公里的地铁承担 1 100 万人次的客运量，北京 500 多公里的地铁，也是1 100万人次的客运量。我们的地铁长度大约是别人的两倍，我们运载能力大约是别人的一半。原因很多，比如说东京的很多轨道都能越线运行，一条轨道线可以站站停，也可以一站直达。我们的地铁都是单线，客观上束缚了轨道运输能力。在大城市一小时通勤圈及一小时商务圈都应该构造适合的轨道交通，要把枢纽和城市功能区结合起来，打造“轨道上的京津冀”。

2015年11月14日 星期六

1 大风起兮京津冀

——写在“京津冀一体化与轨道交通互联互通论坛”召开前夕

大风起兮云飞扬。

今年4月30日，中央政治局批准《京津冀协同发展规划纲要》（下称《纲要》），此后不久《纲要》在有限范围内公开发布。

从此京津冀三地迅速掀起贯彻落实《纲要》，推进京津冀协同发展的新高潮。京津冀“一张图、一张网、一张卡”的交通一体化合作计划悄然推动。

此前的2014年2月26日，习总书记就京津冀协同发展发表了著名的“2·26”重要讲话。宛如浩荡春风一夜吹绿京华燕赵大地。京津冀协同发展从此成为国家战略！

讲话中，总书记提出了包括加强顶层设计、编制协同发展规划在内的7项要求。特别指出，京津冀协同发展要在交通、产业、环保三个方面取得突破。要着力构建现代化交通网络系统，把交通一体化作为先行领域，加快构建快速、便捷、高效、安全、大容量、低成本的互联互通综合交通网络。

“互联互通”在京津冀一体化交通网建设中被赋予特殊地位！

2014年12月，京津冀三地联合铁路总公司共同出资成立京津冀城际铁路投资有限公司，为三地联合开展轨道交通建设打下坚实基础。基于既有城市轨道交通建设里程，三地轨道交通互联互通因此被提上日程。

近两年来，京津冀三地的城市轨道交通、市域铁路、城际铁路交通及其互联互通规划建设不断取得新进展：

2015年9月14日，北京《关于报请审定北京市城市轨道交通建设规划（2014—2020 年）》获国家发改委正式批准。依据北京城市总体规划和综合交通规划，北京市城市轨道交通 2020 年线网由 30 条线组成，总长度为 1 177 公里；远景年线网由 35 条线路组成，总长度 1 524 公里。

“以北京为中心，50 到 70 公里半径范围内将形成 1 小时交通圈。”北京市交通委有关负责人表示，京津冀交通一体化的核心是打造“轨道上的京津冀”。京津冀国家干线铁路、城际铁路、市郊铁路（又称“市域快轨”或“市域线”）、城市地铁之间，将建成互联互通、高效密集的轨道交通网络。

而据天津市城市规划部门负责人透露，针对北京铁路过境交通组织压力过大，天津与承德、石家庄等城市联系不便捷等问题，天津提出加快提升自身枢纽地位，疏解北京非首都功能的规划建议。“建设多层级铁路和轨道交通体系是当前发展的主要趋势。服务于国家各经济区、城镇群的不同层次的轨道系统，通过优化配置通道和枢纽资源，能够更好地实现干线铁路、城际铁路、市域线与城市地铁的功能协调和合理布局。”天津市正在开展市郊铁路网的规划与建设，今年已经开通了天津至蓟县、北京至蓟县的客运铁路，带动了蓟县、宝坻等城市区域发展。

另据京津冀城际铁路投资有限公司传出消息，未来京津冀地区将打造以“四纵四横一环”为骨架的城际铁路网，规划新建 23 条城际线路，总里程将达 3400 公里。目前，京津冀三地政府会同中国铁路总公司编制了《京津冀城际铁路网规划修编方案（2015—2030 年）》，已上报国家发改委等待批复。

规划之后，执行就是第一位的。京津冀三省市城市内部、城市之间轨道交通的互联互通首先是个理念问题。在创新、协调、绿色、开放、共享成为时代主旋律的今天，轨道交通互联互通必将很快成为人们的普遍共识。

但是，对于轨道交通互联互通，人们还是说得多，理解得少，做到就更难。难在什么地方？有人说，难在信号、车辆、通信，也有人说难在规划、建设或运营。其实都不是。难在这是一个系统工程，单纯依靠其中任何一个因素都解决不了问题。

只有首先从观念上解决问题，形成共识，由政府管理高层将它作为重大社会需求提出来，进而将它纳入顶层设计和建设规划，通过组织推动才能最终实现。

一个城市的轨道交通要实现互联互通，需要城市的政府决策和多个部门的管理协同；多个城市之间轨道交通的互联互通，更需要多个城市的政府管理层形成共识，甚至需要更高层管理者的决策意识。

一旦有了科学合理的顶层设计，通过组织推动和协同推进，轨道交通互联互通的规划、建设和运营就是顺理成章的事情了。设备制造和供应只是提供技术支撑。

京津冀轨道交通互联互通是一个庞大的系统工程。实现京津冀轨道交通互联互通，三地政府管理部门要真正将互联互通的理想纳入同一张规划设计之“网”。

正是基于以上考虑和业内专家的强烈呼吁，今年年初在科技日报编委会的支持下，本报策划了“京津冀交通一体化与轨道交通互联互通”专题调查采访活动，先后发表系列文章十余篇，引起社会广泛关注。

按照计划，为了将这一重大专题的讨论继续推进，本报将与北京交通大学一道，于11月29日在京联合召开“京津冀协同创新与交通一体化论坛暨轨道交通互联互通座谈会”。邀请有关行业主管、城市建设管理运营部门负责人和专家学者聚集一堂，通过演讲、对话、座谈，群策群力，进一步为“京津冀轨道交通互联互通”这一行业理想的实现献计献策。

2015 年 04 月 27 日　星期一

2 轨道上的京津冀如何互联互通?

首钢小曹入职不久。每周坐班车到曹妃甸上班。从北京到唐山两小时，从唐山到曹妃甸还得两小时。让他高兴的是这种情况不会持续太久，因为国家要建“轨道上的京津冀”，未来京津冀主要城市间，将形成一小时城市圈。北京、唐山、曹妃甸在“1小时城市圈”内，将来从北京到曹妃甸城际列车相通1小时内就能到。

京津冀一体化协同发展，交通一体化要先行。其中轨道交通的互联互通已经被提上日程。“轨道上的京津冀”如何实现互联互通，是当前社会关注的热点。

轨道交通互联互通是轨道交通网络的一种运营方式，具体说来是指不同线路的轨道、车辆、供电、信号、通信、屏蔽门及运营组织等相互兼容，从而节约资源、降低成本，提高资源使用效率和服务质量。

在当前我国大力发展的区域城市集群轨道交通中，城市地铁、市郊铁路、城际铁路与骨干铁路(含高铁)之间也有一个互联互通的问题。

4月23日至24日，“2015中国(天津)区域轨道交通及装备关键技术论坛及地铁学术交流会”在天津召开。北京交通大学教授、轨道交通运行控制系统国家工程研究中心主任郜春海认为，京津冀轨道交通的互联互通，作为一种重大社会需求已经摆在那儿，关键在于要认识到这种需求的存在，并将它纳入顶层设计。在操作层面上，通过技术创新，目标完全可以实现。

轨道交通“互联互通”因何成为时下热词?

眼下“互联互通”是个热词。其实，互联互通原来指电信网络之间的互联和电信业务的互通。眼下我国政府正在积极倡导“一带一路”

沿线国家之间“互联互通”。轨道交通的互联互通正在引起广泛关注。

什么是轨道交通的互联互通？对乘客来说是方便快捷；对运营商来说是降低成本，提高资源使用率和经济效益；对于工程建设管理方来说是减少投入，提高资金使用效率。“轨道交通互联互通在业内已经说了很多年，现在到了兑现的时候了!”部春海说。

首先是要在地铁等城市轨道交通网络范围内实现互联互通，即车辆和轨道资源的共享。

以北京、上海等已经建成城市轨道交通网的城市为例，为了减少乘客换乘，线路A的车能不能“跨线”到线路B和线路C上？如果可以的话，这就减少了换乘，方便了乘客。而在线路A过于繁忙的情况下，线路B或线路C的车辆能否在线路A上使用?

互联互通的本质是资源共享，就是在城市轨道交通网的两条、多条线路共享各类资源，以便优化配置、提高利用率，更好地发挥轨道交通网络的整体效益。

地铁一般修建在城市中心或繁华地带，城市郊区修建市域快轨（也有叫“城市快轨”）。距离不太远的不同城市之间修建城际铁路。不同线路可以通过速度不同相区别。地铁速度一般低于每小时80公里；市域快轨可以跑到每小时120至160公里。城际铁路的速度又高于市域快轨，包括每小时200公里左右的动车组和300公里左右的高铁。

一般而言，城市地铁列车没有必要跑到市域快轨、城际铁路等其他线路运行，但城际铁路和市域快轨应该与地铁线路相通，可以进入地铁线路。因此需要不同线路在信号、车辆、供电等方面实现兼容。

按照国务院要求，京津冀地区将建设一体化协同发展的轨道交通网。未来京津冀地区将建设以干线铁路（含高铁）、城际铁路、市域快轨、城市地铁为支撑的四层次轨道交通，也就是所谓“轨道上的京津冀”。

首都北京将建“半小时通勤圈”和“1小时城市圈”。将来北京人到周边城市创业，或周边城市人口到北京上班将更加方便。

部春海认为，为了实现轨道交通互联互通，在选择轨道交通各类设备时，在条件允许的情况下，应该考虑在尽可能大范围内实现资源共享。轨道交通资源包括轨道、运营设施、人力、土地、检修设备、施工机具及设施等多方面。

欧洲国家轨道交通如何互联互通?

轨道交通互联互通是世界轨道交通发展的大趋势。在国外，尤其是欧洲国家在轨道交通互联互通方面起步较早。

欧洲国家多，国土面积小，各国内部的铁路网很密集。20 世纪中叶，欧洲多家信号公司研制生产的列车运行控制系统种类有十余种之多。每个国家均使用不同的信号和车辆制式，彼此互不兼容。

那时候，当列车从一个国家到相邻的另一国家的铁路上运行时，要么在边境上更换机车，要么在同一台机车上安装多种不同制式的车载设备。在列车到达另一国家之前，切换成相应国家的车载设备。由于要在边境上更换机车，或在机车上安装多种（最多达 6 种）制式的车载设备，列车运营成本很高，降低了交通运行效率。

为了改变这种境况，在欧盟和国际铁路联盟的支持下，1982 年 12 月欧洲运输部长会议作出决定，就欧洲大陆铁路互联互通中的技术问题寻找解决方案。历经 10 年的努力，终于制定了一套可兼容欧洲各国现有信号制式的统一标准——欧洲列车控制系统（Europe train control system，ETCS），从而实现了欧洲各国列车在欧洲铁路网上的互通运营。

近年来，随着我国一批城市群的崛起和轨道交通的迅速发展，面对不断增长的客流和有限的地铁线路资源之间的矛盾，一些国内城市轨道交通建设管理和运营单位也提出了互联互通的要求，并且开始了积极的尝试。

“但在互联互通核心技术、标准建设、示范工程等方面，至今还未取得突破进展。”郜春海说，“现在建设轨道上京津冀，对于发展轨道交通互联互通是一个难得的机会。”

“建立相互兼容的标准体系是根本出路”

对于城市轨道交通互联互通，人们说得多，理解得少，做到就更难。“建设轨道交通上的京津冀，要在京津冀三省市城市内部、城市之间实现轨道交通互联互通，似乎很难。”郜春海告诉记者。

难在什么地方？有人说，难在信号、车辆、通信，也有人说难在规划、建设或运营。其实都不是。难在这是一个系统工程，单纯依靠其中任何一个因素都解决不了问题。

“只有首先从观念上解决问题，形成共识，由政府管理高层将它作为重大社会需求提出来，进而将它纳入顶层设计和建设规划，通过组织推动才能最终实现。”郜春海说，“这是政府部门应该下好的一盘大棋。”

一个城市的轨道交通要实现互联互通，需要城市的政府决策和多个部门的管理协同；多个城市之间轨道交通的互联互通，更需要多个城市的政府管理层形成共识，甚至需要更高层管理者的决策意识。

一旦有了科学合理的顶层设计，通过组织推动和协同推进，轨道交通互联互通的规划、建设和运营就是顺理成章的事情了。设备制造和供应只是提供技术支撑。

京津冀轨道交通互联互通是一个庞大的系统工程。实现京津冀轨道交通互联互通，三地政府管理部门要真正将互联互通的理想纳入同一张规划设计之“网”。

据了解，北京有关部门已经决定在本市轨道交通线网内部进行试点，先行建设部分市域快轨线路，选择在部分线路之间进行资源共享和互联互通。

作为轨道交通信号专家，郜春海认为，要实现轨道交通网络内部及不同轨道交通形式之间的互联互通，就信号而言，主要有三种有效途径。

其一，在不同线路之间采用同一厂商相同制式的信号系统；

其二，在不同线路列车上加装多套信号车载设备，由司机或自动进行切换；

其三，建立轨道交通行业信号标准体系，使得不同的信号供应商提供的信号设备，在具体运营中能够相互识别和兼容。

“其中，建立相互兼容的信号标准体系是根本出路。”郜春海说。

2015 年 05 月 25 日　星期一

3 "京津冀一体化交通信息化要先行"

——访中国智能交通协会理事长吴忠泽

中国智能交通协会《京津冀一体化背景下信息化、智能化建设工作调研报告》大型课题日前结题。这个课题历时两年，由中国智能交通协会联合北京智能交通协会、北京交通信息中心共同完成。中国智能交通协会理事长吴忠泽带领课题组成员对京津冀等地区交通信息化、智能化及其一体化（以下简称"三化"）建设工作进行了深入的调查研究，在多次召开专家座谈会的基础上，数易其稿，形成最终报告。本报记者围绕京津冀交通信息化、智能化建设现状，以及如何实现一体化的问题，采访了吴忠泽理事长。

发展目标："一张图""一张网""一张卡""一个平台"

区域交通一体化发展的驱动力是区域经济一体化。京津冀交通"三化"建设的根本目的，是通过构建安全、快速、便捷、大运量、低成本、互联互通的现代化综合交通网络系统，推进京津冀区域经济社会协调发展。

记者：请问京津冀交通"三化"发展的总体目标是什么？有没有近期的发展目标？

吴忠泽：总体目标是，到 2020 年建成与京津冀一体化相适应、互联互通、开放共享的应用系统和发展模式，打造智能交通的国家样板，为建设安全畅通、快速便捷的区域交通运输网络，和公平、开放、统一的全国运输服务市场提供技术支撑。具体来说，就是要形成京津冀交通"一张图""一张网""一张卡""一个平台"的区域发展格局。

顶层设计要基于"一张图"。以统一的交通地理信息平台为基础，推进京津冀交通基础设施应急管理和运输服务一体化。

监管应急要基于“一张网”。打破地域和行政管理界限，实现京津冀企业诚信、交通执法、突发事件处置等方面信息共享和协调联动，形成跨省市联动高效的交通运输监管应急体系。

运输服务要基于“一张卡”。围绕京津冀跨区域运输服务需求，整合公交、ETC、停车、运输证等 IC 卡资源，实现三地“一卡通”和互信互认，推进电子支付和出行信息服务一体化。

打造“一个开放数据交换平台”。建成京津冀交通数据交换平台，实现三地交通数据互联互通和资源共享。

近期目标是，争取通过三年努力，到 2017 年年底，基本实现京津冀三地公路出行、路网管理、应急处置与执法等核心数据的互联互通和资源共享，尽快编制三地交通运输信息化发展专项规划，实现交通运输管理服务一体化。

当前问题：行政区域和行业部门信息壁垒阻碍资源共享

京津冀交通的信息化、智能化可以依据不同发展阶段划分成四个类型：业务流程自动化的“部门型”，跨部门跨地区业务协同的“整合型”（以网上办事、办事大厅、一站式服务为特征），多元数据汇集到同一个数据平台的“平台型”（集中资源、快速响应、节约成本、方便互动），基于移动互联网、云计算和大数据技术的“智慧型”（快速响应民意诉求、社会参与公共治理、数据驱动科学决策）。

记者：当前京津冀三地交通信息化、智能化分别处于什么发展阶段？

吴忠泽：就京津冀三地而言，除了水运和港口业务较少涉及外，北京交通的信息化建设一直处于较高水平。以北京市交通运行监测调度中心（TOCC）为例，这是全国首个建成并投入实际应用的省级综合交通运行监测协调中心，是北京市综合交通运行监测协调体系的核心组成部分，实现了涵盖城市道路、高速公路、国省干线三大路网，轨道交通、地面公交、出租汽车三大市内交通方式，公路客运、铁路客运、民航客运三大城际交通方式的综合运行监测和协调联动，在综合交通的政府决策、行业监管、企业运营、百姓出行方面发挥了突出的作用。但是在数据整合、路网监测、数据分析、协同联动、出行服务等方面，北京交通的信息化和智能化还应该在精准化上继续加强。

河北省已经形成以高速公路信息化为主的交通运输信息化总体框架，正在建设全省交通运输智能管理与信息服务工程。

2014年7月，天津市成立了交通委。此前，天津市的交通运输处于多头管理的状况。多个部门建设了基本的信息化基础硬件，并具有相应的应用能力，但建设和管理都存在“孤岛现象”，各个行业信息系统没有进行有效的整合和互联互通。

总体而言，北京交通的信息化、智能化建设已经完成了第三阶段“平台型”建设，正向第四阶段“智慧型”发展；河北和天津的信息化、智能化建设相对滞后，目前处于或刚刚开始“平台型”阶段的规划建设，同时也开始了一些属于第四阶段的“智慧型”发展的系统建设。

记者：京津冀交通“三化”建设的主要问题是什么？

吴忠泽：问题主要有两个：一是不同区域与部门存在信息壁垒；二是不同区域与部门的信息共享缺少顶层设计。

由于交通运输行业的属地化管理特点突出，如在行政执法、应急处置和安全监管等方面尤为明显，导致跨区域交通信息沟通不畅，无法建立交通运输监管和区域应急联动机制。

交通信息的沟通壁垒不仅存在于不同区域之间，即使在同一行政区域内，不同的交通行业管理往往也导致相互之间不能实现信息共享。例如铁路运输、航空运输与城市道路的交通数据分别由铁路部门、航空部门和交管部门采集和管理，这些数据的相互封闭，直接影响交通运输信息化、智能化的能力建设、管理决策和公众服务。

按照中央对京津冀一体化化的总体要求，交通一体化应该成为先行领域。但是目前仍然缺乏交通信息一体化发展的统筹考虑，京津冀三地的规划目标和任务互不衔接，标准没有统一，数据不能共享，应用系统不能互联互通，统一交通规划缺乏有效数据支撑。

政策建议：顶层设计，组织推进，尽快制定京津冀交通“三化”建设路线图

长三角（江苏、浙江、上海）交通信息一体化建设在全国走在前列，为京津冀交通一体化建设提供了有益的借鉴。但是课题组在调查中发现，长三角交通信息一体化建设过程中，存在缺少统一组织推动、顶层设计和效率不高的问题，在京津冀交通“三化”建设过程中应该尽力避免。

记者：京津冀交通“三化”建设应该如何进行组织推进？

吴忠泽：京津冀协同发展是当前国家经济发展重大战略之一，党中央国务院为京津冀一体化发展建立了强有力的领导机制和科学的顶层设计。但是具体到京津冀

交通信息化、智能化的一体化建设，同样应该建立一个不同区域和部门都能接受的具体组织协调机制，在完成京津冀交通“三化”建设顶层设计的同时，有力保障发展规划的顺利推进。

记者：京津冀交通“三化”建设有没有发展路线图和具体时间表?

吴忠泽：鉴于京津冀三地在交通信息化建设方面存在比较明显的差距，我们认为首先应该加快三地交通信息化基础设施建设和各自统一数据信息平台的整合工作。同时，鉴于北京 TOCC 等交通信息化建设的成功经验，天津和河北应该结合自身实际情况加以借鉴，北京也应该将自身建设经验和成果与人分享，共同推进京津冀区域交通信息化的不断提高。

具体来说，2016 年前，天津需要花大力气整合已有但相对分散的交通信息资源；河北可加强各地市城市交通信息与高速公路信息系统的整合，从而形成自己行政区域内完善的交通信息共享平台，为 2017 年京津冀区域交通信息互联互通打下基础。在此期间，北京应该将工作重点放在对已有数据的开发利用、信息服务水平的提高，以及交通信息服务的市场化、商业化探索上，为京津冀交通信息一体化建设积累经验。

京津冀交通“三化”建设还应该进一步明确政府的职能定位，以市场为导向，挖掘市场潜力，充分发挥企业的能动作用。以政务服务为目标的信息系统应该由政府主导，以公共服务为目标的信息系统就应该积极利用社会力量，而以满足个性化需求、提供增值服务为目的的信息系统则应该以企业为主导进行投资、建设和维护。

2015 年 08 月 13 日　星期四

4 郭继孚："高效密集的轨道网"怎么建？

◆ 郭继孚是北京交通发展研究中心主任、国家京津冀协同发展专家委员会委员

京津冀协同发展，交通先行，轨道交通建设是重中之重。作为《京津冀协同发展规划纲要》的核心内容之一，北京、天津、河北三地政府正在规划建设"高效密集的轨道网"，疏解北京非首都功能。

"建设高效密集的轨道网，关键是要将城市设施建在轨道交通沿线，让办公、居住、医疗等服务机构沿轨道分布，将大型交通枢纽建在城市中心，让市民不用开车、仅靠步行就能解决上下班、购物、就医等生活问题。这样才能减少车辆出行，减少因此造成的交通拥堵。"京津冀协同发展专家委员会委员、北京交通发展研究中心主任郭继孚如是说。

城市设施为什么应沿轨道而建?

京津冀协同发展，摆在第一位的是疏解北京的非首都功能。对北京而言，疏解非首都功能的意义首先在于治堵。要想解决交通拥堵问题，就要将在城市街面上运行的车辆数量减下去。怎么减?

据调查，日本火车站的普遍特点是，出站口多，乘客 80%都是步行出站。而国内城市火车站火车到站后，75%的乘客还需要乘坐出租车或公交大巴。

为什么?因为日本的乘客就住在火车站附近，回家的路，虽然是步行，10 分钟左右的的路程很快也就到家。火车到站他们也就快到家了。我国的情况不同。火车到站了，乘客并没有到家，因为他们的生活区离车站很远。所以还得乘坐小轿车、大巴或出租车回家。

这正是造成国内城市拥堵的原因之一。因为大家都得坐车回家，而道路资源是有限的，所以就堵在路上。改变这一状况，关键是要将住宅楼、商场等城市设施建在轨道沿线。

2014 年 2 月 26 日，习近平总书记发表了著名的“2・26 讲话”，提出要实施京津冀协同发展战略。今年国家出台《京津冀协同发展规划纲要》，明确提出要“建设高效密集的轨道网”。

“为什么要建设高效密集的轨道网?”郭继孚介绍说，“建设高效密集的轨道网，并不是用轨道将京津冀三地连起来就完事。关键是新建的城市设施都应该沿轨道而建。这是其中的第一层含义。”

“第二层含义，是说应该在现有的城市中心区建设大型城市轨道交通枢纽，也就是说房屋、商场、医院等大型建筑建在火车站（轨道站）周围。只有这样，乘客到站后步行就可以到达目的地，因而减少进一步城市拥堵。”

东京新宿火车站是一个大型交通枢纽，有多达 200 多个出入口。每日客流量达到 364 万人次。据了解，北京春运期间客流量最大的仍然是北京西站。只有 3 至 5 个出入口。今年春运客流量的单日最大值是 17 万人次。

城市交通轨道如何做到互联互通?

京津冀交通协同发展，“断头路”连起来是“互联互通”，京津地区实现公交“一卡通”也是“互联互通”。

未来京津冀城市群将由“一核、双城、三轴、四区、十一节点”构成，这些城

市之间的互联互通主要通过城际铁路和国家干线等轨道来实现。

“互联互通”有“联通起来”的意思，但在轨道交通业内还有更深的含义。

日前，北京市交通委宣布，北京一体化交通体系将由四层网络构成：干线铁路、城际铁路、市郊铁路和城市轨道交通。现有554公里的城轨线路将延长至1 000公里，同时还将建设1 000公里的市郊铁路，形成北京都市圈轨道交通网络。地铁网络与市郊铁路（又称市域快轨）之间要实现互联互通。

轨道交通的互联互通，主要是指轨道车辆在不同轨道线路之间的“共线”“跨线”“越线”运行，不同线路之间共享车辆、道路、维护等轨道交通资源，以达到减少乘客换乘、实现绿色出行的目的。

目前，北京正在规划建设的市郊铁路，包括市域快轨R1至R7线和市郊铁路S1至S6线，全部里程共计1 067公里，分别包括延庆、顺义、平谷、密云、大兴与市中心的连线，和燕郊、三河、固安、涿州等北京周边地区到北京市区的连线。

由于北京市区地铁和市郊铁路在车辆、信号、供电等多方面存在差异，尤其是因为现有的城市中心区如中关村、金融街、CBD等缺少大型交通枢纽，要通过现有交通设施，实现城市地铁之间及其与市域快轨之间的互联互通，从而实现疏解这些城市中心区的交通拥堵，北京还有很长的路要走。

“首先，”郭主任说，“应该提出‘有限互联互通’这个概念。”如果能实现地铁与市域快轨之间、地铁不同线路之间部分资源的共享和互联互通就可以了，为了互联互通大规模的推倒重来并不现实。

“其次，疏解非首都功能，加法与减法要一起做。”北京向外地疏解出去部分机构，会留出大片空地。应该利用这些城市中心地区的大片空间，规划建设大型交通枢纽，借鉴国际大都市的城市建设经验，“将城市建在大型交通枢纽周围”。城市不可能整个拆了重建，但在城市中心建设大型车站，就等于把住宅楼、商场、医院等城市主要设施建在了交通枢纽周围。

“关键是要动员民间资本参与轨道交通建设。”轨道交通建设耗资巨大，仅靠政府的财政资金难以持续。“民间资本参与轨道交通建设，通过在轨道沿线开发建设住宅楼、商场等设施收回投资，这是让社会、政府、投资人多方受益的事情。”郭继孚最后说。

2015年08月09日　星期日

京津冀互联互通正当时

7月31日，马来西亚吉隆坡，北京、张家口联合申办冬奥会获得成功！在当天的北京申奥陈述会上，北京市市长王安顺宣布，根据《京津冀协同发展规划纲要》，北京至张家口的京张高铁今年开工，2019年将建成，届时北京到张家口之间170公里只需要50分钟。

此前北京市交通委主任周正宇曾宣布，北京将建成"一小时轨道交通圈"。京津冀重点城市群之间将构建高铁、城际铁路、市郊铁路和城市地铁四个层次的快速轨道交通网。作为京津冀交通一体化的重要骨架，三地之间、三地城市不同层次线路之间的轨道交通将实现互联互通。

北京轨道交通的互联互通

据介绍，在京津冀交通一体化总体规划中，北京轨道交通网建设处于中心位置。北京轨道交通建设包括四个层次：

第一层次是骨干线路网，主要负责沟通150公里以上的区域。第二层次是城际铁路，主要是通过城际铁路联通70到150公里之间的城市。

第三、第四层次是市郊铁路和城市地铁网。北京市将在今年建成554公里城市地铁的基础上，修建1 000公里城市地铁网和1 000公里的市郊铁路网（含7条R线即快轨线和6至8条S线或郊区线）。

不同城市之间轨道相互联通是"互联互通"的第一层含义。互联互通更深一层的含义，应该是城市地铁不同线路之间的"共线""越线"运行，和市郊铁路与城市地铁之间的"跨线"运行。

只有实现同城地铁不同线路之间不同车辆、信号的共线运行和越线运行，才能实现不同线路之间车辆、信号资源的相互调配和资源共享；只有实现市郊铁路和城市地铁之间的跨线运行，才能在最短时间内大量运送乘客，从而避免出现高峰时段的人流拥堵。

目前，北京已经在部分干线铁路、高铁线路和地铁之间实现衔接，如北京站、北京西站、北京北站、北京南站都有地铁线路相连，市域线八通线和地铁 1 号线、大兴线和地铁 4 号线已经联通，未来还将在中关村、丰台和东三环建设新的交通枢纽，届时市域线与市区地铁的联通和换乘将更加方便。

北京的地铁从最早的 1 号线到刚刚建成的 7 号线和 14 号线，前后延续时间超过半个世纪。不同线路分别采用不同公司的车辆、信号，因而相互之间制式多有不同，还不能实现互联互通；北京的市郊铁路及其与市区地铁的全面互联互通尚处于规划时期和建设早期。

轨道交通互联互通的国际经验

据了解，国际上市区地铁发达的大都市均有更为发达的市郊铁路网，其市郊铁路里程往往超出地铁线路长度。以纽约、巴黎、伦敦和东京为例，市郊铁路分别占轨道交通线路总长（地铁加市郊铁路）的 75%、85.91%、88.23%和 85.95%。

国际上市郊铁路与城市地铁的互联互通，依其衔接方式的不同，主要有纽约式、巴黎式、伦敦式和东京式几种不同方式。

纽约式的特点是，市郊铁路止于城市核心区交通枢纽。乘客通过交通枢纽实现换乘；伦敦式的特点是，市郊铁路与城市环线地铁相连；巴黎式的特点是市郊铁路穿过城市中心区在沿线交通枢纽换乘；只有东京的市郊铁路与城市地铁的衔接比较特殊。据了解，作为世界上人口密度最大的城市，东京市人口为 3 500 万人。地铁里程只有 300 公里左右，排在北京之后，每天的地铁客流量却在 1 100 万人次以上。

据了解，东京市郊铁路早期主要在东京环线（JR 线）上换乘。后来由于客流量不断增大，环线出现客流拥堵。为此，一方面在市郊重新建设了交通枢纽，另一方面也通过不断改进轨道、车辆和信号，实现了市郊铁路和市区地铁的直通运营，从而实现快速疏散客流的目的。东京轨道交通网通过环线衔接、枢纽衔接和跨线运营三种不同方式，成功实现市郊铁路和市区地铁之间的互联互通。

首都轨道交通问题的解决之道

“严格说起来，京津冀轨道交通的互联互通，还有很长的路要走。”北京交通研究发展中心主任郭继孚对记者说。以北京为例，现有一些郊区线路与地铁的联通方式，由于实际上增加了市区地铁的拥堵程度，并没有达到互联互通、减少换乘的目的。

北京交通大学部春海教授认为，应该提出城市地铁“有限互联互通”的理念。“在现有城市中心区交通高度饱和的情况下，大部分市区地铁维持现状就好”。他说，只需要在市郊铁路与部分市区地铁线路之间，进行有效衔接，在输送客流的同时，有效减少换乘。

北京市社会科学院副院长赵弘认为，京津冀轨道交通一体化的关键是有效疏解北京非首都功能。“单纯在京津冀城市之间进行铁路、公路等基础设施的建设，没有北京非首都功能的真正疏解，打通了各种‘断头路’之后，北京只会更加拥堵。”他说，“只有真正实现了非首都功能的疏解，才能最终解决北京的城市拥堵问题”。

“在疏解了非首都功能之后，北京留出了空地和空间，通过置换，北京应该在中关村、CBD、金融街等核心城区，建设几个大型轨道交通枢纽，从而实现干线铁路、市郊铁路与城市地铁的衔接和互联互通，城市拥堵问题才能减缓下来。”郭继孚认为这是北京轨道交通互联互通问题的解决之道。

2015 年 08 月 12 日　星期三

6 王梦恕：京津冀应该优先发展轨道交通

◆ 王梦恕院士以敢言著称

王梦恕是我国著名铁道专家、隧道工程专家，中国工程院院士。围绕京津冀轨道交通建设发展问题，科技日报记者采访了王梦恕院士。

“大家都说，京津冀协同发展交通一体化要先行。其实应该以轨道交通统率交通一体化发展规划。一句话，轨道交通应该优先发展。”王梦恕日前对记者如是说。

京津冀交通先行中，轨道交通要优先发展，首先是因为铁路等轨道交通客货运输优于公路运输。以运煤为例，铁路运输更节能、效率更高。

“我国重载铁路运输，一吨煤一公里的运费是 6 分钱。而汽车运输一吨煤一公里的运费是 6 毛钱多，相差 10 倍以上。”王梦恕说。

尽管有投资大、周期长的缺点，但是铁路运输速度快，运力大。普通干线铁路速度每小时 80 到 120 公里，高铁每小时 200 至 300 公里，是汽车运输速度的若干倍；而一列客车一次可运送 1 800 人，一列火车一次可运送货物 2 000 到 3 500 吨，重载列车一次可运送 2 万到 4 万吨。

铁路运输能耗低，运输成本低。铁路每公里运输千吨标准煤的能耗是汽车运输能耗的 1/15 到 1/10，是航空运输能耗的 1/174。

京津冀交通的一大功能就是要将山西和内蒙古的煤炭运到秦皇岛，并经海运到华东、华南等其他地区。京津冀轨道交通将承担起国家能源运输大通道的功能，因此必须优先尽快建设好。

京津冀城市群内城市之间交通运输结构单一，各城市间的客货交流主要由公路承担。从 2008 年到 2012 年，公路客运量占整个区域客运量的近 90%，货运量占 70%以上。铁路运输能力不足，只能分担少量客货运量，压力主要集中在公路尤其是高速公路上，导致高速公路交通量逐年上升，超载超限屡禁不止，交通事故频发，交通拥堵严重，同时车辆的增加对域内城市环境造成严重污染，如噪声、粉尘、废气排放等，影响了京津冀域内城市乡村的健康发展。

京津冀轨道交通要优先发展，还因为轨道交通是百年工程，一旦建成，将在就业、产业带动、城镇化等方面，极大推进区域经济社会的发展，为全国城市群和区域经济发展提供成功示范。

王梦恕认为，京津冀轨道交通建设将有效缩短河北各主要城市与北京、天津的时空距离，建成环北京“半小时通勤圈”和“1 小时城市圈”，因此将大大提高京津冀，尤其是河北省的城镇化水平。

以北京为例，北京将建成干线铁路、城际铁路、市域快轨和城市地铁四种轨道交通路网，其中干线和城际铁路连接的是北京与天津、石家庄、唐山等大城市，市域快轨和地铁连接的是北京与周边平谷、延庆、燕郊等县城或小城镇。这些县城或小城镇将由于轨道交通很快步入经济社会发展的快车道。

近年来，我国铁路事业，尤其是西部高铁建设发展很快，青藏铁路的建成标志着我国铁路建设达到世界先进水平。其中青海境内长达 32 公里的新关角隧道，在世界上距离最长、海拔最高。过去被认为“蜀道难”的成都、重庆、西安等地都已建成联通北京的高速铁路，过去十几、几十个小时的路程现在只需要 3 到 5 个小时。迄今为止，可以说一张以北京为中心连通全国各个省会城市的铁路干线（高铁）路网已经建成。

王梦恕据此描绘了一张恢弘的轨道交通推进国家城镇化的远景图："剩下各省省会城市要通过铁路、轻轨等轨道交通连接所属地级市和各个县城。建成后的'县—市—省会—北京'轨道交通网将极大推进我国的城镇化，促进城乡一体化。"

京津冀轨道交通网除了应该连接各个主要城市（包括河北省的地级市），还应该连接京津冀所属的各个县城。因此可以说，京津冀轨道交通的规划建设正在为全国"县—市—省会—北京"轨道交通网建设提供示范。

所谓优先发展轨道交通，首先是指轨道交通规划设计要科学合理。"规划设计怎么才算合理？关键是不能让生活区与工作区离得太远。"王梦恕对记者说。

随着我国铁路事业的大发展，从装备制造到工程建设，过去的难题已经被一个个攻破，在京津冀轨道交通建设技术上已经不存在任何克服不了的困难。

京津冀轨道交通实际上包含铁路交通（高铁、普铁、城际铁路）和城市轨道交通（地铁与轻轨、市域快轨）。现存的问题主要是怎样将轨道交通路网规划得更加科学合理？轨道制式如何选择（轮轨还是单轨，跨座式还是悬挂式）？铁路建成高架式、路基式（高架不占地，路基沉降大）？采用有砟轨道还是无砟轨道？等等。

在进行轨道交通的规划设计的时候，人们常常会纠结、博弈于线路经过哪个城市、县城、城镇？其实，正如历史上铁路交通的发展曾催生了郑州、石家庄、株洲等城市，今天城市地铁沿线地价飞涨，京津冀轨道交通的发展将会诞生一批新的城镇，带动一批小城镇的进一步规模化发展。

在轨道交通沿线进行产业规划布局的时候，生产区和生活区不能离得太远。"任何一个工业区周边，都要规划建设医院、学校和商场。否则将给人们工作生活带来极大不便。"王梦恕认为，过去因为批判"企业办社会"，将企业生产与生活区严重分离，导致后来的上班族每天上下班把几个小时的时间浪费在路上，很不合理。这种现象即使现在有了地铁等轨道交通也很难在短时间内完全改变。

2015年08月10日　星期一

 7 邬贺铨：京津冀协同创新见真章

◆ 邬贺铨院士

《京津冀协同发展规划纲要》（下称《规划纲要》）下发到京津冀三地地市一级，已经一个多月了。目前三地都在制定具体措施对规划纲要进行贯彻落实。以交通为例，三地都分别制定了交通一体化规划征求意见稿。记者日前采访了国家京津冀协同发展专家咨询委员会副主任、中国工程院前副院长邬贺铨院士。

“谈到对于《规划纲要》的总体印象”，邬贺铨对科技日报记者说，“协同创新是《规划纲要》最重要的特色之一”。

“协同创新”被提出，已经是几年前的事。一般来说，协同创新是指通过突破创新主体之间的壁垒，在人才、资金、信息和技术等创新要素和资源之间实现深度合作。“协同创新是京津冀协同发展的一个重要组成部分，也是协同发展战略精神的重要体现。”邬贺铨说。

总体看来，《规划纲要》是新中国成立以来我国围绕京津冀三地发展制定的难度最大的发展规划。过去的区域发展规划往往是行业内的，

或行政区划内的。京津冀《规划纲要》不但涉及京津冀三个省市，还涉及三地的交通、产业、环境等关键行业，而且涉及整个区域的城镇化、农村发展、经济新常态、产业转型与非同质化、纾解非首都功能，等等，内容非常广泛。

以交通一体化为例，无论轨道交通还是公路、民航都有一个互联互通、无缝对接的问题。但是根据协同创新的要求，既要考虑地铁、轻轨、城际铁路之间的互联互通，考虑打通三地公路之间的“断头路”，考虑三地民航资源的整合利用，还要考虑发展铁路与公路哪个更经济，新机场如何对三地都有利，既要考虑运力、能耗和投入产出比，还要考虑客源、货源、人流的情况，以及轨道、公路往哪儿延伸，更加有利于区域经济的发展，和北京非首都功能如何向天津、河北两地的疏解转移，等等。

邬贺铨认为，与此前人们理解的协同创新明显不同，京津冀“协同创新”的突出特点体现在以下五个方面：

一是战略性。一般人们理解的协同创新，往往是两个或几个单位之间就某个产品或技术项目进行合作，基本上都是战术性的，甚至是为一短期特定目标而建立的合作，可以说是战役性的。京津冀协同创新虽然也包括了大量的战术性和战役性的内容，但就其顶层设计而言是战略性的，本身就是为当前我国经济发展的国家战略服务的。

二是全局性。过去省市部委之间的合作往往是其中个别单位或行业之间的合作，很少见到一个省市与另一个省市进行全区域各方面的合作，京津冀协同创新则着眼于三省市之间全区域各方面、各行业在科技与产业领域的全面协作，在京津冀全局考虑创新要素和创新能力的优化布局。

三是全链条。过去的合作可能针对的是产业链中的某一环节，今天京津冀的协同创新覆盖产业链的全生态，也就是从研究到开发到生产到市场，可上溯到科技人才联合培养，下延到流通服务的合作，是全链条系统的协作，从创新链到产业链的对接。

四是全要素。过去人们往往更多强调优势互补、强强联合的技术合作，通常落实在产品上。现在三地之间强调要从资源、人才、资金、教育、信息等多种要素甚至全要素进行合作，从产学研扩展到政金产学研用，不仅要发挥政府的作用，更重要的是引入市场机制，协同创新的关注点不仅是产业本身还提升到持续创新能力的形成。现在不仅有强强联合，还要互通有无，北京、天津要从多个方面向河北进行优势要素资源的输送。

五是多模式。过去不同单位之间的合作常常是以科研成果转移合同的方式来实施的。京津冀协同创新的模式多种多样，既有京津地区优势资源的输出，如在河北设立教育、医疗机构的分支机构，也有三地或两地联合创建的开发区、产业园区，如北京、河北共建的曹妃甸工业园区，北京、天津共建的京滨科技园，以及中关村海淀园秦皇岛分园，等等。京津冀协同创新的目光还更开放，包括与京津冀之外以及国外的合作。

努力营造大众创业、万众创新的社会环境，努力打造中国经济发展的新增长极。邬贺铨说，京津冀协同创新和协同发展，是新常态下中国经济社会发展的伟大实践，必将创造新的经验、新的模式，为其他地区和国家未来发展提供有益的借鉴。

2015 年 09 月 20 日　星期日

8 专家建议建设京津冀协同创新试验区

◆ 中国科技信息研究所副所长郭铁成

在京津冀协同发展体系中，河北与京津差距明显：河北省仅有一所高校被列入国家“211工程”；科研机构不到北京的1/3，R&D 人员仅为北京的1/20；科技型中小企业仅为北京的1/29，天津的1/5；河北吸纳北京、天津技术交易额，只占北京、天津输出交易额的1%左右；

另外，在京津冀协同发展国家战略背景下，河北具有多重后发优势和广阔的政策空间，具有巨大的需求市场、宝贵的土地资源和一大批创新型龙头企业。

为了贯彻落实京津冀协同发展国家战略，科技部科技发展战略研究院原副院长郭铁成等专家，联合河北省科技情报研究院有关专家组成课题组，就“京津冀协同发展河北省科技创新战略”课题，进行了为期一年的深入调研，写成《建设京津冀创新大区——河北协同创新战略研判》课题报告。

课题组认为，协同创新是京津冀协同发展国家战略的核心内容之一。

在京津冀协同发展的形势下，京津冀三地应该打破“一亩三分地”的思维定式和体制障碍，打通三地政策体系，打造协同创新的利益共同体，依托河北设立“京津冀协同创新试验区”。

设立京津冀协同创新试验区的基本思路

课题组认为，应该根据习近平总书记关于京津冀协同发展的七点要求，围绕河北省创新驱动发展和产业转型升级的要求，按照“政策先行、企业主导、高位对接、促进研发”的基本思路，整合京津科技资源，服务河北创新发展，通过体制机制创新，把三地五类科技资源（首都资源、北京资源、天津资源、河北资源、国际资源）最大限度地转化为河北先进生产力。

所谓“政策先行”，是说要转变传统单纯“重资源、重项目”的合作思路，优先发挥政策的引导、调配、分配与激励作用，利用政策集聚京津科技资源与服务。

作为课题组长，郭铁成说，有了好的政策，没有资金，可以吸引资金；没有人才，可以集聚人才；没有项目，可以引来项目。在当前情况下，应由项目投资向政策引领转变，通过广泛性的、普适性的政策推进京津冀发展的全面持续协同。重点是推动河北直接采用国际、国内最新创新政策，利用最先进的政策工具推进京津冀创新资源的优化配置与高效协同；推动京津已实行了的、行之有效的试点政策（如中关村、滨海新区的试点政策），向河北延伸；推动河北落实已有政策，打破制约创新资源流动与共享的行政壁垒和体制机制障碍。

“企业主导”，是说要改变传统以政府为主导的协同创新推进模式，强化市场在资源配置中的决定性作用，企业主体，政府支持，全社会参与，主要利用企业的市场主体作用，推进京津冀创新资源的高效协同与优化配置。

郭铁成认为，重点是鼓励三地企业之间的科技合作与协同创新，推动形成 28 万河北企业与 37 万北京企业、19 万天津企业争先恐后开展协同创新的、波澜壮阔的全面合作局面；鼓励三地近百万企业千方百计与在京国家级高等院校、科研院所开展合作与对接；鼓励三地企业千方百计与在京跨国公司、中央企业、军工企业开展合作与对接。

“高位对接”，是指对于河北来说，要树立“发展河北就是发展京津冀”的理念，突出河北优势，对接京津转移，在平等互利的基础上，取长补短，分工协作，互利共赢，协同创新。

过去京津冀合作，低端产业转移到河北，高端产业留在京津，造成河北省生产方式粗放，其废水排放量占京津冀排放总量的60%，烟（粉）尘排放量占到了京津冀地区排放总量的90%，环境污染危及京津，也造成京津与冀产业脱节，北京高科技产业化受限、扩大再生产成本增加。没有河北的高端发展，就没有京津发展的可持续；在此意义上发展河北就是发展京津。下一步，重点是推进京津冀高端产业的错位发展，包括新兴产业与知识密集型、技术密集型产业在三地的分工与对接；推动京津技术改造河北低端产业，推进河北转型升级与发展方式转变；推动河北发展知识密集型服务业，推进河北制造业服务化。

"促进研发"，是指要改变传统单纯重视"产业合作"的做法，以研发设计资源的转移、共享、整合、转化为核心目标，重点吸引京津以及国内国际创新资源，大力推进三地科技资源与创新成果的集成共享与高效利用，服务河北产业的技术改造、结构调整和转移升级。

长期以来，京津冀研发资源配置是二元分割的：京津研发资源高度集中，河北研发资源极度缺乏，河北省科研机构不到北京的1/3，研发强度不到北京的1/6，R&D人员总量仅为北京的1/20，科技型中小企业数仅为北京的1/29，这种资源配置一直制约着京津冀协同发展，造成河北转型升级缺乏支撑，京津研发资源优势无法就近高效转化为生产力。

课题组认为，新常态下，必须改变既有的二元分割格局，大力促进研发资源转移。重点是推动京津冀三地共建"协同创新中心"，围绕三地产业创新等方面共同需求开展联合研发；推进京津科技成果入冀转化，推进三地企业、科研院所等开展联合创业；推动京津科技服务机构面向河北高达1万亿的消费品市场和2万多亿的生产资料市场开展科技服务。力争到2020年，实现京津冀区域间创新要素自由顺畅流动，河北科技创新投入水平明显提高，技术创新能力大幅提升，科技引领和支撑经济发展能力显著增强。

对建设河北国家协同创新试验区的政策建议

课题组建议，以河北全省为单位，开展协同创新试验，重点在转型升级、协同创新方面全面深化改革与试验，取得经验后在全国推广示范。根据国际国内最新政策实践与经验，建议实施以下政策举措：

1. 建立公私合作协同创新基金。由中央财政、京津冀三地财政科技经费发起设立"京津冀协同创新基金"，建立"工程目标、用户导向、共同投资、共担风险、共享受益"的支持范式，通过需求征集、项目招标、三地协商，支持三地采取"公私合作伙伴（PPP)”的形式联合开展重大项目研发。“京津冀协同创新基金”也支持公私合作的协同创新中心建设。

2. 实行以企业为主导的协同研发与转移政策，探索设立“合同研发引导专项资金”和“创新券”专项基金。支持京津冀高等学校、科研院所、企业等研究机构为三地企业提供市场化合同研发、设计服务。吸收国内外“创新券”运作实践经验，向有创新需求但缺乏创新能力的河北中小微企业发放数额不等的“创新券”。由中小微企业用创新券向三地创新服务机构购买创新服务，创新机构持创新券向河北省政府申请创新补助基金。承接创新券的创新机构主要是知识和技术创新结构，包括高等院校、科研院所、企业研发机构、技术服务型企业、技术转移与培训服务机构等。

3. 实行面向协同创新的政府采购政策。探索建立创新的订制采购，支持政府部门订制采购邀标企业创新产品。探索建立创新的期货采购，采购企业处于商业化前期的创新产品。探索建立企业采购制度，政府搭台，通过法规政策引导，推动大企业采购相关企业的创新产品，特别是中小企业的创新产品。完善创新产品的认证采购，鼓励并支持政府重点工程、重大项目优先选用认证产品。

4. 完善三地互联互通的的股权与技术交易市场。加速推动石家庄股权交易所的发展，并建立与全国中小企业股权转让系统（新三板)、北京股权交易中心以及天津股权交易中心的协作关系，加快河北技术交易市场与京津技术交易市场的互联互通，加速京津技术向河北的输出和落地转化。

5. 实行积极的协同创业政策。鼓励三地所有园区建立创业园，重点鼓励京津冀在“关停并转”的“塌陷”地区共建新兴产业园与创业园，在老旧工业园区共建创业园；对大量吸引就业人员的科技型企业给予政策优惠。

6. 实施一批协同创新重点工程。为了实现国家协同创新试验区政策突破，京津冀应该齐心协力，联合实施一批协同创新重点工程，具体包括协同创新中心建设、技术改造试点示范、联合创业、创新服务、园区互联等。

2015年12月24日　星期四

9 关注京津冀协同创新与交通一体化推进区域轨道交通发展与互联互通

——“京津冀协同创新与交通一体化论坛暨轨道交通互联互通座谈会”纪要

编者按

为了贯彻落实国家京津冀协同发展战略，推进京津冀协同创新与交通一体化发展和轨道交通互联互通，11月29日，科技日报社联合北京交通大学在京举办“京津冀协同创新与交通一体化论坛暨轨道交通互联互通座谈会”，将关注轨道交通行业科技进步与京津冀区域协同创新有效结合，邀请有关专家学者、企业界代表和建设管理部门负责同志进行交流研讨，搭建良好的信息咨询和宣传平台，通过对协同创新和轨道交通有关问题的深入探讨，提出京津冀协同发展的政策建议。

科技媒体要积极关注行业科技进步与区域协同创新

李　平　科技部党组成员　秘书长　科技日报社社长

党的十八大提出创新驱动发展战略，强调科技创新是提高社会生产力和综合国力的战略支撑，必须摆在国家发展全局的核心位置。十八届五中全会将创新发展确定为十三五必须坚持的五大理念之首，对科技创新提出了更高的要求。习近平总书记指出，实施京津冀协同发展战略要在交通、产业、环保三个方面取得突破，要着力构建现代化交通网络系统，把交通一体化作为先行领域，加快构建快速、便捷、高效、安全、大容量、低成本的互联互通交通网络。今年4月30日中央发布了《京津冀协同发展规划纲要》，“互联互通”在京津冀交通一体化建设中被赋予了特殊的地位。今天我们邀请有关专家和建设管理部门负责同志进行交流研讨，目的就是要搭建好良好的信息咨询和宣传平台，通过对协同创新和轨道交通有关问题的深入探讨，把大家的真知灼见会聚起来，提出协同发展的政策建议。

◆ 科技部党组成员、科技日报社社长李平出席论坛活动

《科技日报》是党和国家在科技领域的主流媒体，当前正在宣传贯彻落实创新驱动战略。发展好科技传媒的科技服务平台与纽带作用是我们义不容辞的社会责任，也是我们推动科技融入社会发展的必然要求。今年以来，我们围绕京津冀协同创新发展进行了专题策划，走访了京津冀地方轨道交通管理部门，采访了一批行业管理专家，开辟了专栏，努力疏通有关信息壁垒。今后我们还将进一步加强对包括轨道交通行业在内的行业科技进步的积极关注，积极做好区域协同创新的宣传推进，围绕京津冀协同发展战略、长江经济发展战略、一带一路战略等国家重大专题，加大调查宣传力度，推进科技与经济社会发展的紧密结合，发挥好科技传媒的引领作用。

贯彻习近平总书记讲话精神　为京津冀协同发展做出贡献

宁　滨　北京交通大学校长

本次论坛和座谈会由科技日报社和我校联合主办，旨在会聚政府和高校与企业的力量，推进京津冀交通一体化发展和轨道交通资源的有效利用，为我国区域科技协同创新提供有益的借鉴。京津冀协同发展是当前我国正在推进的重大战略，交通一体化是该战略实施的重要领域之一，而轨道交通的互联互通是其中一个重要的课题。习近平总书记在听取京津冀协同发展工作汇报时曾指出，要着力构建现代化交通网络系统，把交通一体化作为先行领域，建成互联互通的综合交通网络。要实现这一战略构想，就必须在人才、资金、信息和技术等创新要素与资源之间实现深度融合，形成交通领域的协同创新。党的十八届五中全会提出创新、协同、绿色、开放、共享的五大发展理念，更是将协同创新的工作提升到了一个新的高度，需要我们认真地思考和贯彻落实。

北京交通大学作为教育部直属，教育部、中国铁路总公司、北京市人民政府共建的全国重点大学，通过人才培养，和科学研究服务，长期服务于交通行业，特别是轨道交通领域的发展，努力推动相关领域的协同创新。我校牵头的 2011 计划，轨道交通安全协同创新中心，是国家首批 14 个认定的协同创新中心之一。我校研发的城市轨道交通 CBTC 系统已经产业化、市场化，并成功实现了进口替代。2013 年起，我校与中国城市轨道交通协会共同举办了中国城市轨道交通 EMBA 班，建立了中国城市轨道交通领域的高层次人才培养与交流平台。

◆ 城市轨道交通行业调查采访召开高层论坛暨第四次座谈会

就在两周前，河北省省长张庆伟先生莅临我校，双方在海滨基地的合作项目上进行了交流，北京交通大学将把学科与人才优势和沧州的地方优势结合起来。今天这个论坛和座谈会的举行正是我校发挥行业特色院校的学科优势，贯彻落实京津冀协同发展战略的又一次具体行动。今后，我校愿继续发挥自身优势与特色，大力推进协同创新，在我国轨道交通事业的发展中发挥应有的作用，为京津冀的协同发展不断做出积极的贡献。

践行“走转改”、履行“三贴近”、执行“三严三实”的具体体现

郭姜宁　科技日报社编委　副总编辑

随着创新驱动发展战略的提出，特别是党的十八大以来，科技日报进一步加大了对行业科技进步和区域科技创新的关注力度，以城市轨道交通行业为例，近3年来，科技日报连续开展了“城市轨道交通国产化与自主创新”专题、“创新驱动与城市轨道交通多制式协调发展”专题、“创新驱动与中国城市轨道交通国产化15周年”专题、“聚焦长三角轨道交通”专题和“京津冀交通一体化与轨道交通互联互通”专题的系列采访报道，连续发表文章100多篇，几十万字，同时在北京、重庆、南京等地举办专题座谈会或论坛活动，探讨行业科技进步关键共性问题，引起广泛社会关注。针对新闻媒体如何贯彻落实京津冀协同发展战略，在京津冀交通一体化发展规划中轨道交通应该怎么建，轨道交通互联互通有哪些关键共性技术难题，如何通过京津冀轨道交通的协同创新和互联互通进一步疏解北京非首都功能等问题，科技日报记者深入基层一线，采访国家主管部门领导、行业专家，走访了京津冀地方轨道交通建设管理部门负责人，在科技日报开辟专栏，发表系列文章，引起广泛关注。

本次活动同时适应并将推动“大众创业、万众创新”的热潮，集成各类创新资源，以科技服务为载体，以企业和业主单位为服务对象，打造产学研用的信息交流服务平台，营造良好的创新创业生态。以期在大力推进媒体融合发展的同时，以创新科技服务为抓手，探索科技新闻媒体和科技管理部门共同推动行业科技进步和区域协同创新的发展模式。同时，此次活动也是新闻工作者践行“走转改”、履行“三贴近”、执行“三严三实”的具体体现，必将为新闻创作提供强大的源头活水。今后科技日报还将进一步加强对包括轨道交通行业在内的国家战略新兴产业行业科技进步与区域协同创新的专题调查采访，围绕京津冀协同发展战略、长江经济发展战略、一带一路战略、“中国制造2025”和重大科技工程等国家重大经济社会专题，加大调查研究和咨询服务力度。通过调查采访，在宣传报道中推广自主创新成果及其向现实生产力的转化，传递社会正能量；通过调查采访，发现社会和市场需求，开展包括政策宣讲、专家论坛、技术成果展示路演、项目对接、投融资交易、成果转化等咨询服务活动；通过调查采访，发现行业科技进步和区域协同发展中的关键共性问题，并通过论坛、座谈会等集体调查采访形式推动政产学研用的协同创新，切实

推动问题的解决。

京津冀三地应该逐步实现交通出行信息服务的共享

吴忠泽　原科技部党组成员　中国智能交通协会理事长

京津冀协同发展是国家确定的重大发展战略，对未来我国经济社会发展的影响是深远的。交通运输业作为基础性、先导性、服务性行业，在区域协同发展中具有非常重要的作用。在京津冀协同发展中轨道交通的一体化应该说首当其冲，它是京津冀协同发展的重要支撑和关键性内容，是京津冀依靠科技创新引领全面创新，共享发展成果的一次伟大的实践。

近两年来，中国智能交通协会会同北京交通发展研究中心完成了京津冀协同发展背景下交通智能化信息化发展的大型调研报告，提出了京津冀交通一张图、一张网、一张卡、一个平台的建议。应该说京津冀交通发展水平在全国总体上是比较高的，但是从三地一体化的发展来看，还存在很多亟待解决的问题。比如说，单中心、放射状的交通网络布局有待优化，区域公路网、铁路网呈以北京为中心的放射状，各城市之间互联互通性不强。以三地的机场为例，去年首都机场旅客的吞吐量突破了 8 600 万人次，而天津机场只有 1 200 万人次，不到设计吞吐能力的一半，石家庄机场只有 560 万人次，形成了“首都机场吃不下，天津机场不够吃，石家庄机场吃不上”的这样一个状态。京津冀区域交通一体化发展就是要在区域内构筑一个安全、便捷、高效、绿色、经济的一体化综合交通运输体系。

随着交通一体化的发展，京津冀区域交通的网络化、智能化和管理一体化应该率先实施，京津冀三地应该逐步实现交通出行信息服务的共享，逐步实现旅客出行的联乘联运和货物运输的一票到底，这将为我国交通智能化发展提供重要的经验。京津冀三地应该加大协同发展的力度，促进协同创新，加快推进交通一体化进程。

京津冀一体化协同发展中的五个主要问题

国　林　原铁道部副部长

我想谈谈目前现状和存在的主要问题。京津冀地区经过多年的发展，北京和天津的双核集聚现象显著，与周边地区相比长期存在工业化落差，河北大部分地区仍然以污染较重的工业、加工业为主，今天的石家庄还在满天雾霾尘埃当中。北京和天津之间也缺少有效的合作和产业分工，没有实现联动。长期以来，京津冀经济发展极不均衡，行政壁垒阻碍了资源要素的自由流动，产业发展各自为战，区域市场被割裂，城里交通环境问题突出，发展面临着严重的资源枯竭问题。到目前为止，京津冀经济一体化还仅限于初始阶段，区域经济一体化效应没有被充分地挖掘出来，没有形成像长三角、珠三角那样的密集城市经济群。京津冀协同发展尚存在许多问题。主要是五个问题：一是各自为政现象严重，缺乏统筹部门，这是京津冀三地难以一体化发展的根本原因。二是区域一体化效率低，缺乏基础条件建设和物流体系，远远落后于长三角、珠三角。三是地区经济发展水平差异明显，导致产业对接难度大，基本没有形成配套的产业链。四是功能定位不清，产业重叠现象严重。特别是京津两地产业结构自成体系，重复投资、重复建设现象严重。五是生态环境形势严峻。如何确保企业在发展中节能减排，安全生产，防止生态环境进一步恶化对一体化发展提出更高要求。我想这五个方面问题是客观存在的，应该有针对性地很好解决，不能光纸上用兵。

京津冀应该形成网络化布局、智能化管理和一体化服务格局

任　虹　国家发改委基础产业司副司长

◆ 任虹认为京津冀地区应该形成网络化布局、智能化管理和一体化服务格局

应该说本次论坛的举办非常及时，因为 11 月 18 日国家发改委刚刚批复了《京津冀协同发展交通一体化规划》。纵观我国交通二十多年的发展，我们用不到二十年的时间走过了发达国家几百年的历史。交通网从无到有，从小到大，现在高速公路和高铁里程都位居世界第一了。交通一体化是京津冀协同发展的一个骨骼系统，

是有序疏解北京非首都功能的有效方法之一。京津冀地区已经初步形成了以北京为中心，以高铁、高速公路为骨干，公路、铁路、港口和机场共同组成的圈层放射状的交通网络。

京津冀地区应该形成网络化布局、智能化管理和一体化服务格局。原来京津冀地区主要是以首都为中心的放射状格局，今后要逐步形成多节点、网格状、全覆盖这样一个格局；智能化管理是指推动新技术在交通领域的推广应用，提高交通智能化水平；一体化服务是指在客运枢纽上实现零距离换乘，在货运枢纽方面实现无缝化换装。京津冀地区应该建立一种跨区域交通运输管理协调机制，三地市要分工合理，竞争适度，合作发展，形成一体化服务的格局。

到 2020 年，京津冀交通一体化有八项任务：包括建设高效密集的轨道交通网络，完善便捷通常的公路交通网，构建现代化的京津冀港口群，打造国际一流的航空枢纽，发展公交优先的城市交通，提升交通智能化的管理水平，实现区域一体化的交通服务，和发展安全绿色的可持续交通。在此基础上实现三省市的“四个一”，即绘制一张蓝图，打造一个信息平台，推进一张“一卡通”信息网，建设一个交通示范区。

建设基于互联网的智能化交通运营安全保障体系

杜彦良　中国工程院院士　石家庄铁道大学副校长

在京津冀协同发展过程中，交通起着基础的和先导的作用，它是实现京津冀协同发展的重要保障。我感觉交通一体化应该首先着眼于京津冀城市群整体规划，在这个基础上，应该充分考虑铁路网、公路网、港口群、机场群等的优化配置，形成网络化、大容量、低成本、智能化的现代交通体系，为京津冀协同发展提供保障。交通一体化建设的主要任务是什么？我认为就是通过各种交通方式的合理分布，优化配置交通运输资源，充分发挥各种交通运输的优势，形成以高速铁路、城际铁路、高速公路、城市轨道等多种交通方式相互融通的交通网络，支撑和引领社会经济大发展。我感觉京津冀要实现交通一体化应该关注下面六个方面：规划建设、运营管理、政策法规、数字信息、市场运营、管理机构，只有实现这六个方面的一体化才能真正实现交通一体化。具体来说，要加强不同区域的功能定位、产业布局和交通一体化的总体规划，要重点统筹市域轨道交通体系的规划与建设，要加强以重载铁路为重点的货物运输体系规划与建设，要积极推进跨座式单轨交通在河北 11 个城市的建设与发展，要以交通一体化体制机制的改革为突破口，建设基于互联网的智能化交通运营安全保障体系。

◆ 杜彦良院士认为应积极推进跨座式单轨交通在河北11个城市的建设与发展

城市应该沿轨道交通线发展

王梦恕　中国工程院院士　全国人大代表

城市发展，要以交通先行，轨道交通引领整个国家的发展，决定城市发展的未来。在美国华盛顿开会的时候，我们所有人的住宿、开会地点全部在地下，在离白宫不远的地方。他们讲在21世纪他们将有近三分之一到二分之一的人口进入地下、半地下状态，冬天有暖气，夏天有空调，节约能源。日本也讲要有地下一百米以下的规划。我们现在的城市高楼大厦修的到处都是，把老百姓都弄到天上去了，这样合理吗？美国3亿人口不到，中国10多亿人口，城市建设和乡村改造都是建高楼，这不合理。所以现在城市发展应该交通先行，尤其是轨道交通先行。现在一说选线很多城市闹着要从他的城市那经过。轨道交通应该先在郊区发展，修完以后，两边的土地价格高起来，开发商效益有了，拿收获的效益修地铁。这种做法很成功，已有不少成功案例，高铁发展也应该这样，不是我向你靠拢，是你向我靠拢。

构建京津冀一小时区域交通圈和轨道交通网络

李晓松　北京市交通委员会　副主任

11月18日，《京津冀协同发展交通一体化规划》正式颁布，再一次明确轨道交通是京津冀协同发展骨骼系统，是有序疏解北京非首都功能的基本前提。当前京津冀协同发展战略已经进入了全面实施阶段，为落实国家和北京市委市政府的工作要求，北京市交通委员会今年重点谋划了九项工作任务，包括京密断头路的开工，京津冀一卡通三地密切合作，联合治超，等等。截至目前，各项工作均取得了实质性的进展，目标是要构建京津冀一小时区域交通圈，形成干线铁路、城际铁路、市郊铁路和城市轨道交通四位一体的多层次轨道交通网络。市郊铁路平谷线将率先启动，最终将形成一千多公里的市郊铁路线网。此外，作为北京承办冬奥会的重要基础设施，京张铁路干线也正在加紧进行施工，目前八达岭隧道段施工监理招标均已经完成。

◆ 李晓松说北京将建成一千多公里的市郊铁路线网

在京津冀交通一体化的新形势和新要求下，北京市交通委员会将着眼于三地基础设施互联互通的目标，立足于城市群整体空间布局，适应疏解北京非首都功能和产业疏解需要，按照智能化服务的要求，构建多节点、网络状的交通组织，建立统一开放的区域交通运输格局。下一步，北京市交通委员会将深入贯彻党的十八届五中全会精神，按照创新、绿色等理念，在京津冀交通一体化规划的指导下，积极引导区域空间布局调整和产业升级转型，以建设高效密集的轨道交通网、公路运输网，打造国际一流的航空枢纽，提升京津冀交通管理水平四方面工作作为工作重点，努力开创京津冀交通一体化的新局面，为京津冀地区建成有较强国际竞争力和重要影响力的世界城市群贡献自己的力量。

交通轨道发展目前是河北省突出的薄弱环节

高金浩　河北省交通厅厅长

京津冀交通一体化，河北是重要支撑区，北京大外环一共是940公里，河北境内就有850公里。但是河北在交通轨道建设方面还是一个突出的薄弱环节，高铁发展的水平低，地铁刚刚起步，特别需要各级领导、各位专家给予大力支持。

◆ 高金浩厅长认为轨道交通建设是河北突出的薄弱环节

交通一体化是京津冀协同发展的重要支撑，是三个率先突破的重要领域之一，加快京津冀交通一体化步伐，不仅承载着要贯彻落实好习近平总书记“2·26”讲话的要求，也承载了京津冀三地的共同愿望。去年以来，我们河北交通厅深入落实京津冀协同发展重大战略，坚持合作优先、协同优先、协调优先，全力推进交通一体化，取得率先突破。我们打通了京港澳断头路，提前一年通车；河北高速公路总里程达到了6 333公里，位居全国第二；全长680公里、连接北京门头沟的太行山高速公路已经全面开通；与天津共同建设渤海港口，全省港口设计能力突破10亿吨，位居全国第二；河北机场管理纳入首都机场管理，推进了机场管理一体化，年内将加快ETC一卡通工程，用户由前年的25万户增加到今年的200万户；我们还推广了沥青路面和高性能水泥路面技术，围绕这项技术国家人事部在河北交通厅设立了博士后流动站，是全国交通领域的第14个示范工程，受到交通运输部专家的肯定。

轨道交通规划应该与区域综合交通网络规划一起编制

曹伯虎　天津市城市规划设计院道路交通规划研究所所长

应该说我们全程参与了京津冀层面各方面的规划，包括城镇化规划体系和城际轨道交通，以及天津市各个方面的规划。在规划过程中，我们体会到轨道交通特别是在区域轨道交通的规划，在建设运营管理上，与公路交通规划的差距还是比较明显的。为什么这么说？因为我们京津冀轨道交通都是各个城市单独在编制规划。而我们要编制的公路网却是一张网，不管分成几个等级。比如说我有高速公路，有干线公路，有快速路、主干道和支路，是在编制一张网。而对于京津冀轨道交通，我们是公路、铁路、地铁、航运、港口分别编制，即交通制式不一样，管理的标准模式也不一样，相互之间缺乏有效的一体化衔接。

城市群的轨道交通究竟应该如何编制？其实我们遇到了很多问题，比如说客流预测方面。最早的京津城际我们也参与了规划和预测。最初几年差不多是 20% 以上的增长，京津城际的客流已经超过了京津唐的增长。实际上京津城际一个比较突出的特点是周通勤的概念，在一个城市里面是日通勤，跨出城市是周通勤，每周五、周一、周日客流特别多。初步调查通勤客流应该在 15% 左右，还有很大的增长空间。再一个是市域规划层面。我们正在编制天津市的轨道交通综合规划。以前我们也是分别编制，即地铁、铁路、市郊线、中运量轻轨分别编制，这次天津轨道交通集团把这几种交通方式编制单位联合在一起编制。让搞道路规划的人，搞公交规划的人，搞铁路规划的人，搞地铁规划的技术人员同时参与编制这一张交通网，初步来看还是达到一定的成效。

我们提出京津冀双城连接、多通道连接的观点。天津市人口已经超过 1 500 万人了，北京人口 2 000 多万人，将来两个城市是两个中心，还有河北的主要城市，各个城市的区域交通枢纽应该建成多通道、多节点、开放式的网络，同时应该和周边城市的轨道交通网络互联互通。

轨道交通互联互通的多重含义

李中浩　原铁道部科技司副司长
中国城市轨道交通协会装备专业委员会副主任

我们有一张城际铁路的网，有一张市域铁路的网，还有一张城市轨道交通的网。这三张网一块儿编制，并不意味着就一定会互联互通。有两个概念，一个是如何修建好城市交通枢纽，另一个是如何策划和规划互联互通的轨道交通运输网。这是这两个概念。大家都说日本的轨道交通互联互通做得好，好在哪里？首先，我们看日本轨道交通的历史。日本东京的城市轨道交通一百年前就开始了，1900 年就开始建设，从东京开始往外铺设。以山手线为例，好像是从国家铁路变成了城市轨道交通线，其实不然。日本是先有郊区铁路，先有大铁路，然后再有地铁，因为地铁是随着城市发展以后，把地面轨道交通移到地下去了。而我们国家的城市轨道交通，现在是先有地铁，然后我们再来设想京津冀一体化。所以在做这样的规划的时候，有两点是一定要思考的。一是市域轨道铁路如何和城市轨道交通互联互通，二是如何建造我们多节点的轨道交通枢纽？为什么东京现在人口增加了，车辆也增加了，但是地面的交通确实比较好，不像北京这样到处全是车，为什么？人都在地下，因为它觉得人们的出行在地下更为省力省钱，地面就腾出来了。城市轨道交通不同于大铁路，不需要全部互联互通，在一个城市一部分线路能够互联互通就可以。互联互通的另外一个概念就是装备利用的最大化。我觉得还可以有个生命周期的互联互通。我今天采购的东西和五年以后采购的东西应该有一个互联互通。这些东西被最大限度地使用，能够降低运营成本。我们正在推动两个国家示范工程：第一个是重庆的城市轨道交通互联互通工程，第二个正在运作之中，是北京建管公司牵头的燕房线自动驾驶国家示范工程。希望重庆轨道交通集团和北京建管公司的示范工程能生成一批国家建管与运营规范。

◆ 李中浩认为日本的轨道交通互联互通做得好

轨道交通建设要把枢纽和城市功能区结合起来

李　先　北京交通发展研究中心副主任 总工程师

京津冀协同发展是国家三大经济发展战略之一，它的核心是疏解北京非首都核心功能。但是疏解了是不是就没问题了？我们理解是要以疏解促发展，疏解是途径，发展是我们的目的，因为北京是京津冀协同发展的核心。京津冀目标是要建设世界级的城市群，同时在建设的途径上解决改革创新所面临的一系列新课题。世界的城市群都经历过一个拥堵、再缓堵、再拥堵的循环过程，他们也是通过疏解降低环境污染的，大家可以看到20世纪60年代的东京停车乱，地铁挤，污染跟我们是一样的，疏解到今天，东京是3 500万人，1 500万辆车，但是交通拥堵得到了缓解，城市生活质量都得到了提高。目前东京地铁和市郊铁路承担了4 000万人次的承运量。其中东京291公里的地铁承担1 100万客运量，北京500多万里的地铁，也是1 100万人次的客运量。我们的地铁长度是别人的两倍，我们的运载能力却是别人的一半。大阪一百年前的地铁车辆编组就是10节，我们到现在最大编组还是8A。比如说东京的很多轨道都能越线运行，一条轨道线可以站站停，也可以一站直达。我们的地铁都是单线，客观上束缚了轨道运输能力。在大城市，一小时通勤圈以及一小时商务圈都应该构造适合的轨道交通，要把枢纽和城市功能区结合起来，打造轨道上的京津冀。

轨道交通互联互通的主要形式与内容

王雁平　中国中车股份有限公司　总裁助理

京津冀交通一体化实际上给中国中车提供了一个新的创新平台，新的发展机遇。我们在京津冀中有十几家企业。我们按照国家的要求实施了重组，同时实施“中国制造2025”“互联网＋”及智能制造，提升我们装备制造的能力和水平。

以北京为中心的放射性的全国铁路网、高速铁路网、客运铁路网是全国性的，也是互联互通的，实际上没有互联互通的问题。京津冀轨道交通互联互通实际上包含四个方面：一是城市内的地铁、轻轨线路网络的互联互通。目前轨道交通发展的主流是车辆沿着固定的线路往返运行，几乎没有跨线运行，当然跨线运行得具备一定的基础，比如说我们B型车和A型车实现互联互通。二是地铁、轻轨交通和市域交通的互联互通。用改变车辆的方式实现互联互通可能降低造价，相对节省投资。要实现互联互通，目前车辆的状况是以小就大，小的跑到大的轨道上是可以的，但是大的倒过来是不可以的。三是城际铁路网和国家铁路网之间的互联互通。城际铁路网通常时速在200公里左右，站间距在100公里左右。如果城际铁路网和国家铁路网的互联互通是没有问题的，城际的小车进入大铁还是一个值得考虑的问题。四是主城区与郊区或者区县之间的制式选择与互联互通的问题。主城区以地铁为主，郊区（县）则可以选择多种不同的制式，如单轨、磁浮、直线电机地铁列车等，相互之间也有一个如何相互联通的问题。

◆ 王雁平认为互联互通问题主要存在于城轨之间和城轨与大铁之间

打破行政壁垒 实现互联互通

李连成　国家发改委综合运输研究所副所长

北京交通确实过于拥堵，这也造成了京津冀区域的交通问题。如何解决，我想办法存在于下面几个方面：一是要构建一个多中心的交通网络格局。北京是一个全国的中心，当然是京津冀的中心。天津也是一个重要的中心，人口有1 500万，GDP在十七大时是北京的53%，到十八大已经达到了74%，比重在不断地加大。河北地区也应该存在一个中心，当然保定、唐山和石家庄都希望是这样一个中心。二是交通形式要优化，轨道交通作为现代绿色交通形式，是疏解北京非首都功能的一个手段，轨道交通互联互通就是要尽量开通直达列车。三是要突破区域的行政壁垒，实现互联互通。我们讲的断头路都是公路，因为铁路是全国一张网的，统一规划的，但是我们现在城市化发展到这个阶段，我们需要城市轨道交通和市郊铁路。可是市郊铁路是以地方政府为主来规划建设的。比如我们看到，大量的北京人口在燕郊，不能说燕郊完全是河北的，它也是北京的。所以我们的市郊铁路规划，如果不通过变革打破行政壁垒，就很难实现互联互通。

铁路总公司非常关注京津冀轨道交通互联互通

赵长江　中国铁路总公司计划统计部副处长

中国铁路总公司是铁路基础设施的主要规划和建设者，是京津冀区域轨道交通服务的主要提供者之一。铁路总公司非常关注京津冀轨道交通的发展，这里说轨道交通既包括国家干线铁路，也包括城际铁路和市郊铁路。截至2014年年底，我们已经建成铁路11万多公里，到今年年底总里程达到12万公里，其中高铁1.9万公里。到十三五我们将会接近13万公里了。至于京津冀这一区域，我们已经建成京津高铁和刚刚通车的京津城际于家堡线。还有几条高铁在建，包括北京到张家口、承德，还有衡水，这几条高铁建完以后，我们整个京津冀区域的所有地级市都将被高铁覆盖。届时按照十二五规划，2015年末我们京津冀铁路网将达到4万公里以上。

从京津冀的城际来说，按照国家京津冀协同发展领导小组的布置，我们已经把京津冀城际铁路规划发展报告报到国家发改委了，里面对京津冀整个区域的城际铁路做了一个非常宏伟的规划。按照规划，京津冀城际铁路规划了3 800公里左右，比原来规划多了600多公里。应该说这是一个网络，它的后面是我们的国铁干线和市郊铁路还有城市轨道交通怎么样联系在一起，这时互联互通就显得非常重要。这里针对京津冀轨道交通互联互通提几点建议。一是要坚持统筹规划，分类建设。这个原则涉及整个区域的轨道交通，不管是铁路干线还是城际还是市域，应该考虑政府、企业的主导和主体地位，多元化投资，市场化运作。二是多网融合，资源共享。我们将铁路网、城际网和市域网这几个网融合在一起互联互通，共享共建，这样才能提高投资效益，减少资源浪费。三是协同共管，打造综合交通枢纽。

为了做好规划花多大工夫都是值得的

刘　斌　国家发改委综合运输研究所运输管理研究室主任

规划的重要性大家谈了很多，也讲了很多日本规划的例子，其实规划最好的是斯德哥尔摩。它的规划是一百多年前制定的，现在还在执行。我们一个规划能管五六年算长的了。规划的长期指导作用确实需要提高。其实，在科学规划上的投入产生的效益与搞后来建设上的节省相比，有时会超出上百倍、上千倍甚至上万倍。所以我觉得互联互通并不难，难的是怎么把它做科学，所以花多大的工夫去做好规划都是值得的。同一个工程的规划由不同单位制定差别很大。比如说京津冀轨道交通的规划，由铁路规划部门来做，会考虑铁路怎么优化的问题，路网怎么优化的问题，铁路和客运、货运组织的问题；让城市规划部门做，他们考虑的是城市土地的开发利用和布局问题。所以不同的规划单位设计出来的规划完全不一样。所以我们的规划是多中心规划，最后要总体协调就很难。

很多关于投融资的想法、建议，打的主意都是政府，或者是政府融资，大概是这两个。最后，要不就是政府直接买单，要不就是政府负债。京津冀的轨道交通的投资，与长三角规划发展完全处于不同的时代，或者说处于完全不同的投资环境。十一五、十二五和我们现在十三五情况不同。十一五、十二五基本上处于一个时期。十一五，是我国最好的时期，十二五、十三五出现拐点，中国可能会出现通货紧缩的问题。这个直接导致我们负债，不管政府负债也好，企业负债也好，面临的风险和以前完全不同。政府只盯着投融资或者是负债，十一五、十二五没有问题，但是十三五、十四五会有很大的问题。就我们了解的情况来说，不管是铁总，还是高速公路建设方，负债都已经到了一个很惊人的数字了。从大环境来看非常危险。我们应该摒弃原来靠政府负债的方法融资，开创新的道路，按照新的宏观环境考虑社会投资的进入。

轨道交通是“中国制造 2025”的最好抓手之一

郜春海　北京交通大学教授

中国城市轨道交通基本是按行车间隔 2 分钟建设的，但是开通以后常常超过 4 分钟。这等于每建成两条线就浪费了一条线。我们许多城市地铁修了一条线又一条线，没有提供多少交通上的方便，因为乘客在车站换乘时间长，换乘次数多。现在北京上班基本上得换乘两三次，常常两个小时才能到。下一步修建市郊铁路，如果不能实现互联互通，到时候我们的城市轨道交通要么堵死，要么会像刚才所说京津冀的机场那样，有的吃不上、有的吃不饱、有的吃不下。

轨道交通互联互通有两个目的，一个是实现共线、越线和跨线的运营，另一个是降低运营成本。其实技术上都能实现。许多问题不是我们没有创新能力，而是我们被一些老标准、老规范束缚着，有的可能是二十年前的老规范。“中国制造 2025”最好的抓手是轨道交通而不是汽车，因为美国的先进制造，德国的工业 4.0，或者日本的技术国策基本上以汽车为抓手，中国的抓手一定是轨道交通，这是我们完全掌握的核心技术。

建设京津冀世界级城市群应该发展信息化飞行轨道交通

简炼　深圳地铁集团公司副总经理

建设京津冀城市群轨道交通是世界上最伟大的事业，应该进行技术上的重大突破：首先，以信息化新型轨道交通引领新型战略产业的发展。信息化轨道交通（即磁浮系统）是新型战略产业，是以信息化技术控制电磁场作为支撑的，离地面 10 毫米，把轮子代替了。轮轨交通都是以轮子旋转运动进行位移的，磁浮直接用信息化控制改变了传统的轮轨支撑，这是新型轨道交通运输系统，运行时速是八千到一万公里，一次运载能力是五千到八万人，适用于有轨电车、轻轨、城际铁路、高铁、空中运输等多种方式。我称之为飞行轨道交通。相对于传统轨道方式有五大比较优势：一，更安全。为什么？因为它的车和轨是一体化地，不像现在车和轨是两个东西，避免了重特大安全事故的发生。二，更安静。它有噪声小、振动小的特点。三，更省钱，主要省在拆迁和结构上，至少省 10%。四，运行维修费用更低。因为没有摩擦和振动，跟现在的交通方式比至少省 30%以上。五，耐磨性更强，因为它是悬浮的。其次，信息化轨道交通一旦建成，其他交通形式都将黯然失色。国际竞争要靠技术引领，传统轨道交通方式都引领不了，都是跟随的，引领只有信息化轨道交通才能做到。上面说的有那么多的特点，没有人能够跟你竞争，你是独一无二的，所以可以引领我们与一路一带国家的合作与发展，那是不得了的。最后，新型轨道交通可以改善京津冀大气环境，实现绿色发展。北京现在的城市交通从公交开始可以实现全部代替，如果再加上自行车和电动汽车，就没有燃油系统的交通工具存在了，京津冀的空气污染将会因为这个可以降低到零。

建设京津冀多维立体互联互通的轨道交通

史和平　上海嘉成轨道交通系统公司董事长

上海嘉成轨道公司是一家轨道交通车门供应商。从 2002 年开始自主研发轨道交通屏蔽门系统，当时应该是国内首家，完全是自主研发，自主产业化，现在已经在国内推出了二十几条线，但是主要线路还在上海。京津冀有两个直辖市一个河北省，再往下分还有地级市、有区有县，他们的利益诉求都不一样。我认为京津冀应该从一个整体考虑，既然现在上升到国家战略，就不光是两市一省的事情，应该从国家层面统筹规划。如产业布局、功能疏解、重复建设等问题，应该在协同发展中有一个重新的规划，做好顶层设计，而不是所有的东西都重复建设；我们现在建轨道交通遇到一个很大的问题是安保和投资的问题，不同业主和供应商的利益诉求不一样，比如你线路要从高架走省钱，他说要从地下走要有利于开发。这些需求都是现实，既要有很好规划最终还要依靠有好的实施，所以互联互通在这几个方面首先要有一个中心思想，然后把不同的利益诉求进行统筹，从全局和局部上都要保证互联互通，城际铁路才能开到地铁上，不然这个问题永远解决不了。所以互联互通应该有规划层面，有利益诉求层面，还有技术层面，几个方面要统筹考虑，协调一致。所以说，京津冀轨道交通应该是多维立体的互联互通。

做好自主创新和国产化　服务京津冀国家战略

吴佩芳　北京天宜上佳新材料有限公司董事长

今天我们是来学习的。在京津冀国家战略上我们研究不多，作为企业，我们主要通过自主研发高铁刹车片实现进口替代，服务于整车制造商和中国铁路总公司。应该说是间接地服务于京津冀等国家经济发展战略。我们用了两年多的时间，将国外进口的高铁刹车片的价格降低了50%到60%。现在正着手企业的工业4.0自动化和智能化建设。建成之日我们的生产效率将大大提高，将是我们现有设备的四倍。作为轨道交通行业一个很小的配套商，我们希望通过不断的自主创新，为京津冀轨道交通的发展和互联互通做一点贡献。

相关报道

2015 年 06 月 08 日　星期一

1 为了一份对生命的承诺

——上海嘉成公司地铁安全门自主创新纪实

因情怀而创新，为梦想而创业。中国最早的地铁站台安全门的自主创新，缘于一份关注生命的青春情怀和梦想。

2001年12月4日22时06分，一辆从地铁1号线上海火车站驶往莘庄站的列车，在驶进人民广场站时轧死一名女青年。

据目击者称，当时等车的人很多，那位年轻女性是在车头驶过的时候，被拥挤的人流从站台上挤下铁轨，从而不幸被车身碾压身亡的。

第二天早上，正在上海交通大学学习的史和平，在报上看到了这则消息。一个年轻女孩的生命就这样结束了?!生命的春天才刚开始!这让他当时久久不能平静。

20世纪80年代以来，随着城市化的加快，地铁作为一种缓解城市交通拥堵的现代交通工具在我国日渐受到重视，而因为地铁拥挤引发的事故也屡见不鲜。

影响乘客生命安全的重大事故必须坚决杜绝!学习机电专业出身的史和平知道，通过加装安全设施，地铁站台安全事故一定可以避免。

一定要为上海地铁站台加装一种类似于安全门的设施!他想。

怎么才能让当时刚刚兴起的中国城市地铁,加装上一扇保护生命的安全门呢?

认准一项守护生命的事业

尽管20世纪八九十年代地铁安全门在国外已经被研制生产出来，并且已经分别在美国、法国和新加坡地铁上成功推广应用。但在我国，直到2002年，广州地铁2号线才第一次安装从国外进口的地铁安全门。

虽说当时国门已经打开，但由于这个行业的专业性特点，一般人对于城市地铁是否应该在现有的基础上加装安全门，并不十分了解。

当时国内兴建地铁的只有北京、上海、广州等少数几个城市。在了解到当时国内的地铁线路都没有安装地铁安全门之后，正在上海交通大学学习美国项目管理课程的史和平认识到，这是一片有待开拓的蓝海。

地铁站台安全一定需要安全门！史和平认准了这件事。为了开发出能够保证地铁安全的站台安全设施，史和平愿意倾其所有。

当时，他想当然地在三维动画上对地铁安全门进行理想设计，还专门找到上海交大机器人研究所的有关专家请教。在了解到这个研究所具有相关资质和研究实力之后，史和平选择了与之合作。

2002年，史和平与交大机器人研究所签订了联合开发地铁安全门协议。同时，也成立了上海嘉成轨道交通安全保障系统有限公司（下称“上海嘉成”），开始了国内最早的对地铁安全门的自主研发。

创业之初，公司也就十来个人。一个怀揣创业梦想的年轻人，为了一种保护生命的情怀，对一个完全陌生的领域发起了人生的新一轮冲击。

千万身家投入研发

站台门是一项集建筑、机械、材料、电子和信息等学科于一体的高科技产品。21世纪初，国外企业在地铁站台门的研发制造领域已经积累了数十年的经验，但在国内几乎还是空白。当时国内已有个别企业与国外公司合作，通过引进、消化、吸收和进口组装，开始安全门技术研发和生产制造，但开展地铁安全门自主研制生产，上海嘉成还是头一份。

事实上，上海嘉成安全门的研发可谓一波三折。到底走怎样的技术路线，创新团队开始采用的是电子广告屏上下滚动的开发思路。当时的一个想法是，如果地铁业主不愿意花钱安装，可以通过广告收回成本，从而降低地铁业主的投入成本。

按照这个思路，开发团队当年就做出了最早的实验室产品。但是经过实践检验和同行专家评议，这种技术方案难以推行。

在听取有关行业专家的意见后，开发团队及时调整技术路线，选用电子推拉门的技术路线重新开发。一年之后，终于拿出了第一代地铁安全门产品。

自主研发是一回事，推广应用和市场认可是另外一回事。研制出产品只是创业的第一步。当时国内城市轨道交通市场的国产化还刚刚开始，人们观念中普遍认为进口设备比国产设备安全可靠，在此情况下，国产安全门注定要走一条艰难的路。

史和平由衷感谢作为用户和业主的上海申通集团公司。没有他们的支持，既没有实验上线和试用的机会，更不会有后来的招标、购买和使用。

在产品研制出来后，上海市科技主管部门首先邀请有关行业专家进行了专业技术评审。在充分肯定上海嘉成自主创新的勇气的同时，提出了中肯的技术改进意见。

2004 年 6 月，中国交通协会城市轨道交通专业委员会联合上海市科委等部门，为上海嘉成自主开发的改进型地铁安全门组织了高规格的专家评审会。北京、上海、广州等业主单位应邀参加了评审会。焦桐善、施仲衡、周庆瑞等专家认为，上海嘉成自主研制生产的地铁安全门技术上达到国际一流、国内领先的标准，建议推广应用。

从零开始自主研发的上海嘉成安全门控制系统，在正式推向市场前，终于取得有关科技主管部门的论证认可，获得“准生证”。

决胜上海滩

2004 年 5 月，上海地铁建设和运营管理部门将上海地铁 5 号线的春申路站提供给嘉成公司进行产品安装和运行试验。为了感谢业主单位的大力支持，史和平在公司财务严重紧张的情况下，对这个地铁站的产品采取了免费赠送。

运营期间，上海嘉成提供的优质维护、保养服务得到了轨道交通运营公司的肯定和表扬，也为外界了解上海嘉成在轨道交通安全系统领域的实力提供了生动的事实证据。

第一套由中国人自主研发的安全门系统在上海成功运营，展现出不亚于进口产品的技术实力和稳定性，成为中国轨道交通安全门系统国产化历史上的重要标志。

“产品性能过关，服务得到多方认可。证明这个行业我们已经踏进了一只脚。”史和平回忆起当时的状况，“但是还不能说我们的双脚已经进了门，因为东西还没有卖出去。”

事实上，当时的史和平和上海嘉成都进入了有史以来最艰难的时期。

公司成立 3 年多一直是税收零申报，因为一直没有经济收入。3 年多的研究开发已经花完了史和平 1 000 多万元的全部积蓄。史和平和他的企业一度进入了“深度雾霾”状态。

“是放弃还是坚持？这在当时确实是一个问题。”史和平和团队的骨干选择了坚持。因为地铁交通安全需要安全门设备；其次是对自己开发的技术和产品的自信。“自己开发的产品就像自己的孩子”，谁愿意放弃自己的孩子？

另外，公司成立以来，围绕在自己周围一直有那么多双温暖的手和热情的眼睛。几年来那么多熟悉不熟悉的朋友、专家和领导一直在积极支持自己的自主研发。“必须给他们一个交代。”史和平说。

2005 年年初，史和平将自己的房产证抵押给银行，贷出了最后的几百万元交给了公司财务，开始了人生悬崖上最后的一搏。

2006 年 9 月，上海地铁 1 号线北延伸段及 9 号线一期高架车站安全门项目招标。一个包两条线，总共 7 个地铁车站、520 个安全门系统。

厚积才能薄发。面对强手如林的国外竞争对手，上海嘉成最终以“技术、价格、服务、备品备件”的综合优势，以及比竞争对手平均低 1 000 万元的价格优势成功中标。史和平和他的公司终于双脚踏入了城市轨道交通行业。

此后连续数年，上海嘉成势如破竹，公司地铁安全门、屏蔽门产品及其安装工程创造了数个国内第一和世界第一：

上海地铁 5 号线春申路站站台系统，是国内首个投入运营的自主品牌产品；

上海地铁 11 号线北延一、二段是国内首条跨省最长、速度最快的地铁线路；

上海地铁 2 号线人民广场站是世界上最高客流量的换乘站。

其中，2013 年为上海地铁 1、2、3、4、5、6 号线路同时加装 4308 套安全门，创造了同期业内站台安全门加装项目的世界之最。

现在，南京、苏州、柳州、天津、石家庄等城市地铁，也都装上了上海嘉成的安全门。

目前，上海嘉成已经成为上海和全国地铁站台门的主要供应服务商之一。史和平兑现了自己创业之初的生命承诺。

2015 年 09 月 21 日　星期一

2 “自主创新的大旗我们会一直扛下去”

——北京市地铁运营公司国产化自主化发展纪实

北京地铁1号线发车间隔正在从2分10秒向2分调试；13号线的车辆已经跑完150万公里，正在更换新车，其中的牵引、制动系统正在做进口替代的10万公里路考；7号线的车辆由北京制造，信号、牵引、制动系统全部国产化，自2014年12月30日正式运营以来，各项指标运转正常。

自20世纪90年代以来，北京市地铁运营有限公司（下称“北京地铁公司”）推进国产化、自主化的步伐从没有停止过。

从建设运营中国第一条战备地铁北京地铁1号线，到创造“进口组装”这种最早的国产化模式，从与长客联合制造国内最早的地铁列车B型车，到大力推进牵引、制动、信号系统等关键技术装备在北京地铁线路的推广应用，再到今天积极推进北京城市轨道交通多种系统设备的进口替代，北京地铁公司一直是我国城市轨道交通行业装备制造国产化的积极推动者和实践者。

北京地铁公司副总经理刘建说：“在轨道交通行业的国产化和自主化过程中，用户是关键推动力量。推动行业自主创新的大旗我们会一直扛下去。”

最早的国产化：从自力更生到进口组装

北京地铁 1 号线是全国最早的地铁（后改称“城市轨道交通”）。这条最早用作战备的地铁，全长 31.04 公里，1965 年 7 月 1 日开工建设，1971 年 1 月 15 日开通，2000 年 6 月 28 日全线贯通，形成满足需要的运力，前后历时长达 30 多年。

由于国际上对我国实行技术封锁，北京早期的地铁车只能完全依靠自力更生。“那是一种低水平的国产化。”北京地铁运营技术咨询股份有限公司董事长张元先生，曾经担任北京地铁机车车辆厂（简称“北京车辆厂”，即今天的北京地铁车辆装备有限公司，简称“北京京装公司”）厂长多年。他说，就像内燃机代替最早的蒸汽机，改革开放，国门洞开，外面的世界很精彩，地铁行业引进技术是完全必需的。引进国外的城市轨道交通技术装备，把北京和全国的地铁等城市轨道交通水平建设提升到一个新的历史水平。

当时，除了北京正在建设复八线，上海、广州、天津等城市，也都在引进国外技术兴建地铁线路。正像歌词中唱的那样，“外面的世界很精彩，外面的世界很无奈”。所有引进国外技术的业主，都不得不面对进口设备价高、建设周期长、售后服务跟不上等一系列普遍难以解决的问题。

据张元回忆，20 世纪 90 年代开工建设的北京复八线，所需车辆原计划全部从国外引进。但最后采取的是后来被称为“进口组装”的引进模式。

当时通过全球招标，日本两家公司被列为技术与设备首选。但引进的整车车辆只有那么几辆，其余所需 174 辆，全部由当时的北京车辆厂与吉林长客合作，在引进关键系统和零部件的基础上组装生产。

进口组装生产，一定程度上降低了车辆购买成本。这种技术引进模式创始于北京地铁，后来为国内其他城市广泛采用，算得上是后来“国产化”的早期形式。

用户牵头地铁技术装备的国产化创新

但是进口组装并不能解决根本问题。关键技术和知识产权还是人家的。外方由于垄断国际市场，握有最终定价权。一方面，他可以漫天要价（后续维修备品备件的要价是原价 5 倍至 20 倍），另一方面，一旦出现技术问题，或者设备需要维护，售后服务根本不能及时跟上。一个电路板的修理，一个来回可能是三个月，也有可能是半年，这是国内日新月异的经济发展速度所不能容忍的。

有鉴于此，1999 年 2 月，国务院办公厅转发了当时国家计委《关于城市轨道交通设备国产化实施意见》，要求城市轨道交通项目的全部轨道车辆和机电设备的平均国产化率，要确保不低于 70%。正是在此背景下，当时的北京地铁建设管理运营部门联合国内主要生产制造企业，开始了一次地铁车辆国产化的成功尝试。

1999 年 12 月，北京地铁 13 号线开工建设。21 世纪初的某一天，在当时国家计委工业司的支持下，中国交通运输协会城市轨道交通专业委员会主任焦桐善，召集北京地铁公司等建设管理运营多个部门、长春客车厂、株洲所和北京车辆厂开会，会议决定成立“13号线车辆国产化项目组”，由业主北京地铁公司担任组长单位，由长春客车厂和北京车辆厂共同负责B型车4辆编组，由株洲所负责列车牵引和网络控制系统，联合开展13号线所需B型车及其所需牵引和网络控制系统的研制、生产、路考和最终使用。

北京地铁公司副总经理刘建至今还记得，2003年是项目组最繁忙的时候，但当时北京正值非典，他作为当时公司车辆部部长，往来于北京、长春和株洲之间多有不便，经常只能通过电话和传真往来传达信息。

经过一个漫长的研制、生产、试车、路考试验过程，2004年，13号线终于用上真正国产化的4编组B型车。此后，改进型的6编组B型车在后来的房山线、7号线继续使用，标志着这个项目取得成功，成了地铁车辆国产化的经典案例。

说起这次成功的国产化实践，刘建说：“这个项目的关键，一方面在于政府部门的大力支持，另一方面在于用户的参与。用户参与到产学研结合中来，保证了科技成果产业化之后的工程应用。”事实上，北京地铁因此创造了“政产学研用”的地铁工程自主创新模式。

2010年5月15日，中国城市轨道交通第四次国产化会议在杭州富阳召开。这次会议是对10年来行业国产化成就的一次检阅。一批国内推进国产化的先进单位受到表彰。北京地铁公司副总经理刘建，作为受表彰单位的代表在会上发言，他所代表的是北京地铁公司、长春客车股份公司、株洲所，以及北京地铁公司、北京基础设施投资公司、北京轨道交通建设管理公司和北京京装公司，即业内所谓的“三国四方联合体”。

7号线运营标志着国产化、自主化全面实现

由于参与“13号线车辆国产化项目组”，株洲所自主研制生产的牵引和网络控制系统因此有了最早的工程业绩。若干年后，株洲所研制生产的牵引系统在国内市场执牛耳，占有50%以上的市场份额。

虽然没有直接参与这个项目，中国铁科院机车车辆所的制动系统，今天在北京和全国市场也占有一半以上的市场。最早的项目试验和10万公里路考也是在北京地铁公司支持下，在13号线历时一年时间完成的。

北京交控科技有限公司的CBTC系统拥有完全自主知识产权。由于没有工程业绩，国内地铁工程业主一直不敢使用。北京地铁建设和管理运营单位是最早的用户。

北京地铁公司除了直接参与地铁技术设备的研制生产，还利用作为城市业主的

优势地位，大力推进牵引、制动、信号系统等关键系统装备在北京地铁线路的推广应用。

2014 年 12 月 30 日，北京地铁 7 号线开通运营。这是迄今为止，北京城市轨道交通国产化程度最高的一条线路，国产化率高达 92%以上。中标这条线路机车车辆的是上文提到的北京车辆厂，即今天的北京京装公司。刘建兼任这家公司的董事长。

“我们公司参与了北京最早的地铁线路车辆的生产和修理，但中标整条线路，这还是第一次。”公司技术中心副主任李晓玲对记者说。“另外，这个车型已经出口到越南河内。”

据了解，为这种车辆提供牵引网络和制动系统的，分别是株洲所和铁科院机车车辆所。而为 7 号线提供最新列车控制信号系统的是北京交控。

此外，地铁通信系统、自动售票系统、地铁屏蔽门等，也均为国内企业生产。

“10 年前，北京地铁的车辆和重要系统零部件几乎全部从国外进口，号称‘万国牌’或‘八国联军’。今天在 7 号线上看到的都是‘中国面孔’。”刘建最后说。

2016 年 02 月 28 日　星期日

岭南春晓第一枝

——广州地铁引领行业科技创新的两个第一

春节刚过，广州地铁就传来喜讯：公司牵头联合实施的"城市轨道交通自主知识产权直线电机车辆研制"项目获得广东省科技进步一等奖。

可谓"岭南春来早，东风第一枝"！

近3年来，该公司开展重大科研项目61项，开展重大装备国产化技改项目500多项，完成进口备件和零部件的国产化替代1 500多项。

21世纪以来，广州地铁在我国城市轨道交通领域开创了众多的行业第一：在复合地层地铁施工中第一次引进盾构掘进技术；第一个建成国家创新示范项目广州地铁2号线；第一次成功联合研制和采用地铁国产化A型车、站台屏蔽门、架空刚性悬挂接触网、全非接触式IC卡自动售检票系统、地铁车站集中供冷系统；第一次建成采用中大运量直线电机的地铁4号线……

直线电机开创城市轨道交通多制式发展新风气

广州地铁的直线电机列车，为广州城市轨道交通量身打造。

广州地处珠江流域下游，水系发达，地质条件复杂。20 世纪 90 年代末，广州 4 号线规划完成。按照规划，4 号线需要 4 次下穿珠江航道，同时，部分区间还要下穿建筑密集城区，线路设计限制多。

受车站埋深和江底覆土厚度的限制，隧道在下穿珠江时，每次进出江底的坡度大于 50‰；有的线路还要经过建筑密集的老城区，在楼宇间穿行，线路的转弯半径常常要小于 150 米。

而国内外通用地铁车辆的爬坡能力一般不能超过 35‰，转弯半径往往不能小于 300 米。

现在已经是集团公司总经理的丁建隆当时担任工程负责人。为了选定适合广州4号线的地铁车型，他和当时的南车集团有关企业负责人，到世界上多个城市实地考察，加拿大和日本的直线电机线路给他留下深刻印象。

◆ 丁建隆是中国城市轨道交通业界多位丁姓掌门人之一，现在还是中国城市轨道交通协会后任会长之一

直线电机车辆与传统的旋转电机车辆相比，具有爬坡能力强、曲线半径小等特点，适合在坡度大、转弯急的复杂区域运行。当时世界上只有加拿大、日本两个国家拥有此项技术。

从此，为了将直线电机列车成功引进中国，广州地铁联合青岛四方机车车辆厂、株洲时代电气、中国铁科院、青岛四方车辆研究所等企业开始了连续多年的系统攻关。

近10年间，伴随着广州地铁4、5、6号线路建设和运营，由广州地铁主导的直线电机车辆国产化、自主化研制不断取得进展，攻克了转向架、牵引网络、制动系统、整车集成等多个技术难题，先后获得国家发明等知识产权专利18项，形成行业及国家标准3项。

直线电机技术的引进及其示范线路的建成，打破了国外技术垄断，促进民族产业的发展，填补了国内技术空白，开创了今天我国城市轨道交通因地制宜多制式发展的先河。

广东省科技成果鉴定委员会认为“项目整体技术国际先进，部分技术指标达到国际领先水平”。今年2月16日，广东省委、省政府在广州召开广东省创新驱动发展大会，广州地铁牵头的“城市轨道交通自主知识产权直线电机车辆研制”项目获科技进步一等奖。

国产化示范引领行业自主创新时代潮流

2014年年底，广州地铁牵头完成了国家“十二五”规划“863”重大项目“城市轨道交通列车在途监测与安全预警关键技术研究”。作为我国城市轨道交通行业的标杆企业，从最早的国产化示范到今天的列车在线安全预警研究，广州地铁一直引领着行业的自主创新。

2002年10月1日，一条广州地铁2号线从德国“空运列车”的新闻占据《羊城晚报》显要位置。

新闻报道的是，广州地铁2号线的第一列车辆从德国原装进口，因为船运赶不上开通时间，供应商长春安达公司不得不将第一列6编组A型车，分三次从德国用飞机空运广州。

按照合同规定，2号线所需30列地铁车辆中除了第一列，其余29列全部由供应商进口部件在国内组装。组装车辆造价大大降低。供应商长春安达公司是当时长春客车厂与加拿大庞巴迪公司的合资企业。

◆ 卢光霖曾任广州市地下铁道总公司总经理，对我国早期地铁建设有丰富的经营管理经验

现在已经退休的卢光霖至今还记得，他作为当时广州市地下铁道总公司总经理，被要求“在保证2号线国产化率的同时，质量与安全不得低于1号线”。此前建成的

1号线全部使用进口设备。

正是顶着国产化率和质量安全的双重压力，广州地铁人通过外引内联，将一批国际著名的地铁设备制造商引进国内，通过与国内企业合资合作，开始了以进口组装为最初形式的车辆和机电设备的国产化。

在与外资企业合资合作的过程中，长春客车股份公司、青岛四方、株洲所等一大批中方制造企业迅速成长起来。

2002年12月，广州地铁2号线首通段开通运营，在保证工程质量和安全的同时，首次实现国产化率70%、技术水平不低于1号线的建设初衷。与此同时，工程造价和车辆及机电设备造价也大大降低。

广州地铁集团公司总经理丁建隆在接受采访时谈到，在设备国产化建设历程中，广州地铁以工程建设需求为导向引导企业开展基于引进、消化、吸收的技术创新，第一步实现“中国组装”，再实现“中国制造”，最终实现具有自主知识产权的“中国创造”和“中国智造”。

“今后城市轨道交通的科技创新，应该重点瞄准‘安全、绿色、经济’这一方向，广州地铁作为业主，有优势、也有责任通过打造‘用户主导，用产学研相结合’的技术创新模式，带动城市轨道交通产业和技术的更新换代，推动行业‘万众创新’良好局面的形成。”丁建隆说。

2015 年 05 月 28 日　星期四

4 绿色轨道交通国产化的追梦人

——记中交协城市轨道交通专业委员会专家焦桐善

◆ 城市轨道交通专家焦桐善是业界广为称道的优秀共产党员

“本世纪初，我们创业不久，公司研制生产的地铁站台门是国内最早的同类产品。焦桐善和他领导的专业委员会的支持，给了我们‘准生证’。”上海一家企业的董事长说。

“我们研制的地铁制动系统在国内推广应用的过程中，焦会长花费了大量心血。”中国铁科院的一位资深人士对记者说。

“老焦担任协会负责人的八年，正直、清廉，热情、专注，为行业做出的贡献是大家有目共睹的。虽然退休了，我们还很想他。”北京市地铁部门的一位负责人这么说。

……

多次听到业内人士以钦佩的语气谈到焦桐善，不禁引起我越发强烈的采访愿望。虽说联系上他并不难，可最终见到他却在3个月之后。

焦桐善，中国国际工程咨询公司原副总经理。退休后，担任中国交通运输协会副会长，城市轨道交通专业委员会顾问。目前还同时担任中国城市轨道交通协会副会长。

焦老今年七十多岁，但作为业内资深人士，中国今天如火如荼的城市轨道交通，却让他欲罢不能。2013年国务院发布了《关于加强城市基础设施建设的意见》，城市轨道交通迎来新的建设高潮。目前全国已有30多个城市正在建设和规划建设地铁、轻轨等城市轨道交通，各种会议和活动应接不暇，让本想停下来歇歇脚的他怎么也停不下来。三个月前的一次活动让他住进了医院，此前约定的采访，不得不推迟到三个月后的今天。

“我国城市轨道交通国产化到今天15年了，是该好好总结……总结。”焦会长大病初愈，说话显然还有些吃力，“当然这不是说我个人有什么好说的，主要是在国家发改委等有关部门的领导下，中交协城轨专业委员会作为中介组织，发挥了应有的作用。”

地铁等城市轨道交通是当今社会的绿色交通工具，与传统交通相比，能源消耗仅是公共汽车的五分之三、私人汽车的六分之一，具有运量大、耗电省、污染少等特点。

20世纪90年代，中国进入城市化、工业化快速发展时期。为适应城市公共交通发展的需要，北京、上海、广州等特大型城市开始修建城市地铁。初期在广州、上海利用国外贷款各修建了一条地铁线路。居高不下的工程造价使得实行城市轨道交通车辆和机电设备的国产化势在必行。

此后，按照中央政府要求，当时的国家计委、铁道部、建设部、信息产业部、中咨公司等部门联合成立了国家重大装备国产化办公室，焦桐善是办公室领导小组及其所属专家组成员之一。办事机构设在当时的国家计委工业司。当时，作为中咨公司副总经理和中国交通运输协会副会长及其城市轨道交通专业委员会（简称“专委会”）主任，在国产化办公室和发改委工业司的支持下，焦桐善领导专委会，贯彻落实国家国产化产业政策，积极推进城市轨道交通装备的国产化和自主化工作。

作为社会中介组织，本着“为政府、为行业、为企业、为社会”的服务宗旨，专委会开展了一系列卓有成效的工作，让焦桐善和他所属的专委会在业内赢得了大家的信任，树立了良好的口碑。

专委会做的第一件事就是帮助组建城市轨道交通重点设备评标专家库。按照1999年国务院办公厅转发国家计委《关于城市轨道交通设备国产化实施意见的通知》（下称《通知》），在各个城市轨道交通的工程设备招标工作中，地铁车辆、信号、牵引、制动系统等关键设备是国产化的重点。作为工程技术专家集中的专业机构，专委会协助国产化办公室专门组建了城市轨道交通重点设备评标委员会专家库，下设车辆和信号两个专家组。各地城市项目业主组织重点设备招投标会议时，评标专家要从这个全国统一的专家库中选出。这样做大大提高了各地城市业主对国产化工作的重视，同时也增强了政府部门对重点设备招投标工作的管理。

专委会还被授权承担城市轨道交通建设工程进口设备清单的审核工作。根据《通知》精神，各地建设城市轨道交通的车辆和机电设备的国产化率应该达到70%，否则工程项目不予批准。在达到这个标准之后，所需部分设备的进口可以免征进口关税和进口环节增值税。焦桐善至今还记得，自己亲自参与了广州地铁2号线和北京西直门到东直门地铁项目的审核。其中北京是全国地铁国产化率最早达到70%以上的城市。

专委会开展了多项行业发展战略研究，举办过多次行业热点问题专题研讨活动。其中国家发改委2005年委托开展的“中国轨道交通运输装备制造业发展战略研究”课题，汇聚了行业内50多个单位410多位专家，组建了12个课题组，历经两年时间的调查研究和分析，提交了12个专题研究报告和总报告，提出了我国轨道交通装备制造业国产化的发展战略思路和政策建议，赢得委托单位的高度重视，对行业发展产生了积极影响。

与此同时，专委会还以“城市轨道交通建设与运营”为专题分别在北京、上海和广州举办研讨会，将这三个城市发展轨道交通的成功经验，在全行业推广，大大提高了全国城市轨道交通建设运营的行业水准。

应该说以上内容更多体现了专委会作为政府管理部门咨询机构和助手的作用。作为行业中介组织，要想获得企业的支持和认可，既要有为企业服务的能力，还要有一颗真正为企业服务的公益之心。

如上所述，车辆、信号、牵引、制动系统等地铁装备是城市轨道交通制造业国产化的重点。但是由于城市轨道交通行业投资巨大、建设周期长、质量安全要求高，为安全保险起见，城市业主或工程建设方一般更愿意使用有工程业绩的国外品牌产品。

21世纪初，通过引进、消化、吸收和自主研发，一批国内的研制生产单位先后成功推出拥有自主知识产权的地铁车辆、信号、牵引和制动系统。应该说这是国家大力推进国产化和自主创新产业政策的可喜成果。但是如果得不到业主的使用，这些创新成果将永远没有工程业绩。帮助这些科技成果在城市轨道交通行业推广应用，焦桐善和专委会的专家们真花了不少心血。

2005年，在当时国产化办公室和国家计委有关部门的支持下，专委会牵头组织开展了我国自主生产的地铁车辆和牵引传统系统的运营实验和考核。当时的地铁车辆由长春客车厂和北京车辆厂负责生产，电气牵引传动系统由株洲时代集团提供，同时由北京市地铁运营公司提供实验场所、实验条件，并具体负责列车的上线考核。这次运营实验和考核结果为一批国产行业设备提供了最早的应用场所和工程业绩。

此后，中国铁科院的车辆制动系统也是因为焦桐善等人的多方联系和推荐，才先后获得在大连、天津和北京地铁线路上进行试验考核的机会，并最终由专委会组织技术评审获得在全行业推广应用的资质。其他诸如车辆屏蔽门、铝合金材料、售检票系统等重要国产技术设备，在从“首台套”走向市场推广的过程中，都在不同程度上得到焦桐善和专委会的支持与帮助。而在这些帮助的背后，企业对他本人的经济馈赠一般都被坚决谢绝。

关键核心装备系统的推广应用是装备制造业国产化自主化的“最后一公里”。正是这项“临门一脚”性质的服务工作，大大提升了焦桐善及其专委会在广大关键装备研制生产单位心中的地位，赢得有关科研生产单位发自内心的钦佩。

“作为党员，做好这些工作都是我们分内的事。”焦桐善经常这样说。因为在国产化工作中的突出成绩，他曾被评为国家发改委系统优秀共产党员。

新闻热线：010—58884112
责编 张玉曼

贯彻长江经济发展战略 聚焦长三[illegible]

——"长三角轨道交通[illegible]

编者按 长江经济发展战略是新[illegible]经济带发展，打造中国经济新的支撑[illegible]前又惠及长远的重大决策。今年以来[illegible]苏、上海、浙江和安徽四地的驻地记者[illegible]制造企业，同时开辟了专栏，发表了系[illegible]展论坛"。目的在于通过深入行业调[illegible]区域协同创新，让更多科技成果进入[illegible]

信息化智能化是传统交通向现代交通转型的重要手段

□ 中国智能交通协会理事长 吴忠泽

长三角区域是我国经济发展速度最快、经济总量规模最大、最具有发展潜力的经济板块。面向"十三五"和今后一个时期，中央确定了区域协同发展、新型城镇化和"两化融合"等国家战略，确定了长江经济带、京津冀协调发展、一带一路等国家重大战略布局，长三角区域发展被赋予更多的战略任务，对我国现代交通运输系统及其信息化提出了新的更高层次的要求，迫切需要以智能交通为手段提高交通运输的内涵式发展。

信息化智能化作为推动传统交通向现代交通转型的重要手段，受到世界各国的普遍重视。我国的交通信息化智能化经过20多年的发展，也取得了积极的成效。最近几年，新技术、新需求、新理念为交通信息化和智能化发展注入了许多新的内容，物联网、云计算、大数据、车联网、车路协同、电子支付、智能驾驶以及众筹、众包等互联网思维，为交通信息化和智能化的提升提供了全新的技术和思路。基于移动互联的交通运营管理和服务新模式不断涌现，交通信息化和智能化正在引导或改变着我们的出行。

目前，国家正在大力推动全民"双创"和"互联网+"行动，"互联网+交通"的建设面临一系列问题，如政府部门掌握的数据如何整合？如何实现数据共享，让拥有先进互联网技术和运营经验的企业充分利用数据服务？互联网、交通运营企业和政府如何建立沟通渠道实现数据共享？移动互联的交通服务新模式如何获得可持续的发展模式？交通企业在互联网+交通的发展中，如何发挥自身优势，提升效率，更好满足政府和社会出行者的需求？这些都需要在实践中通过创新发展去解决。

新闻记者对于行业发展深度调查采访的形式，是新闻工作者践行"走转改"、履行"三贴近"、执行"三严三实"的具体体现，对于以创新科技服务为抓手，探索科技新闻媒体和科技管理部门共同推动行业科技进步和区域协同创新的发展模式具有重要意义，必将在集成各类创新资源，以科技服务为载体，以企业和业主单位为服务对象，打造产学研用的信息交流服务平台，营造良好的创新创业生态发面，起到重要的引领示范作用。

江苏正在加快建设国家轨道交通研发制造产业基地

□ 江苏省科技厅副厅长 夏冰

[illegible]

走。整体科技进步的贡献率达到了60%。我们有两个重要指标，研发占比2.5%，高新技术产业在很多领域超过了40%。

[illegible]

[illegible]加大人性化、智能化和网络化的轨道交通产品

□ [illegible]

[illegible]

关注互联互通 推进网络优化 提高服务质量

□ 中国城市轨道交通协会副会长 北京交通大学校长 宁滨

北京交通大学八年前在镇江建立了轨道交通研究院，主要目的是为了支持长三角轨道交通的发展。刚才科技日报社的冷博士和刘总编都先后介绍了长三角这些年的发展，北京交通大学在这个过程中可以作为见证人。作为国家经济发展最活跃的地区之一，这几年长三角的轨道交通在区域经济发展中发挥了重要的支撑作用。长三角整个地区在国家轨道交通规划的指导下正在形成比较先进的轨道交通网络。

轨道交通是一种特殊的工具，我们现在讲的轨道交通是指它的全寿命周期和可持续发展，除了建设、运营，还要升级和维护。北京交通大学做的工作有两点应该引起大家的重视。第一就是培养支撑轨道交通发展的人才体系。这些年，交通大学在轨道交通方面，无论在学历教育还是在人才培训方面都做了大量的工作。两周前我专门去了上海和申通洽谈战略合作，包括今天在座的浦镇厂、戚墅堰所都和交大有非常密切的合作。在这种合作中交大发挥的主要作用就是人才培养。再一个就是轨道交通的科技支撑。轨道交通安全控制国家重点实验室和轨道交通运行控制国家智能研究中心都在北京交通大学。这两个国家级科技工程在长三角轨道交通建设运营中都发挥了重要的作用。人才和技术平台的支撑对于长三角轨道交通的可持续发展非常重要。我想北京交通大学很愿意在这方面和在座的各位，在原来合作的基础上继续加强合作。借此机会讲几点意见：

第一，长三角轨道交通网具有支撑区域经济发展和引领经济结构调整的重要作用。在下一步轨道交通网发展过程中，既要考虑网络的覆盖率，更要注重网络的优化。在发达国家的城市中心，在任何一个点周围500米左右都可以找到地铁站，这在上海、北京目前都还做不到。城市轨道交通网络下一步的发展，里程的增长和覆盖面当然重要，网络的优化也是一个重要方面。

第二，下一步我们要提高轨道交通服务的质量和内涵。我们已经修了12万公里的铁路。在"十三五"期间，能不能少修1000公里，把铁路的信息化工作加强一下，把安全管理水平和监管水平提高一些。轨道交通每天的运营要产生大量的数据，这是一个金矿。在一定规则下可以开放。包括长三角在内的轨道网同样如此，信息系统的建设，中间能挖掘出更多的金子来，特别是在提高运输效率、确保安全等方面。

最后，关于互联互通。包括信号、牵引、车辆的互联互通，对于下一步轨道交通提高效率、降低成本、确保安全都非常重要。现在巴黎、伦敦的地铁都在进行互联互通建设。他们的地铁有一百多年的发展历史，都是一条线一条线独立建设起来的。我们发展轨道交通的时间比较短，此前也是一条线一条线建设，如果我们从现在就开始关注互联互通，将来的建设质量肯定会提高。

轨道交通的区域化发展面临诸多机遇和挑战

□ 国家发改委综合交通研究所主任 刘斌

上海轨道交通600多公里的规划，和北京500多公里的规划，都是我们国家城镇化发展规划之前的规划。现在三大城市群轨道交通规划的基础和以前完全不一样了。原来大城市规划五六百公里，中等城市规划二三百公里，一到百万人城市规划一百多公里的规模。这个规模还在朝大的提升空间。长三角地区上海是发展得最好的，但是还远远不够，因为城市轨道交通的定位发生了很大的改变，原来的城市轨道主要是地铁，主要在城市核心区。

现在轨道交通要承担城市中心和卫星城及周边城镇的连接问题，承担城市公交50%以上的功能。轨道交通将是城市（或者区域交通）的基本形式。按照这种形式来考虑，大型城市五六百公里应该说是远远不够的。轨道交通的发展还有很大的空间。可能不久之后，整个大的都市圈、城市群会有一些轨道交通规划和发展的大变化。

[illegible]

心区范围内了。比如说上海11号线和苏州的1号线接上了，城际铁路、市郊铁路已经和地下铁路连接起来了。我们原来设想大铁路是存在于城市之间的，城市内部的属于地铁网络，城市之间的地铁是不相连的。现在这种情况已经完全改变。

长三角地区城市群的发展和轨道交通的关系问题，也面临新的变化。长三角城市群，严格意义上讲，目前还没有形成，还只是一个城市面积群。如果要形成一个比较成熟的世界级城市群，它的交通量还有几倍的上升空间。现在城市轨道要进行跨区域建设，跨区域经营，跨区域规划，而我们原来的城市轨道交通各自划地为牢，以各个城市为界的方式和我们跨区域的建设以及一体化发展的模式，会产生剧烈的冲突，将来也会出现我们在公路上常常出现的断头路问题，有些城市愿意建轨道交通，有些城市不愿意建，这样的问题就会出现。

建设方面存在这样的问题，运营上也存在这样的问题，甚至以后的价格也会出现类似的问题。这将导致城市群内部协调的工作量会急剧增加。也会对以后城市轨道交通的发展有一个很大的挑战。城市地铁、城市轨道走出了城市核心区以后，面临的发展环境和现有的环境是完全不同的。

我觉得长三角地区轨道交通要发展，姑且认为一体化是一个目标，但是我们要首先实现区域化的发展，或者说是区域化的协调，应该说都有很大的困难。所以我觉得长三角轨道交通发展要有一个制度、规则和管理的创新，否则长三角轨道交通发展会面临很多制约。

"十三五"期间南京轨道交通还将投资1000多亿

□ [illegible]

[illegible]

轨道交通 推进行业与区域协同创新

新发展论坛”内容纪要

发展的重大战略。依托黄金水道推进长江院审时度势，谋划全国经济全局，既针对当的轨道交通进行了专题策划，精心组织了江规，采访了长三角轨道交通有关城市业主和月20日在南京召开“长三角轨道交通创新发研用各方的互动交流，促进行业科技进步和和创新驱动作用。敬请关注。

简炼

裴顺鑫

皇甫小燕

高文明

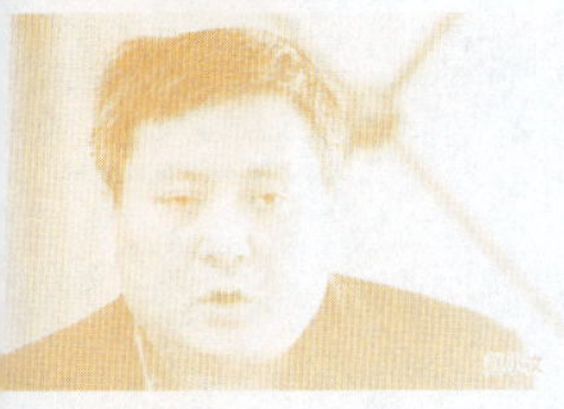

轨道交通的创新发展要以需求为导向

□ 上海申通地铁集团公司技术总监 皇甫小燕

首先，关于上海城市轨道交通网络的现状。上海的运营线路已经是15条，包括高速磁悬浮。运营线路总长度是577公里，运营车站已有339座，配置车辆突破4000辆。将来还将再增加700多列，达到8000辆甚至10000辆。最高日均客流已经突破1000万人。从2015年到2025年的新规划正在研制，还要增加2500公里，增加投资2000亿元。

其次，关于上海的城市轨道交通创新体系。从1987年上海申通轨道交通集团公司成立至今，公司都在不断的摸索，有很多创新的体会。其中最主要的就是“需求是引导是目标”，创新是一种实现目标的手段，创新必须与需求相结合。

我们的创新体系主要分为创新活动和创新保障。首先要进行需求分析研究。那么长的线路那么大的客流情况下，我们进行需求分析，然后开展技术研究，最后将这些技术进行推广应用。关于创新的层次，分为行业的创新、企业的创新、基层的创新三个层次。上海轨道交通是全国里程最长、运营规模最大的，对行业有引领技术进步的责任。针对未来可能面临的宏观性、政策性、普适性问题，要站在行业角度进行创新研究，通过成果推介、标准制定等形式服务行业发展。关于推动企业发展的时效性创新，主要内容是整合网络资源，提高网络效率，优化网络体制，突破企业发展的瓶颈，为轨道交通网络运营管理提供系统性支持，这是我们集团技术中心的主要任务。第三层次的创新是推动一线技术革新的基础性创新。通过在运营生产一线建立创新平台，针对现场问题及时研究和解决，形成人人创新、时时创新、处处创新的创新氛围。

关于不同制式的选择问题。从2005年开始，我们一直在研究上海地铁网络资源的共享和互联互通。车辆的成本很高，包含采购成本、运营成本、维修成本，选择什么制式的车辆一定要科学。我们的体会是制式一定要尽量少一些，尽量形成规模，这样可以大大降低检修成本。我想这也是一个发展趋势。不同的制式选择要经过博弈。目前情况下我认为高冷钢轮轨系统是最好的节能设备，因为运营成本低，维修成本也是低的，是大众产品，产业链很完善。其他制式没有说不可以，包括独轨、线性电机，以及上海8号线中量运输系统。这些制式选择，我们也是以需求为导向进行选择的。

应该大力发展磁悬浮先进轨道交通

□ 深圳地铁公司副总裁 简炼

首先讲讲先进轨道交通。十八届五中全会在“轨道交通”前面加了“先进”两个字，我认为是有重大意义的。我们现在面临的是由短缺经济过渡到了供大于求的过剩经济。[illegible]

[illegible]走路，磁悬浮是用空间支撑，使交通发生了革命性的变化，比轮轨晚一百多年。如果轮轨是有声电话，磁悬浮交通就是现在的智能手机，是完全两个时代的产品。上海磁悬浮是德国人的伟大发明，是中国人的伟大创新。

第三，产业创新是创新驱动的“牛鼻子”，[illegible]

网络化与互联互通：如何提高城市轨道交通服务质量

□ 重庆轨道交通集团公司原副总工程师 张乃基

高铁、城际铁路把城市之间的时空距离缩短了，重庆到成都的客运专线通车后，一个半小时就到了。城际之间的交通可以这么快，城市里面的轨道交通怎么样呢？我们重庆主城区的面积是5478平方公里，按一个正方形算，边长就是70多公里，每一条轨道线的长度就是40到60公里，按照每小时35公里的速度衡量的话，一条线全线贯通也要一个半小时。如果再换乘一两次，每次都要几分钟，那么别人从一个城市到另一个城市只花了一个半小时左右，而你在城区里边到达目的地却要花2个小时，你能接受吗？肯定不能接受。

所以这就提出来一个问题，就是城市轨道交通的服务水平应该怎么样提高。涉及到我们大城市、特大城市轨道的设计，轨道快线必须有，不然城市这么大，都是每小时35公里的地铁速度，怎样提高城市轨道交通的服务水平？其实，提高服务水平有三个突破点，第一是换乘方便，第二是快速通过，第三是安全准点。

能不能把人的换乘转变为车的跨线运行？当然不可能每一趟车都这样，但是应该有这样的车次，这样乘客就可以不换乘了，这就是跨线运行。我们的目标是城市轨道交通的速度要提高到40公里以上，到达郊区的轨道快线，速度要在60公里以上。还有一个就是准点。我们现在做到的是准点发车，车什么时候到站没有管控，我们应该把准点发车提升到准点到站，就是按时刻表进行运行。这就要抓网络化设计，把准点的理念贯彻在设计里面。主要抓以下四个方面的工作。第一个就是车辆的通行，第二个就是信号系统的标准化，第三个就是线路的互联互通，第四就是全网调度系统的构建和调度技术的研究。这四个方面都给落实下来，只有互联互通的网络化运行才能做到。

为中等规模城市多制式轨道交通发展保驾护航

□ 中车南京浦镇车辆有限公司副总经济师 赵小文

中车浦镇公司自1999年首批获得国家发改委颁发车辆国产化定点资质以来，市场开拓和市场创新一直处于行业的领先地位。近一年来，中车浦镇在城轨领域紧跟市场步伐，中运量系统的潜在项目达到了30个，在我们所有跟踪的项目当中已经超过了一半。[illegible]

从“产学研用”到“用产学研”[illegible]

现代有轨电车关键是要和既有公共交通有效融合

□ [illegible]

[illegible]

第五篇　风生水起长三角

——“聚焦长三角城市轨道交通”专题调查

长三角城市群，严格意义上讲，目前还没有形成，还只是一个城市面积带。如果要形成一个比较成熟的世界级城市群，它的交通量还有几倍的上升空间。现在城市轨道交通要进行跨区域建设，跨区域经营，跨区域规划，而我们原来的城市轨道交通各自画地为牢，以各个城市为界的方式和我们跨区域的建设以及一体化发展的模式，会产生剧烈的冲突。

——国家发改委综合交通研究所主任　　刘斌

在上海的积极辐射带动下，长三角城市群以南京、杭州、宁波、合肥为二级城市。长三角城市群发展的重要条件是要建立一个比较完善的区域轨道交通网络，以支撑长三角城市群的可持续发展。现在长三角地区各个城市的城市轨道交通发展比较迅猛，在大的区域里面城际铁路和高铁网络基本成网，但是中间还缺一个我们所说的都市圈内部的小城际铁路，或者叫市域铁路。这样一个层次的轨道交通在长三角还有非常大的发展的潜力。

——中铁第四勘察设计院副总工　何志工

引子

大风起兮京津冀，是说京津冀协同发展战略就像浩荡春风一样吹拂燕赵大地；而风生水起长三角，是说在长江经济带发展被确定为国家发展战略之后，长三角城市群轨道交通的创新发展一如长江之浪风生水起。

京津冀轨道交通建设问题思路的顺序是京津特大型城市内部的互联互通、市域铁路（又称市郊铁路、市域快轨）和城际铁路，而长三角轨道交通建设的问题关键应该是长三角中等规模城市之间的城际铁路和城市轨道交通的互联互通。以苏锡常为例，其城市内部的轨道交通的多制式发展和城际之间轨道交通的互联互通对于区域经济的发展同等重要。

对于京津冀轨道交通协同发展和互联互通问题的采访和探索引发我对长三角轨道交通协同发展问题的浓厚兴趣。中央高层在2014年、2015年前后差不多同时提出中国经济发展的三大战略：京津冀协同发展、长江经济带发展和“一带一路”战略，轨道交通发展在此三大战略实施过程中因其重要性而受到高度关注。而在长江经济带发展中长江三角洲城市群轨道交通发展备受瞩目。

长江三角洲（简称长三角）城市群位于长江入海之前的冲积平原，根据2016年5月国务院批准的《长江三角洲城市群发展规划》，长三角城市群包括：上海，江苏省的南京、无锡、常州、苏州、南通、盐城、扬州、镇江、泰州，浙江省的杭州、宁波、嘉兴、湖州、绍兴、金华、舟山、台州，安徽省的合肥、芜湖、马鞍山、铜陵、安庆、滁州、池州、宣城26市，国土面积21.17万平方公里，2014年地区生产总值12.67万亿元，总人口1.5亿人，分别约占全国的2.2%、18.5%、11.0%。

长三角是"一带一路"与长江经济带的重要交汇地带，在中国国家现代化建设大局和全方位开放格局中具有举足轻重的战略地位，是中国参与国际竞争的重要平台、经济社会发展的重要引擎，是长江经济带的引领发展区，是中国城镇化基础最好的地区之一。

根据国务院批准的《长江三角洲城市群发展规划》，长三角城市群发展将依托国家综合运输大通道，以上海为核心，南京、杭州、合肥为副中心，建设以高速铁路、城际铁路、高速公路和长江黄金水道为主通道的多层次综合交通网络。继续增强京沪高铁、沪宁城际、沪杭客专、宁杭客专等既有铁路城际客货运功能。大力推进沪宁合、沪杭、合杭甬、宁杭、合安、宁芜安等主要骨干城际通道建设。规划建设上海—南通—泰州—南京—合肥、南通—苏州—嘉兴、上海—苏州—湖州、上海—嘉兴—宁波、安庆—黄山等铁路（含城际铁路），以及上海—南通跨江通道等城际通道建设，提高城际铁路对5万以上人口城镇、高等级公路对城镇的覆盖水平。在此背景之下，长三角中等规模城市的轨道交通建设区别于北京、上海、广州等特大规模城市，有其自身建设要求和特点。

基于以上考虑，我认为对长三角轨道交通创新发展的采访调研，对于国内更多其他中等规模城市发展轨道交通具有示范价值。需要特别提出的是，此选题得到报社领导和有关合作单位的支持，同时得到地方记者站同事的大力协助，否则难以完成。

核心提示

2010年以来，一批长三角城市纷纷进入轨道交通的"网络时代"。这些城市包括上海、南京、杭州，甚至还有苏州、宁波、温州这样的二、三线城市。

如果说21世纪初追求达到七成国产化率是城市业主的不得已，今天普遍达到八成以上甚至九成的自主化率完全是一种自觉的追求。

国际上，地铁在城市轨道交通制式选择中的比例一般在三分之一左右。地铁的优势是运量大，但同时建设周期长、成本高。我国的地铁占比在八成以上。根据城市规模等具体情况因地制宜选择不同制式，是城市轨道交通绿色发展、科学发展的不二选择。

研究长三角城市轨道交通创新发展的目的，就在于探索中等规模城市轨道交通区别于大城市、特大型城市的独特之处，从而找到长三角城市群轨道交通的特色之路。

2015 年 11 月 15 日　星期日

1 风生水起长三角

2015年我国第39个获准建设城市地铁的城市花落江苏南通。这是江苏省获准建设城市轨道交通的第6个城市，此前已有南京、苏州、无锡、常州、徐州，位居全国第一！

到2016年年底，上海城市轨道交通运营线路长度将达到588公里，开通里程继续保持全国乃至全球领先地位。

南京以225公里的地铁里程，在上海、北京、广州之后，位居全国第四；杭州从2012年起即已进入地铁时代；合肥一号线即将开通，是长三角地区最后一个开通地铁的省会城市。

而此前的2014年9月，国务院发布《关于依托黄金水道推动长江经济带发展的指导意见》，提出打造以上海为中心，南京、杭州、合肥为副中心，城际铁路为主通道的“多三角、放射状”城际铁路交通网，建成长三角城市群内中心城市之间，以及中心城市与周边城市之间1～2小时通达的经济圈。

届时，长三角城市群内部是一张城市轨道交通网，城市之间又有一张城际铁路网，这将是一张高效密集的现代轨道交通网！

大上海　大网络　大交通　万里长江龙头起

在轨道交通业内，全国密集的铁路交通是“网络”（铁路网）；具体到一个城市，如果建成 3 条以上的城市轨道交通线，也可称“网络”（城市轨道交通网）。

作为这个行业跟踪采访多年的记者，最感新奇的是，2010 年以来，一批长三角城市纷纷进入轨道交通的“网络时代”。这些城市包括上海、南京、杭州，甚至还有苏州、宁波、温州这样的二、三线城市。

上海拥有全国最发达的城市轨道交通网。2013 年 10 月 16 日，上海连接苏州昆山的 11 号地铁线路开通运营，标志着长三角从“高铁同城”跨入“地铁同城”。上海地铁还将延伸至江苏太仓、平湖、嘉善、吴江、启东等地，长三角地铁率先迎来地铁发展的“跨界时代”。

支撑城市轨道交通网络的是一个个地铁站、火车站等轨道交通大型枢纽。2010 年上海世博会前夕，上海建成了世界上占地面积最大的虹桥综合交通枢纽。这是目前我国首个集航空、铁路、公路长途客运、地铁、城市公交、磁浮等多种运输方式为一体的大型、综合化、立体式的综合客运枢纽。

“给我一个支点，我给你支起地球!”作为上海市、长三角乃至全国最大的轨道交通枢纽，虹桥枢纽连接的首先是上海市 500 多公里的城市轨道交通线；其次连接的是长三角城市群之间你来我往的城际铁路，以及来自全国各地的干线铁路和高铁列车。

◆ 长三角城市群轨道交通进入“网络时代”

城市业主：国产化、自主化普遍成为主旋律

2010 年的 5 月 28 日，南京地铁 2 号线、2 号线东延线及 1 号线南延线 3 条线路同时开通，南京地铁进入“网络时代”，运营里程达到 85 公里，位居全国第四，跻身全国第一方阵。

网络化运营一周年后，南京地铁安全运送乘客 2.93 亿人次，收支盈余 7 564.53 万元，有效解决了地铁运营亏损的世界性难题。

在南京乘坐地铁，记者有一个特殊感受：与其他城市相比，这里的地铁列车崭

新锃亮、高大宽敞。工作人员告诉记者，南京的地铁列车都是A型车，而且都是本地企业中车南京浦镇车辆公司制造。

俗话说，要想富先修路。现代轨道交通之路是一条更为绿色、高效、便捷的路。而支撑这条轨道交通之路的是包括钢轨、车辆、信号在内的众多轨道交通装备。

过去，车辆、信号等交通装备主要依赖进口。但是，进口产品一般都有价格偏高、供货不及时等问题，所以国家出台所谓七成国产化率的政策。

据一位业内人士介绍，如果说21世纪初追求达到七成国产化率是城市业主的不得已，今天普遍达到八成以上甚至九成的自主化率完全是一种自觉的追求。

为什么？国家装备制造水平普遍提高，轨道交通国产设备不但质量不比进口的差，而且物美价廉，关键是就在家门口，供货及时，服务方便。

磁浮、单轨、市域轨道交通，地铁不再是唯一选择

2002年12月31日，上海磁浮示范运营线建成通车。从此我国的城市轨道交通在地铁之外又有了磁浮。

国际上，地铁在城市轨道交通制式选择中的比例一般在三分之一左右。地铁的优势是运量大，但同时建设周期长、成本高。我国的地铁占比在七成以上。根据城市具体情况因地制宜选择不同制式，是城市轨道交通绿色发展、科学发展的不二选择。

记者从芜湖市了解到，该市的轨道交通选择区别于地铁的单轨交通。与地铁相比，芜湖更看好单轨具有的以下特点：中等客流运量，造价相对低，拆迁量小。“此外，结构相对简单，建设周期较短，还有，就是单轨采用胶轮系统，噪声及振动较小，环境影响也小。”

2015年1月18日，苏州高新区有轨电车试运营。苏州现代有轨电车线路的开通，有效弥补了苏州高新区城市地铁与常规公交之间的空当，并因此成为首个国家有轨电车示范工程。

有幸成为国家示范工程的还有浙江温州。浙江温州由于主城区小，中小城镇由于缺乏城市公共资源支撑，处于一种半城市化状态。温州市政府因此选择了“市域轨道交通＋新型城镇化”融合发展的新模式。

借助市域轨道交通将中小城镇串联起来，拉大了城市框架，优化了城市空间布局，推动温州中小城镇从半城市化发展到城市化，为温州城市科学发展带来新的机遇。

2014年9月，经国家发改委批准同意，温州市域铁路S1线一期工程装备研发项目，正式列入“国家战略新兴产业示范线工程”。

2015 年 11 月 18 日　星期三

2 描绘轨道交通旷世蓝图[①]

“我经常是上午在南京开会，下午在杭州开会。长三角一体化轨道交通的兴起，把城市之间的距离越拉越近！”中铁第四勘察设计院集团有限公司（简称“铁四院”）副总工程师何志工把他亲身的体验告诉科技日报记者。

长三角轨道交通密度正在接近日本和法、英、德、意等西欧国家。有专家预计，到“十三五”末，长三角高铁和城铁密度将堪比世界最高水平。

为了世界级城市群的紧密相拥，我国轨道交通科技人员如何用智慧和汗水，踏遍长三角，绘旷世蓝图？

300 人晋升教授级高工和高级工程师

铁四院在国内最早研发高铁，副总工程师何志工称，20 世纪 80 年代初，一般中国家庭还在羡慕一台凤凰牌自行车时，“我们就动手了”。主动性来自一项研究：审视西方走过的路，经济发展到一定程度必然出现高铁。盯住京津冀、长三角、珠三角及中部城市群，铁四院较早开展了高铁网规划和勘察设计研究。

1995 年，铁四院成立高速铁路专门部门，“技术人员把行李放在办公室，国际、国内哪里有高铁研讨活动就去哪里”。

20 余载坚韧不拔的守望，使得一项项技术难题不断被攻克，从深厚软土到大跨桥梁，从隧道风动到无砟轨道，从信号列控到系统防灾，铁四院也已稳稳站在了高铁技术的潮头。形成了十余项具有核心竞争力的专业设计品牌，形成了我国自主的高速铁路建造技术，极大地支

① 本文作者为本报驻湖北站记者刘志伟。

持和保障了长三角地区高速铁路建设。

针对长三角地区特点开展一系列的理论研究、室内外试验，以及大量的工程实践，通过原始创新、技术集成，铁四院在高铁和城轨建造方面取得了一系列成套技术成果。据统计，从规划选线、前期调研、方案论证、勘测设计、配合施工等阶段，铁四院有近三分之一的工程技术人员直接参与过长三角地区的轨道交通建设，有近300人先后晋升教授级高工、高级工程师，有40余人成为国内高铁技术的知名专家，有20多人荣获全国劳动模范、全国五一劳动奖章、詹天佑铁道工程师奖、火车头奖章。

踏勘完成方案比选是高铁长度的5倍

每一条高铁在开工之前，必须要选定一条既满足城市规划及技术要求，又要绕避环境敏感点及不良工程地质的地段，更要节省土地资源及工程投资，需要在几千平方公里土地上反复踏勘、测量和方案比选，工程技术人员要不辞辛劳、披荆斩棘，一步一步翻越一座座高山，穿越一条条河流，踏破一双双“铁鞋”。

铁四院在承担长三角地区高铁勘察设计工作中，经过现场踏勘完成方案比选长度累计为高铁长度的5倍，经过测量、勘探完成的方案比选长度累计为高铁长度的2.3倍。甬台温铁路在方案论证比选阶段，全线近300公里的线路，开展方案比选的线路长度就超过了3 000公里。

沪宁城际铁路线路全长301公里，与京沪高铁并行长达55公里，通过分析桥面宽带、线间排水、接触网设置等控制因素，两线线间距最小处仅为9.9米；与既有京沪铁路并行长度达170公里，在上海、苏州、无锡、常州、南京等城际车站不仅实现了与既有客站并站设置，还实现了与城市轨道交通的“零换乘”，最大限度地节省了土地和建设成本，方便了旅客出行。

长三角地区沿线土地资源稀缺，对线路最大限度地节约土地资源的要求高。在方案论证中，除了充分按照经济、环保、地质等要素进行比选外，还要兼顾土地利用、资源节约等因素，在设计中尽量与高速公路、既有铁路共用交通走廊，集约用地，减少了铁路对地方土地的切割，提高了土地的利用率。杭甬客专桥梁比例达87%，沪杭客专桥梁比例达90%，极大地减少了对土地的占用。沪宁城际通过优化方案，共计为寸土寸金的长三角地区节约土地920亩。京沪高铁徐沪段通过方案优化，节省用地近5 000亩。

轨道交通引领长三角一体化提速

目前，长三角地区已建成及在建项目包括沪宁、沪杭城际、宁杭甬城际、嘉苏常城际等。2011 年 3 月，铁四院完成了修编长三角城际交通网规划，该规划在 2005 年国务院批准的长三角城际轨道交通网规划基础上扩容，以上海、南京、杭州、合肥为中心，包括沪苏浙皖三省一市的所有地级以上城市。

铁四院副总工程师何志工说，长三角区域一体化发展提速的今天，虽然城际之间的交通越来越便捷，但是密集的城市交通网络却对城市交通拥堵治理提出了更大的挑战。因此长三角各中心城市应共同研究出台治理交通拥堵措施，建立治堵合作机制。

高速铁路和城际轨道交通的发展为区域交通提供了一种新的更便捷、更舒适的选择。目前，还有大量在建和计划开工的高铁和城际线路，预计到“十三五”末，长三角高铁、城轨密度将堪比世界最高水平。

上海市发展研究中心朱咏教授认为，顺应知识经济引领、现代服务业驱动、“互联网+”及区域融合发展的时代潮流，高铁网在压缩时空距离，加速人才、技术、信息、资金、知识经验等在高铁站点之间快速移动的同时，也正在“倒逼”长三角一体化提速，并向深度和广度发展。

2015 年 11 月 20 日　星期五

3 轨道交通网络化呼唤技术创新[①]

在京津冀、长三角、珠三角等区域交通一体化的同时，北京、上海等城市轨道交通的网络化也正在成为新的发展趋势。

当城市轨道交通多线相交，运营里程基本覆盖城市中心区域，城轨交通的网络化效应也随即显现。事实上，怎样通过网络优化进一步提高城轨交通的效能以适应发展的需求，已经成为业界和城市轨道交通建设、管理部门共同面对的问题。

从线到网是一道坎

"最近五六年，我国城市轨道交通一直保持着快速发展的势头。我们已经明确发展目标，到 2020 年我国城市轨道交通运营总里程要达到 6 000 公里，也就是说，在'十三五'期间，我国每年要完成 500 公里。"国家发改委基础产业司巡视员李国勇在多种场合如此表示。业内人士指出，就现阶段而言，从线到网这是我国城市轨道交通建设必须迈过的一道坎。

"在网络形成初期，每条线路的建设受制约的因素少，工程容易实施。从线到网，每一条新增线路的建设都会受制于很多因素，如运营线路的多线大型换乘枢纽建设等，工程实施难度特别大，主要表现在建设规模大，工程复杂，质量要求工程风险和技术含量高。"业内人士强调，在网络化建设阶段，无论是换乘车站的同步规划、同步实施，还是网络停车场、车辆段、控制中心、主变电站在网络层面的规划控制问题，都特别重要。

① 本文作者为本报记者张晶。

“铁路必须成网，不成网就不能真正发挥铁路运输的效能。城市轨道交通也是同样的道理。”原中国铁道科学研究院副院长朱其杰告诉记者，要建成一个合理的路网需要做扎实的调查研究。最核心的要抓好三个方面：一是深入了解城市的发展规划，这是城市轨道交通建设的前提。抓住了规划就明确了城轨交通建设的方向。二是做好运量预测。以此为基础就能让城轨线路规划设计和建设施工更为合理，让投资更为有效。三是优化站点设置。“站点是整个交通网的节点，这个节点选不好，这个网就不能充分发挥作用。”朱其杰说。

市郊铁路将是未来城轨交通建设的重点

目前，北京、上海、广州三个城市轨道交通的网络效应日益明显，如全网统筹规划布局，多线同期建设，多主体同时参与，网络化运营组织和网络资源共享，城轨交通与城市发展互动，多种公交一体化发展，等等。与此同时，深圳、南京、重庆、天津四个城市的网络效应也正在逐步显现，几年之后将有大批城市进入网络化时代。

朱其杰认为，相对于城区内部地铁建设的快速发展，我国一些大城市市郊轨道交通的建设明显滞后。比如北京，从城区到郊区的轨道交通少，郊区之间的就更少，节假日出游只能选择私家车，造成城区进出京方向高速路严重拥堵，这就是城市轨道交通网不健全的弊端。朱其杰向记者透露，国家发改委已将城际和市郊铁路作为今后铁路建设的重点。

从世界主要城市来看，市郊铁路都是城市轨道交通的重要组成部分。日本东京的轨道交通线路近 2 000 公里，其中地铁只有 300 公里。英国伦敦的地铁总长 408 公里，市郊铁路却超过 600 公里。

朱其杰指出，建设城市轨道交通，视野不能太局限，要从地区经济发展的角度来思考怎样在多个城市之间建立综合运输体系。当前特别是要抓住京津冀三地协同发展的契机，做好京津冀轨道交通一体化的大文章。“京津冀、长三角、珠三角，未来围绕大城市互动并实现共同发展的区域会越来越多。以大城市为核心，从城区到市郊再到城际的互联互通，这是需要我们认真研究并考虑发展的。”

轨道交通网络化需要更多创新

“现在很多城市都提出修建市郊轨道交通，但是我们没有相应的标准，有的城市用的是普通铁路，有的用的是地铁，这些都不符合当前城市市郊客运的需求。重庆建立了一个都市快轨列车研发中心，专门研制新的产品以满足这种需求。”李国勇认为，创新是城市轨道交通网络化发展的核心推动力。在他的创新清单上，还有一系列需要解决的问题，例如审批的标准和规范、线网规划、车型确定、节能技术、降低造价，以及代建制、外包制及其他和地铁相关的经营与管理的新方式。

在中国城市轨道交通协会会长包叙定看来，要把握城市轨道交通建设网络化的趋势，必须要创新思维方式，创新工作机制，创新技术产品。

包叙定说，要把思维方式从单线指向转变为全网统筹，既要深入研究城轨交通自身的网络特征，还要注重研究城轨交通与城市总体规划、城市公共汽车网等外部网络的关系，进一步优化网络结构，提高系统效能。要加速推动管理模式的转变，全面统筹规划设计、建设施工、运营管理、资源开发、技术装备等各个环节，去适应城轨交通网络化发展需求。要根据网络化发展的需求和特点，加快技术产品创新和标准制定，探索多线路车辆基地、控制中心、主变电所等大型设施共址合建的成熟技术，研发满足网络协调指挥、票务管理、信息化服务等各种需求的新技术、新产品，为城轨交通网络化发展奠定物质基础。

2015 年 12 月 16 日　星期三

4 上海申通：创造需求引领创新新常态[①]

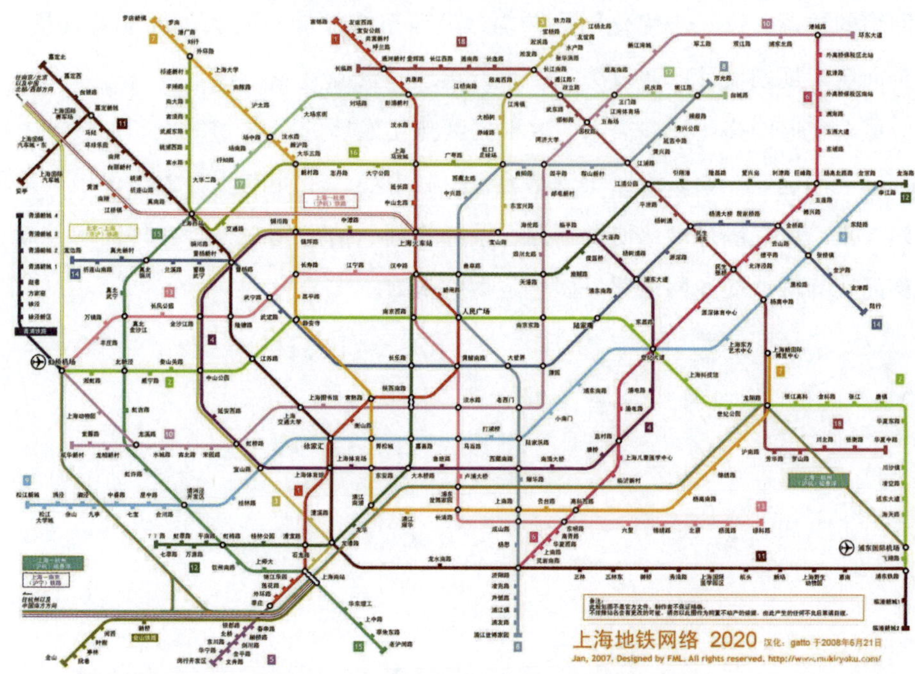

◆ 上海地铁网络2020

上海地质松软，含水量高，修建地铁难度极高。新中国成立之初苏联专家一度预言上海无法修建自己的地铁。

然而，上海老一辈的地铁工作者攻坚克难，20多年下来，上海建成了当今世界上里程最长的城市轨道交通网络。

上海申通地铁集团有限公司（以下简称“申通集团”）作为世界上里程最长的上海地铁的投资、建设、管理和运营商，似乎从诞生之日起，血液里就饱含着自主创新的基因。

① 本文作者为本报驻上海记者王春、实习生赵月。

从无到有，从小到大，从线到网。上海作为我国最早从事城市轨道交通现代化建设的城市之一，申通集团的国产化、自主化、网络化一直是行业的龙头和发展引擎。

“需求是目标，也是引领。在城市轨道交通行业，用户主导和引领创新是一种业界的新常态。申通集团自主创新的特色之一，就是与行业兄弟单位一道，引领和创造了这样一种新常态。”申通集团总工程师毕湘利如是说。

国产化之路从这里艰难起步

目前，上海地铁已经拥有 15 条运营线路，339 个车站，线路总里程 577 公里（含磁浮线 29 公里），运营规模跃居世界前列。

2014 年，上海地铁全网客运总量达 28.24 亿人次。2015 年，极端高峰日客流突破 1 000 万人次，日均 800 万人次客流量已经成为常态。

谁也难以想象，就在 20 多年前的 1990 年 1 月 19 日，上海的第一条城市轨道交通线地铁 1 号线才真正开工。

车辆设计是国产化过程的一个缩影。当时 1 号线的建设采用“平行发包”模式——设计、施工、材料设备采购等被发包给不同单位，仅合同就有 1 000 余项。“作为业主，我们需要对各项技术有系统性的了解，然后才能吸收、整合，这个过程就是一种国产化。”申通集团技术中心首席技术总监王大庆说。正是 1 号线的建设培养了最早的一批技术骨干，为上海地铁后来的发展打下了坚实的基础。

一般而言，车辆零部件每过四五年便需更换，但原分包商均是外国厂家。若向原厂家购买，不仅供货周期长，价格高得难以想象。“我们发现‘洋面包’吃不起，必须寻求国产化的备品备件。”申通集团技术中心总监皇甫小燕回忆道。

要国内厂家制作备件，首先要有设计图纸。原厂家留下了部分备件图纸，但为避免知识产权纠纷，必须进行再创新，还有部分备件没有图纸，只能靠申通集团的技术人员自己建构。

有了图纸，接下来是寻找接受订单的厂家。当时，国内甚至没有一家分包商。于是，上海地铁的工作人员到全国各地考察，“当我们知道无锡的液压减震器做得很好，就拿着图纸主动上门，求人家帮我们做地铁减震器，并提供技术支持”。

“有一家与我们进行空气弹簧合作的厂商，在两年后告诉我们，德国西门子也开始找他们合作了！”皇甫小燕自豪地说。

创新来自需求：技术为事故列车保驾护航

“管建并举、管理为重”已经成为申通集团的总体工作思路。在超大规模客流的背景下，安全理念已经突破了既有城市轨道交通的设计理念。

以列车迫停为例，以往的安全理念认为，一旦发生事故，列车立即停止运行，然后乘客疏散是最安全的。但是在隧道密闭狭小的空间内，在乘客情绪焦躁的情况下，由于没有足够的管理人员指引，列车内的数千名乘客要能有序快速地进行疏散是困难的。微小的事件极易引发更加严重的事故。必须确保列车能够快速到达附近车站，在站内疏散才能最大程度保证乘客的安全。

“这是一个非常典型的需求引领创新的案例，如果我们没有研究并提出需求，是不会有人想到提供相关的技术或产品支持的。”毕湘利继续解释说。近年来，申通集团开发了一系列安全保障装备，如隧道结构巡检系统、列车辅助防撞系统等，都是基于运营实践的需要，并以此主导创新。

标准看似每个企业都有，但如何建立标准体系，如何管好标准、用好标准是非常有讲究的。目前，申通集团已经建立了由通用基础标准、运营服务标准、运营保障标准三大系统。上海地铁9号线作为了上海市服务标准化试点，为全网提供推广示范。

首创城市轨道交通网络管理新模式

集全市之力加快轨道交通建设，建成400公里的城市轨道交通网络！这是2010年上海世博会给上海带来的发展机遇。

一次性建成如此大规模的城市轨道交通网络，世界范围内绝无仅有，难度可想而知。申通人清醒地认识到，如果把握住了机遇，就能站在城市轨道交通网络化的顶端！当时国内有条件开展大规模城市轨道交通网络建设的城市屈指可数！

在这种背景下，申通集团从自身发展需求出发，以网络化建设理念为核心，与相关企业、高校、科研院所一起联合研究，形成了一批系统性网络化创新成果。

“在国内尚无轨道交通网络化管理经验的背景下，申通集团开创性地提出了上海城市轨道交通的两层管理模式。即在线路层管理机构之上，再构建一个能够协调网络整体运营的网络协调控制中心与应急中心。”毕湘利介绍说。

对轨道交通网络运营进行集中控制和管理，从而提高管理效率。在行业内首次提出了资源共享的理念，以网络规模优势为基础，在主变电站、线路控制中心、车辆基地系统的建设中共享资源，大幅降低工程造价，大幅节约了上海中心城区稀缺的土地资源。

2015 年 12 月 03 日　星期四

南京地铁开启“国货时代”①

滴……刷卡，出闸机，3.8元。

南京大学的王凯同学时常往返仙林和鼓楼新老两个校区，快捷的地铁是他出行第一选择。南京地铁起步价2元可乘坐10公里，10公里以上部分按进程晋级，王凯从仙林新校区站到老校区珠江路站共14站，总长近20公里，单程票价仅为4元，市民卡还优惠2角。南京地铁票价之低，冠领全球。

早在地铁1号线建设过程中，南京地铁就提出“安全可靠，经济实用，服务老百姓，忠实国产化”的发展理念和建设策略，既响应了国家有关城市轨道交通设备国产化方面的文件和规定，鼓励自主创新、集成创新，提升了我国城市轨道交通国产装备技术水平，又降低了运行成本，惠及本地区居民。

宁天城际刷新国产化新纪录

自古长江天堑，将南京划为江北、江南两大块，区域交通极为不便。虽然新中国成立后，长江南京段已先后建成 4 座公路桥和 1 条过江隧道，但是每到上下班高峰和冰雪雨雾等恶劣天气，交通梗阻依然十分严重。

2014 年 8 月 1 日，作为南京青奥会的重点交通配套工程——宁天城际（S8）正式开通运营，南京市长江以北居民通过地铁，将生活圈真正从江北打通到江南，大大缩短了过江时间。

“值得一提的是，宁天城际一期列车的牵引和制动等关键系统都是

① 本文作者为本报驻江苏南京记者张晔、实习生陈佳佳。

完全国产化的。”南京地铁建设有限责任公司副总工程师韦苏来说。

宁天城际是国内一次性建设里程最长的城市轨道交通工程，从2012年6月开工，建设者仅用两年多时间完工，创造了国内轨道交通建设领域的纪录。宁天城际线的整车国产化率刷新了南京地铁纪录，高达94%。

韦苏来介绍说，南京地铁在建设过程中，车辆项目从招标文件开始就明确要求整车国产化率不低于70%，牵引系统国产化率不低于40%，同时须提供相应国产化实施措施及实施方案，从而带动轨道交通车辆国产化率的提高。

近年来，城市地铁事故频发，使得乘客对地铁运行安全问题愈发关注。基于这样的需求，就要确保列车具备足够的故障运行救援能力。

南京地铁通过充分的调研和技术交流，提出一种首创性的方案，在宁天城际列车项目上牵引系统采用3动1拖架控模式，选择适用于本项目的国产牵引部件产品，很好地满足线路运营要求。

中铁电化集团南京公司总经理张永康说，工程采用国内全新地铁技术标准，在国内首次采用B型电动车4辆编组，最高运行时速100公里，是国内首次预留远期开行120公里最高时速条件的城际轨道交通线。

在运营组织上，宁天城际还可以实现列车自动驾驶、自动跟踪等功能。同时实施对全线供电系统设备的运行状况监控、数据采集，实现遥控、遥信、遥测等。

除了列车运行安全更加替乘客考虑外，运营时间也尽量调整以适应客流的高低峰。“早6点到晚7点的运营时间是根据路周边居民出行规律及周边公交的运营时间来确定的。”南京地铁运营公司相关负责人介绍说。

高国产化带来低票价

在2014年年底之前，世界地铁票价最低是北京地铁，其次是南京地铁、墨西哥地铁。自北京地铁票“2元乘坐全程”时代被终结后，南京成为世界地铁票价最便宜的城市。

“地铁是一个庞大的系统，包含各种机电设备、控制系统，分属多个行业，我们通过用户主导创新的方式，提高国产化率，不仅掌握了先进技术，同时也降低造价、打破垄断、便于维护。”南京地铁建设有限责任公司副总工程师韦苏来说。

从1号线项目的零部件全进口，到宁天城际的高国产化率，南京地铁的制动系统、转向架、交流牵引电机、牵引逆变器和辅助逆变器等国产化程度在大幅度提高。如B25型转向架引进之初，大部分的零部件依靠进口，目前除轴承未进行国产化外，转向架上其余零部件均已经实现了国产。

在国产化基础上，为进一步提升相关技术设备的自主化和创新化，宁天城际提出采用国产化牵引控制系统方案。经过与相关供应商的多轮交流磋商，宁天城际车辆配置了具有自主知识产权的架控牵引制动系统，实现了两大核心系统国产化的突破，车辆国产化率首次达到了94.13%。宁天城际、4号线、宁和城际、1号线增购均采用具有自主知识产权的MVB网络，车辆能根据用户的需求更好地完成设计，车辆响应速度更快，能更好地做好维保服务。高国产化，带来地铁的造价的相应降低，地铁票价自然降低。

据介绍，南京地铁在地铁1号线运营第二年，即2006年，在全国就率先实现了运营收支平衡、略有盈余。提高效益除了开源，更要节流。南京地铁集团有限公司副总经理张建平说："南京地铁每公里配备员工只有36人，在全国是配员最低的，节省了人力成本。"此外，南京地铁维修引入新理念，重新编排12个修程，实施了全效修、隔日检，这既节省了人力、设备，还提高了列车运营效率。

2015 年 11 月 21 日　星期六

6 安徽“双核”：即将开启城轨时代[①]

安徽是长三角的新成员。随着为合肥地铁1号线量身定制的0101号列车在南车浦镇公司完成5 000公里“试跑”，苏浙沪皖长三角最后一个省会城市合肥也正式开启了“城轨交通”序幕。0101号整列车将被拆分成6节，最快本月运抵合肥。与此同时，安徽芜湖的轨道交通线网及建设规划环境影响报告书也正式获得国家环保部批复。

合肥：建设一条线、提升一大片

合肥的城市轨道交通建设始于 2007 年。合肥市委、市政府确立大力发展城市轨道交通建设、进一步提高城市承载力的发展思路。

2010 年 7 月，国家发改委正式批复《合肥市城市快速轨道交通建设规划（2009—2016 年）》，建设项目由轨道交通 1、2 号线组成，总长约 56 公里，总投资约 279.29 亿元。其后，2014 年 12 月，国家发改委正式批复《合肥市城市轨道交通近期建设规划（2014—2020 年）》，建设项目由轨道交通 3、4、5 号线组成，总长约 114 公里，总投资约 787.84 亿元。

据合肥“1331”城市总体规划和合肥新一轮的城市轨道交通线网规划，预计合肥市远期规划轨道交通线路将达到 15 条，线路总长约 580 公里。

目前，合肥市轨道交通建设正如火如荼，1、2、3 号线工程全面开工建设。

“轨道交通工程不同于一般的市政基础建设项目。”合肥城市轨道

① 本文作者为本报驻安徽合肥记者吴长锋。

公司总经理姚凯告诉记者，轨道交通工程本身直接涉及轨道、车辆、牵引、供电、通信、信号与控制、综合监控、AFC、机电、人防、消防等27个大专业，各系统接口多达近2万个，且各专业需相互配合、协调，同时工程还需做好与其他交通制式的有效接驳。

“我们始终坚持借鉴与创新并行，着力形成具有合肥特色的轨道交通建设体制、机制和经验。”姚凯告诉记者，合肥在轨道交通建设过程中，将轨道交通建设纳入城市发展大局统筹考虑，确立了“规划建设一条线、整体提升一大片”的规划建设理念，确保轨道交通建设从规划设计到建设运行各阶段，不仅与城市规划发展方向相契合，而且与旧城改造、棚户区、城中村改造、街景整治、道路拓宽、便民服务设施建设等相结合，整体性提升区域交通状况并优化城市面貌和环境。

芜湖：单轨制式成亮点

安徽芜湖市地处长江下游，系安徽省次中心城市，与合肥并称为安徽省“双核”城市。

芜湖市轨道交通建设的谋划工作于2010年启动。受行政区划调整的影响，芜湖市的城市总体规划于2013年上半年方经省政府批准。然而，芜湖城轨规划建设推进得并不慢。

芜湖城轨的线网规划年限和芜湖市总体规划保持一致：远期规划至2030年，远景规划年限为2050年。线网规划由轨道交通市区线和市域线组成：市区线网为5条线路，总长136.97公里；市域线网由4条线路组成，总长146.99公里。

综合考虑芜湖社会经济发展情况、城市财力、客流需求、轨道交通建设强度等因素，芜湖确定了近期建设市区1号线和2号线一期，总长约47公里，总投资匡算约161亿元，至2020年基本形成“十”字形骨架轨道线网。

芜湖市发改委相关负责人告诉记者，经综合比较分析，芜湖考虑采用单轨制式车辆。芜湖做这样选择主要是考虑了几个方面的原因：一是单轨制式运量介于地铁和有轨电车之间，满足芜湖市线网预测客流要求；二是高架比例大，造价相对地铁、轻轨较低；三是单轨制式半径小，能较好地适应道路和地势条件，拆迁量小。“此外，结构构造相对简单，建设周期较短，空间体形小，占地面积较少，对城市景观影响较小；单轨采用胶轮系统，噪声及振动较小，环境影响也小，等等。”

芜湖的思路显现出江南人的务实和精打细算。

网络化、一体化

合肥的市民即将迎来城市轨道交通时代：地铁 1 号线将于明年年底试运行，2 号线将在 2017 年 6 月试运行。此后，合肥将每年力争开工建设一条线，投入运行一条线，快步全面进入轨道交通时代。然而，呈现在合肥市民面前的，不仅仅是城轨。

为了充分发挥轨道交通快速、大容量优势，吸引潜在的客流，合肥轨道交通在近期建设线路上，同步开展了沿线土地利用调整规划和与地面交通的一体化衔接规划。届时，能够完全实现与地面交通系统的无缝换乘，并与周边土地利用一体化发展。

合肥的轨道交通车站均与对外综合交通枢纽衔接：合肥高铁站有 1、4、5 号线经过；合肥火车站有 1、3 号线经过……并在车站附近设置 P+R 停车场，方便居民。优化以轨道交通车站为核心的地面公交、行人、自行车、出租车衔接换乘规划。同时，以 TOD 模式引导城市发展及土地开发，实现轨道交通与城市、土地利用一体化发展。

合肥轨道交通将在每条线之间设置联络线，对车辆、车辆基地、主变电所等一系列资源进行线网共享设置。在车辆选型、土建工程及设备选型安装上充分考虑网络化、一体化，尽量采用统一制式的设备，这样能资源共享，一体化管理。例如车辆均采用 6 辆编组 B 型车，车辆及维修就能实现高度共享。

2015 年 11 月 22 日　星期日

 杭州：聚力打造品质地铁[①]

杭州打造“品质生活之城”离不开“品质地铁”。

2007 年 3 月 28 日，杭州市首条地铁线路开工建设，杭州市民心中有了一个“地铁梦”。如今，杭州人正在享受地铁带来了便捷与安全。目前，杭州已运营地铁 1 号线，试运营地铁 2 号线东南段和 4 号线首通段，运营总里程约 76 千米，日均总客流量约 65 万人次。列车正点率、运行图兑现率均达 99.98%，多项关键指标处于国内领先水平。

走进杭州城，只见地铁施工如火如荼。多条线路正在同时开建！杭州市目前的轨道交通线网规划是 2011 年修编完成的，在该规划中，明确了 2020 年轨道交通线网由 10 条线组成，总长约 375 千米。

轨道交通如何在确保安全运营的同时，努力实现国产化、网络化、自动化？11 月 9 日，杭州地铁集团总经理朱少杰对科技日报记者说，就是要注重科技创新，管理创新，推动轨道交通行业的发展，打造“品质地铁”。

杭州地铁始终将推动国产化、促进创新、节能环保作为己任。在轨道交通的车辆、信号系统等关键环节，不断推动相关产业实现国产化和自主创新。

——在地铁车辆方面：2 号线和 4 号线车辆的牵引系统采用国内厂家自主开发的电气产品，其国产化率达到 80% 以上。车辆的车体、转向架具有完全自主知识产权，车门、空调、贯通道、照明、内装和乘客信息系统都实现了国产化。

——在信号系统方面：杭州地铁 1、2、4 号线信号系统均由众合

① 本文作者为本报驻浙江杭州记者宦建新、通讯员汪利军。

科技实施。通过杭州地铁项目的实施，众合科技不断消化、吸收国外的核心技术，逐步实现了软硬件设计、工程设计和硬件制造的国产化，同时在安装督导、工厂测试、现场调试、集成测试、用户培训和质保服务等方面实现国产化。目前众合科技的第二代 CBTC 系统及其子系统正在杭州地铁 4 号线搭载试运行验证，为下一阶段在国内城市轨道交通新线建设中推广运用创造条件。

——在综合监控方面：杭州地铁 1、2、4 号线综合监控系统均由浙大中控实施。早在 2009 年，浙大中控通过联手美国 GE 公司，第一次在国内中标地铁综合监控系统（杭州地铁 1 号线），当时综合监控系统核心软件平台是 GE 公司的，项目实施主要以外方为主。

浙大中控通过杭州地铁 1 号线项目的配合实施，不断消化、吸收国外的核心技术，并组织科技创新攻关，目前已自行研发出综合监控系统的核心软件平台和各专业系统软件，并通过国家相关权威机构的认证，应用在杭州地铁 4 号线和国内多条线路综合监控系统中，运营情况良好。

——在通信系统方面：杭州地铁 1 号线、2 号线通信系统数字无线集群系统由东方通信总包或集成实施，其在顺利完成杭州地铁项目的基础上，实现了自主产品的系列化，包括 TETRA、PDA 等数字集群系统、终端、车载台等，并获得国家相关核准证书。

杭州地铁努力实现运营管理自动化。隧道感温光纤火灾探测系统保证了隧道安全，电气火灾探测系统保证了供电系统安全，极早期烟雾报警系统解决了车辆段（场）及车站公共区等高大空间火灾报警迟缓的问题。

杭州地铁在控制中心设置了视频整合服务器，实现了运营调度、控制中心大屏和公安视频监控平台对车站和车载情况的实时监控，还实现了紧急模式（如火灾模式）、设备故障（如电梯故障）下的 CCTV 视频自动联动功能。

积极尝试乘客服务网络化。根据移动通信技术的发展，早在 2012 年地铁 1 号线通车时，杭州地铁就在站厅站台、全线区间引入 4G 移动通信无线覆盖系统，成为国内首个实现无线覆盖的地铁。目前杭州地铁全网均已实现 4G 移动网络覆盖，为广大乘客利用 4G 移动上网提供便利。在国内轨道交通行业内率先采用基于 802.11n 技术的宽带车地无线通信系统，实现了华数电视节目在地铁 2 号线车厢的流畅播放，并顺利地将列车上的视频信息传到中心。

杭州地铁开通官方微博、微信，为乘客及时提供地铁服务信息。正在研究实现二维码购票、NFC 手机刷卡等多种票务电子支付功能，把“互联网＋”的优势引入到地铁自动售票系统中。

到 2019 年，杭州将建成包括杭临线、杭富线在内的 7 条轨道交通线路，通车里程达 250 千米；到 2022 年亚运会开幕前，杭州将建成三期规划线路，届时通车里程将达到 400 千米。

朱少杰说，当前国家“十三五”规划即将实施，随着“互联网＋”、云计算、大数据等新兴技术的发展，杭州地铁将以建设“人文地铁、科技地铁、绿色地铁”为宗旨，把握轨道交通发展新趋势、新动向，学习借鉴国内外的成熟经验和先进理念，以“筑就畅行之道，助力品质之城”为使命，以为广大市民提供安全、快捷、舒适的出行服务，在轨道交通建设和运营中继续推进国产化、自主化和网络化。

他说，重点是“四个推进”：推进杭州市轨道交通线网应急指挥中心建设；推进基于 LTE 技术的宽带车地无线通信承载信号、PIS 和广播等综合业务的运用；推进自动售检票系统大数据、“互联网＋”技术的应用；推进机电系统低碳节能环保新技术、新产品的应用。

正如杭州地铁集团董事长邵剑明所说：“杭州是一个品质之城，期望杭州地铁会带给老百姓更加人性化的服务，真正给老百姓带来实惠。”

打造“品质地铁”是杭州地铁集团不懈的追求。

2015 年 11 月 24 日　星期二

8 宁波地铁：城市发展“新动力”①

今年 9 月 26 日，宁波市轨道交通 2 号线一期工程开通试运营。这是宁波市开通的第二条地铁线路。连同去年开通的 1 号线一期工程，目前，宁波已经形成了“十”字骨架、近 50 公里的地铁运营基本网络。

2 号线一期的开通，是宁波地铁网络化格局的开端。

2008 年 8 月，宁波市轨道交通近期建设规划获国家批准，成为全国第二批首个建设规划获批的城市。目前，第一轮建设规划建设项目 1 号线一期、2 号线一期先后通车试运营，1 号线二期工程今年年底将基本建设完成，预计明年上半年正式通车，届时 72 公里的轨道交通将贯穿宁波。第二轮建设规划于 2013 年 11 月获得国家批准，建设周期为 2013 年至 2020 年。

“到 2020 年，我们将全面完成第一、二轮项目建设，建成 1 号线二期、2 号线二期、3 号线一期、4 号线、5 号线一期、宁波至奉化城际铁路，实现运营线网 183.1 公里，轨道交通网络化运营格局基本形成。”站在宁波市地铁布局图前，宁波市轨道交通集团有限公司总经理杨蔚纵谈宁波轨道交通发展布局和十三五规划情况。他说：“到 2030 年远景年，宁波轨道交通线网规划规模将形成“一环七射两快”的远景线网，线路总长约 410 公里，将有效覆盖 420 平方公里的宁波市区范围。”

宁波在建设地铁过程中，技术创新“敢于吃螃蟹”。

2015 年 9 月 30 日，应用于宁波轨道交通 3 号线一期工程类矩形盾

① 本文作者为本报驻浙江杭州记者宦建新、通讯员徐昭。

构机“阳明号”在上海隧道机械分公司研制完成。这个具有多项自主知识产权的巨型盾构机在异型多刀盘全断面切削系统、推进系统、防背土装置等核心技术方面实现了突破，是国内首台类矩形盾构机。

在10月28日的成果专家评审会上，中国科学院院士孙钧等国内外地下工程领域权威专家不吝赞美之词：“宁波轨道交通（地铁）人敢于吃螃蟹的勇气，令人钦佩!”

类矩形盾构机的联合研发，只是宁波地铁管理和技术创新的一个侧面。

宁波属于典型的软土地基，具有高流变性、高灵敏度、低渗透性、低强度特点，是专家眼里公认的全国土质极差的建设地铁的城市。

针对宁波地区软土的特点，在深基坑开挖阶段，宁波地铁以“三图四表”管控方法为基础，精确分解各工序时间，大幅缩短无支撑暴露时间，并辅以“快开挖、重分层、补撑力”三位合一方法，有效控制了基坑施工变形，形成了高流变性软土地层地铁车站基坑修建关键技术，提高了我国淤泥质土层地铁车站基坑施工技术水平。这项关键技术的实施，使宁波市轨道交通1号线一期直接节约工程费用4.8亿元，后续带动间接经济效益2.07亿元，项目成果获浙江省科技进步二等奖。

据了解，这样的专题技术研究在宁波地铁先后开展了60余项，其中“宁波轨道交通混凝土材料耐久性关键技术”等4项成果达到国际先进水平。

轨道交通带给宁波的，不仅仅是交通工具的变化，更推进了城市化的进程。

作为宁波开通的第一条轨道交通线，1号线一期串联城市东西，直接带动高桥、东部新城等城市新板块的发展；即将开通的1号线二期将北仑与市中心连为一体，实现同城化；4号线联系城市南北，对东钱湖、慈城的发展将带来重大的影响，引导人流、物流不断向线路两端集聚。而即将开工的浙江省内第一条城际铁路——宁波至奉化城际列车，则直接将奉化纳入了城市中心区范围。

“围绕宁波‘一核两翼、两带三湾’的现代都市格局和全市城镇化率超过74%的目标，按照‘建设轨道交通就是建设城市、发展轨道交通就是发展经济、运营好轨道交通就是改善民生’的总要求，我们将轨道交通建设主动融入全市发展和城市化进程的大局。”杨蔚说。

建设“智慧地铁”，是宁波地铁的下一个方向。

2015年1月27日，首批轨道交通数字图书馆在泽民站、鼓楼站、樱花公园站3个车站投入使用，宁波由此成为全国首个将“智慧阅读”引入轨道交通的“智慧城市”。今年9月，宁波地铁App正式上线，市民只要点击宁波地铁App，便可以进行线路、到站时刻、周边交通甚至失物招领等查询服务。

宁波市民已经享受到了“智慧地铁”的便利和服务了。宁波轨道交通利用大数据、移动互联、云计算、物联网等先进技术手段，于2014年6月实现1号线一期Wi-Fi全覆盖。同时，宁波智慧地铁公司将公众服务与商业服务相结合，充分挖掘地铁虚拟资源、整合地铁核心资源，让市民可以在“宁波地铁go”微信平台方便购票、查询，体验“线上、线下一体化”的综合服务。

建设宁波“智慧地铁”，对于宁波地铁人而言，是一种方向。今年5月，宁波轨道交通正式提出了建设“智慧地铁”的目标，探索新的地铁运营商业模式。

“我们要把乘客变成顾客，发挥线网、车站的优势，线上线下联动。把车站作为一个大平台，把车站周边的商业、产业和服务都纳入到这个平台来，从而形成‘智慧地铁’生态体系。”杨蔚对科技日报记者说，“尽管才开始启动，但我们有信心!”

展望即将到来的“十三五”，杨蔚说，宁波轨道交通将全面推进规划、建设、运营、开发“四位一体”发展战略，以改革创新的精神推动宁波市轨道交通实现跨越式发展，为提升城乡品质、建设美丽宁波、助推宁波跻身全国大城市第一方阵做出贡献，成为城市发展“新动力”。

2016年01月05日　星期二

9 无锡轨道交通：助推创新型经济快发展①

眼下，民营经济、开放经济持续发展，战略性新兴产业、现代服务业快速崛起的江苏无锡，正在掀起地铁建设的又一轮高潮，全力推动城市轨道交通的大发展，提升城市基础设施现代化水平。

科技日报记者从无锡地铁集团了解到，无锡地铁3号线一期工程可行性报告及初步设计，均已获国家相关部门批准。根据规划，地铁3号线一期工程由苏庙站至机场站，线路全长28.49公里，设车站21座（均为地下站）、车辆段及停车场各1座、主变电站2座，将于2016年上半年启动建设。

业内人士介绍，无锡是继南京、苏州后，在全省第三个跨进地铁时代的省辖市。自2008年12月，经国务院批准，国家发改委正式下文批复《无锡市城市快速轨道交通近期建设规划》以来，已建成并开通地铁1号线、2号线，总长度50多公里，设立站点45座，形成东西向和南北向的“十”字形轨道交通网络骨架。

然而，到过无锡的人都知道，与北京、上海、南京等大城市相比，无锡仅是个“弹丸之地”。近年来，也有人认为，“无锡政府，是在赶‘时髦’，是在‘烧钱’”，此外更有着种种质疑！

那么，无锡城市轨道交通到底是在怎样背景下启动建设？轨道交通基本建设和运行情况如何？城市轨道交通建设给这座城市又带来了什么？

轨道交通破解城市“发展难”

众所周知，地处苏锡常都市圈的中心地带，新长铁路、京沪高速

① 本文作者为本报驻江苏无锡记者过国忠、通讯员范晓艳。

公路交汇点的无锡，既是中国民族工商业的摇篮、中国乡镇企业的重要发祥地，更是长江三角洲地区重要区域性交通枢纽和著名旅游城市。

无锡市区面积有 1 622 平方公里，随着工业化和城市化进程不断加快，城市人口规模不断提高，土地资源日趋紧张，人均耕地远低于联合国粮农组织确定的人均耕地 0.8 亩的警戒线。尤其市区常住人口早超过 400 万，机动车数量以每年 10 万辆的速度增长。

“无锡乡镇工业和民营经济基础好，开放性经济起步早，城市地面道路交通通行能力不足问题日渐突出，而且由于人口和建筑密度逐步加大，土地资源越来越紧张，地面道路建设受到用地短缺的制约，制约了城市的经济和社会发展。”参与无锡市轨道交通规划与建设的地铁集团党委书记徐政说。

无锡市政府清晰地看到，对于苏州、无锡等地，体量和规模都比较大，交通拥堵严重，建设以轨道交通为骨干、立体化多层次的综合交通体系，当然必要。如果不修地铁向下要空间，解决拥堵只是句空话。所以亟须通过发展城市快速轨道交通系统来缓解主城区交通压力。

正是鉴于此，无锡市城市总体规划、综合交通规划和公共交通规划均明确提出要建立以常规公交为主体、轨道交通为骨干的便利的公共交通系统，努力构建与区域中心城市空间、职能、交通特征相适应，交通与用地一体化的，具有国际水准的综合交通运输体系。

“无论是从苏锡常都市圈发展、城市规划布局的实现、城市交通发展的需求，还是城市环境的改善、节约能源来看，以及策应京沪高速铁路、沪宁城际铁路的加快建设，无锡建设城市快速轨道交通系统均具有十分重要的意义。”徐政说。

事实上，几年来，无锡通过配套衔接城市快速轨道交通，通过车站综合交通枢纽的转换，促进了城区客流与对外客流的有效集聚和疏散，实现了城市快速轨道交通与城际轨道交通的分工合作、互为补充，加快提升综合交通运输体系的运行效能。

增强城市核心竞争力和影响力

记者从无锡市政府相关部门了解，至 2050 年，无锡城市快速轨道交通网络将以主城区为核心，由“三主两辅”5 条线构成放射＋环形线网，其中 1、2、3 号线为骨架线路，三线呈放射状，4、5 号线为辅助线路。规划线网总长 157.77 公里，设车站 111 座。

在徐政看来，无锡如此规划与建设城市轨道交通，将无锡城市轨道交通与江苏省沿江城际轨道交通网路、长三角地区城际轨道交通网络有效联通，形成高效的一体化交通运输结构，有利于增强无锡区域交通枢纽地位，引导苏锡常都市圈城镇空间结构形成，引导长江三角洲城市经济带协调发展，增强城市核心竞争力和影响力，确立无锡长江三角洲地区重要中心城市之一地位。

今天，无锡轨道交通呈现出葡萄串效应，起到“四两拨千斤”作用，正在改变着这座中国工商业历史文化名城的发展形态。

站点设计上，把地铁与公共场所“紧密相连”，地铁站点与一些商场、综合体在地下直接相通，地铁与高铁、城际、机场、公交、出租车甚至自行车等其他交通工具无缝对接，实现“零换乘”。

无锡地铁1号线开通后，崇安区在地铁上方规划的楼宇载体超过300万平方米，地下载体面积接近100万平方米，引进了一批国际著名品牌，形成一个立体化的商业构架。

实施创新驱动发展和开放带动战略，走经济国际化之路。这是无锡在加快经济转型中推出的重要举措。“十”字飞奔的“地下巨龙”，不仅拉近了城市的距离，改变了城市产业布局，更提升了人们幸福感，成为连接世界的“绿色通道”。

2015 年 11 月 28 日　星期六

10　奔跑吧，有轨电车[1]

打开手机微信，点击扫描，对准电车上的二维码，“滴……”前后不过几秒钟，就完成刷卡支付，在苏州科技城工作的王璐瑶坐上了平稳舒适的有轨电车，在智能交通系统的护航下，一路奔驰。

11月1日，苏州有轨电车1号线正式提速运行，18公里单程运行时间将从41分钟缩短至38分钟，它用这种独特的方式庆祝自己一周岁生日。

苏州有轨电车1号线开通试运营一年多，不仅有万人试乘轰动一时的火爆场面，更创造出跃然而出的一条千亿元级产业链，苏州高新区抓住建设有轨电车这一民生项目的机遇，打造出国内罕有的有轨电车产业高地。

发展有轨电车要算生态账

“当当……”

随着充满复古味道的鸣笛声，一列颇具现代感的金色有轨电车从苏州高新区管委站始发。车内宽敞可容纳 300 人，行驶平稳毫无颠簸感，宽大的玻璃窗外，就是美丽的苏州风景。

苏州高新区有轨电车 1 号线全长 18 公里，设车站 10 座，是连接苏州高新区中心城区至西部湖滨区生态城、苏州科技城的骨干交通线路。

“为什么不选择建设地铁或快速公交呢？”记者问出了许多普通市民都感到疑惑的问题。

“发展有轨电车不能算小账，而是要算大账。”苏州高新区有轨电车

① 本文作者为本报驻江苏南京记者张晔。

有限公司总经理沈明生说，现代有轨电车具有环保、舒适、经济、智能、快捷、人性化等特点。它与公交车相比，一辆 70 人的公交车，每公里碳排放 45 克，一年的碳排放大约为 60 多万克，而一辆有轨电车的运营能力是一辆公交车的 3 倍，排放量是公交车的 1/10；而与地铁相比，有轨电车的造价低廉，仅为后者的 1/5。

同时，有轨电车行驶过程中噪声非常低。通过设置在太湖大道清山大桥旁的户外分贝记录仪，记者发现电车经过时声音变化不到 1 分贝，远远低于一辆小汽车经过时的噪声。而且不堵车，交通信号灯少，开通运营后，准点率达 98.37%。

同乘一列电车的徐女士告诉记者，有轨电车 1 号线从中心城区延绵至太湖湖畔，沿途是真山真水的生态新城，乘客可“跟着眼睛去旅行”。记者乘坐电车体验，透过车窗，近看路边繁花似锦，远看青山连绵，令人心旷神怡。

据悉，苏州有轨电车 1 号线开通运营的同时，2 号线也已开工建设，并计划建设 6 条线路。它与地铁、公交线路实现无缝对接，形成多层次、多模式的公共交通网络，有轨电车已成为苏州公共交通的新名片，并给苏州人提供了更便捷的绿色出行新选择，成为城市一道靓丽的风景线。

借有轨电车打造千亿轨道产业链

有轨电车的成本有多高？仅苏州 1 号线来说，线路全长 18 公里，项目总投资达到 31 亿元。如果你仅仅把有轨电车看成高投入的民生项目，那么就低估了决策者的谋势布局。

“苏州高新区的目标是围绕有轨电车 1 号线，搭建轨道交通产业平台。未来几年内，高新区将力争打造出千亿元级的轨道交通产业集群。”沈明生说，苏州并不是第一个开通有轨电车的城市，却要做有轨电车产业第一的城市。

在苏州有轨电车建设的同时，国内外一批轨道交通领域的龙头企业陆续赶来施工作业。然而苏州高新区并没有让这些企业单单承建项目，而是逐步展开招商引资工作，吸引这些企业在园区内投资兴业。

据介绍，目前园区内的有轨电车产业的业务范围涵盖投融资、设计、车辆制造、总承包建设、运营咨询、技术研发等多个方面，已经形成了初步的集聚规模和产业链。由清华大学整合优势资源组建而成，在有关票务系统、旅客服务系统方面有着丰富经验的易程股份，已设立 6 家产业化公司，企业产品及解决方案已经应用于中国高铁客运车站近 300 个、国内外列车 400 多列，服务旅客约 6.8 亿人次，年销售收入超过 5 亿元，成为高新区轨道产业链的重要一环。

原南车南京浦镇车辆有限公司、苏州市轨道交通集团有限公司、苏州高新经济发展集团有限公司共同出资在科技城组建苏州南车轨道交通车辆有限公司，并将投资10亿元建设全国第一个有轨电车总装与维保基地项目，进一步助推轨道交通千亿元级产业链的形成。2013年11月13日，科技城迎来了德国企业汉宁卡尔，这是一家全球知名的轨道技术企业，入驻之后，汉宁卡尔将以研发轨道交通信号系统、车辆通信系统、制动系统、轨旁设备、道岔系统等产品为主。

此外，这条轨道交通产业链还包括了专注于提供现代有轨电车系统、通信集成、轨道交通运行控制系统，以及智能交通解决方案的苏州富欣智能交通控制有限公司，以及定位于研发和生产轨道交通通信产品和智能科技产品为主的苏州市赫华智控科技股份有限公司等。

全国第一家有轨电车行业协会也将在苏州高新区成立，目前共吸引43家轨道交通企业参与其中，其中不乏一批国内外总部型、龙头型企业，正在参与自动有轨电车行业标准的制定，填补国内空白。据介绍，高新区内有轨电车相关技术国产化率已达到60%，一台电车价格由进口时的2 000多万元，降至目前的1 800万元，并有望逐步降至1 500万元。

目前全国7个城市正在建设有轨电车项目，而正在设计、规划现代有轨电车线路的城市将近40个。有轨电车的发展热潮，为苏州开拓有轨电车市场提供了巨大商机，千亿元级的轨道交通产业集群离苏州越来越近。

2015 年 11 月 29 日　星期日

11 常州发展轨道交通产业迎来新契机[①]

江苏常州，古城龙城，是国家轨道交通车辆及部件产业基地。

今年 8 月 26 日，中国中车戚墅堰所 CRH380A 第 10 000 套高速动车组齿轮箱驱动装置下线仪式在其轨道交通齿轮箱智能装配中心如期举行，吸引了国内外同行关注的目光。此前，装有戚墅堰所高寒齿轮箱的时速 380 公里高速动车组已经在哈大高铁上安全运行超过 5 万公里。

齿轮箱由齿轮、箱体、轴承及润滑机构等组成，是高铁列车的动力传动装置，负责将电机的动力传送到列车上，让列车实现高速奔跑，是高铁列车核心部件之一。作为高铁列车的关键部件，齿轮箱传动装置就像高铁列车的“风火轮”，正是因为齿轮之间源源不断地把动力传到轮对，才有了高铁风驰电掣般的速度。

在江苏常州中国中车戚墅堰所生产车间，该公司引进的成形磨齿机等一大批国际先进设备，正在做高铁动车组齿轮箱驱动装置等新产品。这是戚墅堰所设计开发的全国仅有的新型轨道式生产线，生产的齿轮箱驱动装置专供高铁列车组。

为打破国外技术的垄断，戚墅堰所在引进国外技术之初就开始了国产化的进程，并进行了技术再创新。目前公司生产的齿轮箱不仅能满足覆盖国内 CRH_2、CRH_3 系列各型动车组，同时也覆盖到城轨、地铁、机车等多种型号车型。

自从 2003 年 10 月，科技部批准在常州成立国家火炬计划常州轨道交通车辆及部件产业基地，常州轨道交通产业经过多年发展集聚，

① 本文作者为本报驻江苏常州记者丁秀玉。

已基本具备了产品研发、配套、制造、商务、物流和整车大修的完整产业链。

目前常州市轨道交通装备及配套企业共 61 家，其中规模以上企业 38 家，亿元以上企业 33 家，形成了中车戚墅堰机车公司、戚墅堰所、新誉集团等一批竞争优势突出的核心企业，产品从牵引传动，到制动转向，门类齐全，品种多达 2 500 余种，基本能实现全产业配套。其中，牵引传动系统占国内市场份额已达 45%以上，内饰产品市场占有率达 65%，车内辅助电器产品市场占有率全国第一，高速铁路电气化设备也处于国内同行业领先水平。

2014 年 11 月，国务院正式批复，同意支持南京、苏州、无锡、常州、镇江 5 个城市的 8 个高新技术产业开发区和苏州工业园区建设苏南国家自主创新示范区。这是继中关村科技园区、东湖高新区、张江高新区和合芜蚌自主创新综合配套改革试验区之后，中国第五个“国家自主创新示范区”。

苏南国家自主创新示范区的诞生，意味着以创新驱动为内核、以一体化发展为特色的“新苏南模式”正式开启。常州轨道交通产业基地正迎来新的发展机遇。

机遇还来自常州市近年来城市轨道交通发展的新规划、新发展。

2012 年 5 月，国务院讨论通过了常州市上报的轨道交通建设规划，国家发改委下达了批复，常州市成为江苏省第 4 个获准建设轨道交通的城市。

常州市位于江苏省南部，属长江三角洲沿海经济开发区。经过新中国成立后几十年的发展，特别是改革开放后的迅速发展，常州市已成为长江三角洲重要的中心城市之一、现代制造业基地及文化旅游名城。

长期以来，常州市委、市政府高度重视和大力实施公交优先战略，极大地改善了广大市民的出行条件。但是，随着城市规模的扩大，人口数量及机动车数量的不断增长，城市交通问题日益突出。轨道交通的规划与建设工作因此得到常州市政府高度重视。

2003 年常州市规划局组织编制了《常州市轨道交通线网规划》，并于 2013 年进行修编。根据常州市城市空间发展方向、城市发展轴线、城市客流走廊的分析，提出了“才+L”的线网结构，按照“轴向主导，网络加密，引导新城，区域对接”的构建策略，共规划设置了 6 条城市轨道交通线路，共 208 km，还预留了与周边城市、外围组团（片区）相衔接的市郊线。规划还研究了线路敷设方式、站点、车辆基地、联络线等方案，明确了轨道交通线位、站位和沿线用地控制的要求。

根据 2010 年 5 月国务院正式批准实施的《长江三角洲地区区域规划》，长江三角洲地区发展的战略定位是：亚太地区重要的国际门户、全球重要的现代服务业和先进制造业中心、具有较强国际竞争力的世界级城市群。发展目标是：到 2015 年，率先实现全面建设小康社会的目标。

常州地处长三角北翼，位于沪宁通道、宁杭通道、苏中苏北与浙皖地区联系通道的交汇处，具有得天独厚的区位优势，在长三角区域发展中有非常重要的地位和作用。为适应区域中心城市的功能，常州市必须拥有便捷的内部交通和对外交通体系，加强与南京、上海及区域内各城市的联系，进一步提高城市综合实力，与区域联动发展。

常州市正在抓住区域交通一体化发展的契机，加快建设城市轨道交通，从而实现常州市的轨道交通与长三角城际轨道交通及京沪高铁等在多处形成“零换乘”对接，并因此成为长三角轨道交通网络的重要组成部分。

2015 年 11 月 01 日　星期日

12 打造轨道交通装备制造新平台

——中车南京浦镇公司跨越式发展探秘（上）

南京浦镇公司是一家成立于1908年的百年企业。从这里走出过中国共产党早期的著名领导人王荷波和南京市第一个中共党小组。公司产品铁路双层客车曾两次获得国家科技进步一等奖；自主研制的系列城市轨道列车广泛应用于南京、上海、杭州等国内城市和印度、中东、南美、北非等国家和地区。

从2004年到2014年，短短10年间，公司年产值从不到10亿元发展到109亿元。企业迅速发展的原因是什么?作为一家百年企业再获新生有何成功的秘诀?

"市场拉动，技术驱动，管理推动。"曾经长期担任南京浦镇公司总经理、现在已经是中国中车股份公司副总裁的楼齐良说，"技术驱动最为关键。而在引进、消化、吸收的同时不忘自主创新，则是南京浦镇公司乃至中国轨道交通装备行业跨越式发展的成功秘钥。"

技术引进的法标化和去法标化

21 世纪初，中国铁路装备行业面临重大改组。部分原铁道部下属骨干企业向城市轨道交通装备制造转型。南京浦镇公司就是一家这样的企业。它在铁路装备行业算得上元老，但在城市轨道交通行业还是个新兵。

2000 年 2 月 18 日，一个特殊的日子。这一天，当时的南京浦镇公司和法国阿尔斯通公司（世界三大轨道交通装备制造商之一）正式联合签署了为上海明珠线一期提供 168 辆地铁车辆的合作生产协议。

为此，公司抓住机遇，集中优势资源，开展了大规模的技术改造。

同时，积极消化、吸收法国先进的地铁车辆制造技术，建成了国内一流的城市轨道车辆生产线。

现在已经是公司副总工程师的黄文杰至今还记得，为了学到真正的城市轨道车辆制造技术，自己两赴法国。

2003 年 4 月，公司成立地铁研究所。黄文杰开始是主管设计师。一年后接任研究所所长。他的主要任务就是带领大家向阿尔斯通公司学习技术。

据黄文杰回忆，当初有一个从“言必阿尔斯通”的法标化到去法标化的过程。“当你什么都不会的时候，老师说什么都是对的。”所以当时一度出现了“言必阿尔斯通”的现象。进入第二阶段，在了解了装备制造技术的原理之后，要学会举一反三，触类旁通。而到了第三阶段，就得学会摆脱老师的束缚。

◆ 南京浦镇公司研制的上海地铁 1 号线列车运行在明珠线上（图片由南京浦镇公司提供）

2001 年 12 月 15 日，上海明珠线地铁车辆全面投产。2004 年 4 月 28 日，明珠线一期 156 辆国产化车辆全部竣工并交付上海用户。这标志着南京浦镇公司已达到初期投资建设目标，而且也标志着该公司已掌握了国际先进地铁车辆的制造技术。

与城市业主拥有同一个“国产化之梦”

城市地铁等轨道交通项目投标一般都要求有工程业绩，在南京浦镇公司生产地铁车辆的早期，与国际大牌公司合作，客观上有利于该公司在国内外承接工程项目。

我国的城市轨道交通事业从 21 世纪初开始进入大发展时期。早期建设的地铁项目，从车辆到主要系统配件基本上依赖从国外进口。但进口设备普遍都有价格昂贵、交货不及时、服务不到位等问题。一些城市业主在地铁建设运营过程中常常受制于人，叫苦不迭。

为此，国家要求所有城市轨道交通工程的车辆和机电设备的国产化率不得低于70%。但是，地铁是一个特殊行业，地铁安全联系着千家万户。作为轨道交通车辆设备供应商，南京浦镇公司的国产化、自主化之梦，与城市业主的切身利益紧密相连。

网络系统是轨道列车的大脑和神经中枢，过去主要从国外进口。南京浦镇公司从2001年就开始网络系统的自主研发和设计生产。到2007年4月，公司已经完全具备了网络系统自主化设计能力。

公司网络开发部的资深专家陈伟霞还记得，先是让深圳的4号线列车顺利跑起来，然后是南京本地的4列车也顺利开通。这4列车从车辆总装到转向架、牵引、制动和网络系统，全部是南京浦镇公司研制生产的，拥有自主知识产权。

城市业主同样在国产化、自主化中获益。由于高度重视通过国产化等有效手段降低建设和运营成本，南京市已建成里程长度位居全国第三的城市轨道交通网，同时在国内城轨交通行业内，较早实现了扭亏为盈。

再续动车组前缘，打造系列产品平台

2013年5月6日，南京浦镇公司首列CRH_6型城际动车组驶出静调厂房，投入批量化生产。此前的2001年11月10日，该公司牵头负责的“先锋号”动力分散型交流传动电动车组完成各项试验，在广深线跑出了时速250公里的当时中国铁路最高试验速度。时下许多人以为动车组技术是2004年后技术引进才有的，此例足以匡谬！

2014年10月31日，使用庞巴迪技术设计生产的现代有轨电车在苏州投入商业运营。这条线路的具有世界先进水平的有轨电车全部由南京浦镇公司生产。

至此，南京浦镇公司已经形成完整的轨道交通装备制造系列产品平台，包含城市轨道车辆、动车组等五大系列主型产品，其中A、B型不锈钢地铁列车、CRH_6型城际动车组和跨座式单轨列车具有行业领先地位，25型铁路客车占据国内60%市场份额，高铁制动系统的市场占有率达到50%以上。

通过多年的引进、消化、吸收和自主创新，该公司的研发和制造实力得到全面提升，成为中国铁路装备制造业的骨干企业和现代城市轨道交通装备的行业龙头。

◆ 南京浦镇公司研制的 CRH_6 城际动车组（图片由南京浦镇公司提供）

2015年11月02日　星期一

13 从精益管理走向工业4.0

——中车南京浦镇公司跨越式发展探秘（下）

20世纪60年代，在美国汽车工业泰勒管理的基础上，日本丰田公司再进一步，提出了基于节约资源、控制质量和节拍生产的“精益管理”(lean production，亦称精益生产)。后经美国麻省理工学院詹姆斯.P.沃麦科教授等人在全球范围内的研究推广，逐渐风行于世。

2010年10月29日，由国务院国资委和有关机构联合主办的第七届中国制造业管理国际论坛如期召开。南京浦镇公司喜获“精益普及”大奖。公司副总经理施青松发表获奖感言：“引进精益管理，4年时间，我们公司的生产效率提高了200%，差错率降低了700%。”

对于精益管理在今天企业的意义，南京浦镇公司总经理李定南说：“市场、技术和管理是企业发展的三驾马车。市场的取得关键靠技术和管理双轮驱动。精益生产是企业‘两化融合’和‘工业4.0’的基础，引入精益管理对浦镇不亚于一场革命。”

“开始引入精益生产，大家一时不知怎么干活了”

精益管理既是一种生产管理方式，也是一种哲学思想，简单来说，精就是节约，益就是效益，以最小的资源（如人力、设备、资金、材料、时间、空间等），创造尽可能多的价值，为客户提供准确及时的服务。

这种管理方式最吸引人的地方，是因为它对企业管理做出的承诺：提高质量，降低成本，缩短交货期。

实施精益管理，一般先在某一个工厂车间试行，在取得信心和经验之后，再推广到其他部门乃至整个企业。并据此对后面的供货商也提出相应的管理要求。

精益管理，就是流水线作业，节拍化生产。简单来说，首先打乱原来的班组制度，试行工作区制。在浦镇，一个车间划成7大工区，每个工区34个工位，每个工位对应固定人员。每个人每天干固定的工作内容，材料有送货车负责配送。

怎么保证东西不送错、质量有保证？从库房的货位、物料、物料包、人、车、工区、工位实行7级条形码管理，每种材料与每个工位、每个员工一一对应。系统通过传感器将人员、时间、空间和物料连在一起，通过物联网实行可追溯的生产流程管理。

◆ 南京浦镇公司研制的轨道交通新产品（图片由南京浦镇公司提供）

每个员工被要求做到5个“S”（其中日语的罗马拼音均以“S”开头）：即常整理（SEIRI，处理掉不必要的）、常整顿（SEITON，打理好必需品）、常清扫（SEISOU，保持工区整洁）、常清洁（SEIKETSU，保持个人良好状态）、常学习（SHITSUKE，按章作业），又被称为“五常法则”。

“过去每个工人自己去库房找物料，大家挤成一团，相互干扰。现在我们看着电视屏幕工作，轻松愉快，工作还不易犯错。”孟亚师傅介绍说。

“引进精益生产，开始车间工人的抵触情绪很大。因为原来大家习惯的作业方式停下来，一时不知道怎么干活了。这样足足有一个星期。”当然，第二、第三个星期就好了。工作效率很快就明显提高。

“精益道场”带来企业生产全链条的管理变革

在浦镇厂区一栋不起眼的楼房内，一个数千平方米的开放式办公区引人瞩目。走廊的学员照片，门口的衣冠镜，墙上的管理口号，提醒人们这是一个学习培训的地方。培训主管付朝阳告诉我们，这就是企业导入精益管理的“黄埔军校”：“精益道场”。

巨大的办公区被划分为几个大的教室，教室门口的墙上标语告诉人们这里培训课程的大概内容："流程制度化，制度表单化，表单信息化"。"信息化与工业化二化融合，实物流与信息流双流同步。"

"精益生产是个新事物，要让大家都接受，怎么办？必须通过管理道场培训。就像当年孙中山通过黄埔军校培养革命军人，毛主席创办农民运动讲习所传播革命理论一样，南京浦镇公司邀请管理咨询专家，为企业开展工艺、设计和管理三方面培训。"付朝阳介绍说。

据了解，培训内容高度实战。车间怎么生产，这里怎么培训。这里的工艺、设计、管理内容与车间工作内容完全一样。工人从这里走出去，在车间工位上重复操作，而且要求不能走样。

离散为主，流程为辅，装配为重点，车辆装备类的生产制造就是将单独的零部件组成最终成品，更多地属于离散型工业生产。过去这类企业的最大问题是标准化程度低，质量无保证，交货期不准时。

实行精益生产，在做到标准化、准时化的同时，质量明显提高。过去一个人负责几十个零部件的组装难免出错，有错误还难以追溯。现在每个工位的上下游相互监督，有问题系统通过手机自动提醒。

在生产车间记者看到，大批机器人已经派上用场，机器人替代工人的结果是生产过程更加标准化、准时化，为进一步实现智能化和网络化的工业 4.0 奠定了基础。

精益生产开始在老厂区试行。老厂区生产铁路上的屯兵车。改革之前全厂一天生产一辆车就不错。精益管理之后，开始一天生产三四辆，现在每天生产十四辆！

去年以来，南京浦镇公司实施"1＋1"工程，就是与浦镇每一个零部件对应的每一个供应商，都要实现精益管理，按照精益标准组织自己的生产与供应，从而实现与浦镇统一的质量标准和生产节拍。

质量提高，交货期提前，市场马上积极回应。上海、苏州等业主主动找上门来要求供货。

自 2004 年到 2014 年，南京浦镇公司经济效益从 10 亿元左右增长到 109 亿元，增长 10 倍，精益生产和管理功不可没！

采访后记：从精益生产到"工业 4.0"还有多远？

制造企业，从早期的人工作业，到后来的工业自动化生产线，再到后来的数字化、信息化，以及现在的智能化和网络化，有人通俗地称之为工业 2.0、工业 3.0

和工业 4.0。

工业 4.0 应该从哪开始？一位德国专家说过："没有精益生产的基础，一上来就搞工业 4.0，那是瞎花钱!"为什么？因为工业 4.0 需要有工业 2.0、工业 3.0 的基础。

◆ 南京浦镇公司至今还保存着 100 多年前的英式厂房（图片由南京浦镇公司提供）

精益生产、精益管理正是工业 4.0 的基础。以南京浦镇公司的轨道车辆生产制造为例，由于有了生产流水线的自动化、配送化、节拍化、标准化，才有了浦镇公司的数字化和信息化，以及部分生产环节的智能化和网络化。

但是记者注意到，尽管该公司已经实现生产管理的高度自动化、节拍化和数字化，但是作为一家典型的工业制造企业，浦镇公司是否已经完全达到工业 4.0 的国际标准？如果还没达到，那么离完全工业 4.0 还有多远？

据介绍，目前该公司生产过程中还有一些环节无法数据化，比如一些总装环节零部件的加工，一些设备和零部件的维护和保养，由于很难通过检测的数据化实现数字化，要达到工业 4.0 的要求还有相当远的距离。

但是看得出，南京浦镇公司，这家从一百年前的旧中国一路走来的大型工业企业，通过引进、消化、吸收和自主创新，通过不断的技术创新和管理创新，正在不断走向新的地平线!

2015年12月04日　星期五

14 轨道交通第一门的创新“门道”（上）

——南京康尼公司国产化、自主化国际化之路

作为世界主要轨道车辆制造商的合作伙伴，南京康尼机电股份有限公司（下称“康尼公司”）生产的轨道交通车门系列产品，已成功进入巴黎、纽约等国际轨道交通市场。

目前这一品牌的地铁车门已经连续多年占有国内市场50%以上的份额，在国际轨道交通车门市场上排名第二，是名副其实的“中国轨道交通车辆第一门”。

“20多年来，康尼公司走的是通过自主创新，成功实现国产化、自主化和国际化的道路。”康尼公司董事长金元贵说。

从进入轨道交通车门行业，到迅速树立品牌占领市场，到一跃成为行业龙头和国际化知名企业，车门企业康尼公司快速发展的“门道”是什么？带着这个问题，记者到南京一探究竟。

从接插件到自动门的行业跨越

20世纪90年代，南京机械技工专科学校不过是当时机械部所属院校中的小弟弟。当时的科研处处长金元贵下海创业选中的第一个产品是学校教学设备中的必需品——电子接插件。

接插件也叫连接器，俗称接头或插座，其拔插次数和接触电阻高低是质量指标。金元贵与伙伴们开发的康尼牌接插件形态各异，种类繁多。其中铁路机车接插件的突出特点是拔插次数可达3 000次以上（一般标准在500次左右），接触电阻可低至50微欧姆（电阻越低越不易烧坏，当时铁道部的电阻标准为800微欧姆）。

当时地方铁路局车辆段的工人师傅们，每天最烦心的事就是频繁更换列车连接器。一列火车一天下来需要更换十几次，劳动强度极大，同时有许多安全隐患。但在使用康尼产品后，几个月可以不用换。为此，当时的铁道部车辆局等部门经过严格检验测试，指定康尼接插件为路内唯一使用产品，从 1995 年 1 月 1 日起全国统一安装使用。

20 世纪 90 年代末，国内干线铁路和城市地铁发展起来，铁路车辆和地铁车辆需求量大。车门作为轨道车辆的重要部件长期以来依靠进口。轨道车辆国产化急需国产车门与之配套。

"康尼公司能生产列车连接器，能不能生产轨道交通车门?"当时的车辆制造商找到康尼公司。

为了改变轨道交通车门长期依靠进口的局面，在当时的国家计委的支持下，康尼公司只用 3 个月的时间就研制出了最早的地铁车门系统，从此与轨道交通结下不解之缘。

从国产化到自主化的创新博弈

康尼公司作为后来者，能否在短期内赶超国际同行，生产出让人刮目相看的轨道交通车门呢?面对国内轨道交通高速发展的重大机遇，和国内市场被进口产品长期垄断的现状，康尼公司决定在消化、吸收进口技术的基础上自主创新。

"从进入行业的第一天起，康尼就在与狼共舞，车门行业的国际化竞争就在家门口。"据康尼公司总裁高文明回忆，康尼公司的国产化始自 20 世纪 90 年代。到 2001 年，穗莞深铁路上列车装的全是国产的康尼自动门，进口产品不见了。

2002 年，康尼公司应客户要求，独创了能经受零下 45 摄氏度低温的"塞拉门防冻装置";2003 年又在地铁自动门的运动、控制、锁闭三大核心技术上实现重大突破，获得了多项发明专利和软件著作权。此后的 2006 年康尼公司自主开发成功"无锁锁闭系统"，更让康尼公司体会到了自主创新的自信。

如今，康尼城市轨道交通车门已安装在北京、上海、广州等国内 60 余条地铁线路上，真正实现了中国轨道交通车门系统的国产化、自主化。

自 2007 年开始，在国内城市轨道交通车门上，康尼车门一直占据一半以上市场，稳坐行业第一把交椅。在动车组内门系统市场，康尼公司已经是主要供应商之一。其高速动车组外门（客室侧门）系统即将进入高铁市场。

小微企业国际化的成功样本

一个当时年产值才几亿元的小微企业，内有同行竞争，外有国外对手打压，国

际化之路怎么走?

2002年，中国南车生产的铁路客车装船运往巴基斯坦，这是康尼生产的铁路客车门系统首次随国产整车出口南亚地区。这是康尼公司最早的国际化。

刘文平，康尼公司副总裁兼轨道交通事业部总经理。他认为，与国内大型车辆制造企业同闯海外市场，可谓“借船出海”，固然难得，但只有与国外主要跨国公司的产品相配套，“与跨国公司一起玩”，“国门”才能真正走向世界。

机会终于来临。2007年法国著名制造商阿尔斯通公司实施“150计划”，在全球招募150家零部件供货商。经过严格审核认可的企业与阿尔斯通一道，按照阿尔斯通的生产和质量标准，联合投资闯市场。

接到邀约的康尼公司认识到这是一个与国际大公司共同发展的机会，从2007年开始，开展了与阿尔斯通连续3年的紧密合作与学习。

2009年阿尔斯通全球采购总裁来到康尼公司，首次与一家中国供货商签下1.5亿元的订单。这意味着，从此康尼公司的车门将伴随车辆制造商进入全世界主要的轨道交通市场。

从此，康尼公司国际化的步伐变得更加稳健。号称全球最大的轨道车辆制造商的庞巴迪公司，甚至主动送来多个亿元订购大单。

迄今为止，康尼公司的地铁车门已经遍布世界各主要国家和城市的地铁工程，号称全球要求最高的法国地铁、中国香港地铁和美国纽约地铁也都用上了康尼公司的产品。

15 轨道交通第一门的创新“门道”（下）

——南京康尼公司实施知识产权战略发展纪实

2012年，南京康尼机电股份有限公司（下称“康尼公司”）通过公司知识产权预警机制发现，一家德国公司在参与土耳其地铁公司竞标的过程中，别有用心地设下专利陷阱，试图阻止康尼公司参与商业竞标。

康尼公司高层立即做出反应，迅速部署研制新产品，避开其专利保护范围。同时向土耳其和其他欧盟国家有关客户提交第三方专利评估报告，在有效避开了竞争对手陷阱的同时，赢得了客户信赖，最终获得单笔1.3亿元的轨道交通车门出口订单。

康尼公司作为目前世界知名的轨道交通车门供应商，拥有国内外专利280多件，其中国内发明专利31件，美国、澳大利亚等国际发明专利8件。

在经济全球化背景之下，知识产权是企业开展国内外市场竞争的利器。由于成功实施自主创新和知识产权战略，作为国际上轨道交通车门行业的后来者，康尼公司在国内外市场一直立于不败之地。

知识产权保护源于自主创新的自信

轨道交通车门是涉及轨道车辆安全性、可靠性的重要组成部分，特别是用于城轨车辆上供乘客上下的自动门，在无人操纵的情况下，频繁进行自动开关，在关闭过程中碰到乘客时需要自动返回，以保护乘客安全并重新关闭。

国内城轨车辆经常处于满负荷运行状态，对门的可靠性和安全性的要求更高。通常情况之下，车门的故障要占到车辆运行故障的一半左右。为了有效降低车门的故障率，一般要求车门平均无故障时间高

达10万小时以上。

在康尼公司进入轨道车辆自动门系统之前，国外公司利用几十年的技术壁垒在车门系统领域已经申请了近700项专利，构建了密不透风的专利保护池，凭借技术垄断带来市场垄断。21世纪初，我国地铁和干线铁路高速发展，轨道交通车门却完全依赖进口，严重影响了我国轨道交通国产化的正常发展。

在此情况下，康尼公司响应国家号召，积极投入推进轨道交通车门国产化的创新进程。为了尽快实现轨道交通车门的国产化，进入行业时间不长的康尼公司在对进口技术进行消化、吸收的基础上进行模仿创新。在尊重国外知识产权的基础上，最大限度地对原有知识产权进行了有效规避，但是在短期内推出的轨道交通车门系统还是不时受到国外公司的侵权投诉。

面对国内轨道交通高速发展的重大机遇，同时为了彻底改变模仿创新带来的被动局面，康尼公司董事长金元贵、高文明等一班人清楚地认识到，必须在引进技术的基础上开展自主创新，同时实施知识产权战略。

实施自主创新和知识产权战略，在康尼公司是“一把手工程”。公司董事长金元贵至今还亲自兼任公司技术中心主任。“只有实施知识产权战略，才能保护好企业的自主创新。”金元贵说。

成功实施专利产业化、标准化和国际化

专利技术的产业化、标准化和国际化是南京康尼公司知识产权战略的核心内容。

技术创新的目的是产业化和商品化。在国家鼓励科技成果转化的产业政策支持下，康尼公司结合自身的研发制造平台，将创新专利迅速转化为产品，占领国内外市场。

由于康尼公司采取应用导向的专利申请策略，保证了所有申请的专利都是为了满足订单要求。多年来康尼公司专利产业化率超过了90%，一直处于国内领先水平。

为了提升行业话语权，康尼公司高度重视专利的标准化。目前，该公司参与制定了《城轨车辆门国家标准》《铁路客车斜拉门行业标准》等8项国家或行业标准。

康尼公司目前是国际三大车辆制造商的供应商，产品质量全部达到阿尔斯通、庞巴迪等国际知名车辆制造企业的列车控制管理系统标准，普遍采用符合IEC61375-1国际标准的列车通信网络；在安全控制技术方面，与EN50126、EN50128等国际安全性标准完全一致。

在专利国际化方面，康尼公司与国外多家专利机构保持长期的合作关系，努力实行对销售市场的知识产权监控，有效保护公司自有的知识产权不受侵犯。

2014 年，在每年一次的德国柏林轨道交通展会召开前夕，公司与德国专利律师事务所积极合作，主动向有管辖权的德国 12 家地方法院发出保护函，确保公司进入德国柏林轨道交通展会。为自主知识产权的产品亮相国际舞台，参与更高层次的市场竞争奠定基础。

建立基于专利数据库的知识产权预警机制

为了保障企业知识产权战略顺利实施，康尼公司建立了目前国内轨道交通车门行业内规模最大的专利数据库，并以此为基础开展国内外行业专利的预警分析。

康尼公司的专利预警分析工作，重点是编写公司主导产品及其行业分析报告，该报告为公司有效规避和破解竞争对手的专利壁垒，准确把握行业技术发展趋势，切实提升研发创新能力提供了大量的数据支持。

该公司 2009 年建立的科技情报数据库平台，包含了与公司主导产品有关的全球专利信息资源，整合了国内外专利、国内外行业标准、国内外科技期刊专业论文等资料信息，共计 53 万条，为公司研发创新提供了有效的信息资源。

康尼公司知识产权保护的成功经验受到国家主管部门的高度关注。国家知识产权局主要领导分别于 2012 年和 2013 年先后到康尼公司考察，表示“像康尼公司这种创新型企业实施知识产权战略、建立知识产权管理体系的经验，值得国内外更多的企业借鉴学习”。

2015 年 12 月 30 日　星期三

16 贯彻长江经济带发展战略　聚焦长三角轨道交通　推进行业与区域协同创新

——“长三角轨道交通创新发展论坛”内容纪要

编者按

长江经济带发展战略是新时期我国经济社会发展的重大战略。依托黄金水道推进长江经济带发展，打造中国经济新的支撑带，是党中央、国务院审时度势，谋划全国经济全局，既针对当前又惠及长远的重大决策。今年以来，本报围绕长三角轨道交通进行了专题策划，精心组织了江苏、上海、浙江和安徽四地的驻地记者团队，走访一线，采访了长三角轨道交通有关城市业主和制造企业，同时开辟了专栏，发表了系列文章，并于 12 月 20 日在南京召开“长三角轨道交通创新发展论坛”。目的在于通过深入行业调查采访，开展产学研用各方的互动交流，促进行业科技进步和区域协同创新，让更多科技成果进入产业循环，发挥引领和创新驱动作用。

贯彻长江经济发展战略　为行业和区域发展建言献策

科技日报社总编辑　刘亚东

科技日报是党和国家在科技领域的重要舆论阵地，长期以来本报高度关注我国行业科技进步和区域协同创新。今年以来，本报围绕长三角轨道交通进行了专题策划，精心组织，派驻地方记者团队，走访了一线，采访了长三角轨道交通有关城市业主和制造企业的负责同志，同时开辟专栏，发表系列文章。目的在于开展产学研用各方的互动交流，促进行业科技进步和区域协同创新，让更多科技成果进入产业循环，发挥引领作用。

◆ 城市轨道交通行业调查采访在南京举办第五次专题论坛活动

长江三角洲城市群是中国经济最发达、城镇化程度最高的地区。中央政府将其定位为亚太地区重要国际门户，全球重要的先进制造业基地，中国率先跻身世界级城市群的地区。长江三角洲城市群包括上海、江苏、浙江、安徽，区域面积 35.44 万平方公里，占国土面积的 3.69%，集中了全国四分之一以上的工业增加值。2014 年 9 月，国务院发布《关于依托黄金水道推动长江经济带发展的指导意见》（下称《意见》），提出发挥长江三角洲地区的辐射引领作用，促进中上游地区有序承接产业转移，提高要素配置效率，激发内生发展活力。《意见》要求，完善长江三角洲城市群城际交通网络，打造以上海为中心，南京、杭州、合肥为副中心，城际铁路为主通道的“多三角、放射状”城际交通网络。至 2020 年，高速铁路和城市轨道交通网络将进一步扩大，长三角将建成一至两小时到达经济圈，覆盖上海、江苏、浙江全境及安徽除亳州以外的 40 个城市。

长江经济带发展战略是新时期我国经济社会发展的重大战略，依托黄金水道推进长江经济带发展，打造中国经济新的支撑带，是党中央、国务院审时度势，谋划全国经济全局，既针对当前又惠及长远的重大决策。另外，目前国务院已经批准规划建设地铁等轨道交通的城市为 39 个，城市轨道交通里程已经超过了 3 173 公里。长三角地区已经批准规划建设城市轨道交通的城市已有 12 个，仅江苏省就有 6 个城市正在规划和筹备建设多种制式的轨道交通线路。其中，上海、南京、杭州等城市已经建成比较完善的城市轨道交通网络。推进长三角城市群轨道交通的创新发展，对于长三角乃至长江经济带发展具有重要意义。

今天，我们邀请有关部门和地方的负责领导，业内专家和有关建设管理部门负责同志进行交流研讨，目的就是要搭建良好的信息咨询和传播平台，通过对长三角协同创新和轨道交通有关问题的深入探讨，将大家的真知灼见汇集起来，推动轨道交通最新科技成果的推广应用，推进长三角轨道交通的创新驱动和协同发展。

◆ 刘亚东总编辑始终支持对轨道交通行业的系列调查采访

信息化、智能化是传统交通向现代交通转型的重要手段

中国智能交通协会理事长　吴忠泽

长三角区域是我国经济发展速度最快、经济总量规模最大、最具有发展潜力的经济板块。面向十三五和今后一个时期，中央确定了区域协同发展、新型城镇化和“两化融合”的国家战略，确定了长江经济带发展战略、京津冀协同发展战略、“一带一路”战略等国家重大战略布局，长三角区域发展被赋予更多的战略任务，对我国现代交通运输系统及其信息化提出了新的更高层次的要求，迫切需要以智能交通为手段提高交通运输的内涵式发展。

信息化、智能化作为推动传统交通向现代交通转型的重要手段，受到世界各国的普遍重视。我国的交通信息化、智能化经过 20 多年的发展，也取得了积极的成效。最近几年，新技术、新需求、新理念为交通信息化和智能化发展注了许多新的内容，物联网、云计算、大数据、车联网、车路协同、电子支付、智能驾驶及众筹、分享等互联网思维，为交通信息化和智能化的提升提供了全新的技术和思路。基于移动互联的交通运营管理和服务新模式不断涌现，交通信息化和智能化正在引导或改变着我们的出行。

目前，国家正在大力推动全民“双创”和“互联网+”行动，“互联网+交通”的建设面临一系列问题，如政府部门掌握的数据如何整合？如何实现数据共享，让拥有先进互联网技术和运营经验的企业充分利用数据服务？互联网、交通运营企业和政府如何建立沟通渠道实现数据共享？移动互联的交通服务新模式如何获得可持续的发展模式？交通企业在“互联网+交通”的发展中，如何发挥自身优势，提升效率，更好满足政府和社会出行者的需求？这些都需要在实践中创新发展去解决。

新闻记者对于行业发展深度调查采访的形式，是新闻工作者践行“走转改”、履行“三贴近”、执行“三严三实”的具体体现，对于以创新科技服务为抓手，探索科技新闻媒体和科技管理部门共同推动行业科技进步和区域协同创新的发展模式具有重要意义，必将在集成各类创新资源，以科技服务为载体，以企业和业主单位为服务对象，打造产学研用的信息交流服务平台，营造良好的创新创业生态局面，起到重要的引领示范作用。

关注互联互通　推进网络优化　提高服务质量

中国城市轨道交通协会副会长　北京交通大学校长　宁　滨

为了支持长三角经济的发展，北京交通大学八年前在镇江建立了轨道交通研究院，主要目的是支持长三角轨道交通的发展。刚才科技日报社的冷博士和刘总编都先后介绍了长三角这些年的发展，北京交通大学在这个过程中可以作为见证人。作为国家经济发展最活跃的地区之一，这几年长三角的轨道交通在区域经济发展中发挥了重要的支撑作用。长三角整个地区在国家轨道交通规划的指导下正在形成比较先进的轨道交通网络。

轨道交通是一种特殊的工具，我们现在讲的轨道交通是指它的全寿命周期和可持续发展，除了建设、运营，还要升级和维护。北京交通大学做的工作有两点应该引起大家的重视。一个就是培养支撑轨道交通发展的人才体系。这些年，交通大学在轨道交通方面，无论在学历教育还是在人才培训方面都做了大量的工作。两周前我专门去了上海和申通洽谈战略合作，包括今天在座的浦镇厂、戚墅堰所都和交大有非常密切的合作。在这种合作中交大发挥的主要作用就是人才培养。另一个就是轨道交通的科技支撑。轨道交通安全控制国家重点实验室和轨道交通运行控制国家智能研究中心都在北京交通大学。这两个国家级科技工程在长三角轨道交通建设运营中都发挥了重要的作用。人才和技术平台的支撑对于长三角轨道交通的可持续发展非常重要，我想北京交通大学很愿意在这方面和在座的各位，在原来合作的基础上继续加强合作。借此机会讲几点意见：

第一，长三角轨道交通网具有支撑区域经济发展和引领经济结构调整的重要作用。在下一步轨道交通网发展过程中，既要考虑网络的覆盖率，更要注重网络的优化。在发达国家的城市中心，在任何一个点周围500米左右都可以找到地铁站，这在上海、北京目前都还做不到。对于城市轨道交通网络下一步的发展，里程的增长和覆盖面当然重要，网络的优化也是一个重要方面。

第二，下一步我们要提高轨道交通服务的质量和内涵。我们已经修了12万公里的铁路。在"十三五"期间，能不能少修1 000公里，把铁路的信息化工作加强一下，把安全管理水平和监管水平提高一些。轨道交通每天的运营要产生大量的数据，这是一个金矿，在一定规则下可以开放。包括长三角在内的轨道网同样如此，信息系统的建设，中间能挖掘出更多的金子来，特别是在提高运输效率、确保安全等方面。

第三，关于互联互通。互联互通包括信号、牵引、车辆的互联互通，对于下一步轨道交通提高效率、降低成本、确保安全都非常重要。现在巴黎、伦敦的地铁都在进行互联互通建设。他们的地铁有一百多年的发展历史，都是一条线一条线独立建设起来的。我们发展轨道交通的时间比较短，此前也是一条线一条线建设，如果我们从现在就开始关注互联互通，将来的建设质量肯定会提高。

江苏正在加快建设国家轨道交通研发制造产业基地

江苏省科技厅副厅长　夏　冰

江苏省委、省政府高度重视科技创新工作，坚持把创新摆在优先发展的战略位置。特别是"十三五"以来，不同时期都将创新驱动发展确定为经济发展的核心战略，把科教与人才强省确立为基础战略，加强整体部署，明确发展重点，落实关键举措，聚集全社会力量深入推进科技创新工程，加快建设创新省份，全面提升科技支撑引领发展的能力。

江苏整体区域发展能力处在全国前列。我汇报几个数字，江苏的研发投入占整个GDP的比重超过2.5%，研发费用总量今年超过1 800亿元。目前我们高新技术产业产值总体上超过了6万亿元，占工业比重已经超过了40%，反映了江苏产业结构层次上的变化。另外，从创新状态上来说，我们江苏万人发明专利的拥有量突破了12件，从原来4件开始一直再往前走。整体科技进步的贡献率达到了60%。我们有两个重要指标，研发占比2.5%，高新技术产业在很多领域超过了40%。

培育新业态、发展新的经济增长点是我们科技创新工作的重中之重。近年来，我们始终把产业创新作为方向，努力突破核心关键技术。特别注重加快科技成果转化和产业化的布局，着力打通从科技强到产业强再到经济强的通道。在轨道交通产业领域，我们江苏在科技部特别是中车集团的支持下，通过一系列的科技专项，从平台建设到重大关键技术的攻关再到重大成果的转化，基本上形成了一个从整车到关键零部件再到控制系统的相对完整的产业链。江苏也正在建设国家重要的轨道交通研发制造产业基地。

努力研制更加人性化、智能化和网络化的轨道交通产品

中国中车股份有限公司总经济师　苗永纯

今年6月1号，中国中车正式对外宣布成立。这必将开启我国轨道交通装备制造业改革和发展的新篇章。中车承担着振兴我国高端制造业的使命，党中央国务院对中车寄予了殷切的期望。十八届五中全会提出了创新、协调、绿色、开放、共享的发展理念，要加快实施"中国制造2025"重大规划。工信部、科技部、发改委把中车作为一个重要企业来支持和帮助。作为深化国企改革的先行者，我们正主动适应经济新常态，探索央企改革发展的新路子。

轨道交通装备产业这一块，除了大家知道的高铁、动车组以外，我们还有一个产品，就是城际动车组，南京浦镇公司就是这个产品的生产单位。在市域车中，有轨电车用得比较多，也有新能源的，还有中低速磁浮。长沙的中低速磁浮线路将在12月26日正式开通，那天正是毛主席的生日。另外，对于长三角轨道交通的发展，中车已经做了布局，主要由南京浦镇公司等企业承担。这个公司历史也比较长，是和津浦线一块建设的。在常州地区我们有戚墅堰机车有限公司和戚墅堰机车研究所。我们在长三角一些城市都有生产基地，如上海、杭州、宁波、温州、合肥和芜湖，都是最近两年布局的，为长三角轨道交通的发展做好了准备。

"十三五"期间南京轨道交通还将投资1 000多亿元

南京市地铁集团总工程师　裴顺鑫

南京地铁自2000年开建第一条线以来，目前已建成运营线路225公里，在建线

路还有 150 公里。“十三五”期间，南京还将投资 1 000 多亿元。到 2020 年，南京地铁的线网可能会突破 500 公里。

南京地铁经过 15 年的发展，积累了一些创新运营的经验和建设方面的成果，借此机会向大家做一简单汇报：

第一，南京地区地质条件非常复杂，工程风险非常大，所以我们在整个地铁 3 号线建设过程中有各种复杂的地貌，沿线多处于高压水层。我们采取了一些非常有效的创新方法，包括冷冻、套管接收等技术，保障了施工安全。我们的 3 号线经过长江的隧道区间长达 3.6 公里，采用这些技术效果非常好。

第二，我们在设备方面也做了很多的创新，比较有代表性的线路如宁天线。车辆由南京浦镇公司提供，首次采用了全部自主知识产权的牵引、制动系统，速度达到每小时 120 公里。

第三，我们创新综合通信网建设思路。南京地铁已经建成了一个骨干网，在下一阶段我们还要学习北京，建设地铁线网中心运营指挥系统，支撑我们未来的互联互通。

第四，在我们 15 年的建设过程中，南京地铁培育了一条完整的产业链。南京的一些知名企业，像浦镇公司、第十四所，还有南瑞、熊猫等，随着南京地铁的建设发展，也逐渐发展壮大起来，现在已经成为轨道交通行业的骨干企业。

轨道交通的区域化发展面临诸多机遇和挑战

国家发改委综合交通研究所主任　刘　斌

上海轨道交通 600 多公里的规划，和北京地铁 500 多公里的规划，都是我们国家城镇化发展规划之前的规划。现在三大城市群轨道交通规划的基础和以前完全不一样了。原来大城市规划五六百公里，中等城市规划二三百公里，一两百万人城市规划一百多公里的规模。这个规模还有很大的提升空间。上海是长三角地区发展得最好的，但是还远远不够，因为城市轨道交通的定位发生了很大的改变，原来的城市轨道交通主要是地铁，主要在城市核心区。现在轨道交通要承担城市中心和卫星城及周边城镇的连接问题，承担城市公交 50% 以上的功能。轨道交通将是城市或者区域交通的基本形式。按照这种模式来考虑，大型城市五六百公里应该说是远远不够的。轨道交通的发展还有很大的空间。可能不久之后，各个大的都市圈、城市带、城市群会有一些轨道交通规划和发展的大变化。

与“十二五”时期比较，现在城际轨道交通（包括城铁）的发展环境和模式已经发生了重大的改变。在铁总成立的时候，基本模式是铁总带着各个省市发展铁路，现在铁总功能划分与以前不一样了。像长三角城市的市郊铁路，城市之间相互连接的城际铁路，以及地铁的延伸线，现在变成了以地方为主，铁总不再带我们玩了。原来是家族老大带着兄弟们一块干事，现在老大干老大的事，地方干地方的事。轨道交通发展方式发生了重大变化。

轨道交通的功能也发生了变化。以前的地铁主要是为城市内部服务，或者是为城市核心区服务。现在城市轨道交通的市郊铁路已经不完全在城市核心区范围内了。比如说上海 11 号线和苏州的 1 号线接上了，城际铁路、市郊铁路已经和地下铁路连接起来了。我们原来设想大铁路是存在于城市之间的，城市内部的属于地铁网络，城市之间的地铁是不相连的。现在这种情况已经完全改变。

长三角城市群的发展和轨道交通的关系问题，也面临新的变化。长三角城市群，严格意义上讲，目前还没有形成，还只是一个城市面积带。如果要形成一个比较成熟的世界级城市群，它的交通量还有几倍的上升空间。现在城市轨道交通要进行跨区域建设，跨区域经营，跨区域规划，而我们原来的城市轨道交通各自画地为牢，以各个城市为界的方式和我们跨区域的建设及一体化发展的模式，会产生剧烈的冲突，将来也会出现我们在公路上常常出现的断头路问题，有些城市愿意建轨道交通，有些城市不愿意建，这样的问题就会很突出。

建设方面存在这样的问题，运营上也存在这样的问题，甚至以后的价格也会出现类似的问题。这将导致城市群内部协调的工作量急剧增加，也会对以后城市轨道交通的发展有一个很大的挑战。城市地铁、城市轨道交通走出了城市核心区以后，面临的发展环境和现有的环境是完全不同的。我觉得长三角轨道交通要发展，姑且认为一体化是一个目标，但是我们要首先实现区域化的发展，或者说是区域化的协调，应该说都有很大的困难。所以我觉得长三角轨道交通发展要有一个制度、规则和管理的创新，否则长三角轨道交通发展会面临很多制约。

描绘长三角轨道交通区域一体化旷世蓝图

中铁第四勘察设计院副总工　何志工

长三角作为一个世界级的城市群，轨道交通的发展是长三角可持续发展非常重要的支撑。与其他的世界级城市群相比，长三角的城市群面积最大，布局、形态呈沿海带状分布。以上海为龙头，除沿海以外，最主要的是沿长江及沿京沪通道、沪杭通道向内陆拓展。

在上海的积极辐射带动下，长三角城市群以南京、杭州、宁波、合肥为二级城市。长三角城市群发展的重要条件是要建立一个比较完善的区域轨道交通网络，以支撑长三角城市群的可持续发展。

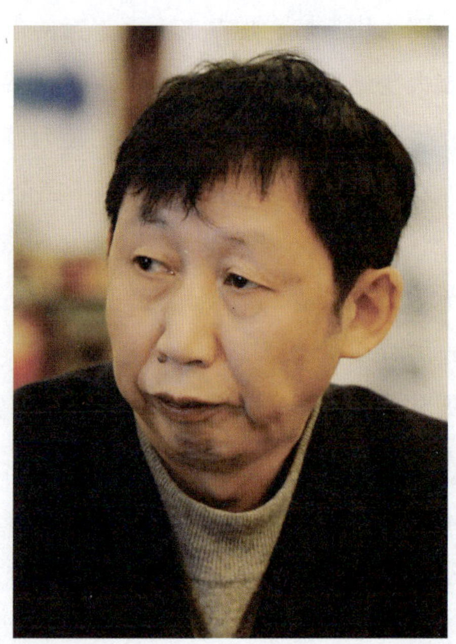

◆ 何志工认为轨道交通发展是长三角可持续发展非常重要的支撑

以高铁、城际铁路为代表的轨道交通，对长三角城市群空间格局的形成，以及区域经济的一体化发挥着重要作用。主要体现在，一是全面提升了长三角地区交通可达性的水平；二是进一步扩大了上海、南京、杭州等都市圈，包括苏南都市圈的影响力；三是推动了长三角区域多中心空间结构的形成。以高铁、城际铁路为代表的轨道交通，对旅客客运量的影响主要体现在两个方面，一是诱发了城市间客流规模的增长；二是诱发客流改变了客运市场的交通结构。长三角地区各种交通方式都很齐全，高速公路网络、水运、航空，在长三角都非常发达的，但由于高铁的参与，更加激发了综合交通运输的活力。

对以后长三角地区轨道交通事业发展提几点建议。第一，长三角高铁网络对一些主要的通道还要进行微调。比如说沪宁通道正在筹划建设南沿江城际线路，在长江的北岸还要建设城际铁路，往安徽延伸的还要建设沪汉蓉长江高铁的通道，等等。

第二，现在长三角地区各个城市的城市轨道交通发展比较迅猛，在大的区域里城际铁路和高铁网络基本成网，但是中间还缺一个我们所说的都市圈内部的小城际铁路，或者叫市域铁路。这样一个层次的轨道交通在长三角还有非常大的发展潜力。比如说我们正在配合江苏省发改委做江苏沿江城市群轨道交通的一些规划，协助浙江省发改委编制浙江省都市圈城际轨道交通线网规划，这都得到了国家发改委的批准。

第三，轨道交通包含三个层次，一是区域性城市专线和高速铁路，二是城市群内部、城市群之间城际轨道交通，三是我们所说的市域铁路，我们也叫都市圈内部的小城市铁路。这三个层次虽然功能和特性都不一样，但还是要紧密联系，互相衔接，才能真正发挥好长三角轨道交通的作用。

应该大力发展磁浮先进轨道交通

深圳地铁公司副总裁　简　炼

首先，讲讲先进轨道交通。十八届五中全会在“轨道交通”前面加了“先进”两个字，我认为是有重大意义的。我们现在面临的是由短缺经济过渡到了供大于求的过剩经济。短缺经济要增加产能，今天到了供大于求的时候，要消化产能，这就要在供应侧做文章了，而不能只在需求侧做文章。产能供应主要在钢铁、水泥、重大装备等方面。我们现在一定要发挥优势，把劣势变成优势，使中国经济走出健康发展的道路，保持国民经济在今后相当一段时间内健康快速的增长。我们的优势产业在哪里？我们最重要的优势产业是什么？美国斯坦福一个研究机构认为，只有轨道交通是中国可以在世界竞争中有一席之地的优势产业。我们应该在优势产业上做文章，要继续巩固发展我们以中国中车为代表的装备制造业。我们的城市轨道交通装备已经出口到几十个国家和地区，高铁出口正在做，我们要以城市轨道交通装备为基础，大踏步往前走。

其次，我们中国的先进轨道交通处于国际领先地位。我们有全世界运营时速500公里的上海高速磁浮，我们的长沙中低速磁浮再过几天即将开通。怎么认识上海的磁浮轨道交通？人用腿走路，车用轮子走路，磁浮是用空间支撑，使交通发生了革命性的变化，比轮轨晚一百多年。如果轮轨是有声电话，磁浮交通就是现在的智能手机，是完全两个时代的产品。上海磁浮是德国人的伟大发明，是中国人的伟大创新。

最后，产业创新是创新驱动的牛鼻子，磁浮交通是供给侧创新的牛鼻子。磁浮轨道交通在国内外都是有效需求的，有利于提高人民的生活水平，在中国潜力巨大，就像罗斯福新政一样。这也是大众创业、万众创新的牛鼻子，如果把这个定位为创新驱动的话，拥有几十万亿元的产业市场，中国就将成为伟大的创新国家。再做轮轨是跟着人家跑，定位做磁浮就走在世界前列。磁浮先进轨道交通是信息化交通，为什么？因为它把腿革走了，把轮子革走了。这种信息化轨道交通有六大优势。第一，更安全了，永远不会掉下来，不会打下来，不会翻车；第二，耐候性特别强，冰雪雷电和十级台风都可以运营，其他交通工具都做不到；第三，建设投资同比少；第四，运营费用更低；第五，时速在200公里以下的时候震动和噪声都非常小，是世界上最安静的交通工具；第六，有利于建设和谐社会，它能爬坡、转小弯，城市拆迁相对容易。

轨道交通的创新发展要以需求为导向

上海申通地铁集团公司技术总监　皇甫小燕

首先，关于上海城市轨道交通网络的现状。上海的运营线路已经是15条，包括高速磁浮。运营线路总长度是577公里，运营车站已有339座，配置车辆突破4 000辆。将来还将再增加700多列，达到8 000辆甚至10 000辆。最高日均客流已经突破1 000万人。从2015年到2025年的新规划正在研制，还要增加2 500公里，增加投资2 000亿元。

其次，关于上海的城市轨道交通创新体系。从1987年上海申通轨道交通集团公司成立至今，公司都在不断地摸索，有很多创新的体会。其中最主要的就是“需求是引导是目标”，创新是一种实现目标的手段，创新必须与需求相结合。

我们创新体系主要分为创新活动和创新保障。首先要进行需求分析研究。那么长的线路那么大的客流情况下，我们进行需求分析，然后开展技术研究，最后将这些技术进行推广应用。关于创新的层次，分为行业的创新、企业的创新、基层的创新三个层次。上海轨道交通是全国里程最长、运营规模最大的，对行业有引领技术进步的责任。针对未来可能面临的宏观性、政策性、普适性问题，要站在行业角度进行创新研究，通过成果推介、标准制定等形式服务行业发展。关于推动企业发展的时效性创新，主要内容是整合网络资源，提高网络效率，优化网络体制，突破企业发展的瓶颈，为轨道交通网络运营管理提供系统性支持，这是我们集团技术中心的主要任务。第三层次的创新是推动一线技术革新的基础性创新。通过在运营生产一线建立创新平台，针对现场问题及时研究和解决，形成人人创新、时时创新、处处创新的创新氛围。

最后，关于不同制式的选择问题。从2005年开始，我们一直在研究上海地铁网络资源的共享和互联互通。车辆的成本很高，包含采购成本、运营成本、维修成本，选择什么制式的车辆一定要科学。我们的体会是制式一定要尽量少一些，尽量形成规模，这样可以大大降低检修成本。我想这也是一个发展趋势。不同的制式选择要经过博弈。目前情况下我认为高冷钢轮轨系统是最好的节能设备，因为运营成本低，维修成本也是低的，是大众产品，产业链很完善。其他制式没有说不可以，包括独轨、线性电机，以及上海 8 号线中量运输系统。对于这些制式，我们也是以需求为导向进行选择的。

现代有轨电车关键是要和既有公共交通有效融合

苏州高新区有轨电车有限公司副总裁　韩建良

江苏省的城市轨道交通，现在有六个城市已经获得批准，有的正在建设或者规划建设。其中三个城市已经开通或者即将开通有轨电车运营。俗话说，鞋合不合脚只有脚知道。一个城市或者一个区域在规划建设城市轨道交通的时候，制式选择是至关重要的。一、二线城市的主城区，由于人口规模和用地的一些情况，可能选择发展地铁，或者其他一些大运量的轨道制式。但是作为三、四线城市，或者一、二线城市的市郊区域，由于人口规模、容量、经济规模的情况，发展现代有轨电车或者是中低运量的轨道交通，是和城市的发展需要相契合的。很多地方的业主常常问我们，在有轨电车和地铁之间，你们为什么选择有轨电车？不同种类的公共交通，有不同的特点和适合发展的区域，科学的规划和建设是城市轨道交通发展应有的遵循。

有轨电车在我国的发展最早是在上海，应该是 19 世纪末，至今已有上百年的历史，目前又进入了一个新的发展阶段。现代有轨电车作为一种中低运量的交通运输工具，目前已经在我国长春、大连、沈阳、苏州、南京、广州等 10 多个城市开通载客运营。江苏淮安、珠海和青岛正在进行前期调试和评审。上海的松江、成都、云南红河、武汉等近 20 个城市正在建设。据有轨电车分会的不完全统计，全国有 116 个城市正在规划和建设有轨电车，预计到 2020 年开工建设将达到 2 500 公里。

苏州高新区有轨电车总共规划了 6 条线路，其定位是高新区内部的骨干公共交通，与地铁线网共同构成层次分明、功能清晰的骨干公交网络。经过两年的建设，1 号线在去年 10 月 26 号正式开通载客运行。2 号线在今年 12 月份正式开工建设，目标是在 2016 年年底或者 2017 年年初建成通车运行。3 号线刚刚进行了初步设计评审，目标是与 2 号线同步建成通车。

市民对于现代有轨电车的速度、准点率和发车间隔比较关注，我们主要做了以下几方面工作：一是保持系统的稳定性，系统稳定才能保证可靠的运营；二是在全线安装了300多个高清摄像头，帮助快速处理路面情况；三是建立了全勤警务化处理模式，有警察在路口帮助引导行人，查处违章行为，对路面异常情况快速处理，让路面回归文明交通。

无锡地铁尚处在规划建设起步阶段

无锡地铁集团公司副总裁　刘书斌

无锡地铁2006年编制线路规划157公里，在去年的7月、12月，我们分别建成1、2号线。目前无锡两条线日客流量20万人次。地级城市怎么建设地铁，怎么保证其可持续发展，包括地铁的网络、制式、编组，是我们正在探索的问题。我们的第二轮建设规划今年年底就要开始了，到明年春节后就开始投建施工。还将连续建设两条线，我们的灵山大佛旅游景点也需要轨道交通的支撑。总之，无锡会在今后的轨道交通建设中进一步做出自己的亮点来，届时欢迎大家到无锡参观指导。

为中等规模城市多制式轨道交通发展保驾护航

中车南京浦镇车辆有限公司副总经济师　赵小文

中车南京浦镇公司自1999年首批获得国家发改委颁发车辆国产化定点资质以来，市场开拓和市场创新一直处于行业的领先地位。近一年来，南京浦镇公司在城轨领域紧跟市场步伐，中运量系统的潜在项目达到了30个，在我们所有跟踪的项目当中已经超过了一半。其中比较典型代表项目有，上海8号线三期全自动旅客捷运系统（APM）项目，今年已经完成招标；深圳8号线二期，正在磁浮和单轨两者中进行比选，近期将开展相关的招标工作。这两个项目都是大城市的辅助加密线类型。

中等规模城市的骨干线方面，典型的有芜湖的1、2号线项目，已经确定采用单轨，最近国家发改委将对这个项目规划进行批复。北方的代表性项目有吉林1号线项目，已经确定使用单轨，也是采用的PPP总包的模式。还有遵义、六盘水及南方的中山市，都对跨座式单轨系统表现出了浓厚的兴趣，处在建设规划论证的阶段，也都倾向于采用PPP的建设方式。重点旅游景区项目，如长白山、大理等也都有这种需求。城市商务区，如北京CBD地区也规划了APM的项目。

通过对这些项目的跟踪，我发现中运量轨道交通有下面三个特征：一是中运量轨道交通系统的建设，近期快速增长。以下三类区域轨道交通建设需求正在快速增长，具体是指大城市的辅助加密线、中等规模城市的骨干线、旅游城市景区线。用户不再单一选择地铁，而是通过各种制式的比选选择最适合当地情况的方式，主要是在单轨和 APM 之间做选择，也有的是在有轨电车和单轨之间做选择，都表现出对中运量轨道交通系统的浓厚兴趣。二是适用制式的技术丰富多样，适用于中运量交通制式的技术种类非常多，有钢轨和轮轨的，也有直流和交流的。不同的供应商之间技术差异性非常大。三是只有选中了车辆设备厂家才能进行详细的设计工作，这就要求车辆设备厂商服务前移，在规划设计阶段与用户进行技术和商务方面的交流，为用户提供完整的系统解决方案。

网络化与互联互通：如何提高城市轨道交通服务质量

重庆轨道交通集团公司原副总工程师　张乃基

高铁、城际铁路把城市之间的时空距离缩短了，重庆到成都的客运专线通车后，一个半小时就到了。城际之间的交通可以这么快，城市里面的轨道交通怎么样呢？我们重庆主城区的面积是 5 478 平方公里，按一个正方形算，边长就是 70 多公里，每一条轨道线的长度就是 40 到 60 公里，按照每小时 35 公里的速度衡量的话，一条线全线贯通也要一个半小时。如果再换乘一两次，每次都要几分钟，那么别人从一个城市到另一个城市只花了一个半小时左右，而你在城区里边到达目的地却要花两个小时，你能接受吗？肯定不能接受。

所以这就提出来一个问题，就是城市轨道交通的服务水平应该怎么样提高。涉及我们大城市、特大城市轨道的设计，轨道快线必须有，不然城市这么大，都是每小时 35 公里的地铁速度，怎样提高城市轨道交通的服务水平？其实，提高服务水平有三个突破点，第一是换乘方便，第二是快速通过，第三是安全准点。

能不能把人的换乘转变为车的跨线运行？当然不可能每一趟车都这样，但是应该有这样的车次。这样乘客就可以不换乘了，这就是跨线运行。我们的目标是城市轨道交通的时速要提高到 40 公里以上，通达郊区的轨道快线，时速要在 60 公里以上。还有一个就是准点。我们现在做到的是准点发车，车什么时候到站没有管控，我们应该把准点发车提升到准点到站，就是按时刻表进行运行。这就要抓网络化设计，把准点的理念贯彻在设计里面。主要抓以下四个方面的工作。第一个就是车辆的通行，第二个就是信号系统的标准化，第三个就是线路的互联互通，第四个就是全网调度系统的构建和调度技术的研究。这四个方面都给落实下来，只有互联互通的网络化运行才能做到。

从“产学研用”到“用产学研”：轨道车辆产品的研发与创新

中车南京浦镇车辆有限公司执行董事总经理　李定南

◆ 李定南领导南京浦镇公司打了个翻身仗

南京浦镇公司作为中国轨道交通的骨干企业，长期以来始终致力于城市轨道交通车辆和城际铁路车辆的研发和制造，经过多年的发展，浦镇公司已经拥有强大的研发平台和雄厚的制造实力，全面掌握了城轨车辆、城际动车组等轨道交通产品的核心技术，形成了城轨车辆、铁路客车、转向架及制动系统核心部件四大关键产品，为中国城市轨道交通发展做出了积极努力，已经成为行业内非常值得信赖的轨道交通产品供应商。

本次论坛主题是探索长三角城市群轨道交通自主创新发展经验，推进我国行业科技进步和区域协同创新。“十二五”期间，浦镇公司抓住国家发展轨道交通产业的有利时机，瞄准国家和集团发展战略，以市场需求为导向，以客户需求为中心，按照节能环保、低碳绿色的总体要求，不断加大自主创新，不断研制出人性化、智能化和网络化的轨道交通产品，为长三角乃至全国城市轨道交通发展做出应有的贡献。

原来我们有个口号叫“产学研用”相结合，现在我们认为应该变一变，应该是“用产学研”。所以我们是从用户的角度出发，围绕绿色环保、智能化和全生命周期三个方面进行自主创新。当前从制造商的角度看创新，主要的关键词是精益管理和工业 4.0。我们有两项创新成果：一是永磁直驱地铁列车，最大的好处就是节能，可以节能 29.6%。二是智能化地铁列车，已经实现全自动无人驾驶。这两者我们都已经实现在线故障预警和诊断。去年我们公司成立了一个新部门，就是工业物流公司。这个公司已经实现智能化无人仓储和按时间、按节拍的物流配送。在此基础上实现功能化的精益管理和生产。目前企业正在向两化融合和工业 4.0 迈进。

自主创新助力康尼公司的国产化、自主化和国际化

南京康尼机电有限公司总裁　高文明

◆ 高文明：康尼车门制造走的是典型的国产化、自主化、国际化道路

作为轨道交通车门系统行业的领先者，康尼公司先后完成了国内铁路客车车门、城轨车门和高铁车门系统的首台套研发，实现了完全的自主化，目前产品已经成功进入纽约、巴黎等欧美发达国家轨道交通市场。康尼品牌的轨道车门已经连续多年占据国内市场 50%以上份额，在国际细分市场位居第二。

20 多年以来，康尼公司以客户需求为导向，通过自主创新实现国产化、自主化和国际化，并努力创建一流企业国际品牌。从进入行业第一天起，康尼公司就在与狼共舞，车门行业的国际化竞争就在家门口。20 世纪 90 年代，铁道部在广东建设时速 160 公里的准高速铁路，所需车门要求实现国产化，康尼公司接手任务用三年时间完全实现了国产化和自主化。2001 年铁路客车上装的全部是国产的自动门，高价进口产品再也不见了。2002 年康尼公司因客户要求，独创了零下 45℃低温的车门，解决了东北、西北冬季列车开门难的问题。2005 年以来，我们在地铁自动门三

大核心技术上实现了突破，获得了多项发明专利和软件著作权。

当年跟随南车生产的铁路客车运往巴基斯坦，这是康尼产品首次出口南亚地区。这是康尼产品的“借船出海”。但是，只有与国外行业巨头的产品相配套，与跨国公司一起玩，才算真正走向世界。2009年阿尔斯通全球采购总裁来康尼公司，双方首次签订了1.5亿元的出口订单，标志着康尼车门进入了全球发达地区的主要轨道交通装备市场。2012年，康尼公司与庞巴迪公司建立战略合作关系，签署了多伦多、纽约、旧金山等多个亿元级出口项目。迄今为止，法国地铁、中国香港地铁、美国地铁都用了康尼的产品，

公司早几年就已经意识到，自主创新如果不与知识产权相配合就不能成为真正具有竞争力的现代制造企业。为此，公司制订了超越型知识产权战略，建立了国内规模最大的轨道交通车门系统专利数据库，主持制定了国标30489等八项国家标准及行业技术规范，荣获中国标准创新贡献奖二等奖。

2016 年 01 月 04 日　星期一

17 记者眼中的长三角轨道交通

——“长三角轨道交通创新发展论坛”侧记

今年是我从事轨道交通行业调查采访的第四个年头。能不能将行业调查采访与促进区域协同创新发展结合起来？这是我去年、今年一直在思考的问题和希望做出的尝试。

要做到这一点，必须与国家有关经济社会发展重大战略进行有机结合。

大风起兮京津冀，风生水起长三角。近年来，随着十八大提出实施创新驱动发展战略，京津冀协同发展、长江经济带、“一带一路”、“中国制造 2025”等一批国家经济发展战略纷纷提出，中国经济社会发展进入创新、协调、绿色、开放、共享的新常态。事实上也为我的尝试和努力创造了可能。

去年年初，习总书记发表著名的“2·26”讲话，此后中央提出了京津冀协同发展战略。去年 9 月，国务院提出实施长江经济带发展战略。从此我就开始关注京津冀和长三角轨道交通，尤其是长三角城市轨道交通的有关情况。

按照国务院颁布的《关于依托黄金水道推动长江经济带发展的指导意见》，长江三角洲城市群作为世界级城市群，正在不断完善城际轨道交通网络，打造以上海为中心，南京、杭州、合肥为副中心，城际铁路为主通道的“多三角、放射状”城际交通网络。建设城市群内中心城市之间及中心城市与周边城市之间 1～2 小时通达的经济圈。据记者采访铁四院何志工副总工等人得知，我国长三角的高铁网和城际铁路网已经达到世界先进水平。

作为这个行业跟踪采访多年的记者，令我最新奇的首先是，2010

年以来，一批长三角城市纷纷进入城市轨道交通的“网络时代”。这些城市包括上海、南京、杭州，甚至还有苏州、宁波、温州这样的二、三线城市。

大上海、大网络、大交通，万里长江龙头起。上海轨道交通的创新发展最为令人印象深刻，这里拥有全国最发达的立体交通和城市轨道交通网。2013 年 10 月 16 日，上海连接苏州昆山的 11 号地铁线路开通运营，标志着长三角城市群从“高铁同城”跨入“地铁同城”新时代。上海申通集团功不可没，其创新发展的经验可圈可点！

2015 年我国第 39 个获准建设城市地铁的城市花落江苏南通。这是江苏省获准建设城市轨道交通的第 6 个城市，此前已有南京、苏州、无锡、常州、徐州，数量位居全国第一！可见江苏省作为中国经济发展的第一军团，其社会事业、民生科技也走在全国前列！

南京以 225 公里的地铁里程，在上海、北京、广州之后，位居全国第四。目前南京地铁是我国除香港地铁之外，少数几个依靠轨道交通运营盈利的业主单位之一。

采访留下的深刻印象之二，是长三角轨道交通在地铁之外还有轨电车、磁浮、单轨车、市域交通，地铁不再是唯一选择。我们的记者在上海、苏州、南京看到的不仅仅是地铁，还有磁浮和有轨电车，在南京浦镇公司看到的更是 A 型车、B 型车、动车组、单轨列车、双层客车、屯兵车、载重车等应有尽有。据说安徽芜湖已经选择了单轨列车作为城市轨道交通的主导制式，这将是重庆单轨之后的又一个单轨交通工程，我们拭目以待。

采访留下的深刻印象之三，是国产化、自主化普遍已经成为长三角轨道交通的主旋律。这里诞生了一批像南京浦镇公司、戚墅堰所、康尼公司、常州今创这样的优秀创新企业，他们的精益管理、数字化生产、工业 4.0 制造在国内处于领先地位。长三角及全国业主单位对国产化、自主化的支持，是我国轨道交通装备制造业良性发展的活水源头。

过去铁道部主管干线铁路，但城市轨道交通的归口管理部门是国家发改委和各省市的对应部门。记得两年前一位负责人在当时科技日报社主办的一个城市轨道交通行业座谈会上说过这样的话，科技日报社主办城市轨道交通行业的会很新鲜，也很有意思（记得不准确，大致这个意思）。言下之意，城市轨道交通不归科技部门主管。针对这一点当时我就在会议开始就做过说明。所以作为 12 月 20 日“长三角轨道交通创新发展论坛”的开场白，我也得既作说明也当抛砖引玉，将我作为记者的以上采访见闻告诉大家。同时我还向与会代表介绍了刚刚在北京召开的“京津冀协同创新与交通一体化高层论坛暨轨道交通互联互通座谈会”，介绍了在南京举办“长三角轨道交通创新发展论坛”的缘起和初衷，介绍了部分与会嘉宾。下面是我“开场白”的部分内容：

“各位手中的这本《风生水起长三角》，是本报今年的又一个大手笔策划：刘亚东总编辑在主要新闻版面开设了‘聚焦长三角轨道交通’专栏，派出本部记者和江苏、上海、浙江、安徽记者站的同事，深入长三角城市群调查采访，历时三个多月，写出采访报道 15 篇，在本报重要版面和中国科技网连续刊登，引起广泛社会关注。为了将对有关行业创新问题的讨论引向深入，在南京浦镇公司、康尼公司等企业的支持下，我们发起了‘长三角轨道交通创新发展论坛’。

“作为科技日报推进行业科技进步和区域协同创新的有效尝试，我们希望通过这种座谈会、论坛的形式（此前我们已经举办过多次），唤起全社会对长三角轨道交通行业科技进步和协同创新成功经验的热情关注，进一步促进长江经济发展战略的贯彻落实，以长三角科技经济创新成就带动长江经济带乃至全国经济科技供给侧结构的改革创新和发展。

“20 多天前，国家发改委基础产业司任虹副司长在科技日报社与北京交通大学联合召开的‘京津冀协同创新与一体化高层论坛’上提出，‘京津冀应该形成网络化布局、智能化管理和一体化服务格局。’我想她的这一观点同样适用于长三角地区乃至整个长江经济带。

“那次论坛由在座的宁滨校长和刘亚东总编辑在北京联合主持，科技部党组成员、科技日报社李平社长，发改委基础司任虹副司长，吴忠泽、国林等老领导，京津冀三地交通部门主要官员，中国工程院杜彦良院士及中国城市轨道交通协会的领导等，300 多人出席。

“今天我们还邀请了国家发改委综合交通研究所的刘斌教授、改革开放前沿阵地深圳地铁集团的简总、重庆轨道交通集团国家互联互通示范工程首席专家仲建华先生等为大家传经授宝！

“今天又是一次群贤毕至的盛会！我好像又在进行一次面对众多领导和专家的集体采访！我等本报记者下面将洗耳恭听各位的高见！

……”

贯彻落实创新驱动发展
积极推进轨道交通行业科技进步

——轨道交通创新发展

文·本报记者 冷

编者按 从2012年到2016年，从信号到单轨到车辆、牵引、制动系统，从国产化到自主化到国际化，从行业科技进步到区域协同创新，从关注创新驱动战略到关注京津冀协同发展战略、长江经济带发展战略到关注"一带一路"战略，城市轨道交通行业专题系列调查采访持续5年时间，先后采访行业主管部门、科技管理部门、中央企业、地方政府和企业、有关专家学者近百人，发稿近百篇近30万字，至今告一段落。在……下，在有关部门和……文摘报先后围绕"……轨交通与城市轨道……国城市轨道交通国……道交通互联互通"……创新发展与'一带……

[illegible]习近平总书记首次提出"一带一路"[illegible]9月10日，北京交通大学[illegible]120周年，为了纪念这两件重要的历史[illegible]科技日报社、科技文摘报与北京交通大学[illegible]"轨道交通创新发展与'一带一路'战略[illegible]轨道交通行业创新发展和国际化的成功实践[illegible]实施"一带一路"战略的实践经[illegible]经济科技合作的成功之路。[illegible]科技日报社总编辑、北京交通大学校[illegible]原铁道部部长、中国工程院院士傅志寰，马来西亚铁路委员会委员长、原外交部长丹斯里·拿督斯里·赛哈密教授，中国城市轨道交通协会装备专业委员会副主任李中浩，深圳地铁集团副总经理简炼，广州地铁集团副总裁刘光武等就中国轨道交通科技创新的理论与实践作了主题演讲。北京大学全球互联互通研究室主任翟崑、国务院发展研究中心对外经济研究部研究室主任罗雨泽、中国中车股份有限公司副总经济师兼投资发展部长梁兵，中国土木工程集团有限公司总经理赵佃龙，亿赞普集团公司高级副总裁黄苏支、北京交控科技有限公司董事长郜春海等围绕中国"一带一路"战略的理论与实践作了主题演讲。

01 我国轨道交通行业企业正在成为国家实施"一带一路"战略的开路先锋

科技日报社总编辑 刘亚东：以读者为本，以科技为源，大力推动"一带一路"战略舆论宣传

[illegible]习近平总书记指出创新是从根本上[illegible]没有创新就没有今天完全自主[illegible]动车组，没有创新就没有城市轨道[illegible]、牵引、制动、网络等系统技术的自主[illegible]

[illegible]习近平总书记访问哈萨克斯坦，在纳[illegible]发表了题为《弘扬人民友谊 共创美好未来》[illegible]为了使欧亚各国经济联系更加紧密，相[illegible]发展空间更加广阔，我们可以用创新的[illegible]共同建设丝绸之路经济带，以点带面，从线到片，[illegible]加强政策沟通、道路联通、贸易畅通、[illegible]2013年10月3日，习近平总书记在印[illegible]提出共同建设21世纪海上丝绸之路[illegible]"一带一路"成为我国经济发展三大战略之[illegible]已经有100多个国家和国际组织参与其中，我们[illegible]签署了共建"一带一路"合作协议，同20[illegible]国际组织也在积极[illegible]金融合作不断深入，一批[illegible]"一带一路"建设从无到[illegible]

[illegible]习近平在北京人民大会堂出席推进[illegible]座谈会并发表重要讲话强调，总结[illegible]政策沟通、设施联通、贸[illegible]、民心相通，聚焦构建互利合作网络、[illegible]携手打造绿色丝绸之路、[illegible]和平丝绸之路，以[illegible]把"一带一路"建设推向前[illegible]习近平就推[illegible]其中之一是要切实[illegible]"一带一路"建设的实实在在成[illegible]理论支撑、话语体系建设。

中国高铁及其铁路建设是实施"一带一路"战略的开路先锋。2016年1月22日，印度尼西亚雅加达至万隆(雅万)高速铁路开工。雅万高铁全长150公里，最高设计时速300公里。铁路建成后，雅加达至万隆的行车时间将由现在的3个多小时缩短至40分钟以内。雅万高铁是中国高速铁路从技术标准、勘察设计、工程施工、装备制造、物资供应，到运营管理、人才培训、沿线综合开发等全方位整体走出去的第一单项目，是中国轨道交通(高铁)行业实施"一带一路"战略的成功实践。至于城市轨道交通(地铁)走出国门更是几十年前的事了。据介绍，中国中车的地铁车辆、载客列车、载重机车等高端装备已经出口遍布全球100多个国家和地区。

这正如本报记者在文章中说的那样"中国汽笛声声，在古老丝路上回荡"，一大批创新成就是"古老丝路上的现代科技文明之光"。我们今天在这里举办轨道交通创新发展与"一带一路"战略论坛，就是要响应习近平总书记的号召，宣传推动和贯彻落实创新驱动发展战略和"一带一路"发展战略，以轨道交通行业创新发展为例，探索实施中国企业走出去，广泛开展科技经济合作的成功之路。

科技日报是承担党和国家科技宣传任务的主要宣传机构，长期以来科技日报以读者为本，科技为源。在铁路和城市轨道交通方面，已持续开展了十多年的宣传报道和行业调查。最近几天，科技日报就轨道交通科技创新与"一带一路"战略已连续刊发了多篇系列文章，引起广泛的社会关注。因此，关注和宣传党中央创新驱动发展战略和"一带一路"战略，我们责无旁贷。

北京交通大学校长 宁滨：服务"一带一路"打好人才培养攻坚战

[illegible]办学资源，探索创新人才培养的新模式。目前，北交大的留学生规模已达到2000人，这其中超过一半以上是"一带一路"沿线国家的留学生。

北京交通大学还充分发挥学科和人才优势打造智库，为各级政府、社会机构、企事业单位提供智力支撑和发展指导。我们成立了丝绸之路研究中心，打造高水平的丝绸之路政策研究和决策咨询团队；与荷兰伊拉斯谟斯大学合作成立"全球供应链和物流研究所"，旨在汇聚全球的一流专家，精准国际供应链与物流管理的研究前沿，为促进沿线国家和地区的互通共荣、互惠共赢发挥积极而应有的作用。

[illegible]欧晓理：[illegible]"钉钉子"精神[illegible]"一带一路"战略实施

[illegible]

支持"一带一路"建设的意愿，我们也已与30多个国家签署了共同推进"一带一路"战略的政府性备忘录或协议，与20多个国家开展了合作。下一步将围绕着重大方向、重点领域、重要国别和重大项目，以"钉钉子"的精神来扎实地开展工作，切实推进规划的实施，争取取得更大的成效。

在刚刚闭幕的G20峰会上，习近平主席代表中国提出了一个倡议，即发起成立全球基础设施的互联互通联盟。

基础设施的互联互通包括了铁路、公路、水路、管路，其中铁路的互联互通是最重要的内容之一。经过这么多年的探索，中国轨道交通取得了令人瞩目的成就，高铁已经成为中国一张亮丽的名片。借助"一带一路"战略的推进，中国轨道交通特别是高铁，将迎来更加广阔的施展空间和更大的舞台。随着中国高铁更多的走出国门，不仅可以大大地缩小世界上各国之间的物理距离，也缩小了不同国家之间的文化距离，因而承担了重要的历史使命。

02 实施创新驱动发展战略，继续保持中国轨道交通行业国际领先地位

原铁道部部长、中国工程院院士 傅志寰：中国高铁的创新之根在中国

2015年，我国高铁已超过19000公里，占世界高铁总长度的60%。高铁对经济社会产生了难以估量的影响，为"一带一路"的战略实施提供了有力的支撑。高速列车穿行神舟大地，成为客运快速增长的强劲动力，同时高铁也显著提升了铁路的装备水平，提供了快速、舒适、准时、规范的服务。目前每天运行的高铁动车有4200列，至今累计运行超过了38亿公里，运载旅客超过50亿人次。高铁已经成为了中国的一张亮丽名片。

有人提出来，高铁的成就究竟从哪里而来？有人说，高铁的成就在于引进，是引进才使我们站在巨人的肩膀上。我认为，高铁工程与引进的关系不大，其主要技术来源是我国的长期创新实践。因为最近三十年来，包括高铁在内的我国新建铁路，没有也不可能有现成的国外经验可以借鉴，桥梁、隧道、铁路之所以能领先世界是自主创新的成果，是依靠中国自己力量建成的。

有一家著名的外国公司说过这样的话，绝不出让核心技术。对于关键技术只要我们稍稍接近最后一层窗户纸，老外就会在上面盖上铁板。实际上，我们真正突破并掌握核心技术是在最近五六年间。现在我们不但摆脱了核心技术受制于人的局面，还实现了产品的自主开发，比如制动系统、网络控制系统等核心技术一个个得到了攻克，取得了重大突破。这些技术在动车组的应用表明，各项关键技术指标是十分优越的，控制系统的软件可以自主编制，意味着我们已经打破了外国公司的垄断，重新构建了国产动车组的平台。这不但将为我们的高铁提供更放心、更经济的产品，也将是中国高铁走向世界的王牌和核心竞争力。

引进是一把双刃剑，如果一个企业具有较深的内功，这叫做借力发力；相反一个企业如果缺乏自身的定力，按照别人的脚本亦步亦趋地跟在后面，拄着拐棍是走不快的。以汽车为例，在合资企业中产品的任何改动都需要得到国外公司的许可，如此一来，中国汽车创造力就受到了严重挤压。然而，我们的铁路是在消化引进技术的同时，不断地开发自己的产品，引进只是促进了我国设计手段的提升，给自主研制创造了有利条件。因此，中国动车组是靠我们自己的智慧打造的现代技术平台。

由此看来，说高铁成就来自于引进，引进才使我们站在巨人的肩膀上的说法，我认为是不恰当的，站不住脚的。假如是那样的话，一旦是巨人撤了，我们就会又掉在地上，变成一个矮子了。然而我们目前已经不是一个矮子，而是一个巨人了。

中国高铁技术创新的根不在国外，而在中国。在引进之前，我们已经有了自己完整的体系与经验，尤其是培养了一批人才。我们铁路机车制造这棵大树已经长大，且根是牢牢扎在中国的土地上。如今，我国能够靠自己的骨头长肉，具备自我造血的创新能力。

那么，创新能力是从何而来？我觉得创新能力是长期积淀的结果，没有积淀的创新能力就是无源之水。事实上从二十世纪六十年代起，我国开发的机车总计生产数万台，产量之大，品种之多，可以说位于世界前列，积累了丰富的经验和教训，这是培育创新的土壤，没有积淀就没有突破。

创新的根基是人才，创新能力是买不到的，创新能力的载体是人，没有人才谈何创新。几十年来，我们在新产品开发中经历了难以数计的失败，使我们自身能力不断得到提升。多年实践告诉我们，不经过挫折和失败，很难培养和造就出专家队伍，专家是最宝贵的财富，也是我们机车工业立足于世界的关键所在。他们大多参与了国产动车组和机车的研发，以及后来的技术引进。如今，这些人才已成为轨道交通各种新产品研发的领军人物。

原铁道部科技司副司长、中国城市轨道交通协会装备委副主任 李中浩：增强原始创新能力 实现轨道交通智能化

今天中国高铁之所以站到世界轨道交通的前列，分了几个发展阶段，1978年到2003年是自力更生阶段，2003年到2008年是引进消化吸收为主，在2008年以后到2011年，是在引进消化吸收的基础上再创新，以380A和380B为代表。在2011年以后我们是完全自主创新为主的，以中国动车组为代表，[illegible]所以截至目前，我们[illegible]

[illegible]地说，我们并不落后于任何一个国家。

我们在轨道交通领域，处在世界的先进行列，但是我们目前还缺乏原始创新的能力，[illegible]

[illegible]

一个是绿色，一个是智能。从绿色的……最好的解释定义是节能，我们有没有可……里面运用各种手段，比如说优化操作，……自动驾驶，在这样的领域里头综合起来……目标，使我们的地铁线路节能15%到20……标是可以做到的，只要始终站在绿色……

03 以用户……积极参……推进国……

广州地铁集团副总裁 刘光武：城轨创新，……

广州地铁是一个很有特色的地铁，在……通领域里，是产业全覆盖的，从设计、勘察、……咨询培训，并且正在承担建设国家的工程……州地铁通过研究开发，推广应用一系列的新……品、新工业，在广州和全国得到很好的发展。……开发的许多产品的依托企业已经成为科技……企业。

围绕"一带一路"战略的实施，他认为，……交通里，我们事实上起到了基础设施的保……在广州地铁，已经建成开通了260公里，201……达到500公里。全国已经有44个城市在建……的投资有1.6万亿。

深圳市地铁集团有限公司副……：创新带路 ……

"一带一路"是新时期国家的"走出去"……符合"创新、协调、绿色、开放、共享"五大发……此，"一带一路"战略的实施要树立创新引领……的理念，要拥有将中国创新的好东西拿出去……作分享的思想境界。

创新跟技术发明的不同之处在于价值……议国家组建联合舰队式的平台公司或机构……"一带一路"的主体，用田忌赛马的方式选……导创新发展。

这里有一个词叫"创新家"，创新家不……概念。全球最大的创新家是谁？我认为应……国领袖或政治家。1983年，里根总统决策"……划"，这是最大的原始创新项目。到今天为……经花了1万亿美金还在继续做。这个创新……带来了什么呢？带来了信息化革命，带来……GPS全球定位系统。这说明提出项目本身……项目才能创新，而不是先有原始积累再去……是以创新家为主导的创新项目。所以，我认……

北京交控科技有限公司董事……：用户需求推动轨道……

一直以来，轨道交通技术和产品的发……户需求作为推动和牵引。比如城市轨道……行控制系统从基于轨道电路的固定闭塞……于通信的移动闭塞系统(CBTC)，及全自……[illegible]

战略和“一带一路”战略 引领中国企业“全产业链”走出去

“一带一路”战略论坛纪要

恕　摄影 周维海

报编委会的大力支持，科技日报及其科技轨道交通国产化”“单发展”“创新驱动与中津冀交通一体化与轨创新发展”“轨道交通重大专题召开了六次座谈会或论坛，目的是希望通过调查采访改革开放以来，我国城市轨道交通行业科技创新发展历程、重大成就和经验教训，为正处于方兴未艾的我国城市轨道交通及其装备制造业的科学发展提供经验和借鉴，同时为科技媒体贯彻落实创新驱动发展战略、服务社会经济发展需求、推进行业科技进步与区域协同创新作出探索和尝试。敬请关注。

地思考这些问题，使得我们继续站在领，我们国家的卫星技术，高铁技术，通是领先地位，经过调研，可以覆盖全国域，如果我们能够充分利用这些技术，的列车更加智能化，那我相信我们是可持轨道交通的领先地位的。

行业技术创新，准制定，道的建设

04 实施“一带一路”战略，轨道交通需要探索中国模式，带动中国企业“全产业链”走出去

国务院发展研究中心对外经济研究部研究室主任、研究员 罗雨泽：

轨道交通“走出去”参与“一带一路”建设需要探索中国模式

轨道交通在“一带一路”建设中有很重要的地位和作用。我们主导建立的金融机构，亚投行和丝路基金的第一个项目，都是在基础设施领域，而轨道交通更是占了半壁江山。据有关数据报道，“一带一路”与高铁、轨道交通相关的大概是6.23万公里里程数，占全球高铁建设里程数的四分之一，与“一带一路”相关的建设，占中国整个海外和高铁建设里程的超过四分之三，所以“一带一路”的轨道交通也是我们高铁走出去的重中之重。

轨道交通为什么重要，第一个是快速、大容量、准时。第二点是产业关联度非常强。第三是符合城镇化的一个主题趋势，它的需求不断地在提升。第四是我们的性价比比较高，有竞争优势。我们知道世界上绝大多数高铁，都是亏损的。但是我觉得中国具备高铁盈利的条件，目前已有这样的先例，香港的地铁是盈利的，有很强的启发意义，通过一定方式内部化。

我们的工业系统，包括产业经济开发区，具有开发的能力，在产业能力，建设能力方面，我们是非常突出的。另外一个方面，“一带一路”相关的国家，处于工业化的早期阶段，所谓整体化的开发模式是适用的。不光包括建设还包括经济区的建设，包括社区的规划，商业的开发，一系列的，这样做的好处就是能把一些外部的收益内部化，可以使企业盈利。

中国土木工程集团总经理、党委副书记 赵佃龙：

实施“一带一路”战略，带动中国铁路“全产业链”走出去

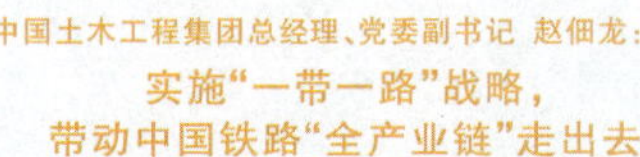

对于从事海外经营的企业来说，当下创新的概念，从战术层面就是运作模式的创新。随着国际形势的不断变化，基础设施项目的运作模式出现了巨大转变。以PPP模式为代表的集投融资、设计、建设、运营、维护为一体的项目运作模式逐渐成为国际主流。对铁路、轨道交通基础设施有巨大需求的“一带一路”沿线国家，希望企业能提供一揽子的全产业链集成服务，这将是企业运作海外项目的核心竞争力。我们站在PPP模式的创新角度上，更加注重项目前端策划，为缺乏技术的市场做好路网规划；更加注重后端服务，主导长期运营和维护等工作。也就是说，从单纯的承包商转变为投资商、运营商、服务商。

我们运作的埃塞-吉布提铁路项目，就是一个成功的典型。前期注重项目线路的规划、融资策划等工作，打破过去只做承包商的观念。后期获得项目的运营权，占10%股份，带动中国铁路“全产业链”走出去。这是中国企业在海外第一次采用包括运营维护在内的全套“中国标准和技术体系”修建的跨国电气化铁路项目，是新时期的“坦赞铁路”。

我们在创新模式的转变过程中，也与各方协作联动，形成合力。企业在前方搞好经营，拿到项目，国内后方有坚实的校企合作，实现产学研联动。中国铁建与北京交大创办了“3+1”海外项目经理试点培训班，已有21名毕业生完成学业，奔赴海外一线，开始工作。通过企业牵线搭桥，北京交大先后与阿尔及利亚、肯尼亚、刚果布、沙特等国高等学府共商轨道交通联合办学和专业人才培养机制，通过“两校一企”三方合作实现共赢。以轨道交通为主的基础设施互联互通是“一带一路”建设的优先领域，海外的这个舞台前景广阔，大有可为。

05 设立“五通指数”，铺设“丝路驿站”，推进“一带一路”沿线国家基础设施互联互通

北京大学全球互联互通研究中心主任、教授 翟崑：

设立“五通指数”，推进“一带一路”沿线国家基础设施互联互通

我们都知道，所谓“五通”是指政策、基础设施、贸易、金融和民心的相通。所谓“五通指数”就是围绕这五个内容建立的指标体系。以设施联通为例，其二级指标是指交通设施、通信设施、能源设施三个指标，其二级指标中交通设施又包含物流绩效指数、是否与中国直航、与中国铁路联通、与中国海路联通四个指标，等等。……

……基斯坦、印度等39国。

为进一步提高“五通指数”，推进与沿线国家的互联互通，我国有关部门和机构应该积极……

中国中车副总经济师兼投资部部长 梁兵：

抓住“一带一路”机遇，实现连接世界梦想

2015年9月28日，中车集团正式成立。中国中车的组建，是世界轨道交通装备行业的里程碑事件，也是我国深化国有企业改革的标志性成果，对于落实国家“走出去”战略，做优做大国有企业，打造世界一流跨国集团，增强我国高端装备核心竞争力，具有十分重大的意义和示范作用。

中国中车是全球规模最大、品种最全、技术领先的轨道交通装备供应商。现有51家全资和控股子公司，2015年实现营业收入2437亿元，总资产3281亿元，位列财富世界500强第266位。中国中车积极落实国家“一带一路”战略，出口产品实现从中低端到高端的升级，出口市场从亚非拉到欧美的飞跃，实现从产品走出去到产能走进去的拓展。产品现已出口全球六大洲上百个国家和地区。2015年国际市场签约额58亿美元，实现营业收入266亿元人民币，分别是2010年的3倍、3.88倍。截至2015年底，……

亿赞普集团公司高级副总裁 黄苏支：

全球铺设“丝路驿站”，推动“一带一路”战略实施

亿赞普公司旗下有三大板块：金融板块、全球港口联盟、丝路驿站。我们在“一带一路”沿线国家，铺设的“丝路驿站”，主要由以下几个部分组成：通关、通汇、通信息。以上三通都在园区中实现。

“通关”，是指在企业的商船进港之前，提前给你完成通关和报关的手续。通关平台的价值非常大，以前的中国货船，在海外通关至少要3到15个工作日，这样导致企业的成本增加，货款回笼的速度慢。通过这样的连接平台，实现当天清算和通关。它的关键是亿赞普连接了全球23个国家港口的海关报关平台，通过格式的转换，可以达到一站式报关。

近几年来，从传统的大宗的贸易结算来说，基本上全球的贸易都是以美元作为基本的结算货币。对于中国，尤其在“一带一路”的国家，我们投资和贸易，其实有一个最关……

06 欢迎中国的创新技术和投资基金 中国实施“一带一路”战略将惠及沿线国家和人民

马来西亚陆路委员会委员长、原外交部长 丹斯里·拿督斯里·赛哈密：

创新的核心在于技术提升和改进

轨道交通科技的发展给人们生活带来了巨大的改变：从原来每小时100公里，到现在时速可以和飞机媲美；从原来的蒸汽机车，到现在的动车组，这些移动的动力平台能够搭载高铁列车，一方面帮助乘客从一点到达另外一点，实现高速的客运和货运，同时也给经济、政治以及其他方面带来了巨大的改变。

有人认为，科学技术的发展和创新是同步的，然而，在我看来是有差别的。我觉得技术是物理体系的一个部分，技术进步是对物理系统部件的提升，但是创新的核心在于技术提升和改进，包括如何创新地使用技术，让它能够使整个体制和体系受益。

以列车为例，5年前，马来西亚与中国的贸易总额是742亿美元，而在2015年就提升到了975亿美元，5年之内实现了33%的增长，这其中95%都是经过海运来运输的。……

巴基斯坦驻华大使 马苏德·哈利德：

积极推进中巴经济走廊战略 共同建造中巴利益共同体

巴基斯坦与中国是战略合作伙伴，这一关系是基于两国互信以及长久的友谊。随着中巴经济走廊合作项目的实施，两国关系又迈上了一个新台阶。

中巴经济走廊战略是习近平主席提出的“一带一路”战略的一个旗舰项目，中巴经济走廊建成后，将会……

第六篇　中国汽笛声回荡新丝路

——轨道交通与“一带一路”战略专题调查

过去这三年里，我们制定了“一带一路”战略规划，同时发布了“一带一路”愿景与行动。目前已有 100 多个国家和国际组织表达了参与和支持“一带一路”建设的意愿，我们也已与 30 多个国家签署了共同推进“一带一路”战略的政府性备忘录或协议，与 20 多个国家开展了合作。下一步将围绕着重大方向、重点领域、重要国别和重大项目，以“钉钉子”的精神来扎实地开展工作，切实推进规划的实施，争取取得更大的成效。

——国家发展改革委西部开发司巡视员　欧晓理

铁路是中巴合作的亮点。目前巴基斯坦在建铁路网的三分之二具有商业价值，并有很多战略性的管线。跟公路相比，巴基斯坦铁路的运营网络亟待更新改造，急需提升铁路基础设施的建设水平，希望中国在巴企业能够扮演好协助巴基斯坦铁路建设的历史性角色，为巴基斯坦国家的经济发展和更高质量的运输服务做出贡献。

——巴基斯坦驻华大使　马苏德·哈利德

引子

路，因为有人走，才有的路；因为有人修，才有了更好走的路。

修桥补路，被用来指称做好事。如果有人以此为职业，此人应该受人赞誉和崇敬。

2000年前西汉人张骞出使西域，开辟丝绸之路，连通中原王朝与西域多个国家；600年前明代郑和下西洋，遍访亚洲、非洲30多个国家和地区，传播了中华文明，促进了经贸发展和文明进步，建立和巩固了海上丝绸之路。

要想富，先修路。近代中国人正是有感于此，以盛宣怀、王文昭、詹天佑等人开启教育救国、工业救国、交通救国运动，中国近代铁路的修建和交通系统高等教育的开设是中国近代工业文明的开始。

当今中国作为世界第二大经济体，秉承“人类命运共同体”理念，实施“一带一路”（丝绸之路经济带和海上丝绸之路）战略，就是要进一步巩固和发展中国与沿线国家和地区的经济贸易和文明交流，通过大力推进“政策沟通”“设施联通”“贸易畅通”“资金融通”“民心相通”（俗称“五通”），以中国经济发展的巨大动能促进沿线国家经济社会发展和人民的共同福祉。

在此战略实施过程中，中国的铁路和城市轨道交通装备制造和建设大军走在前列。2014年7月25日，在土耳其政府高官见证下，由中国企业参与建设的安卡拉至伊斯坦布尔高铁线路正式开通运营，成为我国企业参与建成“一带一路”沿线国家的首条高铁线路。

如今在“一带一路”沿线上，印尼雅万高铁、中泰铁路、中老铁路、匈塞铁路、俄罗斯莫喀高铁等一批重要铁路工程正在开工建设或密集推动，中国高铁“跑上”连通欧亚的古老丝路也许为期不远。

在这条战线上，中铁、中车、中铁建等一批央企，作为“共和国长子”和国家队中的精英，立下汗马功劳！

2016 年 9 月 10 日，我国高等教育系统中有东方“加州大学系统”之称的五大“交通大学”之一——北京交通大学建校 120 周年。

为了帮助广大读者更好地了解我国“一带一路”战略实施的情况，了解和总结我国一批企业在实施走出去战略中的成功实践，本人联合科技日报多名业内著名的记者，以“轨道交通与‘一带一路’战略”为题做了采访，并写出系列报道。刊发之后，又联合北京交通大学举办了“轨道交通创新发展与‘一带一路’战略高层论坛”，以纪念这所著名大学在中国近现代高等教育和交通事业做出的杰出贡献。

核心提示

高铁的成就从哪里而来？高铁工程技术与引进有关系但是关系不大，其主要技术来源是我国的长期的实践，因为最近三十年来，包括高铁在内的我国新建铁路，多于发达国家的总和，没有也不可能有现成的国外经验可以借鉴，桥梁、隧道、铁路之所以领先世界，是创新的成果，是依靠自己力量建成的。

高铁之所以站到世界轨道交通的前列，是分了几个阶段，1978 年到 2003 年是自力更生阶段，2003 年到 2008 年是以引进、消化、吸收为主，2008 年到 2011 年，我们是在引进、消化、吸收的基础上再创新，以 CRH380A 和 CRH380B 为代表。在 2011 年以后我们是以自主创新为主，以中国动车组为代表。

到今天为止，我们可以很自豪地说，我们拥有自己的技术并且站在了世界轨道交通装备制造的前列，在城市轨道交通方面，通过十几年的发展，是以国产化率作为一个主要的杠杆和抓手。在牵引控制系统、自动系统、信号系统方面，到目前为止，我们也可以很自豪地说，我们并不落后于任何一个国家。

实施“一带一路”战略，走向国际的城市轨道交通和高铁都将采取中国技术和中国标准，以中国经验、中国创新成果作为国际经济科技合作的基础，直接带来的是中国高端技术装备、旺盛产能的输出和沿线国家经济的发展。

2016 年 09 月 04 日　星期日

1 古老丝路上的现代科技文明之光

——写在"轨道交通创新发展与'一带一路'战略论坛"召开前夕

2016年9月的北京，秋高气爽，北京交通大学迎来120周年校庆。作为我国以"交通"命名的几所重要大学之一，轨道交通是北交大最重要的优势学科，在国内外享有盛誉。9月8日，该校与本报将联合举办"轨道交通创新发展与'一带一路'战略论坛"。

"一带一路"作为中国的国家战略，使得过去古老的地理概念"一带一路"因此焕发出巨大的生机，而科技引领国际合作成为其中的主旋律。

中欧班列的现实与遐想

9 月 1 日上午 10 时，一列装满广货的中欧班列通过满洲里驶出国境，再过 11 天将抵达俄罗斯的卡卢加州沃尔西诺。

这列印有"中欧班列"统一标识的集装箱国际货运班列，于 8 月 28 日 9 时 56 分，从广州大浪货站开出，全程将行驶 11 500 公里。

这列以我国多个城市为起点的中欧、中亚国际班列，途经的大片区域正是 2000 年前西汉张骞开辟的古老丝绸之路。不过 21 世纪的今天，途经这个区域的货运工具不再是骆驼和马匹，而是一列列拥有移山填海"洪荒之力"的国际集装箱货运班列。

国家发改委认为，中欧班列在中国扩大改革开放和"一带一路"战略实施中发挥重要作用。而媒体则称之为"一带一路"的火车头。据铁路总公司的消息，中欧班列一般里程都在一万公里以上，日均运行 1 300 公里，到达欧洲一般都要 12 天以上。

8 月 15 日，中国自主知识产权的标准动车组 G8041 次列车驶出大连北站开往沈阳，首次载客运行。如果中欧班列开行的是以每小时 300

至350公里的中国标准动车组会出现什么情况？中欧之间万里之遥的里程两天即可到达！

比起过去茶马古道和丝绸之路上的马匹和骆驼，未来驰骋在万里新丝路上的中国高铁列车，拥有一颗颗激越奔驰的科技“心脏”（动车牵引电机）。

建设轨道上的现代丝绸之路

“一带一路”贯穿亚欧非大陆，一头是活跃的东亚经济圈，一头是发达的欧洲经济圈，中间广大腹地国家经济发展潜力巨大。

要想富，先修路。为了进一步沟通中欧、亚欧经济发展的命脉，中国大力推进沿线国家的基础设施建设，中铁、中铁建等中央企业成为打通“一带一路”发展通道的“开路先锋”。

2014年7月25日，在土耳其政府高官见证下，由中国企业参与建设的安卡拉至伊斯坦布尔高铁线路正式开通运营，成为我国企业参与建成“一带一路”沿线国家的首条高铁线路。

如今在“一带一路”沿线上，印尼雅万高铁、中泰铁路、中老铁路、匈塞铁路、俄罗斯莫喀高铁等一批重要铁路工程正在开工建设或密集推动，中国高铁“跑上”连通欧亚的古老丝路也许为期不远。

据轨道交通业界权威人士透露，围绕“一带一路”，目前我国还在大力推动修建欧亚高铁、中亚高铁、泛亚高铁和中俄加美高铁四大国际高铁线路。

其中前三大线路正在加紧开展国际合作洽谈和设计建造，国内部分均已开工兴建。

跨国高铁都将采取中国技术和中国标准，以中国经验、中国创新成果作为国际经济科技合作的基础，直接带来的是中国高端技术装备、旺盛产能的输出和沿线国家经济的发展。

只有中俄加美高铁尚在商讨之中。这条理想中的高铁线路从东北出发一路往北，经西伯利亚抵达白令海峡，以修建隧道的方式穿过太平洋，抵达阿拉斯加，再从阿拉斯加去往加拿大，最终抵达美国。

基于大数据的网上“丝路驿站”

“一带一路”战略的合作重点是“政策沟通”“设施联通”“贸易畅通”“资金融通”“民心相通”。在全球化和互联网背景下，“贸易畅通”“资金融通”需要借助大数据和云技术等现代科技。

跨境电商是时下最通行的国际商贸形式。我国的跨境电商如阿里巴巴、8848、海尔等，特色不同，应有尽有。作为一家民营企业，亿赞公司普基于大数据技术的网上“丝路驿站”独具特色。

根据来自亿赞普公司新闻官的消息，9 月 5 日，亿赞普公司在立陶宛开设的银行卡组织业务将正式开业，从此立陶宛货币立特（LITAS）和人民币之间可以直接兑换。

跨境支付清算与金融服务是亿赞普公司“丝路驿站”的五大主要内容之一。“丝路驿站”是亿赞普公司在全世界多个国家和地区开设的服务网点，服务内容包括面向区域的商品展示、面向自贸区的保税出口加工、跨境支付清算与金融服务、输出标准化的电子清关服务系统、部署大数据“经济雷达”和营销网络。

就像中国古代的客商可以在交通驿站得到休息、打尖和服务，今天行走世界的各色商人在“丝路驿站”可以得到上述五个方面的专业服务。

有关专家认为“一带一路”战略的实施，关键是要做好“通”字的文章。其中“贸易畅通”是要实现投资贸易便利化、消除投资和贸易壁垒。“资金融通”重点在于货币金融体系建设与金融监管合作。

如果说中欧班列建立了现实版的新丝路快速交通通道，三大高铁线路建设的是未来版的高铁新丝路，亿赞普公司“丝路驿站”则为“一带一路”网上跨境电商解决投资、贸易壁垒和资金融通提供了专业的现实选择。

2016 年 09 月 03 日　星期六

2 中国汽笛声回荡新丝路[①]

一群人，一段路，一道道历史的背影。

两千多年前，北方古丝路上，驼铃叮当，商队连绵，东起长安，西至罗马。

两千多年后，新丝路，回荡的声音不再是驼铃，而是中国的汽笛。

古老丝绸之路上的中国铁路项目

8 月，金桂飘香。

当地时间 8 月 24 日上午，塔吉克斯坦共和国首都杜尚别，由中铁建承建的全长 48.65 公里，总投资 7200 万美元的“瓦赫达特—亚湾”铁路通车。这是中国铁路施工企业在中亚建成的首条铁路。

无独有偶。8 月 20 日，在位于印度新德里和孟买之间的哈里亚纳邦巴沃工业园区，中车永济电机有限公司和印度先锋贸易公司合资组建的中车先锋（印度）电气有限公司正式投产。这是我国高铁制造企业中国中车在印度和南亚建立的首个铁路工厂。

8 月 9 日，中车资阳公司与伊朗一家公司签订 15 台客运内燃机车、15 台货运内燃机车的购销合同，这也是中国中车与该国客户签订的第一个订单。

中国铁路对外合作形势喜人

早在 7 月 5 日，中国铁路总公司副总工程师、中国铁路国际公司董事长杨忠民即向记者表示，中国铁路“走出去”项目遍及亚洲、欧

① 本文作者为科技日报记者骄阳。

洲、北美和非洲，已进入实施阶段的项目包括中老铁路、印尼雅万高铁、匈塞铁路、俄罗斯莫喀高铁和中泰铁路项目。

无疑，随着国家“一带一路”“走出去”战略的深入实施，中国铁路军团的一个又一个铁路项目正沿着新丝路落地。

时速420公里，中国动车组“走出去”更加便捷

来自中国铁路总公司最新消息，到2015年年底，中国铁路营业里程达12.1万公里，居世界第二位。

设计时速350公里、连续长距离高速运行……这是中国高速铁路独一无二的运营场景。

7月16日，郑州，由中国铁路总公司牵头组织研究的中国标准动车组成功实施420公里时速交会试验。

在接受记者采访时，中国铁路总公司科技管理部主任周黎说，完成420公里时速交会试验是对列车的各项动力性能及指标的一次关键性“大考”，更刷新了动车速度世界纪录。

8月15日6点10分，G8041次列车从大连北站驶出开往沈阳，标志着中国标准动车组首次载客运行，客车时速为350公里。

中国标准动车组，是国产动车的更新版本。其采用的重要标准涵盖了动车组10多个方面。动车同时兼容一批国际标准和国外先进标准，使中国动车组“走出去”更加便捷。

6月4日至7日，根据国家统一部署，在科技部的指导下，由中国中车牵头组织实施的轨道交通重点专项首批项目完成申报。这是我国首个由企业牵头组织实施的国家重点专项。

一组耀眼的数字述说着中国中车强大的技术实力。

在全国共投入各种速度等级动车组2470组；拥有高速列车系统集成国家工程实验室、动车组和机车牵引与控制国家重点实验室等11个国家级研发机构；覆盖主机制造企业的19家国家级企业技术中心为主体的产品与技术研发体系。

资料显示，目前，中国高速列车运行最小间隔时间是三分钟。“这需要先进的列控系统做支撑。”中国铁路总公司副总经理卢春房在一次“当代中国高速铁路技术凭什么世界领先”主题报告中这样说：“按列车每秒钟前行近100米的运行速度，我们分别研发了满足时速250和350公里的二级和三级列控系统，最小间隔时间是三

分钟。”

这一切均强有力地支撑着中国铁路“走出去”战略。

中欧班列，领跑“一带一路”经济新引擎

8 月 28 日上午 9 点 56 分，载有 41 组柜“中国制造”和“中欧班列”统一标识的集装箱国际货运班列缓缓驶出广州大朗货站，一路向北直奔欧洲。

此趟班列出发后，经满洲里前往俄罗斯卡卢加州沃尔西诺，全程 11 500 公里，计划运行 14 天，运送货物包括服装鞋帽、布料、家具、灯具、电器等。

一趟又一趟中欧班列，犹如古代丝路上的驼队，一声声汽笛堪比那响彻千年的驼铃。

来自中国铁路总公司消息，自 2011 年 3 月 19 日，从重庆首发的中欧班列开行以来，成都、郑州、武汉、苏州等 16 个城市陆续开行了去往德国杜伊斯堡、汉堡、西班牙马德里等 12 个欧洲城市的集装箱班列。目前，已铺划班列运行线路 39 条，国内日均行驶 1 300 公里以上。

事实证明，中欧班列已成为我国与丝绸之路经济带沿线国家互联互通的有效载体。

“中欧班列大量开行，为中欧之间进出口货物提供了全新的物流模式。”中铁集装箱公司副总经理钟成说，中欧班列在运输时间上只有海运的 1/3，在价格上只有空运的 1/5，而且班列化定时开行，为客户提供了良好的物流体验。

向西的路正在延伸，汽笛鸣响的声音越来越响亮。

无疑，作为国家名片，铁路，尤其是高铁，正成为我国促进全方位对外开放和对外睦邻友好的重要桥梁，成为“一带一路”战略实施的生力军。

2016年09月05日 星期一

3 如何在服务“一带一路”战略中加速“奔跑”①

——专家为中国铁路建设“走出去”支招

当地时间8月24日上午，塔吉克斯坦首都杜尚别以东约20公里处，“瓦赫达特—亚湾”铁路一号隧道进口彩旗飘扬，一场隆重的通车典礼在这里举行。全长48.65公里的瓦亚铁路，是“一带一路”框架内首个开工并建成的铁路项目，也是中国铁路施工企业在中亚建成的首条铁路。

事实上，不只是瓦亚铁路的建成，在推进“一带一路”战略背景下，中国铁路建设正在加快“走出去”的步伐，一批海外铁路建设项目取得重大进展。

“一带一路”战略的实施，给中国铁路建设“走出去”带来了怎样的发展机遇?中国铁路建设企业“走出去”的过程中面临哪些风险和挑战?在“轨道交通创新驱动发展与‘一带一路’战略”论坛举办前夕，科技日报记者带着上述问题采访了多位业内专家。

做好前期调研 细分市场定位

从战略走向上看，“一带一路”横贯欧亚非大陆，涉及约65个国家，区域总人口44亿人，经济总量21万亿美元，分别占全球的62.5%和28.6%。

在北京交通大学交通运输学院教授贾顺平看来，“一带一路”涉及的国家、人口众多，其中大部分是发展中国家，基础设施相对匮乏，对中国铁路建设“走出去”而言，无疑意味着巨大的市场前景。

① 作者为科技日报记者唐婷。

“市场很大，但对我国而言，真正有效的市场在哪？这需要结合不同地区、国家的经济发展、产业体系、法律法规、政治文化、社会环境等因素对市场需求进行深入细致地分析。”贾顺平进一步指出。

对此，北京交通大学交通运输学院城市轨道交通系主任毛保华也表达了相同的观点。他认为，项目前期调研不够充分，是造成部分海外铁路项目中途夭折的原因之一，因此，应该加大对国外铁路市场前期研究的力度和投入，准确把握不同国家、地区铁路市场的特点和需求，细分铁路“走出去”的重点区域和业务领域。

毛保华以高铁为例分析道，在国外投标建设高铁，要重点考察所在国是否具备5大要素：人口密度大，有运输需求；有较强经济实力，能承担高铁建设的主要投资；政局相对稳定，有良好的建设与运营环境；与中国的双边关系良好，合作中有充分的互信基础；基础设施建设相对滞后，有良好的改善运输供给的动力。“综合来看，东南亚市场比较适合发展高铁，当地人口密度大，人均GDP超过3000美元”。

对于高铁需求并不迫切的国家，贾顺平认为，可以从当地的实际需求出发，推广建设和运维成本相对较低的客货混行铁路。“在我国既有铁路中，所占份额最多，建设运行经验、技术标准最丰富的也是客货混行铁路，对外推广有较强优势。”

融入当地社会 增强抗风险能力

“‘一带一路’战略是对外经济合作战略，并非外交或政治战略，跟无偿援助不同，一定要在经济互利的前提下开展相关项目，对参与其中的铁路建设企业来说，要充分考量项目的经济利益，注意对项目风险的把控。”贾顺平强调。

贾顺平分析道，“一带一路”沿线国家有一定特殊性，发展中国家较多，其政治风险高于发达国家；其次是法律风险，一些发展中国家法律体系还不健全，跟国际通行法律体系并不接轨；此外，还有市场环境风险，和成熟市场不一样，受传统文化、历史等因素影响，部分发展中国家市场透明度不够，不利于公平竞争。

区域化、属地化程度不高也正是中国铁路建设企业“走出去”面临的瓶颈之一。中国中铁国际事业部相关负责人表示，一些外经企业驻外机构没有按照区域化、属地化运行的要求进行目标定位和资源配置，不少是“蹲点、守摊、打游击”，没有建立和维护长期良好的客户关系和牢固的政府公共关系，没有深入了解市场环境及其变化，没有真正融入当地文化，导致公司在区域市场缺乏发展后劲，难以实现深度开发和良性滚动发展。

“广泛吸纳海外人才，既能促进我国铁路企业的国际化，也有利于帮助铁路建设企业更好地融入当地社会文化。大型跨国企业拥有越来越多的不同国籍的员工是一个重要的趋势与标志!”毛保华认为。

借鉴港铁经验 拓展盈利渠道

香港铁路有限公司是全球少有能盈利的轨道交通运营商，它所推广的“轨道交通＋物业”模式也备受推崇。毛保华介绍，“轨道交通＋物业”是指在发展轨道交通的同时，给轨道交通企业适当的、有较好盈利能力的经营业务，比如物业开发等。“这种做法的依据是轨道交通提升了沿线相关土地及产业的价值，通过其他业务的开发盈利，补贴轨道交通发展的资金缺口，为轨道交通发展提供更大市场空间。”

在毛保华看来，中国铁路建设企业在开展海外项目时，可借鉴港铁经验，拓展盈利渠道，经营业务可以不局限于客货运输行业。“如果运费收入只需要覆盖铁路发展成本的50%～60%，其余40%～50%依靠其他业务经营来实现，海外铁路发展的市场空间就会更大了。”

毛保华举例道，东南亚国家拥有劳动力价格优势，也有很多农副产品、矿产资源，可以考虑在铁路沿线，以合资或其他形式设立农副产品与矿产品加工企业。这样一方面可以促进当地经济发展，提供更多就业；另一方面可减轻合资企业运行的财务压力。

2016 年 09 月 09 日　星期五

4 轨道交通创新发展与“一带一路”战略论坛举办①

跨越三世纪，走过双甲子。9 月 8 日，北京交通大学建校 120 周年之际，该校与本报联合举办“轨道交通创新发展与‘一带一路’战略论坛”，以轨道交通行业创新发展和在“一带一路”的成功实践为典型案例，共同分享国际经济合作的成功之道。

在论坛上，北京交通大学校长宁滨、科技日报总编辑刘亚东、国家发改委西部开发司巡视员欧晓理、巴基斯坦驻华大使马苏德·哈利德等致辞。原铁道部部长、中国工程院院士傅志寰，马来西亚陆路委员会委员长、原外交部部长丹斯里·拿督斯里·赛哈密等中外嘉宾围绕中国“一带一路”战略的理论与实践做了主题演讲。

高铁被认为是我国轨道交通创新发展的典型案例。2015 年我国高铁已超过 19 000 公里，占世界高铁总长度的 60%。在中国轨道交通科技创新的理论与实践方面，“高铁已经成为中国一张亮丽的名片，高铁工程主要技术来源于我国的长期创新实践，已跑在世界的第一方队”。傅志寰说。

在中国“一带一路”战略的理论与实践方面，马苏德·哈利德认为，巴基斯坦与中国是战略合作伙伴，这是基于两国共同的互信以及长久的友谊。如今随着中巴经济走廊的战略实施，又上了一个新台阶。

宁滨同时介绍：“‘一带一路’的顶层设计为北交大提供了重要的机遇，近年来，北交大从发挥学术科研优势、智库建设、人才培养等方面做了卓有成效的工作。”

① 作者为科技日报记者马爱平。

2016 年 09 月 21 日　星期三

以经典案例探索经济合作成功之路①

——轨道交通创新发展与"一带一路"战略论坛之一

跨越三世纪，走过双甲子，在这个秋天，北京交通大学迎来120周年校庆。作为中国铁路之父詹天佑的母校，轨道交通是北交大的优势学科，在国内外享有盛誉。9月8日，该校与科技日报联合举办"轨道交通创新发展与'一带一路'战略论坛"，以轨道交通行业创新发展为典型案例，共同分享经济合作的成功之路。

在论坛上，北京交通大学宁滨、国家发改委西部开发司巡视员欧晓理、巴基斯坦驻华大使马苏德・哈利德等致辞。原铁道部部长、中国工程院院士傅志寰，马来西亚陆路委员会委员长、原外交部部长丹斯里・拿督斯里・赛哈密，中国城市轨道交通协会装备委副主任李中浩，深圳地铁集团副总经理简炼，广州地铁集团副总裁刘光武等就中国轨道交通科技创新的理论与实践做了主题演讲。北京大学全球互联互通研究室主任翟崑、国务院发展研究中心对外经济研究部研究室主任罗雨泽、中国中车股份有限公司副总经济师兼投资发展部部长梁兵、中国土木工程集团有限公司总经理赵佃龙、亿赞普集团公司高级副总裁黄苏支、北京交控科技有限公司董事长郜春海等围绕中国"一带一路"战略的理论与实践做了主题演讲。

中国轨道交通科技创新的理论与实践

丹斯里・拿督斯里・赛哈密认为，科技的发展和创新是有差别的，技术是物理体系的一个部分，技术进步是对于物理体系系统部件的提

① 作者为科技日报记者马爱平。

升。创新的核心在于提升和改进，包括如何使用技术，使整个体制和体系受益，因此，创新不仅能提升现有技术，还包括引入新技术并能使其创新使用。

高铁就被认为是我国轨道交通创新发展的典型案例，2015 年我国高铁已超过 19 000公里，占世界高铁总长度的 60%。在中国轨道交通科技创新的理论与实践方面，“高铁已经成为中国一张亮丽的名片，高铁工程主要技术来源是我国的长期实践，中国汽车车辆制造已具有不凡实力，高铁动车组已跑在世界第一方队。”傅志寰说。

中国“一带一路”战略的理论与实践

“一带一路”作为中国的国家战略，使得过去古老的地理概念“一带一路”因此焕发出巨大的生机，而科技引领国际合作成为其中的主旋律。在中国“一带一路”战略的理论与实践方面，马苏德·哈利德认为，巴基斯坦与中国是战略合作伙伴，这是基于两国的共同的互信以及长久的友谊，如今随着中巴经济走廊的战略实施，又上了一个新台阶，该战略目的是连接在古代丝绸之路上的沿岸国家，创建由公路和铁路组成的网络，竣工后将会成为中巴两国共同繁荣以及友好关系的新篇章。

在这个过程中，本土企业向跨国企业转变被视为不可或缺的部分。“比如，在科技创新方面，构建面向全球的科技创新平台；在制造能力方面，统筹国内与国际两个市场、两种资源，避免重复建设和产能过剩；在管理方面，加快理念、标准、体系、流程的国际对接；在品牌方面，加强品牌国际化推广，强化属地合作；在风险防范方面，加快风控平台建设；在管控方面，构建业务、区域、职能相结合的矩阵式跨国管理体制。”梁兵说。

同时，高校在我国轨道交通创新发展与“一带一路”战略顶层设计中发挥了至关重要的作用。宁滨介绍：“‘一带一路’的顶层设计为北交大提供了重要的机遇，近年来，北交大从发挥学术科研优势、智库建设助力政府决策咨询、人才培养等方面做了卓有成效的工作。”

 轨道创新，共圆国梦[①]

——轨道交通创新发展与“一带一路”战略论坛之二

雄踞京华，两甲子沧桑砥砺弦歌壮；誉满五洲，百廿载乐育菁莪桃李芳。

为纪念北京交通大学建校120周年，9月8日，在北京交通大学与科技日报社科技文摘报联合举办的“轨道交通创新发展与‘一带一路’战略论坛”上，原铁道部部长、中国工程院院士傅志寰，马来西亚陆路委员会委员长、原外交部部长丹斯里·拿督斯里·赛哈密，中国城市轨道交通协会装备委副主任李中浩，深圳地铁集团副总经理简炼，广州地铁集团副总裁刘光武就中国轨道交通科技创新的理论与实践做了主题演讲。

轨道交通创新之根在中国

2015 年我国高铁已超过 19 000 公里，占世界高铁总长度的 60%，高铁对经济社会文化产业都产生了难以估量的影响，为“一带一路”战略提供了有利的支撑，高速列车穿行神舟大地，并成为客运快速增长的强劲动力，同时高铁也显著提升了铁路的装备水平，提供了快速、舒适、准时、规范的服务。

在中国轨道交通科技创新的实践方面，傅志寰认为，目前每天运行的高铁动车有 4 200 列，至今累计运行超过了 38 亿公里，运载旅客已经超过 50 亿人次，高铁已经成为中国一张亮丽的名片。

对此，丹斯里·拿督斯里·赛哈密给予了中国肯定，他说，中国在他眼里从来就是巨人，包括文明方面和科技方面。

① 作者为科技日报记者马爱平。

高铁的成就从哪里而来？傅志寰说，高铁工程与引进的关系不大，其主要技术来源是我国的长期实践，因为最近三十年来，包括高铁在内的我国新建铁路，多于发达国家的总和，没有也不可能有现成的国外经验可以借鉴，桥梁、隧道、铁路之所以领先世界，是创新的成果，是依靠自己力量建成的。

李中浩同意傅志寰的说法，他认为，高铁之所以站到世界轨道交通的前列，分了几个阶段，1978 年到 2003 年是自力更生阶段，2003 年到 2008 年是以引进、消化、吸收为主，2008 年到 2011 年，我们是在引进、消化、吸收的基础上再创新，以 CRH380A 和 CRH380B 为代表。在 2011 年以后我们是以自主创新为主，以中国动车组为代表。

“到今天为止，我们可以很自豪地说，我们拥有自己的技术并且站在了世界轨道交通装备制造的前列，在城市轨道交通方面，通过十几年的发展，是以国产化率作为一个主要的杠杆和抓手。在牵引控制系统、自动系统、信号系统方面，到目前为止，我们也可以很自豪地说，我们并不落后于任何一个国家。”李中浩说。

围绕着“一带一路”战略的建设，在城市轨道交通中，中国的基础设施起到了保障作用。刘光武说，现在广州地铁，已经建成开通了 260 公里，2018 年我们要达到 500 公里。已经有 44 个城市在建地铁，涉及的投资有 1.6 万亿元。

刘光武举例，广州地铁是一个很有特色的地铁，在城市轨道交通领域里，是产业全覆盖的，从设计、勘察、工程研发到咨询培训，并且正在承担国家的工程实验室。广州地铁通过研究开发，推广应用一系列的新技术、新产品、新工业，在广州和全国得到很好的发展，广州地铁开发的产品已经成为科技创新的标杆企业。

创新带路互惠互利共赢

虽然中国在轨道交通领域，处在世界的先进行列。但是李中浩提出，目前还缺乏原始创新的能力，中国原始创新的系统性、基础性不够，不充分。

那么原始创新的动力从何而来？

李中浩说，从技术发展方向来看，轨道交通作为一种传统的革命性的交通工具，离不开两个主题，一个是绿色，另一个是智能。

简炼认为，创新跟技术发明的不同在于应用的价值创新。简炼提出，创新家不是企业家的概念，那么最大的创新家是谁？据了解，1983 年是里根总统决策“星球大战计划”，这是最大的原始创新项目。到今天为止，项目花了一万亿美金还在继续做。

这个创新给人类带来了什么结果呢？简炼说，带来了信息化革命，带来了互联网、GPS。提出新项目也是一种创新，而不是都得先有原始积累再创新，这就是以创新家为主导的创新项目。所以，创新家是“思想家＋用户代表＋管理者”。

简炼认为，“一带一路”战略是国家的“走出去”战略，是新时期创新、协调、绿色、开放、共享发展的重要内容。“一带一路”要树立创新引领互惠共赢的共识，树立将中国创新的好东西拿出去与各国合作分享的思想。他建议，国家应组建联合舰队的平台公司或机构作为经营一带一路的主体，用赛马的方式选择创新家主导创新发展。

“今天的中国进入创新驱动发展的新时期，智力和财力已具备实现中国梦的实力，以‘一带一路’的投资和项目为载体，以创新带路为方向，以为世界人民造福为己任，抓住历史机遇为沿线国家增添新福祉，带动国内在创新创业方面实现突破。”简炼认为，输出中国的创新优势主要包括发展新城镇综合能力、基础设施建设、互联网应用技术、交通运输服务等。

刘光武也认为，创新、活力、联动、包容，要从体制机制为基础，以大数据的云计算为工具。要以国家工程实验室为载体打造智慧城轨、数字城轨，这是一个创新网络，而且是一个开放性的创新平台

丹斯里·拿督斯里·赛哈密就认为，创新的核心在于提升和改进，包括如何创新地使用技术，让它能够使整个体制和体系受益。

丹斯里·拿督斯里·赛哈密同时担忧，投资基础设施建设，对发展中国家来说成本很高，希望“一带一路”建立基金，特别是亚洲基础设施银行的建设，能够促进基础设施融资。

丹斯里·拿督斯里·赛哈密以列车为例，五年前马来西亚与中国的贸易总额是742亿美元，而在2015年就提升到了975亿美元，五年之内实现了33%的增长。他希望中国能给他们带来创新性的技术，能够帮助他们一起推动“一带一路”项目在南亚的推进。

2016 年 09 月 23 日　星期五

7 中国模式，轨道交通率先“走出去”①

——轨道交通创新发展与“一带一路”战略论坛之三

9月的北京交通大学，此时正是绿树掩映、荷香沁人之际。

为纪念北京交通大学建校120周年，9月8日，在北京交通大学与科技日报科技文摘报联合举办的“轨道交通创新发展与‘一带一路’战略论坛”上，北京大学全球互联互通研究室主任翟崑、国务院发展研究中心对外经济研究部研究室主任罗雨泽、中国中车股份有限公司副总经济师兼投资发展部部长梁兵、中国土木工程集团有限公司总经理赵佃龙、亿赞普集团公司高级副总裁黄苏支、北京交控科技有限公司董事长郜春海等围绕中国“一带一路”战略的理论与实践做了主题演讲。

“走出去”参与“一带一路”战略实施

轨道交通在“一带一路”建设中有很重要的地位和作用。罗雨泽认为，中国主导建立的金融机构，亚投行和丝路基金的第一个项目，都是在基础设施领域，而轨道交通更是占了半壁江山。

据有关数据报道，“一带一路”与高铁、轨道交通相关的大概是6.23 万公里里程数，占全球高铁建设里程数的四分之一。与“一带一路”相关的建设，占中国整个海外和高铁建设里程比例的超过四分之三。所以“一带一路”的轨道交通也是我们高铁走出去的重中之重。

轨道交通为什么重要？罗雨泽说，第一是快速、大容量、准时；第二是产业关联度非常强；第三是符合城镇化的一个主题趋势；第四是中国的性价比比较高，有竞争优势。

① 作者为科技日报记者马爱平。

世界上绝大多数的高铁，都是亏损的。但是中国具备高铁盈利的条件，目前已有这样的先例，香港的地铁是盈利的。

罗雨泽说，中国的工业系统，包括产业经济开发区，具有开发的能力，所以在产业能力、建设能力方面，是非常突出的。“一带一路”沿线相关的国家，处于工业化的早期阶段，整体化的开发模式是适用的，不光包括建设还包括经济区的建设，以及社区的规划、商业的开发等，这样做的好处就是能把一些外部的收益内部化，可以使企业盈利。

“十三五”期间，全球预计有 25 个国家和地区的 77 个城市 281 条线路约 7 057 公里（主要是地铁，含部分快轨）城轨交通在建。其中中国大陆 40 个城市 210 条线路共 5 444 公里在建。境外 24 个国家和地区 37 个城市 71 条线路共 1 613 公里在建。

轨道交通建设是“一带一路”战略的优先领域，郜春海认为，我国应积极参与国际标准的制定，推进国际骨干通道的建设。中国城市轨道交通接轨国际标准，要充分研究国际先进标准体系，建立符合国际标准的国内标准化体系，实现在不同市场的兼容性，以满足国际标准且符合国际市场规律的价格保证中国企业顺利“走出去”。

中国模式推动“一带一路”国家经济建设

2015 年 9 月 28 日，中车集团正式成立。梁兵说，中国中车的组建，是世界轨道交通装备行业的里程碑事件，也是我国深化国有企业改革的标志性成果，对于落实制造强国战略、做强做优做大国有企业、打造世界一流跨国集团、增强我国高端装备核心竞争力，具有十分重大的意义和示范性作用。

梁兵说，中国中车积极落实国家“一带一路”战略，出口产品实现从中低端到高端的升级，出口市场实现从亚非拉到欧美的飞跃，实现从产品走出去到产能走进去的拓展，产品现已出口全球六大洲上百个国家和地区。

2015 年中国中车国际市场签约额 58 亿美元，实现营业收入 266 亿元人民币，分别是 2010 年的 3 倍、3.88 倍。截至 2015 年年底，境外企业和机构总计 58 家，分布六大洲 21 个国家和地区。加快全球资源布局，建成马来西亚、土耳其制造基地，开工建设美国城轨、南非机车制造基地；在美、德、英、捷克、瑞士等国组建了联合研发中心。

梁兵说，中国作为全球领先的轨道交通装备供应商，在未来国际化发展中国中车要加快实现由国内市场向全球市场，由走出去向走进去，由本土企业向跨国企业的三大转变。“一带一路”战略是一个平等、开放、包容的大舞台，中国中车愿携手各方，打造中国制造金牌名片。

中国土木工程集团运作的埃塞—吉布提铁路项目，也是一个中国企业“走出去”，助力“一带一路”成功的典型。赵佃龙说，这个项目前期注重线路规划、融资策划等工作，打破过去只做承包商的观念，后期获得项目的运营权，占10%股份，带动中国铁路“全产业链”走出去。这是中国企业在海外第一次采用包括运营维护在内的全套“中国标准和技术体系”修建的跨国电气化铁路项目，是新时期的“坦赞铁路”。

“我们在创新模式的转变过程中，也与各方协作联动，形成合力。企业在前方搞好经营，拿到项目，国内后方有坚实的校企合作，实现产学研联动。”赵佃龙说，中国铁建与北京交通大学创办了“3+1”海外项目经理试点培训班，已有21名毕业生完成学业，奔赴海外一线，开始工作。通过企业牵线搭桥，北京交通大学先后与阿尔及利亚、肯尼亚、刚果布、沙特等国高等学府共商轨道交通联合办学和专业人才培养机制，通过“两校一企”三方合作实现共赢。以轨道交通为主的基础设施互联互通是“一带一路”建设的优先领域，海外的这个舞台前景广阔、大有可为。

在推动“一带一路”建设上，亿赞普集团公司也有益的探索。黄苏支说，亿赞普集团公司旗下有金融板块，有全球港口的联盟，有“丝路驿站”。“丝路驿站”主要由几个部分来组成，它在园区的基础之上，形成了“三通一大”的体系。

在这个体系上，黄苏支说，实现了通关平台，解决了通汇问题，在信息互通上，成立了中国“一带一路”大数据中心，国家“一带一路”官网也由他们来运营，同时，推动“一带一路”国家的信息化和大数据的发展，基于三通，最后形成联系全球的“丝路驿站”。

在“五通”指数和设施联通方面，翟崑指出，北大正在建立全球互联互通中心。关于指数评估，设计了四个等级，第一等级是顺畅8分以上，第二等级是良好型，6分到8分，第三等级叫做潜力型，3分到6分，第四等级是薄弱型，3分以下的，基本上就不及格了。翟崑希望通过指数，积极向有关国家展示当前的状况，因为设施联通的空间很大，反映内在潜力很大。

2016 年 10 月 26 日　星期三

8 大力推进轨道交通技术进步，积极实施“一带一路”发展战略，引领中国企业“全产业链”走出去

——轨道交通创新发展与“一带一路”战略论坛纪要

今年9月，是习近平总书记首次提出“一带一路”战略思想三周年的日子。同时，北京交通大学将隆重纪念建校120周年。9月8日，科技日报社科技文摘报与北京交通大学联合举办“轨道交通创新发展与‘一带一路’战略论坛”，以轨道交通行业创新发展和国际化的成功实践为典型案例，总结三年来实施“一带一路”战略的实践经验，探索企业走出去开展经济科技合作的成功之路。

◆ 城市轨道交通行业调查采访在北交大召开第六次专题会议

在论坛上，科技日报刘亚东总编辑、北京交通大学校长宁滨、国家发改委西部开发司巡视员欧晓理、巴基斯坦驻华大使马苏德·哈利德等分别致辞。原铁道部部长、中国工程院院士傅志寰，马来西亚陆路委员会委员长、原外交部部长丹斯里·拿督斯里·赛哈密教授，中国城市轨道交通协会装备专业委员会副主任李中浩，深圳地铁集团副总经理简炼，广

州地铁集团副总裁刘光武等就中国轨道交通科技创新的理论与实践做了主题演讲。北京大学全球互联互通研究室主任翟崑、国务院发展研究中心对外经济研究部研究室主任罗雨泽、中国中车股份有限公司副总经济师兼投资发展部部长梁兵、中国土木工程集团有限公司总经理赵佃龙、亿赞普集团公司高级副总裁黄苏支、北京交控科技有限公司董事长郜春海等围绕中国"一带一路"战略的理论与实践做了主题演讲。

一、我国轨道交通行业企业正在成为国家实施"一带一路"战略的开路先锋

刘亚东（科技日报社总编辑）：以读者为本，以科技为源，大力推动"一带一路"战略舆论宣传

在G20峰会上，习近平总书记指出创新是从根本上打开经济之锁的钥匙。没有创新就没有今天完全自主知识产权的中国标准动车组，没有创新就没有城市轨道交通的车辆、信号、牵引、制动、网络等系统技术的自主化和国产化。

2013年9月7日，习近平总书记访问哈萨克斯坦，在哈萨克斯坦的大学发表了题为《弘扬人民友谊 共创美好未来》的演讲时表示，为了使欧亚各国经济联系更加紧密，相互合作更加深入，发展空间更加广阔，我们可以用创新的合作模式，共同建设丝绸之路经济带，以点带面、从线到片，逐步形成区域大合作，加强政策、道路联通、贸易畅通、货币流通、民心相通。同年10月3日，习近平总书记访问印度尼西亚期间，发出了共同建设21世纪海上丝绸之路的倡议，此后"一带一路"成为我国经济发展三大战略之一。

今年8月17日，习近平在北京人民大会堂出席推进"一带一路"建设工作座谈会并发表重要讲话强调，总结经验、坚定信心、扎实推进，聚焦政策沟通、设施联通、贸易畅通、资金融通、民心相通，聚焦构建互利合作网络、新型合作模式、多元合作平台，聚焦携手打造绿色丝绸之路、健康丝绸之路、智力丝绸之路、和平丝绸之路，以"钉钉子"精神抓下去，一步一步把"一带一路"建设推向前进，让"一带一路"建设造福沿线各国人民。习近平就推进"一带一路"建设提出8项要求。其中之一是要切实推动舆论宣传，积极宣传"一带一路"建设的实实在在成果，加强"一带一路"建设学术研究、理论支撑、话语体系建设。

科技日报是承担党和国家科技宣传任务的主要宣传机构，长期以来科技日报以读者为本，以科技为源。在铁路和城市轨道交通方面，已持续开展了十多年的宣传报道和行业调查。最近几天，科技日报就轨道交通科技创新与"一带一路"战略已

连续刊发了多篇系列文章，引起广泛的社会关注。因此，关注和宣传党中央创新驱动发展战略和“一带一路”战略，我们责无旁贷。

宁滨（北京交通大学校长）：服务“一带一路”打好人才培养攻坚战

“一带一路”作为国家的一个重大战略，其战略核心是互通互联，而“一带一路”的顶层设计也为北京交通大学带来了重要发展机遇。尤其是在人才培养方面，北京交通大学积极深化国际化教育模式改革，力争打好人才培养攻坚战。

2014年，北京交通大学和俄罗斯交通大学共建了中俄交通学院，面向俄罗斯和独联体国家，培养高铁方面的人才，这是中国轨道交通第一个“走出去”的境外办学机构。2015年，北京交通大学与俄罗斯圣彼得堡国立交通大学联合举办了培训班。在国际合作办学方面，北京交通大学已开办了4个国际化试点班，为“一带一路”的发展实施储备了人才。

此外，学校设立的汉能新能源国际学院入选了“高校国际化示范学院推进计划”，积极引入国际化办学理念和办学资源，探索创新人才培养的新模式。目前，北交大的留学生规模已达到2 000人，其中超过一半以上是“一带一路”沿线国家的留学生。

北京交通大学还充分发挥学科和人才优势打造智库，为各级政府、社会机构、企事业单位提供智力支撑和发展指导。我们成立了丝绸之路研究中心，打造高水平的丝绸之路政策研究和决策咨询团队；与荷兰伊拉斯姆斯大学合作成立“全球供应链和物流研究所”，旨在汇聚全球的一流专家，瞄准国际供应链与物流管理的研究前沿，为促进沿线国家和地区的互通共荣、互惠共赢发挥积极而应有的作用。

欧晓理（国家发改委西部开发司巡视员）：以“钉钉子”精神切实推进“一带一路”战略实施

习近平主席在2013年第一次提出要共建丝绸之路经济带的时候，对于如何共建提出了“五通”的概念，即政策沟通、设施联通、贸易畅通，资金融通、民心相通。我们在研究制定战略规划时，把这“五通”具体化了，提出了沿线各个国家要加强八大领域的合作：基础设施互联互通、深化贸易合作、拓宽投资合作、深化资源开发合作、深化金融领域合作、加强生态环保合作、深化人文交流合作、加强海上合作。

在这三年里，我们制定了“一带一路”战略规划，同时发布了“一带一路”愿景与行动。目前已有100多个国家和国际组织表达了参与和支持“一带一路”建设的意愿，我们也已与30多个国家签署了共同推进“一带一路”战略的政府性备忘录或协议，与20多个国家开展了合作。下一步将围绕着重大方向、重点领域、重要国别和重大项目，以“钉钉子”的精神来扎实地开展工作，切实推进规划的实施，争取取得更大的成效。

◆ 欧晓理是官员，能对“一带一路”战略做权威解读

在刚刚闭幕的G20峰会上，习近平主席代表中国提出了一个倡议，即发起成立全球基础设施的互联互通联盟。

基础设施的互联互通包括了铁路、公路、水路、管路，其中铁路的互联互通是最重要的内容之一。经过这么多年的探索，中国轨道交通取得了令人瞩目的成就，高铁已经成为中国一张亮丽的名片。借助“一带一路”战略的推进，中国轨道交通特别是高铁，将迎来更加广阔的施展空间和更大的舞台。随着中国高铁更多的走出国门，不仅可以大大的缩小世界上各国之间的物理距离，也缩小了不同国家之间的文化距离，因而承担了重要的历史使命。

二、实施创新驱动发展战略 继续保持中国轨道交通行业国际领先地位

傅志寰（原铁道部部长、中国工程院院士）：中国高铁的创新之根在中国

2015年，我国高铁已超过19 000公里，占世界高铁总长度的60%。高铁对经济社会产生了难以估量的影响，为“一带一路”战略的实施提供了有力的支撑。高速列车穿行神舟大地，成为客运快速增长的强劲动力，同时高铁也显著提升了铁路的装备水平，提供了快速、舒适、准时、规范的服务。目前每天运行的高铁列车有

4 200 列，至今累计运行超过了 38 亿公里，运载旅客超过 50 亿人次。高铁已经成为中国一张亮丽的名片。

有人提出来，高铁的成就究竟从哪里而来？有人说，高铁的成就在于引进，是引进才使我们站在巨人的肩膀上。我认为，高铁工程与引进的关系不大，其主要技术来源是我国的长期创新实践。因为最近三十年来，包括高铁在内的我国新建铁路，没有也不可能有现成的国外经验可以借鉴，桥梁、隧道、铁路之所以能领先世界，是自主创新的成果，是依靠中国自己力量建成的。

◆ 原铁道部部长傅志寰院士认为，引进只是促进了我国设计手段的提升，给自主研制创造了有利条件

有一家著名的外国公司说过这样的话，绝不出让核心技术。对于关键技术只要我们稍稍接近最后一层窗户纸，老外就会在上面盖上铁板。实际上，我们真正突破并掌握核心技术是在最近五六年间。现在我们不但摆脱了核心技术受制于人的局面，还实现了产品的自主开发，比如制动系统、网络控制系统等核心技术一个个得到了攻克，取得了重大突破。这些技术在动车组的应用表明，各项关键技术指标是十分优越的，控制系统的软件可以自主编制，意味着我们已经打破了外国公司的垄断，重新构建了国产动车组的平台。这不但将为我们的高铁提供更放心、更经济的产品，也将是中国高铁走向世界的王牌和核心竞争力。

引进是一把双刃剑，如果一个企业具有较深的内功，这叫作借力发力；相反一个企业如果缺乏自身的定力，按照别人的脚本亦步亦趋的跟在后面，拐着拐棍是走不快的。以汽车为例，在合资企业中产品的任何改动都需要得到国外公司的许可，如此一来，中国汽车创造力就受到了严重挤压。然而，我们的铁路是在消化、引进技术的同时，不断地开发自己的产品，引进只是促进了我国设计手段的提升，给自主研制创造了有利条件。因此，中国动车组是靠我们自己的智慧打造的现代技术平台。

由此看来，说高铁成就来自于引进，引进才使我们站在巨人的肩膀上的说法，我认为是不恰当的，站不住脚的。假如是那样的话，一旦巨人撤了，我们就会又掉在地上，变成一个矮子了。然而我们目前已经不是一个矮子，也是一个巨人了。

中国高铁技术创新的根不在国外，而在中国。在引进之前，我们已经有了自己完整的体系与经验，尤其是培养了一批人才。我们铁路机车制造这棵大树已经长大，且根是牢牢扎在中国的土地上。如今，我国能够靠自己的骨头长肉，具备自我造血的创新能力。

那么，创新能力从何而来？我觉得创新能力是长期积淀的结果，没有积淀的创新能力就是无源之水。事实上从 20 世纪 60 年代起，我国开发的机车总计生产数万台，产量之大，品种之多，可以说位于世界前列，积累了丰富的经验和教训，这是培育创新的土壤，没有积淀就没有突破。

创新的根基是人才，创新能力是买不的，创新能力的载体是人，没有人才谈何创新。几十年来，我们在新产品开发中经历了难以数计的失败，使我们自身能力不断得到提升。多年实践告诉我们，不经过挫折和失败，很难培养和造就出专家队伍，专家是最宝贵的财富，也是我们机车工业立足于世界的关键所在。他们大多参与了国产动车组和机车的研发，以及后来的技术引进。如今，这些人才已成为轨道交通各种新产品研发的领军人物。

李中浩（原铁道部科技司司长、中国城市轨道交通协会装备专业委员会副主任）：增强原始创新能力 实现轨道交通智能化

今天中国高铁之所以站到世界轨道交通的前列，分了几个发展阶段，1978 年到 2003 年是自力更生阶段，2003 年到 2008 年是以引进、消化、吸收为主，2008 年到 2011 年，是在引进、消化、吸收的基础上再创新，以 CRH380A 和 CRH380B 为代表。在 2011 年以后我们是以自主创新为主，以中国动车组为代表。所以到今天为止，我们可以很自豪地说，我们拥有自己的技术并且站在了世界轨道交通装备制造的前列。在城市轨道交通方面，通过十几年的发展，是以国产化率作为一个主要的杠杆和抓手。在牵引控制系统、制动系统、信号系统方面，到目前为止，我们也可以很自豪地说，我们并不落后于任何一个国家。

我们在轨道交通领域，处在世界的先进行列。但是我们目前还缺乏原始创新的能力，我们的原始创新的系统性、基础性不够，不充分。我们的原始创新的动力从何而来，如何构建原始的创新动力，要注意远期目标和近期目标的平衡。

从技术发展方向来看，轨道交通作为一种传统的革命性的交通工具，离不开两个主题，一个是绿色，另一个是智能。从绿色的角度来讲，最好的解释定义是节能，我们有没有可能在地铁里面运用各种手段，比如说优化操作，比如说全自动驾驶，在这样的领域里头综合起来提出一个目标，使我们的地铁线路节能 15%～20%，这个目标是可以做到的，只要始终站在绿色能源的角度，宏观地思考这些问题，使得我们继续站在领先的地位。我们国家的卫星技术、高铁技术、通信技术都是领先地位，经过调研，可以覆盖全国所有的地域，如果我们能够充分利用这些技术，使得我们的列车更加智能化，那我相信我们是可以继续保持轨道交通的领先地位的。

三、以用户需求牵引行业技术创新，积极参与国际标准制定，推进国际骨干通道的建设

郜春海（北京交控科技有限公司董事长）：用户需求推动轨道交通创新发展

一直以来，轨道交通技术和产品的发展是由用户需求作为推动和牵引。比如城市轨道交通列车运行控制系统从基于轨道电路的固定闭塞系统，到基于通信的移动闭塞系统（CBTC），以及全自动无人驾驶系统（FAO）。用户的需求推动城市轨道交通由单线建设和单线运营，向网络化建设和网络化运营发展，从而不断应用新技术、新方法和新产品。因此，企业要满足用户及业主要求，以需求为指导和牵引，以高端产品和先进技术做支撑，带动全产业链走出去。

“十三五”期间，全球预计有 25 个国家和地区 77 个城市 281 条线路约 7 057 公里（主要是地铁，含部分快轨）城轨交通在建。其中中国大陆 40 个城市 210 条线路共 5 444 公里在建。境外 24 个国家和地区 37 个城市 71 条线路共 1 613 公里在建。根据 UIPT（公共交通国际联会）预测，到 2020 年，全球 75%的新线将采用全自动运行（FAO）技术，40%的既有线改造时将采用 FAO 技术。

轨道交通建设是“一带一路”战略的优先领域，我国应积极参与国际标准的制定，推进国际骨干通道的建设。中国城市轨道交通接轨国际标准，要充分研究国际先进标准体系，建立符合国际标准的国内标准化体系，实现在不同市场的兼容性，以满足国际标准且符合国际市场规律的价格保证中国企业顺利“走出去”。

刘光武（广州地铁集团副总裁）：城轨创新，共圆国梦

广州地铁是一个很有特色的地铁，在城市轨道交通领域里，是产业全覆盖的，从设计、勘察、工程研发到咨询培训，并且正在承担建设国家的工程实验室。广州地铁通过研究开发，推广应用一系列的新技术、新产品、新工业，在广州和全国得到很好的发展。广州地铁开发的许多产品企业已经成为科技创新的标杆企业。

围绕“一带一路”战略的实施，他认为，在城市轨道交通里，我们事实上起到了基础设施的保障作用。现在广州地铁，已经建成开通了 260 公里，2018 年我们要达到 500 公里。全国已经有 44 个城市在建地铁，设计的投资有 1.6 万亿元。

我们科技成果也好，科研也好，都是单件，单台套，但是对于整个城市轨道交通，我们广州地铁提出了基于多领域的一体化的协同技术，这一项目他们正在展开研究。讲到“一带一路”，G20 峰会《杭州共识》提出的核心词是“创新、活力、联动、包容”，我们正在以体制机制为基础，以大数据、云计算为工具，以建设国家工程实验室为载体，打造“智慧城轨”——这是一个创新网络，而且是一个开放性的创新平台。

简炼（深圳地铁集团副总经理）：创新带路 互惠共赢

“一带一路”是新时期国家的“走出去”战略，完全符合“创新、协调、绿色、开放、共享”五大发展理念。因此，“一带一路”战略的实施要树立创新引领、互惠共赢的理念，要拥有将中国创新的好东西拿出去与各国合作分享的思想境界。

创新跟技术发明的不同之处在于价值创新。我建议国家组建联合舰队式的平台公司或机构作为经营“一带一路”的主体，用田忌赛马的方式选择创新家主导创新发展。

这里有一个词叫“创新家”，创新家不是企业家的概念。全球最大的创新家是谁？我认为应该是某些大国领袖或政治家。1983 年，里根总统决策“星球大战计划”，这是最大的原始创新项目。到今天为止，项目已经花了一万亿美金还在继续做。这个创新项目给人类带来了什么呢？带来了信息化革命，带来了互联网、GPS 全球定位系统。这说明提出项目本身就是，有新项目才能创新，而不是先有原始积累再去创新。这就是以创新家为主导的创新项目。所以，我认为创新家应该是“思想家＋用户代表＋管理者”。

今天的中国已进入创新驱动发展的新时期，智力和财力已具备实现中国梦的实力，我们要以“一带一路”的投资和项目为载体，以创新发展为方向，以为世界人民造福为己任，抓住历史机遇为沿线国家增添新福祉，带动国内在创新创业方面实现突破，输出中国的创新优势，包括发展新城镇综合能力、基础设施建设、互联网应用技术、交通运输服务等。

“一带一路”是国家战略，需要国家统筹，发挥综合实力，集中优势、重点突破，不能散兵游勇。因此，我建议组建国家统筹的保障机制，从国内的外交、发改、经贸、银行、海关、工业等部门组成保障机构，作为经营主体，从国家实力层面给予支撑，用国家之间相互调剂的易货贸易解决发展资金的问题。

四、实施“一带一路”战略，轨道交通需要探索中国模式，带动中国企业“全产业链”走出去

罗雨泽（国务院发展研究中心对外经济研究部研究员）：轨道交通“走出去”参与“一带一路”建设需要探索中国模式

轨道交通在“一带一路”建设中有很重要的地位和作用。我们主导建立的金融机构，亚投行和丝路基金的第一个项目，都是在基础设施领域，而轨道交通更是占了半壁江山。据有关数据报道，“一带一路”与高铁、轨道交通相关的大概是6.23万公里里程数，占全球高铁建设里程数的四分之一，与“一带一路”相关的建设，占中国整个海外和高铁建设里程的比例超过四分之三，所以“一带一路”的轨道交通也是我们高铁走出去的重中之重。

轨道交通为什么重要，第一是快速、大容量、准时。第二是产业关联度非常强。第三是符合城镇化的一个主题趋势，它的需求不断地在提升。第四是我们的性价比比较高，有竞争优势。我们知道世界上绝大多数高铁，都是亏损的。但是我觉得中国具备高铁盈利的条件，目前已有这样的先例，香港的地铁是盈利的，有很强的启发意义，通过一定方式内部化。

我们的工业系统，包括产业经济开发区，具有开发的能力，在产业能力、建设能力方面，我们是非常突出的。另外，“一带一路”沿线相关的国家，处于工业化的早期阶段，所谓整体化的开发模式是适用的。不光包括建设还包括经济区的建设、社区的规划、商业的开发，一系列的，这样做的好处就是能把一些外部的收益内部化，可以使企业盈利。

赵佃龙（中国土木工程集团总经理、党委副书记）：实施一带一路战略，带动中国铁路“全产业链”走出去

对于从事海外经营的企业来说，当下创新的概念，从战术层面就是运作模式的创新。随着国际形势的不断变化，基础设施项目的运作模式出现了巨大转变。以PPP模式为代表的集投融资、设计、建设、运营、维护为一体的项目运作模式逐渐

成为国际主流。对铁路、轨道交通基础设施有巨大需求的“一带一路”沿线国家，希望企业能提供一揽子的全产业链集成服务，这将是企业运作海外项目的核心竞争力。我们站在PPP模式的创新角度上，更加注重项目前端策划，为缺乏技术的市场做好路网规划；更加注重后端服务，主导长期运营和维护等工作。也就是说，从单纯的承包商转变为投资商、运营商、服务商。

◆ 赵佃龙所在的中土集团是我国海外工程建设的龙头企业

我们运作的埃塞—吉布提铁路项目，就是一个成功的典型。前期注重项目线路的规划、融资策划等工作，打破过去只做承包商的观念。后期获得项目的运营权，占10%股份，带动中国铁路“全产业链”走出去。这是中国企业在海外第一次采用包括运营维护在内的全套“中国标准和技术体系”修建的跨国电气化铁路项目，是新时期的“坦赞铁路”。

我们在创新模式的转变过程中，也与各方协作联动，形成合力。企业在前方搞好经营，拿到项目，国内后方有坚实的校企合作，实现产学研联动。中铁建与北京交大创办了“3+1”海外项目经理试点培训班，已有21名毕业生完成学业，奔赴海外一线，开始工作。通过企业牵线搭桥，北交大先后与阿尔及利亚、肯尼亚、刚果布、沙特等国高等学府共商轨道交通联合办学和专业人才培养机制，通过“两校一企”三方合作实现共赢。以轨道交通为主的基础设施互联互通是“一带一路”建设的优先领域，海外的这个舞台前景广阔、大有可为。

五、设立“五通指数”，铺设“丝路驿站”，推进“一带一路”沿线国家基础设施互联互通

翟崑（北京大学全球互联互通研究中心主任、教授）：设立“五通指数”，推进“一带一路”沿线国家基础设施互联互通

我们都知道，所谓“五通”是指政策、基础设施、贸易、金融和民心的相通。所谓“五通指数”就是围绕这五个内容建立的指标体系。以设施联通为例，其二级指标是指交通设施、通信设施、能源设施三个指标，其中交通设施又包含物流绩效指数、是否与中国直航、与中国铁路联通、与中国海路联通四个指标，等。就内涵而言，“设施”包含交通、电力、能源、电信等硬件，“联”是指归属于不同权益所有者的“硬件”实现相互对接的状态，“通”是指有关“硬件”使用机制和规则的统一或无障碍对接。

根据这个“五通指数”指标体系，目前“一带一路”沿线国家与我国联通顺畅的国家主要是新加坡、印度尼西亚、马来西亚、泰国、俄罗斯、哈萨克斯坦和土耳其 7 国；此一等级即联通良好的国家包括越南、蒙古、卡塔尔、巴基斯坦、印度等 39 国。

为进一步提高五通指数，推进与沿线国家的联通是普，我国有关部门和机构应该积极向有关国家展示当前状况，大力推动多方面和多层级沟通机制的建立和相互了解与相互信任；牵头开展总体规划研究，确定骨干通道的布局及主要分支线路；牵头协调开展项目路线设定、技术标准与规范的选择等问题；与相关国家共同探索项目建设和项目运营的机制问题。与此同时，建议有关国家先期重点围绕“联而不通、通而不畅”问题展开调研，根据中方倡议的内容，组织专门力量对本国基础设施建设规划及项目进行梳理，以期与中方“一带一路”战略相衔接。

黄苏支（亿赞普集团公司高级副总裁）：全球铺设“丝路驿站”，推动“一带一路”战略实施

亿赞普集团公司旗下有三大板块：金融板块、全球港口联盟、“丝路驿站”。我们在“一带一路”沿线国家，铺设的“丝路驿站”，主要由以下几个部分组成：通关、通汇、通信息。以上三通都在园区中实现。

“通关”，是指在企业的商船进港之前，提前给你完成通关和报关的手续。通关平台的价值非常大，以前的中国货船，在海外通关至少要 3 到 15 个工作日，这样导致企业的成本增加，货款回来的速度慢。通过这样的连接平台，实现当天清算和通关。它的关键是亿赞普连接了全球 23 个国家港口的海关报关平台，通过格式的转

换，可以达到一站式报关。

近几年来，从传统的大宗贸易结算来说，基本上全球的贸易都是以美元作为基本的结算货币。对于中国，尤其在“一带一路”沿线国家，我们投资和贸易，其实有一个最关键的核心，就是我投资完了以后，我的收益怎么能够以最快的速度换算成人民币，让资金以最低的风险回到中国境内。这就是她说的“通汇”。

◆ 黄苏支所在的亿赞普集团公司将线上线下国际贸易做得风生水起

在信息互通上，该公司在国家有关部门支持下，专门成立了“中国一带一路大数据中心”，主要有两个职能：第一个就是运营国家“一带一路”的官网，该网作为一个信息交互的平台，向所有的“一带一路”沿线国家，呈现中国在推进“一带一路”战略上的进展，以及我们的发展规划；第二个是帮助“一带一路”沿线的这些国家，推动他们的信息化和大数据技术的发展。基于以上三通，最后形成了所谓的“丝路驿站”。

梁兵（中国中车股份有限公司副总经济师兼投资部部长）：抓住“一带一路”机遇，实现连接世界梦想

2015 年 9 月 28 日，中车集团正式成立。中国中车的组建，是世界轨道交通装备行业的里程碑事件，也是我国深化国有企业改革的标志性成果，对于落实制造强国战略、做强做优做大国有企业、打造世界一流跨国集团、增强我国高端装备核心竞争力，具有十分重大的意义和示范性作用。

中国中车是全球规模最大、品种最全、技术领先的轨道交通装备供应商。现有51家全资和控股子公司，2015年实现营业收入2437亿元，总资产3281亿元，位列财富世界500强第266位。中国中车积极落实国家“一带一路”战略，出口产品实现从中低端到高端的升级，出口市场实现从亚非拉到欧美的飞跃，实现从产品走出去到产能走进去的拓展。产品现已出口全球六大洲上百个国家和地区。2015年国际市场签约额58亿美元，实现营业收入266亿元人民币，分别是2010年的3倍、3.88倍。截至2015年年底，境外企业和机构总计58家，分布六大洲21个国家和地区。加快全球资源布局，建成马来西亚、土耳其制造基地，开工建设美国城轨、南非机车制造基地；在美、德、英、捷克、瑞士等国组建了联合研发中心。

◆ 梁兵所在的中国中车是世界轨道交通车辆行业的老大

行是人类基本的生存需求，轨道交通是现代社会主要交通方式之一。作为全球领先的轨道交通装备供应商，未来国际化发展中国中车要加快实现由国内市场向全球市场、由走出去向走进去、由本图企业向跨国企业的三大转变。“一带一路”战略是一个平等、开放、包容的大舞台，中国中车愿携手各方，打造中国制造金牌名片。

六、欢迎中国的创新技术和投资基金 中国实施“一带一路”战略将惠及沿线国家和人民

丹斯里·拿督斯里·赛哈密（马拉西亚陆路委员会委员长、原外交部部长）：创新的核心在于技术提升和改进

轨道交通科技的发展给人们生活带来了巨大的改变：从原来每小时100公里，到现在时速可以和飞机媲美；从原来的蒸汽机车，到现在的动车组，这些移动的动力平台能够搭载高铁列车，帮助乘客从一点到达另外一点，实现高速的客运和货运，同时也给经济、政治及其他方面带来了巨大的改变。

◆ 马来西亚陆路委员会主席赛哈密教授做主题演讲

有人认为，科学技术的发展和创新是同步的，然而，在我看来是有差别的。我觉得技术是物理体系的一个部分，技术进步是对物理系统部件的提升，但是创新的核心在于技术提升和改进，包括如何创新地使用技术，让它能够使整个体制和体系受益。

以列车为例，5年前，马来西亚与中国的贸易总额是742亿美元，而在2015年就提升到了975亿美元，5年之内实现了33%的增长，这其中95%都是经过航运来运输的。如果我们能够采用更加高效的铁路运输，将节约2.6亿美元的资金。这是非常巨大的利益，因此，我们希望中国能给我们带来创新性的技术，与我们一起推动“一带一路”的项目在南亚地区的推进。

同时，投资基础设施的建设，对发展中国家来说成本很高。我们面临的一个挑战就是融资，技术创新是我们需要的，但也需要银行业稳定性的支持。因此，我们更希望建立“一带一路”基金，特别是亚洲基础设施银行的建设，有力改善了基础设施建设的投融资环境。

马苏德·哈利德（巴基斯坦驻华大使）：积极推进中巴经济走廊战略 共同建造中巴利益共同体

巴基斯坦与中国是战略合作伙伴，这一关系是基于两国互信以及长久的友谊。随着中巴经济走廊合作项目的实施，两国关系又迈上了一个新台阶。

中巴经济走廊战略是习近平主席提出的“一带一路”战略的一个旗舰项目，中巴经济走廊建成后，将会掀开中巴两国繁荣经济、增进友谊的新篇章。

中巴经济走廊不仅对两国是互利共赢的，还能惠及整个区域，提升区域基础设施的建设水平，包括提升在公路、陆路、铁路、航线等方面与中国的联系。同时，中巴经济走廊也将惠及中巴两国，以及在中亚、南亚数以十亿人民。目前在巴基斯坦工作的中国公民有 13 000 人，中巴两国的贸易额已经高达 190 亿美元，巴基斯坦政府非常重视中巴经济走廊的建设。

◆ 科技日报总编辑与巴基斯坦驻华大使在论坛上交流

铁路是中巴合作的亮点。目前巴基斯坦在建铁路网的三分之二具有商业价值，并有很多战略性的管线。跟公路相比，巴基斯坦铁路的运营网络亟待更新改造，急需提升铁路基础设施的建设水平，希望中国在巴企业能够扮演好协助巴基斯坦铁路建设的历史性角色，为巴基斯坦国家的经济发展和更高质量的运输服务做出贡献。

为此，我们要引进计算机数字化的信号系统，对铁路管网进行升级改造。同时，要重组整个巴基斯坦的铁路运营机构，组建独立、专业的铁路管理委员会。另外，要在中央政府和省级政府之间建立一个快速的、大规模的交通系统，有很多中国的公司也积极参与到我们城市交通系统的建设之中。

我们认为，轨道交通将会成为中巴经济走廊贸易和货物运输的主要通道。我相信，北京交通大学可以给我们提供一个技术平台，并且可以成为重要合作伙伴，帮助我们挖掘潜力，实现两国未来繁荣的梦想，并且共同建造中巴利益共同体。

附|录| 城市轨道交通建设管理主要政策法规

1 国务院办公厅转发国家计委《关于城市轨道交通设备国产化的实施意见》的通知

国办发〔1999〕20 号

各省、自治区、直辖市人民政府，国务院各部委、各直属机构：

国家计委《关于城市轨道交通设备国产化的实施意见》已经国务院同意，现转发给你们，请认真贯彻执行。

90 年代以来，为缓解城市交通拥挤状况，改善城市环境，减少空气污染，提高人民生活质量，一些大中城市相继提出建设轨道交通项目。但由于城市轨道交通项目建设周期长、投资大，特别是其设备主要依靠进口，价格昂贵，致使建设造价畸高，地方财力难以承受，制约了城市轨道交通产业的发展。根据国务院关于加快实施城市轨道交通设备国产化的指示精神，国家计委会同铁道部、建设部、信息产业部、国家机械工业局和中国国际工程咨询公司组织专家进行了调查研究，结合城市经济发展水平、国内制造业的现状以及部分拟建设轨道交通项目城市的具体情况，提出城市轨道交通设备国产化实施意见如下：

一、为规范城市轨道交通建设，建立起适合我国国情的城市轨道交通标准化体系，推进城市轨道交通设备国产化，国家计委、建设部要尽快颁布《城市轨道交通建设标准》和一些相关标准，各地的城市轨道交通建设和国产化工作必须按照标准实施。

二、各地建设城市轨道交通项目，应根据本地区经济发展、人口、道路状况以及资金落实情况，本着量力而行、经济实用、安全可靠的原则，选择与自身经济实力相适应的设备和建设方案，防止盲目攀比、追求奢华。

三、城市轨道交通项目，无论使用何种建设资金，其全部轨道车辆和机电设备的平均国产化率要确保不低于70%。城市轨道交通设备国产化工作的重点是轨道车辆和信号系统。为充分利用国内现有生产能力，避免重复建设，对轨道车辆的总装、牵引传动与控制系统、铝合金车体材料以及信号系统生产厂，国家将组织专家评议推荐，择优定点。项目业主单位使用上述领域的设备，应在国家定点企业范围内采取邀请招标的方式采购，其余机电设备原则上通过国内市场招标采购。

四、严格城市轨道交通项目的基建程序管理。从1999年起，国家将批准条件成熟的城市启动轨道交通项目。新上城市轨道交通项目，其项目建议书、可行性研究报告以及开工报告，必须上报国家计委审查后报国务院审批，并以国产化率目标作为审批立项的首要条件。未经批准，各地一律不得对外开展实质性工作。项目单位上报的可行性研究报告，需包括进口设备清单和利用外资方案。有关部门要根据国家批准的可行性研究报告办理有关手续。

各地区、各部门不得擅自审批城市轨道车辆、牵引传动与控制系统、铝合金车体材料、信号系统领域的项目。上述领域的建设项目（含外商独资、中外合资、中外合作经营项目），不论限额以上或限额以下，一律报经国家计委审查或审批。

五、地方人民政府要严格按照国家批准的可行性研究报告审查扩初设计，并将审查意见报送国家计委和建设部备案；国家计委和建设部如有异议，须在半个月内将意见函复地方人民政府。外经贸部门根据国家批准的可行性研究报告中的国产化方案，审查进口设备。

六、为促进城市轨道交通设备国产化的顺利实施，国家将组织专家对城市轨道交通项目的车辆和机电设备进行国产化考核，对达到国产化目标的项目，可考虑给予适当的鼓励政策，引导地方积极采用国产设备。凡经批准的城市轨道交通项目，所需的建设资金，国家将优先考虑安排国外优惠贷款或向国内银行推荐安排外汇贷款；对国内自主开发、引进技术消化吸收的项目，在高技术产业化实施中，国家将列入专项计划并给予适当的资助。

七、城市轨道交通设备国产化工作由国家计委会同铁道部、建设部、信息产业部、国家机械工业局、中国国际工程咨询公司等部门和单位制订具体实施方案并组织实施。

国家计委

一九九九年二月九日

2 国务院办公厅《关于加强城市快速轨道交通建设管理的通知》

国办发〔2003〕81号

各省、自治区、直辖市人民政府，国务院各部委、各直属机构：

近年来，城市快速轨道交通（以下简称城轨交通）在我国得到较快发展，部分特大城市相继建成了一批项目，使城市交通状况有了明显改善，对充分发挥城市功能，改善环境，促进经济和社会发展起到了重要作用。

与此同时，一些地方也出现了不顾自身财力，盲目要求建设城轨交通项目的现象。有的未经国家审批，擅自新上城轨交通项目；有的盲目攀比，建设标准偏高，造成投资浪费；有的项目资本金不足，债务负担沉重，运营后亏损严重。为了加强城轨交通的建设管理，促进其健康发展，经国务院同意，现就有关问题通知如下：

一、坚持量力而行、有序发展的方针，确保城轨交通建设与城市经济发展水平相适应

城轨交通项目具有一次性投资大，运行费用高，社会效益好而自身经济效益差的特点。因此，发展城轨交通应当坚持量力而行、规范管理、稳步发展的方针，合理控制建设规模和发展速度，确保与城市经济发展水平相适应，防止盲目发展或过分超前。现阶段，申报发展地铁的城市应达到下述基本条件：地方财政一般预算收入在100亿元以上，国内生产总值达到1 000亿元以上，城区人口在300万人以上，规划线路的客流规模达到单向高峰小时3万人以上；申报建设轻轨的城市应达到下述基本条件：地方财政一般预算收入在60亿元以上，国内生产总值达到600亿元以上，城区人口在150万人以上，规划线路客流规模达到单向高峰小时1万人以上。对经济条件较好，交通拥堵问题比较严重的特大城市，其城轨交通项目予以优先支持。

二、加强城轨交通建设规划的编制、审批工作，严格项目审批程序

城轨交通发展直接影响到城市的布局结构和发展方向，应统筹规划、分步实施。所有拟建设城轨交通项目的城市（以下简称拟建城市），应在编制城市总体规划及城市交通发展规划的基础上，根据城市发展要求和财力情况，组织制订城轨交通建设规划，明确远期目标和近期建设任务，以及相应的资金筹措方案。规划由发展改革委会同建设部组织审核后报国务院审批。

拟建城市必须重视和改进规划的编制和管理工作。要建立科学民主的决策机制，按照实事求是、量力而行的原则，提高规划编制水平，真正发挥规划对城轨交通项目建设和城市建设的指导作用。对规划建设城轨交通项目的线路，要搞好沿线土地规划控制，编制专项土地控制规划，防止新建建筑物对线路的侵占。

城轨交通项目的审批，要依据国务院批准的建设规划进行。拟建城市要根据国务院批准的城轨交通建设规划开展项目前期工作。项目按现行基建程序审批。原则上，城轨交通项目的资本金须达到总投资的40%以上。对社会保障资金有较大缺口、欠发教师及公务员工资、政府投资项目在建规模过大，与其筹资能力明显不适应的城市，其城轨交通项目不予批准。

三、严格控制建设标准，进一步降低工程造价

建设标准和工程造价高，是当前影响城轨交通发展的一个重要问题。城轨交通建设必须坚持经济、实用、安全的原则，严格控制工程建设标准。车站等设施装修要严格控制使用高档豪华材料。要通过提高规划、设计和施工水平，合理选择线路敷设方式、车站形式和换乘方式，采用科学的运营组织模式等措施，降低工程造价和运行费用。

四、切实加强城轨交通的安全管理，提高灾害防御和应急救助能力

要高度重视城轨交通建设、运营的安全问题，牢固树立“安全第一，预防为主”的思想，把确保城轨交通建设和运营安全作为头等大事切实抓好。在城轨交通项目的规划、设计、施工环节上，必须严格执行国家颁布的强制性标准，确保安全设施同步规划、设计和建设。在项目的立项、可行性研究阶段要认真进行安全、地质环境和地质灾害的评估，防止地质灾害等事故的发生。拟建城市要保证安全资金的投入，建立处理突发事件的应急机制，提高城轨交通灾害防御和应急救助能力。

五、改革建设经营管理体制，提高投资效益

城轨交通资金需求量大，仅靠政府单一投资渠道建设，难以满足城市建设发展的要求。要进一步开放城轨交通市场，实行投资渠道和投资主体多元化，鼓励社会

资本和境外资本以合资、合作或委托经营等方式参与城轨交通投资、建设和经营，并采取招标的方式公开、公正地选择投资者。在融资渠道上，鼓励和支持企业采取盘活现有资产、发行长期建设债券和股票上市等方式筹集资金。城轨交通沿线土地增值的政府收益，应主要用于城轨交通项目的建设。

要改革现有国有城轨交通企业的经营体制，引入竞争机制，增强企业活力，提高管理水平和效益。要通过加强管理，理顺价格，开拓经营范围，提高企业自我积累、自我发展的能力，减轻城市财政压力，逐步实行自负盈亏。

六、坚持装备国产化政策，促进设备制造业发展

拟建城市要认真贯彻设备国产化的有关政策，积极采用国产设备，促进国内设备制造业发展。要不断提高城轨交通项目设备的国产化比例，对国产化率达不到70%的项目不予审批。进口的整车设备要照章纳税。原则上不使用限定必须购买外国设备的境外资金。必须进口的设备，要实行招标采购，所需外汇尽量使用国内银行外汇贷款。要通过规范城轨交通建设标准，完善技术政策和技术体系，规范和统一设备制式，为国内设备制造企业生产和研发创造条件。国内城轨交通设备生产企业，要加快人才培养和技术更新，通过技术引进和自主开发，提高设备制造能力和市场竞争力，确保为城轨交通项目及时提供所需设备。

国务院办公厅

二〇〇三年九月二十七日

3 建设部《城市轨道交通运营管理办法》

中华人民共和国建设部令

第140号

《城市轨道交通运营管理办法》已于2005年3月1日经第53次部常务会议讨论通过，现予发布，自2005年8月1日起施行。

部　长　汪光焘

二〇〇五年六月二十八日

城市轨道交通运营管理办法

第一章　总　　则

第一条　为了加强城市轨道交通运营管理，保证城市轨道交通正常、安全运营，维护城市轨道交通运营秩序，保障乘客和城市轨道交通运营者的合法权益，制定本办法。

第二条　本办法适用于城市轨道交通的运营及相关的管理活动。

第三条　国务院建设主管部门负责全国城市轨道交通的监督管理工作。

省、自治区人民政府建设主管部门负责本行政区域内城市轨道交通的监督管理工作。

城市人民政府城市轨道交通主管部门负责本行政区域内城市轨道交通的监督管理工作。

第二章　运营管理

第四条　城市人民政府城市轨道交通主管部门应当按照《行政许可法》以及市政公用事业特许经营的有关规定，依法确定城市轨道交通运营单位。

第五条　新建城市轨道交通工程竣工后，应当进行工程初验；初验合格的，可以进行试运行；试运行合格，并具备基本运营条件的，

可以进行试运营。

城市轨道交通工程竣工，按照国家有关规定验收，并报有关部门备案。经验收合格后，方可交付正式运营。

安全设施不符合有关国家标准的新建、改建、扩建城市轨道交通工程项目，不得投入运营。

第六条　城市轨道交通运营单位应当按照国家有关规定和特许经营协议，制定城市轨道交通运营服务规则和设施保养维护办法，保证城市轨道交通的正常、安全运营。

第七条　城市轨道交通运营单位应当执行价格主管部门依法确定的票价，不得擅自调整。

第八条　城市轨道交通运营单位应当为乘客提供安全便捷的客运服务，保证车站、车厢整洁，出入口、通道畅通，保持安全、消防、疏散导向等标志醒目。

第九条　城市轨道交通运营单位工作人员应当佩戴标志、态度文明、服务规范。驾驶员、调度员、行车值班员等岗位的工作人员应当经培训合格后，持证上岗。

城市轨道交通运营单位应当在车站配备急救箱，车站工作人员应当掌握必要的急救知识和技能。

第十条　城市轨道交通运营过程中发生故障而影响运行的，城市轨道交通运营单位应当及时组织乘客疏散，并尽快排除故障，恢复运行。一时无法恢复运行的，城市轨道交通运营单位应当及时报告城市人民政府城市轨道交通主管部门。

第十一条　城市轨道交通因故不能正常运行的，乘客有权持有效车票要求城市轨道交通运营单位按照单程票价退还票款。

第十二条　禁止下列危害城市轨道交通正常运营的行为：

（一）在车厢内吸烟、随地吐痰、便溺、吐口香糖、乱扔果皮、纸屑等废弃物；

（二）在车站、站台、站厅、出入口、通道停放车辆、堆放杂物或者擅自摆摊设点堵塞通道的；

（三）擅自进入轨道、隧道等禁止进入的区域；

（四）攀爬、跨越围墙、护栏、护网、门闸；

（五）强行上下列车；

（六）在车厢或者城市轨道交通设施上乱写、乱画、乱张贴；

（七）携带宠物乘车；

（八）危害城市轨道交通运营和乘客安全的其他行为。

第十三条　禁止乘客携带易燃、易爆、有毒和放射性、腐蚀性的危险品乘车。

城市轨道交通运营单位可以对乘客携带的物品进行安全检查，对携带危害公共安全的危险品的乘客，应当责令出站；拒不出站的，移送公安部门依法处理。

第十四条　城市人民政府城市轨道交通主管部门和城市轨道交通运营单位应当建立投诉受理制度，接受乘客对违反运营规定和服务规则的行为的投诉。

城市轨道交通运营单位应当自受理投诉之日起 10 个工作日内做出答复。乘客对答复有异议的，可以向城市人民政府城市轨道交通主管部门投诉，城市人民政府城市轨道交通主管部门应当自受理乘客投诉之日起，10 个工作日内做出答复。

第三章　安全管理

第十五条　城市轨道交通运营单位应当依法承担城市轨道交通运营安全责任，设置安全生产管理机构，配备专职安全生产管理人员，保证安全生产条件所必需的资金投入。

第十六条　城市轨道交通运营单位应当按照反恐、消防管理、事故救援等有关规定，在城市轨道交通设施内，设置报警、灭火、逃生、防汛、防爆、防护监视、紧急疏散照明、救援等器材和设备，定期检查、维护，按期更新，并保持完好。

第十七条　城市轨道交通运营单位负责城市轨道交通设施的管理和维护，定期对土建工程、车辆和运营设备进行维护、检查，及时维修更新，确保其处于安全状态。检查和维修记录应当保存至土建工程、车辆和运营设备的使用期限到期。

第十八条　城市轨道交通运营单位应当组织对城市轨道交通关键部位和关键设备的长期监测工作，评估城市轨道交通运行对土建工程的影响，定期对城市轨道交通进行安全性评价，并针对薄弱环节制定安全运营对策。

在发生地震、火灾等重大灾害后，城市轨道交通运营单位应当对城市轨道交通进行安全性检查，经检查合格后，方可恢复运营。

第十九条　城市轨道交通运营单位应当采取多种形式向乘客宣传安全乘运的知识和要求。

第二十条　城市轨道交通应当在以下范围设置控制保护区：

（一）地下车站与隧道周边外侧 50 米内；

（二）地面和高架车站以及线路轨道外边线外侧 30 米内；

（三）出入口、通风亭、变电站等建筑物、构筑物外边线外侧 10 米内。

第二十一条　在城市轨道交通控制保护区内进行下列作业的，作业单位应当制定安全防护方案，在征得运营单位同意后，依法办理有关行政许可手续：

（一）新建、扩建、改建或者拆除建筑物、构筑物；

（二）敷设管线、挖掘、爆破、地基加固、打井；

（三）在过江隧道段挖沙、疏浚河道；

（四）其他大面积增加或减少载荷的活动。

上述作业穿过地铁下方时，安全防护方案还应当经专家审查论证。

运营单位在不停运的情况下对城市轨道交通进行扩建、改建和设施改造的，应当制订安全防护方案，并报城市人民政府城市轨道交通主管部门备案。

第二十二条　在城市轨道交通线路弯道内侧，不得修建妨碍行车瞭望的建筑物、构筑物，不得种植妨碍行车瞭望的树木。

第二十三条　禁止下列危害城市轨道交通设施的行为：

（一）非紧急状态下动用应急装置；

（二）损坏车辆、隧道、轨道、路基、车站等设施设备；

（三）损坏和干扰机电设备、电缆、通信信号系统；

（四）污损安全、消防、疏散导向、站牌等标志，防护监视等设备；

（五）危害城市轨道交通设施的其他行为。

第四章　应急管理

第二十四条　城市人民政府城市轨道交通主管部门应当会同有关部门制定处理突发事件的应急预案；城市轨道交通运营单位应当根据实际运营情况制定地震、火灾、浸水、停电、反恐、防爆等分专题的应急预案，建立应急救援组织，配备救援器材设备，并定期组织演练。

当发生地震、火灾或者其他突发事件时，城市轨道交通运营单位和工作人员应当立即报警和疏散人员，并采取相应的紧急救援措施。

第二十五条　城市轨道交通车辆地面行驶中遇到沙尘、冰雹、雨、雪、雾、结冰等影响运营安全的气象条件时，城市轨道交通运营单位应当启动应急预案，并按照操作规程进行安全处置。

第二十六条　遇有城市轨道交通客流量激增危及安全运营的紧急情况，城市轨道交通运营单位应当采取限制客流量的临时措施，确保运营安全。

第二十七条　遇有自然灾害、恶劣气象条件或者发生突发事件等严重影响城市轨道交通安全的情形，并且无法采取措施保证安全运营时，运营单位可以停止线路运营或者部分路段运营，但是应当提前向社会公告，并报告城市人民政府城市轨道交通主管部门。

第二十八条　城市轨道交通运营中发生安全事故，城市人民政府城市轨道交通主管部门、城市轨道交通运营单位应当依据应急预案进行处置。

第二十九条　城市轨道交通运营中发生人员伤亡事故，应当按照先抢救受伤者，及时排除故障，恢复正常运行，后处理事故的原则处理，并按照国家有关规定及时向有关部门报告；城市人民政府城市轨道交通主管部门、城市轨道交通运营单位应当配合公安部门及时对现场进行勘察、检验，依法进行现场处理。

第三十条　城市轨道交通运营过程中发生乘客伤亡的，城市轨道交通运营单位应当依法承担相应的损害赔偿责任；能够证明伤亡人员故意或者自身健康原因造成的除外。

第五章　法律责任

第三十一条　违反本办法第五条规定，未经竣工验收合格，将城市轨道交通工程项目投入正式运营的，按照《建设工程质量管理条例》的有关规定进行处罚。

第三十二条　违反本办法第七条规定，城市轨道交通运营单位未执行价格主管部门依法确定的票价的，由价格主管部门按照价格法律法规的规定依法处罚。

第三十三条　违反本办法规定，城市轨道交通运营单位有下列行为之一的，由城市人民政府城市轨道交通主管部门责令限期改正，并可处以 5 000 元以下罚款：

（一）违反本办法第八条规定，未保证车站、车厢整洁，出入口、通道畅通，保持安全、消防、疏散导向等标志醒目的；

（二）违反本办法第九条规定，安排未经培训合格的工作人员上岗或者未在车站配备急救箱的。

第三十四条　违反本办法第十条规定，城市轨道交通运营单位在发生运营故障时未及时组织乘客疏散的，由城市人民政府城市轨道交通主管部门给予警告，并处以 5 000 元以下罚款。

第三十五条　违反本办法第十二条、第十三条的规定，影响城市轨道交通安全正常运营的，由城市人民政府城市轨道交通主管部门责令改正，并可处以 50 元以上 500 元以下罚款。

第三十六条　违反本办法规定，城市轨道交通运营单位有下列行为之一的，由城市人民政府城市轨道交通主管部门给予警告，责令限期改正，并可处以 1 万元以下罚款：

（一）违反本办法第十六条规定，未设置报警、灭火、逃生、防汛、防爆、防护监视、紧急疏散照明、救援等器材和设备，并保持完好的；

（二）违反本办法第二十四条规定，未按照规定建立应急预案的。

第三十七条　违反本办法第十七条规定，城市轨道交通运营单位未按照规定定期检查和及时维护城市轨道交通设施的，由城市人民政府城市轨道交通主管部门给予警告，责令限期改正，并可处以 1 万元以下罚款。

第三十八条　违反本办法规定，有下列行为之一的，由城市人民政府城市轨道交通主管部门给予警告，责令限期改正，并可处以 1 万元以上 3 万元以下罚款；造成损失的，依法承担赔偿责任；情节严重，构成犯罪的，依法追究刑事责任：

（一）违反本办法第二十一条第一款规定，在城市轨道交通控制保护区内进行作业的作业单位未制定安全防护方案，或者未征得城市轨道交通运营单位同意的；

（二）违反本办法第二十一条第三款规定，城市轨道交通运营单位对轨道交通进行扩建、改建和设施改造时，未制定安全防护方案的。

第三十九条　个人或者单位违反本办法第二十二条、第二十三条规定，影响城市轨道交通安全的，对个人处以 500 元以上 1 000 元以下罚款，对单位处以 1 000 元以上 5 000 元以下罚款；造成损失的，依法承担赔偿责任。

第四十条　城市轨道交通运营单位有下列行为之一的，由城市人民政府城市轨道交通主管部门给予警告，责令限期改正，并可处以 1 万元以下罚款：

（一）违反本办法第二十五条规定，遇有恶劣气象条件时，未按照应急预案和操作规程进行处置的；

（二）违反本办法第二十六条规定，在客流量急增危及安全运营时，未采取限制客流量的临时措施的；

（三）违反本办法第二十七条规定，停止运营时，未提前向社会公告和报告主管部门的；

（四）违反本办法第二十八条规定，发生安全事故时，未按照应急预案进行处置的。

第四十一条　城市人民政府城市轨道交通主管部门工作人员玩忽职守、滥用职权、徇私舞弊的，由其所在单位依法给予行政处分；构成犯罪的，依法追究刑事责任。

第六章　附　　则

第四十二条　本办法所称城市轨道交通，是指城市公共交通系统中大运量的城市地铁、轻轨等城市轨道公共客运系统。

本办法所称城市轨道交通设施，是指为保障城市轨道交通系统正常安全运营而设置的轨道、隧道、高架道路（含桥梁）、车站（含出入口、通道）、通风亭、车辆、车站设施、车辆段、机电设备、供电系统、通信信号系统等设施。

第四十三条　本办法自 2005 年 8 月 1 日起施行。

4 国家发展改革委《关于进一步推进城市轨道交通装备制造业健康发展的若干意见》

发改产业〔2010〕2866 号

各省、自治区、直辖市及计划单列市发展改革委，中国南车集团公司、中国北车集团公司：

为进一步落实《装备制造业调整和振兴规划），巩固轨道交通装备制造业的发展成果，引导我国城市轨道交通事业健康发展，现提出以下意见。

一、充分认识促进城市轨道交通装备制造业健康发展的重要意义

"十五"以来，我国城市轨道交通装备制造业认真贯彻落实国务院确定的方针政策，坚持对外开放，走依托国内市场、引进和自主创新相结合的发展之路，整体水平和能力又上了一个新台阶。相关制造企业在广泛采用新技术、新材料、新工艺的基础上，制造水平大幅提高，设计能力显著增强。骨干企业开发了自主知识产权产品，掌握了整车和关键总成核心技术，不仅能够满足国内城轨项目单位的需要，而且具备了参与国际市场竞争的能力。目前，普通轮轨车辆、跨座式单轨车、现代有轨电车、直线电机车辆以及时速为 100～140 公里的市域快速线车辆已全部可以立足于国内生产城轨装备制造业的快速发展为我国城市轨道交通事业发展提供了有力的保障，不仅满足了近十年来 10 个城市的 30 多条线路、近 1 000 公里建设和运营的需要，而且还将在 2015 年前为新增 100 多条线路、近 2 000 公里建设提供所需的全部装备。这些装备大幅度降低了建设项目投资成本和运营成本，带来了显著的社会效益和经济效益。

在城市轨道交通装备制造业发展取得显著成绩的同时，也还存在一些值得关注的问题：具有总体指导意义的装备技术政策还未出台；产品认证制度尚属空白，有待建立；招投标中不规范的行为时有发生；部分关键总成的系统集成能力有待进一步提升；盲目投资新建整车制造能力的势头还在发展。上述问题如不加以解决和引导，不仅将严重影响我国制造业未来的健康发展，而且已经取得的成就也将受到危害，进而影响城市轨道交通事业的发展和城市居民生活质量的改善。

二、促进城市轨道交通装备制造业健康发展的指导思想、基本原则和发展目标

（一）指导思想

以科学发展观为指导，以满足城市轨道交通发展需要为目标，以提升装备产品国际市场竞争能力为重点，巩固现有发展成果，加快推进自主化进程；培育企业创新能力，发展先进技术产品；完善产品行业标准，建立产品安全认证制度；避免重复建设，鼓励有序竞争，实现城市轨道交通装备制造业健康快速发展。

（二）基本原则

1. 坚持自主创新与技术引进相结合。广泛开展国际合作，引进世界先进技术，培养企业再创新能力。把握技术的先进性，逐步掌握关键产品的核心技术，形成企业自有的产品标准。

2. 坚持研发产品与市场需求相结合。促进形成以企业为主体、市场为导向、“产学研用”相结合的产品创新体系。充分发挥城轨项目单位的基础性作用，积极推动供需双方密切合作，良性互动。努力做到产品开发与市场需求相结合，研发成果与产业化相结合。

3. 坚持规范招标与科学管理相结合。防止各种形式的市场保护，避免为保护本地产业发展妨碍公平竞争。遵循国家有关招投标的法律法规，科学合理评标，加强监督管理，为企业创造公平公正公开的市场竞争环境。

4. 坚持总量控制与市场竞争相结合。结合国内外市场需求扩大产品制造能力，避免盲目扩张产能，保持适度竞争下的供需协调，防止恶性竞争，促进产业有序健康发展。

（三）发展目标

“十二五”期间，自主开发和引进技术消化吸收再创新的产品成为城市轨道交通装备的主流产品，关键装备技术接近或达到国际先进水平。车辆和关键总成生产企业具备项目总承包和技术总负责能力。形成3～5家具有国际竞争力的车辆制造和信号系统骨干企业，具备在国际市场上投标及总承包的能力。培养出一批具有综合知识结构、创新能力强的优秀设计人才和管理人才。

三、主要任务

（一）提高企业的集成能力，实现投标主体技术总负责

车辆生产企业要提高综合集成能力，加快研发节能、轻量化和降噪产品；牵引传动系统生产企业要开发多种规格的系列产品，满足国内市场不同层次的需求；信号系统生产企业要通过掌握列车自动控制系统的核心技术，形成系统设计和项目总承包能力，并逐步具备列车自动防护系统/列车自动驾驶系统（A 哑’/ATO）的设计和制造能力；制动系统生产企业在全面掌握城轨通用制动系统的基础上，深入研发系列产品，满足国内用户对不同制式、不同规格的产品需求。“十二五”期初，上述生产企业在投标过程中要全部做到技术总负责。

（二）营造良好的市场环境，保障企业自主产品的公平竞争

城轨项目单位应采取有效措施，扎实推进车辆（含车门系统、风挡系统和内外饰系统）、牵引传动系统、信号系统、制动系统、牵引供电系统、自动售检票系统、站台屏蔽门/安全门系统、地铁综合监控系统、防灾报警系统、灭火系统、通信系统、车站机电设备等各个系统的企业自主制造。应努力做到分系统招标。装备制造企业要以市场需求为导向，合理布局产能，避免盲目竞争。

（三）完善产品技术标准，填补国内产品标准空白

各有关城市发展改革委、城轨项目单位及城轨装备制造企业均应积极支持城轨装备产品的技术标准制定工作；有关行业机构组织行业专家和相关企业研究起草并补充完善城轨机电设备的产品标准。

（四）建立产品安全认证制度，保证产品的安全可靠

要把建立城轨工程和装备产品安全认证体系作为今后几年工作的重点。积极开展国际合作，尽快建立和完善与国际规范接轨的国内认证机构。城轨项目单位应支持和参与统一组织的城轨工程安全认证。

四、主要措施

为了促进制造企业自主掌握关键产品技术，防止盲目投资新建车辆生产企业，解决招投标工作中的不规范行为、招标过程中歧视国内产品等问题，提出如下措施：

（一）加强研发能力建设

国家鼓励大专院校等基础研究机构加强创新和能力建设，鼓励城轨装备制造企业和相关研究机构加强产品研发及试验能力的建设，在车辆、牵引传动系统、制动

系统和信号系统的研发创新方面增加必要的设施。应在市场机制条件下，兼顾各类创新主体的获利关系，建立有效的合作机制，促进“产学研用”的有机结合。要把掌握系统集成技术和关键总成核心技术作为企业发展的重点，逐步增加和完善产品综合试验装置及关键总成试验台等试验条件。

（二）避免盲目扩张产能

1. 城轨车辆整车生产企业扩大产能需报国家发改委备案。根据《国务院关于投资体制改革的决定)（〔2004〕20 号），考虑到目前产能已高于国内市场需求的现状，近期不予核准现有城轨车辆生产企业及其母公司在国内各地设立车辆制造企业（包括子公司、分公司）的投资项目。

2. 国家鼓励各城市轨道车辆修理设施集中设置，支持中国南车股份公司和中国北车股份公司参与重组相关城轨车辆修理企业。拟组装整车产品的修理企业，重组方案要报国家发展改革委备案，且重组主体企业股比不得低于 51% 。组装整车产品工作必须在具备整车制造资质的企业或已备案的车辆修理企业进行。

3. 中外合资建设城轨整车制造企业按国务院有关规定执行。

（三）明确关键总成投标企业资质

投标企业应具有国家相关部门认可的认证机构进行的质量管理体系认证、环境管理体系认证、职业健康安全管理体系认证证书；具有科学的生产管理方法及控制手段；具有相应工程的技术人员和管理人员以及专业技术工人；具有工程管理能力和独立的采购配套体系以及产品销售和售后服务能力。

1. 车辆投标企业还应具备以下条件：

(1) 具有整车产品技术和相应的开发能力（所开发的产品通过型式认证）；具有列车网络控制技术和相应的匹配试验装置。

(2) 具有一个完整项目（150 辆以上）和完整车辆的制造技术以及相应的生产能力，包括相应的转向架和整车试验、检测能力，以及整列车的静态、动态调整试验线。

2. 牵引系统投标企业还应具备以下条件：

(1) 具有产品研究开发、工程化设计能力和技术，并拥有通过型式试验认证的产品。

(2) 具有一个完整项目的牵引传动系统的关键总成制造技术、生产能力和试验检测能力；具备牵引变流器、辅助变流器和牵引电机的系统集成和测试能力（含密封检测试验能力），以及整个牵引传动系统的试验能力。

(3) 在一定时期内要通过 IRIS（ 国际铁路工业标准）、EN15085（轨道车辆及其部件焊接标准）认证。

3. 信号系统投标企业还应具备以下条件：

(1) 具有列车自动监控子系统（A 四）和计算机联锁子系统 CI（或列车自动防护/列车自动驾驶（ATP/ATO）子系统）的合格产品以及研发和生产能力，具有整体 ATC 系统的集成能力；投标产品（ATP/川、0 子系统或计算机联锁子系统）要获得独立第三方符合国际规范的安全认证证书。

(2) 投标企业应具有类似项目的经验；具备一个完整信号系统的供货能力和集成验证能力，包括信号系统的设计，系统集成安装调试和工程管理的能力。具备系统（包括各子系统）的测试及验证平台。

（四）完善招投标管理

1. 为了保证城轨项目单位获得长期稳定的产品售后服务，机电设备投标单位应是投标产品的关键总成制造企业，且具备投标产品核心技术的开发能力，不应由代理商或非关键总成企业代理投标。如因特殊情况需要代理的，应向国家发展改革委说明原因，经允许后方可实施。

2. 为了提高招投标工作效率，维护公平竞争，有关单位应规范招投标工作流程。凡是有当地企业或与当地企业存在利益关系的企业参与投标的车辆、牵引、信号项目，有关单位应对评标工作过程进行全程监督。机电设备招投标应注重体现公平竞争，有利于装备制造企业提高国际竞争力。

3. 机电设备合同价格原则上应与中标价格一致。如因特殊情况高于中标价格的，应向国家发展改革委说明原因。

4. 投标人在中标后，不应更改实质性的投标内容，不应将中标项目转让或将部分主体、关键性工作分包给其他企业。凡有重大不符合法律法规行为的，将暂停其项目投标资格。

5. 为了有效降低城轨项目造价，车辆制动系统、牵引供电系统、自动售检票系统、站台屏蔽门/安全门系统、地铁综合监控系统、防灾报警系统和灭火系统、通信系统、车站机电设备等的招标文件，应在国家发展改革委的指导下逐步规范。

对招标文件存在不符合国家法律法规、有专门指向或采取地方保护等内容的，要组织专家进行检查予以纠正。

各单位要从全局高度，充分认识进一步推动我国城市轨道交通装备制造业健康发展的重要意义。要按照确定的目标和任务，加强领导，抓紧落实，确保取得实效。

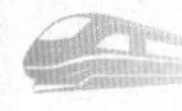

对违反国家有关法律法规和本文件要求的，设备制造企业将暂停项目投标资格，城轨项目单位将受到通报批评和相应的处罚。

国家发展和改革委员会

二〇一〇年十二月六日

5 国家发展改革委《关于加强城市轨道交通规划建设管理的通知》

发改基础〔2015〕49 号

各省、自治区、直辖市及计划单列市发展改革委，中国城市轨道交通协会：

按照行政审批制度改革要求，为做好城市轨道交通项目审批权限下放后的落实和衔接工作，切实加强后续监管，促进城市轨道交通持续健康发展，现就有关事项通知如下：

一、总体要求

坚持“量力而行、有序发展”的方针，按照统筹衔接、经济适用、便捷高效和安全可靠的原则，科学编制规划，有序发展地铁，鼓励发展轻轨、有轨电车等高架或地面敷设的轨道交通制式。把握好建设节奏，确保建设规模和速度与城市交通需求、政府财力和建设管理能力相适应。

二、加强规划管理

（一）超前编制线网规划。《城市轨道交通线网规划》（以下简称《线网规划》）是指导城市轨道交通长远可持续发展的总体性方案。根据城市总体发展要求，确需发展城市轨道交通的城市要编制线网规划，确定长远发展目标。按照前瞻性和系统性要求，线网规划应统筹人口分布、交通需求等情况，确定城市轨道交通的发展目标、发展模式、功能定位等；确定城市轨道交通线路走向、主要换乘节点、资源共享和用地控制要求，实现与城市人口分布、空间布局、土地利用相协调；做好城市轨道交通与主要铁路客站和机场等综合交通枢纽的衔接。

（二）科学编制建设规划。《城市轨道交通建设规划》（以下简称《建设规划》）是近期建设项目安排的实施性方案。城市要结合自身经济、人口、客流需求等情况，根据线网规划编制 5—6 年期的建设规

划。拟建地铁初期负荷强度不低于每日每公里 0.7 万人次，拟建轻轨初期负荷强度不低于每日每公里 0.4 万人次。项目资本金比例不低于 40%，政府资本金占当年城市公共财政预算收入的比例一般不超过 5%。发展地铁和轻轨的城市将有轨电车纳入建设规划做好衔接，其余城市有轨电车建设规划由省级发展改革部门做好衔接。

（三）明确规划审核要点。省级发展改革部门对城市政府申报的建设规划进行初审。我委根据城市经济社会发展条件、规划实施情况受理建设规划，从线网规划、建设方案、建设规模、资金筹措、财力保障、综合衔接、环境影响、建设条件等方面进行审查。为增强规划科学性，明确规划审核要求，我委制订了《城市轨道交通规划编制和评审要点》，将按此开展规划评估和审核工作。建设规划审批程序按《国务院办公厅关于加强城市快速轨道交通建设管理的通知》（国办发〔2003〕81 号）有关规定执行。

（四）规范规划调整程序。国家批准的建设规划原则上不得变更，纳入建设规划的项目直接开展可行性研究工作。对于因城市规划、工程条件等因素影响，基本走向、敷设方式发生重大变化，线路长度、车站数量、直接工程投资（扣除物价上涨因素）超过建设规划批准规模的 15%，或提前开工规划项目，以及投资模式发生重大变化，需将规划调整方案报我委审批。

（五）加强规划实施监管。主动公开规划信息，发挥社会对规划实施的监督作用。建立全国轨道交通投资项目库，及时汇总项目审批、建设内容、投资安排、形象进度和存在问题等信息，实现在线监测和动态跟踪。适时开展中期评估，做好规划实施检查和稽察，及时依法查处违规行为，对涉及其他部门的，移交有关部门依法做出相应处理。对于存在严重违规行为的城市实行警示、禁入等惩戒，暂停受理其建设规划。

三、加强建设管理

（一）完善项目监管制度。省级发展改革部门抓紧制定项目审批和监管办法。开展项目审批前，应委托有资质的第三方机构开展评估，实行审批信息公开制度。按要求定期向我委报送项目信息。落实国家装备制造产业规划和政策，避免重复建设和产能过剩。按照国家对关键设备招标的要求，规范招投标行为。形成项目监管的部门联动机制，发现违规行为及时处置和报告，开展项目后评价。为指导各地做好可行性研究报告编制和评估工作，我委制订了《城市轨道交通工程项目可行性研究报告编制和评估大纲》，供各地参照执行。

（二）科学组织项目实施。各城市要建立透明规范的政府资本金投入长效机制，均衡年度财政债务负担，确保资金到位。创新投融资体制，实施轨道交通导向型土地综合开发，吸引社会资本通过特许经营等多种形式参与建设和运营。对城市轨道交通运营企业实施电价优惠。支持企业发行债券。优化工程方案，合理安排工期，有效控制造价，保证质量安全，做好社会稳定风险防范、运营筹备等工作。严禁擅自开工建设规划外项目、随意压缩工期和试运行时间等行为。

（三）发挥监督服务作用。中国城市轨道交通协会要在国务院有关部门的指导下，充分开展调查研究，提出行业发展与改革的政策措施建议，供有关部门和企业参考。密切跟踪行业发展，建立行业发展统计监测机制，定期发布分析报告和风险警示；监测跟踪招投标活动，发现违反法律法规和国家相关政策的情况和问题，及时通报国家有关部门；培育关键技术装备认证机构，推动第三方认证工作；加强跨地区人才培训和交流。

四、加强安全管理

（一）落实主体责任。企业要健全安全生产管理机构和管理制度，构建安全预警机制，加强安全生产标准化建设。严格落实安全设施“三同时”管理制度，逐步形成规划、建设、运营全过程全系统的安全评价制度。实现与运营环节的紧密衔接，确保线路和车站条件、车辆和设备配置等方面能够满足安全运营需要。深化勘察设计，开展安全源头管理，建立隐患自查自报自纠系统，做好建设风险管控，坚决杜绝重特大生产安全事故发生。

（二）强化监管责任。城市政府有关部门要落实属地监管责任，明确安全监管政策和机构，落实人员和经费，量化企业安全考核指标，建立常态化安全检查制度和重点工程检查、抽查制度，强化工程质量终身责任制，严格安全准入。逐步完善项目竣工验收制度。

（三）完善应急体系。健全城市政府各部门、城市轨道交通相关企业之间的协调机制，形成应急救援联动制度，制定快速有效的安全事故和突发事件处置预案，有效整合资源，建立救援队伍，合作开展演练，加强装备建设，提升一体化应急能力。

附件：1. 城市轨道交通规划编制和评审要点

2. 城市轨道交通工程项目可行性研究报告编制和评估大纲

国家发展改革委

2015 年 1 月 12 日

编后记

这是我对一个特殊行业的采访录。这个行业曾经与我国近代社会的工业化进程同步。

1825年英国人建成了世界上第一条铁路之后，在此前后我国最早关注西方资本主义工业化的近代思想家，如魏源、林则徐等就在书中多次提及。我国近代洋务运动之后，詹天佑设计建造了我国最早的京张铁路——在此意义上我国的近代化、现代化进程可以说是与铁路（轨道交通）事业的起步和发展紧密相随。

一百年以后，中国的城市地下铁路（城市轨道交通）又启动了新时代城市交通现代化的进程。在改革开放之初，城市轨道交通从“市场换技术”转向自主创新，并且和高速铁路一道成为当今中国称雄于世界的一道靓丽风景线——当今天的中国人以昂扬的心态走向世界的时候，中国的轨道交通（无论是高铁还是城轨）又成为“一带一路”战略实践的先行官：中国的城轨和铁路修建到哪里，哪里就有了连接当地人民与中国的友谊桥梁和纽带，并因此踏上通向更加文明与幸福的光明之路。

正是基于以上考虑，虽然我认为“新闻也可以这样做”“科技新闻也是生产力”都是不错的书名，但最终还是为本书取名为《致敬中国城市轨道交通》，既因为这个行业具有如此光荣的历史文化传统，更因为它当下的现实发展值得我们为之点赞。

这几年的采访中，有许多被我采访的人后来都成了朋友，他们的名字在文章中都已经提及，故不赘述。但此外还有许多朋友的帮助值得感谢。这些人的名字连接起来会是一个长长的名单。这里只记下其中的一部分（由于职务不断有变化，这里只提名字）：施翃、王智宇、严志和、刘彦青、朱敢平、陈艳艳、袁敏正、刘艳阳、李传碧、戴学军、李春红、吴焕君、胡珂、郭雪萌、张元、吕杰、徐洪春、吴铀铀、徐子心、孔祥进、姚晓军、颜常青、陈高华、杨浩，等等。没有他们古道热肠、急公好义、乐于助人，这连续几年的行业采访难以持续至今。

当然，值得感谢的人还有很多。这里特别需要提出的是我所在单位科技日报社编委会的领导，尤其是前任总编辑陈泉涌和现任总编刘亚东。正像陈总在序言中所说的那样，这个系列采访，因为有了他的大力支持才得以开始，还因为有了现任总编刘亚东博士后续的支持，这个系列采访才得以持续至今。当然还要感谢报社的同事，包括本部周刊中心、总编室和记者部的同事，以及江苏、上海、浙江、湖北、安徽地方记者站的同事，离了这个大团队的支持与协作，也难以取得今天的成果。

最后，我还要感谢北京交通大学出版社，感谢社长章梓茂教授的大力支持和责任编辑陈跃琴女士的辛勤劳动，没有他们的付出，本书不会这么快就出版面世。

作者
2017年4月于北京